J'apprends les maths CP

Guide pédagogique

Sous la direction de
RÉMI BRISSIAUD
Maitre de conférences de psychologie expérimentale

ANDRÉ OUZOULIAS
Professeur agrégé

FLORENCE SUIRE
Professeur des écoles

PIERRE CLERC
Instituteur

RETZ
editions-retz.com

Sommaire

Présentation

Guide pédagogique

MIXTE
Papier issu de sources responsables
FSC® C022030

ISBN : 978-2-7256-3477-7

Cet ouvrage suit l'orthographe recommandée par les rectifications de 1990 et les programmes scolaires.
Voir le site http://www.orthographe-recommandee.info et son miniguide d'information.

Préambule

La collection *J'apprends les maths* : des choix didactiques et une démarche pédagogique qui avaient anticipé ceux des programmes 2015-2016

Depuis sa première édition, *J'apprends les maths CP* est considéré comme un ouvrage ayant une forte identité du fait que, contrairement à une pratique courante entre 1990 et 2015, on n'y trouve pas un enseignement du comptage-numérotage : les nombres y sont en effet découverts progressivement à travers l'usage de stratégies de décomposition-recomposition. Par ailleurs, il s'agit d'un ouvrage où l'on utilise d'emblée une authentique file numérique, la file des boites de Picbille vides, et non une file numérotée. Enfin, pour mieux privilégier les stratégies de décomposition-recomposition, on n'y utilise pas non plus de file numérotée pour trouver le résultat d'une addition et d'une soustraction, une des conséquences étant que les élèves apprennent d'emblée qu'une soustraction ne se calcule pas systématiquement en reculant sur la suite des nombres.

Les raisons de ces choix sont exposées en détail dans le chapitre 1. Ici, il s'agit seulement de montrer que ces choix, anciens, de *J'apprends les maths* sont dorénavant ceux du programme pour l'école maternelle et élémentaire, ce qui explique que, dans cette nouvelle édition, les changements soient peu nombreux.

Enseigner le comptage-dénombrement et non le comptage-numérotage

On lit la recommandation suivante dans le programme maternelle 2015 : « *Les activités de dénombrement doivent éviter le comptage-numérotage et faire apparaitre, lors de l'énumération de la collection, que chacun des noms de nombres désigne la quantité qui vient d'être formée.* » Et le programme de cycle 2 fait le même choix didactique puisqu'on y lit que les élèves doivent « *comprendre que le successeur d'un nombre entier c'est ce nombre plus un* ». **C'est la première fois que des programmes recommandent de façon aussi explicite d'enseigner la forme de comptage qu'on appelle le comptage-dénombrement** : « *un ; et-encore-un, deux ; et-encore-un, trois ; et-encore-un, quatre ; et-encore-un…* » plutôt que le comptage-numérotage : « *le un, le deux, le trois, le quatre…* » Dans *J'apprends les maths CP*, le « personnage compteur » de la méthode, l'écureuil, utilise le comptage-dénombrement.

Privilégier systématiquement les stratégies de décomposition-recomposition

S'il y a un concept dont l'introduction doit être considérée comme emblématique du tournant amorcé par le programme maternelle et élémentaire 2015, c'est celui de décomposition ou, lorsqu'on s'exprime de manière plus précise, de décomposition-recomposition. Ces mots sont utilisés six fois dans le programme maternelle alors qu'ils étaient totalement absents dans ceux de 2002 et 2008. Et dans le programme cycle 2, ils sont utilisés huit fois alors qu'ils n'étaient utilisés qu'une seule fois dans les programmes 2002 et 2008.

Dans l'esprit du nouveau programme cycle 2, il n'y a pas de dénombrement authentique sans usage de telles stratégies, c'est d'ailleurs ainsi que le dénombrement est défini puisqu'on y lit : « *Procédures de dénombrement : décompositions/recompositions additives ou multiplicatives, utilisations d'unités intermédiaires : dizaines, centaines…* »

Ainsi, il n'y a pas de dénombrement possible sans ce qu'on appelle ordinairement le calcul, et la forme la plus fruste de dénombrement est le comptage-dénombrement, c'est-à-dire le calcul +1 itéré. Dans *J'apprends les maths CP*, l'écureuil utilise cette forme fruste de dénombrement mais les autres personnages, Picbille, Patti et Dédé, utilisent des formes plus élaborées, notamment les stratégies de décomposition-recomposition qui s'appuient sur les repères 5 et 10.

Utiliser une authentique file numérique et non une file numérotée

De nombreux enseignants de CP, voire de CE1, utilisent une file numérotée en associant l'addition et la soustraction à un déplacement sur cette file : en avançant pour l'addition et en reculant pour la soustraction. Un premier inconvénient, majeur, est que cela enferme de nombreux élèves dans un comptage ou un décomptage 1 à 1 : même lorsqu'on les incite à procéder par « bonds » (13 – 6 = 13 – 3 – 3, par exemple), les plus fragiles d'entre eux n'arrivent pas à se défaire de leurs habitudes de comptage-numérotage 1 à 1. Dans *J'apprends les maths CP*, la rencontre avec les nombres à 2 chiffres est progressive, comme le programme le recommande. Dès leur première rencontre avec les écritures 11, 12, 13…, 21, 22, 23…, les élèves apprennent que 11 = 10 + 1, 12 = 10 + 2… alors que les files numérotées de la vie quotidienne (calendrier, places de parking numérotées…) ne favorisent pas l'accès à ces décompositions. En fait, la file numérique est introduite sous la forme d'une file structurée de blocs de 10 cases vides, les boites de Picbille. La plupart du temps, cette file est vide mais les élèves savent la remplir grâce aux repères 5, 10, 15, 20… : pour trouver ce qui est écrit dans une case, il suffit de calculer le nombre de jetons nécessaire pour remplir la file jusqu'à cette case.

Ainsi, la présence des numéros est inutile, elle serait même néfaste dans ce contexte car incitant au comptage-numérotage. Avec une file vide mais structurée, les stratégies de décomposition-recomposition sont favorisées et une connaissance approfondie des nombres s'ensuit.

Ne pas enfermer l'élève dans le calcul d'une soustraction « en reculant »

Le pire des usages d'une file numérotée au CP est celui où l'enseignant associe étroitement les opérations à un déplacement sur celle-ci, dans le sens croissant pour l'addition et décroissant pour la soustraction. En effet, cela éloigne les élèves de la stratégie de calcul d'une soustraction par complément, lorsque pour calculer la soustraction 13 – 7, par exemple, on **avance** ainsi sur la suite des nombres : pour aller de 7 à 10, il faut 3, et encore 3 pour aller à 13, le résultat est donc 6.

Lorsqu'on enferme les élèves dans le calcul d'une soustraction « en reculant », les plus faibles ne deviendront jamais performants dans le calcul mental d'une soustraction. Or, le calcul mental et la résolution de problèmes arithmétiques ont partie liée et ces élèves verront également leurs progrès limités en résolution de problèmes.

Il faut donc se réjouir qu'on ne retrouve pas dans le programme 2016 de cycle 2 cet objectif qui figurait dans celui de 2002 : « *déterminer, par addition ou soustraction, la position atteinte sur une ligne graduée à la suite d'un déplacement en avant ou en arrière* ». Dans *J'apprends les maths CP*, nous avons toujours enseigné le calcul d'une soustraction « en reculant », bien entendu, mais aussi « en avançant », du moins lorsque les valeurs numériques s'y prêtent (12 – 9, par exemple).

Favoriser les problèmes où l'élève est mis en situation d'anticipation

Concernant la résolution de problèmes, le programme 2016 recommande de demander aux élèves de « *prévoir des résultats d'actions portant sur des collections ou des grandeurs* ».

Or, depuis sa 1re édition, *J'apprends les maths CP* a constamment utilisé et perfectionné ce type d'activités, essentiel pour que les élèves donnent du sens à leurs apprentissages numériques. Sa forme la plus achevée est sans conteste celle que nous avons appelée la simulation mentale d'une action que l'enseignant réalise de manière masquée. Il s'agit là d'une activité phare de *J'apprends les maths CP*.

Des animations numériques favorisant la simulation mentale d'actions que le logiciel réalise de façon masquée

Depuis la 1re édition, les élèves sont amenés à réaliser des actions conduisant à masquer des unités : coller les couvercles des boites de Picbille, poser le cache en carton qu'ils utilisent pour travailler les décompositions des nombres, etc. Ils sont ensuite conduits à anticiper le résultat d'actions (résultat d'un ajout de jetons dans une boite de Picbille, par exemple). Jusqu'à présent, ces actions étaient souvent réalisées par l'enseignant de façon masquée, en faisant en sorte que les élèves ne voient pas le contenu initial de la boite, par exemple.

Une nouveauté de cette édition est l'offre complémentaire d'une clé USB avec des animations numériques qui prennent en charge cet aspect du travail de l'enseignant puisque c'est le logiciel qui réalise les actions. Donnons un exemple : une boite de Picbille dont on ne voit que le dos à l'écran contient 6 jetons (ils deviennent visibles en cliquant sur la boite), Picbille arrive dans l'écran avec 3 jetons dans son charriot et il les lance de sorte qu'il continue à remplir la boite. Il faut anticiper le nouveau contenu de la boite. Du fait que l'enseignant n'a plus à réaliser lui-même les actions, il est plus disponible pour animer la séquence dont le déroulement se trouve facilité. (Voir p. 168.)

2 textes qui ont vraisemblablement joué un rôle majeur dans l'évolution du programme

Les programmes 2016 ont été élaborés suite à un large débat à l'initiative du Conseil supérieur des programmes. Les deux textes suivants ont vraisemblablement joué un rôle majeur dans l'évolution du programme de mathématiques.

Brissiaud, R. (octobre 2014) *Pourquoi l'école a-t-elle enseigné le comptage-numérotage pendant près de 30 années ? Une ressource à restaurer : un usage commun des mots grandeur, quantité, nombre, numéro, cardinal, ordinal, etc.* Texte mis en ligne à l'adresse : http://www.cfem.asso.fr/debats/premiers-apprentissages-numeriques/Brissiaud_UneRessourceaRestaurer.pdf

Brissiaud, R. (décembre 2014) Vers la fin de la confusion entre le nombre et la quantité représentée par une collection de numéros ? Texte mis en ligne à l'adresse : http://www.cfem.asso.fr/debats/premiers-apprentissages-numeriques/BrissiaudCfem2.pdf

Chapitre 1

Calcul et résolution de problèmes : quelles continuités, quelles nouveautés ?

PLAN DU CHAPITRE

Le comptage-dénombrement doit toujours être préféré au comptage-numérotage

La notion de comptage-numérotage

Enseigner le comptage-numérotage, c'est enseigner le comptage selon la pédagogie de sens commun, c'est-à-dire en insistant sur la correspondance 1 mot $\longleftrightarrow$ 1 objet. L'adulte dit à l'enfant (entre 2 et 5 ans, par exemple) que pour compter, il faut être attentif à prononcer les mots-nombres dans l'ordre et, pour théâtraliser la correspondance 1 mot $\longleftrightarrow$ 1 objet, il prend le doigt de l'enfant et dit : « un (il appuie sur le doigt posé sur un jeton), deux (il appuie sur le doigt maintenant posé sur le suivant), trois (il appuie…), etc. » et l'enfant, très souvent, comprend : « le un, le deux, le trois… ». Dans la tête de l'enfant, les mots-nombres fonctionnent comme des numéros, ils désignent 1 élément et 1 seul plutôt qu'une pluralité.

On dispose de nombreuses preuves du fait que cet enseignement est à l'origine de nombreuses difficultés. Ainsi, rappelons qu'à l'école maternelle on observe très fréquemment le dialogue suivant (Schaeffer & coll., 1974) :

Adulte : Combien y a-t-il de jetons ?
Enfant (en comptant les jetons) : « un », « deux », « trois », « quatre ».
Adulte : Oui, alors combien y a-t-il de jetons ?
Enfant (recompte les jetons) : « Un », « deux », « trois », « quatre ».
Adulte : Je suis d'accord, mais ce que je t'ai demandé, c'est combien il y a de jetons ?
Enfant (recompte encore) : « Un », « deux », « trois », « quatre ».
Cet enfant met bien en correspondance terme à terme les mots-nombres et les jetons de la collection, mais il n'isole pas le dernier mot-nombre prononcé pour répondre à la question posée. L'enfant reste apparemment incapable d'exploiter ce comptage pour répondre à la question : « Combien… ? » Son comptage ne lui permet pas d'accéder au nombre. On peut dire : son comptage n'est pas un dénombrement.

Pour comprendre ce phénomène, il suffit d'imaginer un autre contexte où l'enfant pointe des objets en disant des mots tous différents : « cube », « table », « fenêtre », « toboggan », par exemple. Le dernier mot prononcé, « toboggan », réfère à l'objet qui est pointé au moment où ce mot est prononcé (le toboggan), il ne dit rien des autres objets, ni de l'ensemble des objets. Or, lors d'un comptage-numérotage, le dernier mot, « quatre », est prononcé alors que l'enfant pointe le dernier objet, comme dans l'exemple précédent, mais dans ce cas l'enfant devrait comprendre que

« quatre », pour l'essentiel, ne réfère pas à cet objet parce qu'il désigne une propriété de l'ensemble des objets : ce mot précise quelle est la pluralité que l'enfant a devant lui, il dit le nombre d'unités de la collection.

Pointer un objet tout en prononçant un mot, alors que celui-ci désigne pour l'essentiel une propriété d'autre chose, correspond à un fonctionnement du langage complètement atypique (Markman, 1989 ; 1990). À vrai dire, on ne l'observe que dans le contexte de l'enseignement du comptage-numérotage. C'est donc l'insistance des pédagogues sur la correspondance 1 mot <-> 1 élément qui explique l'incompréhension des enfants : elle les conduit à concevoir les éléments successivement pointés comme « le un, le deux, le trois, le quatre... ». Les mots prononcés sont alors des sortes de numéros renvoyant chacun à un élément et un seul ; le dernier mot prononcé est lui aussi un numéro, comme les autres.

Cette signification des mots-nombres s'installe d'autant plus facilement que les jeunes enfants vivent dans un univers de numéros : en dehors de l'école, 4 est pour les enfants le numéro de l'étage où ils habitent, 28, celui de leur appartement, 3 celui de la chaine télé... Lorsqu'un enfant appuie sur la touche « 3 » de la télécommande, il ne voit pas 3 images, il voit une seule image, celle de « la 3 ». Bref, un enseignement précoce du comptage-numérotage renforce la signification des mots-nombres en tant que numéros et ne favorise pas l'accès à leur signification en tant que noms de nombres, lorsqu'ils désignent des pluralités.

Enseigner le comptage-numérotage fait obstacle au progrès vers le calcul

Même lorsqu'un enfant répète le dernier mot d'un comptage (« un, deux, trois, quatre, quatre ») on n'a aucune assurance que ce dernier mot représente le nombre. En effet, Karen Fuson (1988) a montré que certains enfants ajoutent cette règle du « bien compter » à toutes les autres (dire les mots-nombres dans l'ordre...). Ils créent une nouvelle règle : « Après avoir attribué un numéro à chaque objet, il faut répéter le dernier numéro ». À force d'exercice, certains enfants se comportent exactement comme les adultes s'y attendent, ils répètent même le dernier mot-nombre de leur comptage, mais cela n'empêche pas ce comptage d'être un « comptage mécanique ».

Dans un petit livre récent (Brissiaud, 2013), j'ai montré que l'enseignement du comptage-numérotage est en rupture totale avec ce qu'était la culture pédagogique française depuis 1923 environ et jusqu'en 1986. On trouve d'ailleurs des textes pédagogiques dans lesquels cette pratique était évaluée de manière assez juste en ce qu'elle était considérée comme source de progrès à court terme, certes (sinon, on comprendrait mal que le sens commun s'y accroche), mais comme hypothéquant l'avenir des élèves les plus fragiles : « ... cette façon empirique (*le comptage-numérotage*) fait acquérir à force de répétitions la liaison entre le nom des nombres, l'écriture du chiffre, la position de ce nombre dans la suite des autres, mais elle gêne la représentation du nombre, l'opération mentale, en un mot, elle empêche l'enfant de penser, de calculer » (Fareng & Fareng, 1966).

Comme le notaient ces auteurs, l'usage du comptage-numérotage permet certains progrès. Ainsi, pour comparer deux collections, certains enfants comptent l'une en disant : 1, 2, 3, 4 ; puis l'autre collection en disant : 1, 2, 3, 4, 5 et ils concluent correctement alors qu'ils ne savent pas répondre 4 et 5 à la question « Combien y a-t-il... ? » : ils ont compris que lorsque leur comptage-numérotage va plus loin, on peut dire : « Il y a plus là que là » (Droz & Paschoud, 1981).

L'usage du comptage-numérotage permet donc la comparaison de la taille de 2 collections. Cependant, ces quelques progrès risquent de se payer au prix fort ultérieurement car cet enseignement éloigne les élèves du calcul. En effet, la relation numérique « 5 et encore 3, c'est 8 » n'a aucun sens lorsqu'on interprète les chiffres comme des numéros. Regarder successivement les programmes de « la 5 » puis de « la 3 », ne dit rien de ceux de « la 8 ». L'entrée dans le calcul est évidemment impossible tant que les enfants n'ont pas compris que les mots qu'ils utilisent pour compter désignent des pluralités successivement engendrées par l'ajout d'une unité : « deux, c'est un et encore un » ; « trois, c'est un, un et encore un » ou bien : « trois, c'est deux et encore un ».

Faire le choix du comptage-numérotage, c'est contraindre les enfants à s'approprier les nombres et le calcul alors que les mots utilisés sont des numéros qui n'explicitent pas les nombres en jeu dans le calcul. L'entrée dans le calcul est alors une telle course d'obstacles que les élèves les plus fragiles y échouent en grand nombre. Toutes les études sur les enfants en difficulté grave et durable, ceux que certains chercheurs qualifient de « dyscalculiques », décrivent ces enfants comme enfermés dans le comptage 1 à 1 (Geary, 2005).

Henri Canac (1955), sous-directeur de l'ENS de Saint-Cloud et membre de la commission Langevin-Wallon, évoquant ces enfants qui, au cours moyen, sont incapables de retrouver le résultat d'une addition élémentaire sans compter 1 à 1, les qualifie d'« élèves mal débutés » parce que, plus jeunes, ils ont appris à compter de façon mécanique et se sont insuffisamment approprié les décompositions des premiers nombres. En leur enseignant le comptage-numérotage, l'école ne les a pas seulement conduits à un comptage mécanique, elle a aussi enclenché la mécanique de l'échec (Brissiaud, 2013).

Une autre possibilité : enseigner les décompositions des premiers nombres et le comptage-dénombrement

Mais il existe une autre façon de parler les nombres à l'école (Brissiaud, 1989 ; 2007 ; 2013). Il est évidemment fondamental que les enseignants d'école maternelle le sachent, mais il est important que ceux de CP ne le méconnaissent pas : en effet, dans presque toutes les classes de CP, en début d'année, quelques enfants n'ont pas encore compris les cinq premiers nombres et beaucoup d'élèves les comprennent insuffisamment (ils résolvent toutes les tâches à l'aide d'un comptage plutôt que de calculer).

L'autre façon de parler les nombres à l'école consiste à éviter toute utilisation par l'enseignant des mots-nombres en tant que numéros, afin de privilégier les décompositions des premiers nombres. Cette façon est décrite ci-dessous en pensant à des élèves de maternelle, mais c'est cette façon de s'exprimer qui doit inspirer un enseignant de CP lorsqu'il s'adresse en début d'année à ses élèves les plus fragiles qui, souvent, sont aussi les plus jeunes.

Ainsi, pour enseigner le nombre 2, l'enseignant utilise comme synonyme de deux : « un et encore un » ou, au CP, « un plus un », en faisant, bien sûr, les actions correspondantes : « Deux cubes, c'est un cube (l'enseignant prend 1 cube) et encore un (il en prend 1 autre), deux (il les montre tous les deux) » ; et il demande à l'enfant de donner de même : « deux crayons, un crayon et encore un », « deux petites voitures… » Il ne dit donc jamais : « un, deux » en pointant successivement les objets, il ne les numérote jamais. Puis, quand les enfants ont compris les nombres 1 et 2, il fait de même avec le nombre 3 en utilisant comme synonyme de trois : « un, un et encore un » ou bien « deux et encore un ».

C'est seulement lorsque les enfants ont une connaissance approfondie des 3 premiers nombres qu'il devient possible d'enseigner le comptage. Avoir cette connaissance approfondie, c'est réussir tout un ensemble de tâches mettant en jeu ces nombres : savoir dire directement ces nombres en face d'une collection correspondante ; savoir donner une collection ayant 1, 2 ou 3 éléments ; savoir reconnaitre directement une collection de 3 parmi des collections de 2 et 4 ; savoir résoudre des problèmes où il s'agit d'anticiper le résultat d'ajouts et de retraits de 1 ou 2 dans le tout petit domaine numérique des 3 premiers nombres, etc.

Dès que les élèves connaissent les 3 premiers nombres, donc, il devient possible d'enseigner le comptage d'abord jusqu'à 4, plus tard jusqu'à 5. Et il est nécessaire et très facile que cet enseignement prenne une forme différente du comptage-numérotage.

Décrivons cette autre façon de l'enseigner en se plaçant dans la situation où, pour former une collection de 4 objets, l'enseignant montre aux élèves comment on les compte tout en les prélevant successivement d'un stock. L'enseignant dit « un » quand il a déplacé le 1er objet, il dit « deux » non pas au moment où il touche le 2e objet, mais quand celui-ci a été déplacé et, donc, quand la collection des deux objets a été formée (on vise à ce que l'enfant associe le mot « deux » à la pluralité : 2, c'est le résultat de 1 et encore 1), il dit « trois » non pas au moment où il touche le 3e objet, mais au moment où celui-ci a été déplacé et, donc, quand la collection de 3 objets a été formée (pour que l'enfant associe le mot « trois » à la pluralité : 3, c'est le résultat de 2 et encore 1). Idem pour « quatre » ; si les enfants ont compris les 3 premiers nombres (et il ne faut procéder à cet enseignement que quand c'est le cas), ils ont la possibilité d'accéder à la signification du mot « quatre » en généralisant celle de « un », de « deux » et de « trois » : si c'est le cas, ils apprennent d'emblée que 4, c'est 3 et encore 1.

Lorsqu'il procède ainsi, l'enseignant enseigne une forme de comptage très différente du comptage-numérotage, parce que la correspondance terme à terme qu'il théâtralise n'est pas celle entre 1 mot et 1 objet mais la correspondance entre 1 mot et la pluralité des objets déjà pris en compte. Lorsqu'un enfant comprend cette forme de comptage, chaque mot prononcé désigne pour lui un vrai nombre puisqu'il désigne la nouvelle pluralité obtenue après l'ajout de 1 ; c'est la raison pour laquelle on peut alors parler de l'enseignement d'un « comptage-dénombrement ».

Enseigner un comptage-dénombrement explicite

Les enseignants peuvent aussi utiliser un « comptage-dénombrement explicite ». Il y a deux façons de rendre un comptage dénombrement explicite. La première consiste à dire : « 1 et encore 1, 2 ; et encore 1, 3 ; et encore 1, 4 ». Au CP, lorsque le signe « + » a été introduit en classe, on dit « 1 plus 1, 2 ; plus 1, 3 ; plus 1, 4 ». En effet, un comptage-dénombrement est un comptage où l'on cherche à faire comprendre le calcul sous-jacent au dénombrement ; verbaliser ce calcul ne peut que favoriser cette compréhension. Depuis la première édition de *J'apprends les maths CP*, on utilise un personnage qui incarne le comptage : l'écureuil. Dans cette nouvelle édition, l'écureuil utilise un comptage-dénombrement explicite et non un comptage-numérotage.

La seconde façon de rendre un comptage-dénombrement explicite consiste à exprimer le nombre total résultant de l'ajout successif des unités, en spécifiant la nature de cette unité : « un jeton, deux jetons, trois jetons… ». En effet, dans l'expression « trois jetons », la syntaxe de ce petit groupe nominal fait que le mot « trois » réfère à une pluralité, il n'est pas un numéro. Or, la signification des mots-nombres que le comptage-dénombrement cherche à privilégier est celle de pluralités, celle que l'on appelle aussi la signification cardinale des mots-nombres.

De même que les points cardinaux (nord, sud…) sont ceux qui servent de repères pour s'orienter dans l'espace, la signification cardinale des mots-nombres est celle qui doit guider la pratique pédagogique des enseignants de maternelle. On remarquera d'ailleurs que dans les décompositions d'un nombre (trois, c'est deux et encore un, par exemple), chacun des mots-nombres prononcés a une signification cardinale. Faire le choix de privilégier les décompositions et le comptage-dénombrement, c'est privilégier la signification cardinale des mots-nombres et, partant, c'est permettre un apprentissage explicite des nombres et du calcul.

Se méfier de l'usage pédagogique d'une file numérotée

Depuis la fin des années 80, et non auparavant, les enseignants utilisent couramment une file numérotée pour apprendre aux enfants de GS et de CP à retrouver l'écriture chiffrée d'un mot-nombre à partir de son écoute. Dans une telle situation, s'il s'agit de « huit » par exemple, l'enfant dispose au départ de la sonorité de ce mot (on vient de le lui dicter) et il voudrait savoir comment se dessine le chiffre correspondant. Il peut alors prendre une file numérotée commençant par « 1 » et en compter les cases jusqu'à entendre « huit » : il voit alors un petit rond dessiné au-dessus d'un plus grand ; c'est le chiffre 8. Mais ce que l'enfant retrouve ainsi, c'est la case numéro « 8 » ; s'il s'était arrêté avant, ça aurait été « la 7 ». C'est donc la signification numéro qui fonctionne dans un tel contexte.

De plus, certains enfants deviennent dépendants de l'usage de cette file et les gestes graphiques leur permettant d'écrire les chiffres résultent alors systématiquement de cette copie des dessins figurant dans les cases de la file numérotée. Ils l'effectuent tantôt d'une façon, tantôt d'une autre et, pour chaque chiffre, ils ne mémorisent pas la trajectoire du geste qui, de façon stabilisée, leur permettra leur vie durant d'écrire le chiffre correspondant. Or, de nombreuses recherches récentes conduisent à penser que la mémorisation de cette trajectoire participe grandement à l'apprentissage de la lecture-écriture des chiffres (Fischer, 2010 ; Labat et col., 2010).

Concernant l'apprentissage du calcul, les conséquences sont pires. Même si dans *Comment les enfants apprennent à calculer* (Brissiaud, 1989), j'incitais à utiliser la file numérotée avec beaucoup de précautions, je suis convaincu aujourd'hui que toutes les précautions possibles n'empêcheront pas que son usage retarde le progrès vers le calcul. En effet, quand une file numérotée est affichée au-dessus du tableau, les élèves l'utilisent également pour retrouver le résultat d'une addition telle que 8 + 5. Ils procèdent comme le faisaient les élèves qu'Henri Canac qualifiait de « mal débutés » en comptant 5 franchissements de cases après la case numéro huit : <u>8</u>, 9 (1), 10 (2), 11 (3), 12 (4), 13 (5). Puis, ils recopient le numéro de la case d'arrivée. Cette façon de faire retarde la mémorisation (Brissiaud, 1989). Cette file numérotée n'apparaissait d'ailleurs dans aucun manuel ou fichier de CP d'avant 1986, elle n'était jamais affichée dans les classes et les élèves calculaient bien mieux (Brissiaud, 2013).

Pour autant, nous n'avons pas renoncé dans cette nouvelle édition de *J'apprends les maths CP* à organiser l'écriture des nombres en une file numérique. Mais celle-ci apparait plus tardivement dans la progression, elle apparait seulement sq 44, c'est-à-dire à un moment où l'on ne peut guère douter du fait que, pour les élèves, les écritures chiffrées désignent des pluralités, même lorsque ces écritures chiffrées figurent dans une suite de cases (voir ci-dessous le facsimilé).

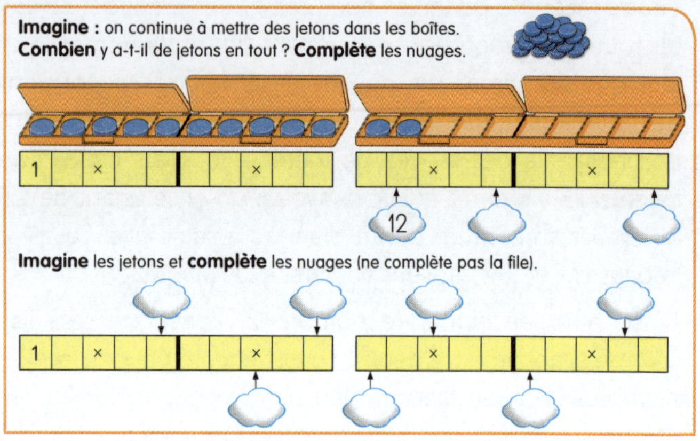

Les élèves apprennent que dans une file numérotée, le numéro d'une case quelconque est le nombre de jetons nécessaire pour remplir toutes les cases jusqu'à celle-ci. Ils construisent la signification « numéro » des écritures chiffrées à partir de leur signification cardinale plutôt que d'emprunter le chemin inverse, celui qui conduit à tant d'échecs.

Une progression organisée autour de la distinction entre comptage et calcul

Présentons cette distinction en considérant le problème suivant : « J'ai 4 jetons dans ma poche gauche et 3 jetons dans la droite. Je vais les mettre sur la table. Combien y aura-t-il de jetons ? »

- Pour résoudre ce problème, certains enfants comptent 4 doigts sur une main, comptent 3 doigts sur l'autre, puis recomptent un à un ces 7 doigts.
- D'autres enfants trouvent le résultat sous la forme 4 + 1 + 2, en décomposant le deuxième nombre afin de s'appuyer sur un résultat connu (5 + 2 = 7) : c'est l'usage de ce type de stratégie de décomposition-recomposition que nous appelleront du calcul. Ce calcul peut éventuellement prendre la forme d'un « calcul sur les doigts ». C'est le cas lorsqu'après avoir sorti directement 4 doigts sur une main, 3 sur l'autre, l'enfant baisse un doigt de cette dernière pour compléter la première main ; le résultat lui apparait alors sous la forme 5 + 2 : une main complète et encore 2 doigts.

Le comptage, qu'il s'agisse d'un comptage-numérotage ou d'un comptage-dénombrement, est une façon de faire dans laquelle les unités sont égrénées l'une après l'autre alors que le calcul correspond à l'usage d'une stratégie de décomposition-recompostion.

Apprendre à calculer est évidemment un objectif essentiel dès le CP. Mais il est moins évident de répondre à la question suivante : *comment favoriser l'apprentissage du calcul ?*

Comme nous l'avons vu, ce n'est pas à force de compter-numéroter que l'enfant apprend à calculer. Tous les professeurs de cycle 3 savent que leurs élèves en difficulté sont des « enfants compteurs ». Dans cette nouvelle édition de *J'apprends les maths CP avec Picbille*, l'usage du comptage-numérotage n'est jamais valorisé (même l'écureuil, qui est le personnage incarnant le comptage, utilise un comptage-dénombrement et non un comptage-numérotage) ; de plus, l'usage de stratégies de décomposition-recomposition (calculer 4 + 3 sous la forme 4 + 1 + 2, par exemple) est systématiquement favorisé.

Ce n'est pas non plus à force de répéter les résultats de la table d'addition (ce qu'on appelle l'apprentissage « par cœur ») que les enfants apprennent à calculer. Les recherches montrent que ce qui est possible au CE avec la table de multiplication, parce que les enfants ont déjà une bonne connaissance des nombres, ne l'est pas avec la table d'addition.

Alors la question reste : comment favoriser l'apprentissage du calcul mental ?

Apprendre le calcul mental à l'aide des repères 5 et 10

Dès la première édition, nous avons choisi de favoriser un autre mode d'apprentissage où l'enfant apprend à représenter les nombres à l'aide des repères 5 et 10. Pour 7, par exemple, on utilise les trois représentations suivantes :

c'est-à-dire des configurations de points sous la forme 5 + 2 et un cadre matériel de 10 (une « boite de Picbille* ») dans lequel 7 apparait comme 5 jetons dans un compartiment dont le couvercle est fermé et 2 jetons dans l'autre.

Et pour 12, par exemple : 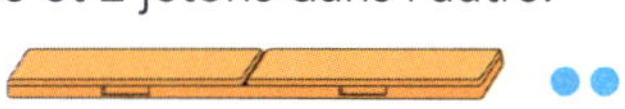

Dès lors, des sommes telles que 5 + 2 et 10 + 2 sont connues précocement et ce sont leurs résultats mémorisés que l'enfant utilise dans les autres calculs. Ainsi :
– 4 + 3 est pensé comme 4 + 1 + 2 (*cf.* sq 30 et 34) ;
– 9 + 3 est pensé comme 9 + 1 + 2 (*cf.* sq 76), etc.
C'est ce qu'on appelle souvent le « **calcul réfléchi** ».

Un nouveau repère pour apprendre à calculer : le repère 3

Dans cette nouvelle édition de *J'apprends les maths CP avec Picbille*, les élèves utilisent également une schématisation de la main qui fait apparaitre 5 sous la forme 2 + 1 + 2. Les nombres 5, 7 et 10, par exemple, sont représentés ainsi :

5 7 10

En cohérence avec ce choix pédagogique, on repère d'une croix les jetons correspondants dans la représentation des nombres « comme Picbille » : 

C'est donc un nouveau repère que nous introduisons : **le repère 3**. La raison de ce choix est triple :
a) Notre représentation mentale des nombres est linéaire ;
b) Or, lorsque des unités sont alignées, on n'en reconnait immédiatement le nombre exact que jusqu'à 3. Ce nombre est en effet la limite supérieure d'un phénomène que l'on appelle le *subitizing* (Fischer, 1991) et qui est la capacité de l'être humain à traiter plusieurs unités en un seul focus de l'attention. Dès qu'une collection contient 4 unités ou plus, il faut la décomposer pour en connaitre rapidement le nombre.
c) Un enfant qui ne sait pas utiliser le repère 3 ne peut ni utiliser le repère 5 pour calculer, ni utiliser la dizaine pour se représenter les grands nombres !

Apprendre 11 comme 10 + 1, 12 comme 10 + 2, etc.

Les nombres de onze à seize, ceux dont le nombre d'unités est masqué à l'oral (dans « vingt-six », en revanche, on entend « six »), sont à l'origine de bien des difficultés. L'apprentissage de ces nombres est une étape cruciale du CP : les enfants qui n'apprennent pas les décompositions du type « douze, c'est dix et encore deux » risquent d'avoir des difficultés durables avec ces nombres et, au-delà, avec la compréhension de la numération décimale. Nous avons vu que, de façon générale, comprendre un nombre, c'est en connaitre les décompositions. Savoir décomposer les nombres entre onze et seize à l'aide de 10 est une compétence cruciale. Un grand nombre de décisions pédagogiques de *J'apprends les maths CP* visent à assurer le progrès sur ce point. L'une des principales est que les élèves rencontrent l'écriture chiffrée de ces nombres en lien avec leur décomposition décimale et non au sein d'une file numérotée (*cf.*, ci-dessous, le facsimilé de la sq 33).

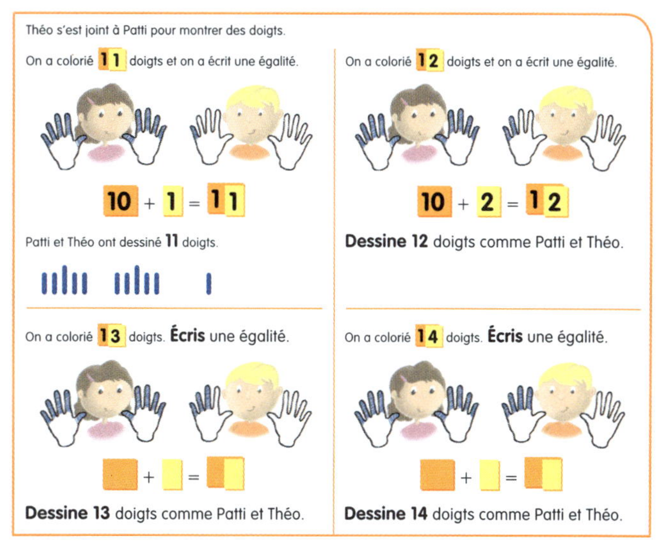

* Le matériel collectif appelé « Boite de Picbille » est édité chez Retz (voir p.20).

Il est important de mettre d'emblée l'écriture des nombres après 10 en relation avec leur décomposition : douze, c'est « dix plus deux » et ce nombre s'écrit sous forme chiffrée en juxtaposant les chiffres « 1 » et « 2 » : « 12 ».

Mais comment justifier aux élèves que le nombre dix de « dix plus deux » est noté « 1 » dans cette écriture chiffrée ? Il est classique de justifier ce remplacement en disant aux élèves que douze s'écrit ainsi parce que c'est « 1 groupe de dix et encore 2 ». En fait, cette justification se comprend bien mieux lorsqu'on aborde les nombres au-delà de vingt : vingt-quatre, par exemple, s'écrit sous forme chiffrée en juxtaposant les chiffres « 2 » et « 4 » (« 24 ») parce que c'est 2 groupes de dix et encore 4. En revanche, il est difficile de faire appel à la notion de « groupe » quand il n'y a qu'un seul groupe : souvent, on ne parle de groupe que lorsqu'on a constitué 2 groupes au moins. La justification précédente (« 12 », c'est 1 groupe de dix et encore 2) peut éventuellement être avancée dès cette sq, mais nous avons choisi d'utiliser principalement le procédé pédagogique popularisé par Maria Montessori : l'écriture de douze, par exemple, s'obtient en masquant le chiffre « 0 » de « 10 » par un chiffre « 2 » et, inversement, le nombre qui s'écrit « 12 », c'est 10, dont l'écriture est partiellement masquée, et encore 2.

On notera par ailleurs qu'afin de mieux favoriser l'appropriation de ces décompositions, divers supports de représentation sont mis à la disposition des élèves : les doigts de deux enfants, les groupes de 10 « comme Dédé », les boites de Picbille, les billets de 10 €, les groupes de 10 « quelconques » tels que des paquets de gâteaux ou encore des bouquets de fleurs...

Apprendre le calcul mental dans des situations d'anticipation

Pourquoi des situations d'anticipation ?

Donnons d'abord un exemple de situation d'anticipation* :

Phase d'anticipation.

Phase de validation : l'enseignant bascule la boite.

Dans ce cas, il s'agit d'anticiper le nombre de cases vides d'un cadre matériel de 10 cases lorsque 7 d'entre elles sont remplies. Ou encore : il s'agit d'anticiper le nombre de jetons qu'il faudrait ajouter pour qu'il y en ait 10.

Les élèves prennent conscience de la différence entre ce type de tâche et la devinette : contrairement à la devinette, l'élève qui raisonne correctement réussit systématiquement. Par ailleurs, la situation est autocorrective : comme l'enjeu du raisonnement arithmétique est d'anticiper le résultat d'actions avant qu'elles ne soient effectivement réalisées, il suffit de procéder à ces actions (ici, ajouter 3 jetons et observer que la boite est pleine) pour valider ou non l'anticipation.

Les enfants prennent ainsi conscience que l'enjeu des tâches arithmétiques se situe dans les transactions avec le monde des objets. Il ne s'agit pas seulement de deviner la réponse verbale qui ferait plaisir à l'enseignant. **La résolution de problèmes prend ainsi du sens** pour les élèves. Il est important que les situations d'anticipation soient privilégiées au CP parce que c'est l'une des classes où les enfants construisent leur rapport à l'activité mathématique.

Apprendre à calculer en simulant mentalement l'action du maitre

Mais les situations d'anticipation utilisées dans *J'apprends les maths CP* favorisent l'apprentissage du calcul mental pour une autre raison, plus fondamentale encore. Considérons par exemple la situation utilisée pour enseigner le « passage de la dizaine » : 8 + 4 = (8 + 2) + 2.

Phase d'anticipation (début).

Phase d'anticipation (suite).

Les élèves sont conduits à simuler mentalement l'action que l'enseignant réalise de façon masquée. Or les recherches en neuropsychologie montrent que l'apprentissage repose grandement sur ce type de processus mentaux (Rizzolatti & Sinigaglia, 2008). Au-delà des travaux scientifiques, on en comprend bien les raisons en considérant la phase de validation :

Phase de validation : l'enseignant reconstitue la situation initiale tout en basculant la boite et en ouvrant la main. Il peut ensuite réaliser l'action de manière visible en la commentant : « Il y a 8 jetons dans la boite, donc 2 cases vides. Les 4 jetons que j'ajoute, c'est 2 jetons pour les cases vides et encore... 2 jetons qui restent dans la main. Le résultat est 12. »

Lorsque les élèves sont seulement confrontés à une situation comme celle qui est utilisée ici pour la validation, c'est-à-dire une situation où le complément à 8 est visible, où la collection ajoutée est visible et donc facilement décomposable, la plupart d'entre eux se trouvent en grande

* Remarquons que l'enseignant tient la boite de façon que les élèves voient les nombres croissant de gauche à droite lors de la phase de validation et qu'ils les imaginent ainsi lors de la phase d'anticipation ; c'est en effet le sens de leur « file numérique mentale » et il doit être privilégié. L'enseignant, lui, voit les nombres grandir « à l'envers » mais c'est ce que les élèves voient qui importe.

difficulté dès que le matériel n'est plus présent. Simuler mentalement l'action que l'enseignant a réalisée de manière masquée oblige à reconstituer mentalement les données correspondant aux différentes étapes de la procédure et à enchainer ces étapes : devenir capable de le faire rend autonome dans la mise en œuvre de cette procédure.

Calcul mental, résolution de problèmes et compréhension des opérations

On commencera dans cette section par rappeler la définition classique de la compréhension des opérations : comprendre une opération arithmétique, c'est en maitriser les différents sens ou usages. Puis on présentera une autre « face » de cette compréhension : comprendre une opération, c'est savoir la calculer de différentes façons.

Comprendre une opération (1) : maitriser ses différents sens ou usages

Qu'est-ce que comprendre une opération arithmétique ? Comprendre la soustraction, par exemple, c'est avoir acquis « les sens » de cette opération. Illustrons cette pluralité des sens d'une même opération en prenant pour exemple la soustraction. On sait que la différence entre 2 quantités (entre 2 collections, entre 2 longueurs, entre 2 aires, etc.) peut se définir comme « ce qui dépasse lorsqu'on met en correspondance ce qui est pareil dans les 2 quantités ».

Deux collections, deux nombres…

… et leur différence :

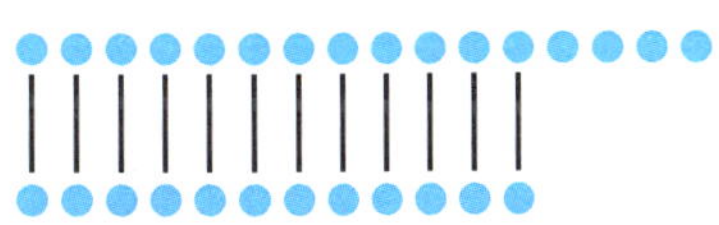

Mais la différence, c'est aussi ce qu'il faut ajouter au petit nombre pour obtenir le grand :

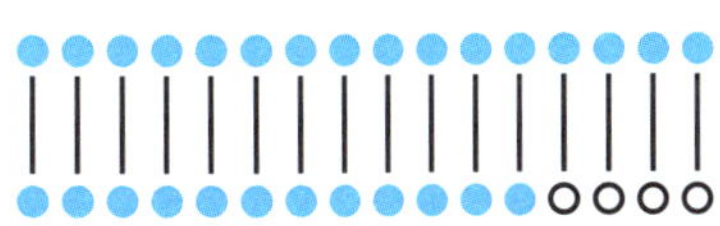

C'est aussi ce qui reste quand on retire le petit nombre au grand :

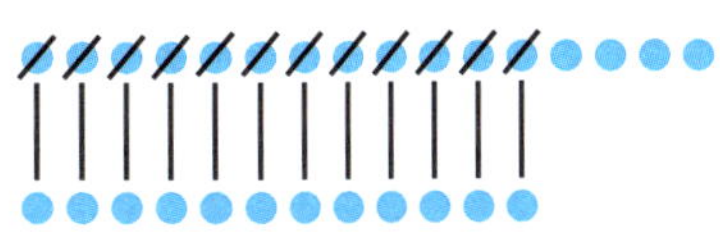

Grâce à cette mise en correspondance, on comprend que « ce qui est différent » est à la fois ce qu'il faut ajouter à la petite quantité pour obtenir la grande et ce qui reste lorsqu'on retire la petite quantité à la grande. Comprendre cela, que ce soit explicitement ou de manière intuitive, conduit à l'idée que la soustraction permet à la fois de :

- Comparer deux quantités (lorsqu'on cherche ce qui est différent).
- Déterminer le complément qu'il faut ajouter à la petite quantité pour obtenir la grande.
- Déterminer ce qui reste lorsqu'on retire la petite quantité à la grande.

Qu'en est-il de la compréhension des opérations arithmétiques que sont l'addition et la multiplication ? Une propriété commune à ces deux opérations est leur commutativité : « a + b = b + a » et « a x b = b x a ». Avoir acquis la commutativité de l'addition conduit, par exemple, à savoir que 10 ans après l'an 2000, ou 2000 ans après l'an 10, sont deux façons différentes de désigner la même année. Pour calculer 10 + 2000, on peut effectuer un autre ajout que celui qui correspond au déroulement temporel de l'« histoire » ou un autre ajout que celui correspondant à une lecture de gauche à droite de cette addition. De même, avoir acquis la commutativité de la multiplication conduit à comprendre que le nombre 2, lorsqu'il est répété 28 fois (2 + 2 + 2…) conduit au même résultat que 28 répété 2 fois : 28 + 28 (on peut donc effectuer une autre répétition que celle dont on parle dans un énoncé de problème). Ainsi, dans le cas de l'addition et de la multiplication, la pluralité des sens de ces opérations renvoie pour l'essentiel à la pluralité des sens de leur utilisation : on peut calculer dans un sens ou dans l'autre.

Comprendre une opération (2) : calculer mentalement de différentes façons

Un adulte n'utilise pas la même stratégie de calcul mental pour déterminer 102 – 6 et 102 – 94. Pour calculer 102 – 6, les adultes procèdent généralement par retraits successifs, c'est-à-dire en reculant sur leur file numérique mentale ; ils font : (102 – 2) – 4 = 96. En revanche, pour calculer 102 – 94, ils calculent par compléments successifs, c'est-à-dire en avançant sur leur file numérique mentale : à partir de 94, il faut 6 pour aller à 100 ; et encore 2 pour aller à 102, il faut 8 en tout.

Les deux faces de la compréhension des opérations ont partie liée

On comprend intuitivement que savoir calculer une soustraction telle que 102 – 94 en avançant, c'est-à-dire en cherchant le complément de 94 à 100, aide à comprendre que la soustraction permet de résoudre des problèmes de recherche de la valeur d'un complément. Calcul mental et résolution de problèmes arithmétiques ont ainsi partie liée. C'est ce qui explique que les élèves qui sont performants en calcul mental, le sont également en résolution de problèmes arithmétique et, plus généralement, en mathématiques. De manière générale, un grand nombre de recherches montrent que le calcul mental est une sorte de passeport vers la réussite en mathématiques.

Les opérations arithmétiques et la résolution de problèmes : les choix de *J'apprends les maths*

Apprendre, dès le CP, le calcul mental d'une soustraction

Dès le CP, il est donc crucial d'enseigner que 9 – 2 ne se calcule pas de la même manière que 9 – 7. L'adulte qui a automatisé ces calculs ne s'en rend plus compte mais, à son insu, son activité mentale reste différente. Le mode de représentation des nombres comme Picbille est particulièrement bien adapté pour cet enseignement.

Le calcul de 9 – 2, par exemple, est enseigné de la manière suivante (*cf.* sq 39) :

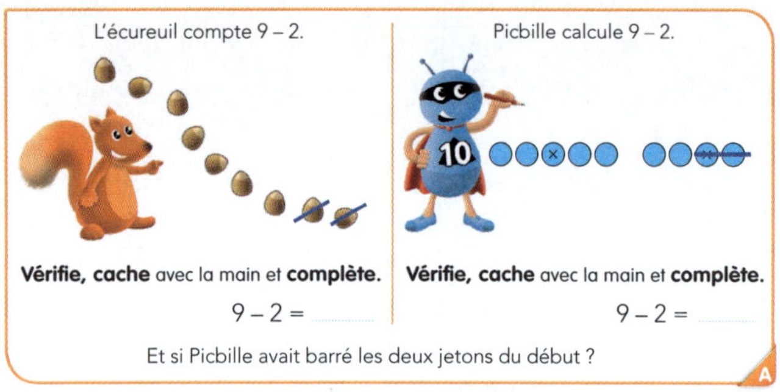

En revanche, le calcul de 9 – 7 l'est ainsi (*cf.* sq 53) :

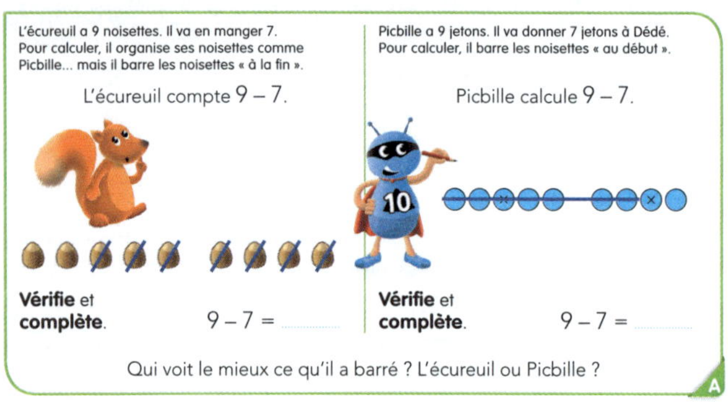

Dès le CP, donc, les élèves commencent à s'approprier les deux grandes stratégies de calcul d'une soustraction : *en reculant* (ou encore : en « barrant à la fin ») lorsque le nombre retiré est petit et *en avançant* (ou encore : en « barrant au début ») lorsqu'il est grand.

Lorsqu'on retarde cet enseignement, les élèves privilégient la stratégie *en reculant* ; les plus fragiles d'entre eux s'enferment dans cette stratégie et ne développeront pas de bonnes compétences en calcul mental d'une soustraction. De plus, comme le calcul mental et la compréhension des opérations arithmétiques ont partie liée, diverses recherches mettent en évidence que l'utilisation de cette seule stratégie aura des répercussions négatives en résolution de problèmes.

Comme dans le cas de l'addition, les élèves apprennent d'abord à calculer les soustractions en dessinant des points « comme Picbille » avant de barrer ceux qui doivent être ôtés. Cependant, très vite, l'enseignant favorise une mentalisation de ce calcul en proposant une situation d'anticipation qui conduit les enfants à simuler mentalement un retrait que l'enseignant effectue de manière masquée (cette situation est analogue à celle qui a été décrite précédemment, où l'enseignant réalise un ajout de manière masquée).

Pour enseigner le calcul mental de 8 – 2, par exemple (sq 41), il prend un carton avec 8 doigts dessinés* et, avec un autre carton, il cache 2 doigts « à la fin », c'est-à-dire sur sa gauche. Pour enseigner celui de 8 – 6 (sq 55), il cache 6 doigts « au début », c'est-à-dire sur sa droite.

Dans tous les cas, la validation se fait en basculant le carton contenant les 8 points et en cachant les doigts de façon visible.

Faire, dès le CP, le lien entre la soustraction et la différence

Dans cette nouvelle édition de *J'apprends les maths CP avec Picbille*, la notion de différence est étudiée dès le début de l'année dans un contexte simple : la différence, c'est ce qu'il faut ajouter au petit nombre pour avoir le grand nombre (sq 7 et 8). Les enfants sont fréquemment confrontés à des problèmes dont l'énoncé dit, par exemple, que Maxibille a 5 jetons et que Minibille en a 3. Ils doivent chercher le nombre de jetons que Picbille doit donner à Minibille pour qu'ils en aient autant l'un que l'autre (ce nombre doit être écrit dans le charriot).

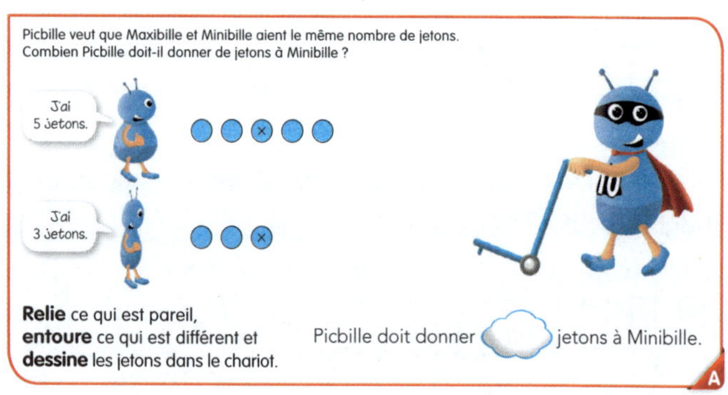

Là encore, les élèves sont rapidement face à une situation d'anticipation : en effet, dans les exercices proposés ensuite, les jetons ne sont plus dessinés et les enfants doivent les imaginer. En revanche, le dessin des jetons de chacun des personnages et leur mise en correspondance terme à terme permet aux enfants de vérifier leur anticipation.

* Là encore, les nombres apparaissent à l'enseignant comme croissant de droite à gauche : l'important est que les élèves les imaginent derrière le carton comme croissant de gauche à droite, c'est-à-dire dans le sens de leur ligne numérique mentale.

On notera que pendant la plus grande partie de la progression, la recherche du résultat d'une comparaison n'est pas mise en relation avec la soustraction et son signe « – » : en effet, il est difficile à un élève de CP de faire le lien entre ces deux types de situations parce qu'elles apparaissent très différentes. En effet, dans une situation de comparaison (comparaison de 5 lapins et de 8 carottes, par exemple), deux collections sont d'emblée en jeu dans l'énoncé du problème (des lapins et des carottes), alors que dans le second type (retrait) on s'intéresse le plus souvent à la transformation d'une seule collection dont la taille diminue. De plus, lorsqu'on interprète la différence dans les termes d'une soustraction, on semble, dans l'exemple précédent, retrancher un nombre de lapins à un nombre de carottes. Or, rappelons-nous ce conseil méthodologique fréquent : « On ne peut pas additionner des lapins et des carottes ». On comprend mal pourquoi on pourrait retrancher un nombre de lapins à un nombre de carottes !

Il existe cependant un type de problèmes qui facilite grandement le traitement d'une situation de comparaison à l'aide d'une soustraction : ce sont celles qui évoquent un manque. Celles, par exemple, où il y a plus de lapins que de carottes, plus d'enfants que de crayons, plus de bouteilles que de bouchons, etc. (*cf.* sq 74). Dans le premier de ces cas, en effet, la correspondance terme à terme permet d'interpréter le nombre de carottes comme exprimant aussi le nombre de lapins qui seront satisfaits parce qu'ils peuvent avoir une carotte ; dans le second exemple, le nombre de crayons comme exprimant aussi le nombre d'enfants qui peuvent avoir un crayon, etc. Et la soustraction conduit alors à un calcul qui a du sens : en calculant le nombre total de lapins moins le nombre de lapins satisfaits parce qu'ils auront une carotte, on obtient le nombre de lapins en manque de carottes ; de même, en calculant le nombre total d'enfants moins le nombre d'enfants qui auront un crayon, on obtient le nombre d'enfants en manque de crayons. Ainsi, la notion de manque, d'une part, suscite la correspondance terme à terme et, d'autre part, permet d'interpréter la soustraction : elle est grandement facilitatrice.

Ainsi, dès le CP, les élèves ont la possibilité de comprendre que la soustraction permet de résoudre d'autres types de problèmes que ceux où l'on perd, où l'on retire, etc. On évite de les enfermer dans la signification typique de la soustraction (Brissiaud & Sander, 2010).

Travailler l'addition répétée d'un même nombre, mais pas la multiplication

La commutativité de la multiplication est une notion difficile. Il ne va pas de soi, par exemple, que pour calculer le prix total de 50 objets à 3 € l'un, on peut raisonner comme s'il s'agissait de 3 objets à 50 € l'un (calcul de 50 + 50 + 50). Il convient donc de réserver l'étude de cette propriété au CE1. En revanche, il est important, dès le CP, de préparer cette étude en confrontant les élèves à des problèmes qui se résolvent par une addition répétée : les problèmes dans lesquels on connait un nombre de groupes de 2, 5 ou 10 objets (4 groupes de 5 objets, par exemple) et où l'on s'interroge sur le nombre total d'objets.

Rémi Brissiaud

Bibliographie

Brissiaud R. (1989). *Comment les enfants apprennent à calculer.* Paris : Retz.

Brissiaud, R. (2007). *Premiers pas vers les maths. Les chemins de la réussite à l'école maternelle.* Paris : Retz.

Brissiaud, R. (2013). *Apprendre à calculer à l'école – Les pièges à éviter en contexte francophone.* Paris : Retz.

Brissiaud, R. & Sander, E. (2010). Arithmetic word problem solving : a situation strategy first framework. *Developmental Science*, 13 (1), 92-107.

Canac, H. (1955). L'initiation au calcul entre 5 et 7 ans. *In* F. Brachet, H. Canac & E. Delaunay (ed.), *L'Enfant et le nombre*, p.9-27. Paris : Didier.

Fareng R. & Fareng, M. (1966). *Comment faire ? L'apprentissage du calcul avec les enfants de 5 à 7 ans.* Paris, Fernand Nathan.

Droz, R. & Paschoud, J. (1981). Le comptage et la procédure « (+1)-itérée » dans l'exploration intuitive de l'addition. *Revue suisse de psychologie*, 40, 219-237.

Fischer, J. P. (2010). Vers une levée du mystère des écritures en miroir (des chiffres) chez l'enfant. *L'Année psychologique*, 110, 227-251.

Fuson, K. C. (1988). *Children's counting and concepts of number.* New York : Springer.

Geary, D. C. (2005). Les troubles d'apprentissage en arithmétique : rôle de la mémoire de travail et des connaissances conceptuelles. *In* M.-P. Noël (Ed.), *La Dyscalculie.* Marseille : Solal.

Labat, H., Ecalle, J., & Magnan, A. (2010). Effet d'entrainements bi-modaux à la connaissance des lettres. Étude transversale chez des enfants de 3 et 5 ans. *Psychologie française*, 55 (2), 113-127.

Markman, E. M. (1989). *Categorisation and naming in children.* Cambridge, MA: MIT Press.

Markman, E. M. (1990). Constraints children place on word meanings. *Cognitive Science*, 14, 57-77.

Rizzolatti, G. & Sinigaglia, C. (2008). *Les Neurones miroirs.* Paris : Odile Jacob.

Schaeffer, B., Eggleston, V. H. & Scott, J.-L. (1974). Number development in young children. *Cognitive Psychology*, 6, p. 357-379.

Chapitre 2

La géométrie : quelles continuités, quelles nouveautés ?

Dans *J'apprends les Maths CP*, l'enseignant trouvera pour l'essentiel trois grands types d'activités :

– Celles dont l'objectif est le développement d'habiletés dans l'espace de la feuille de papier : divers tracés géométriques (tracés à la règle et sur quadrillage, d'une part, tracés avec des formes géométriques prédécoupées, les « formographes », d'autre part), repérage de positions de manière absolue (en haut à droite dans la feuille, dans la case B4, etc.) ou relative (à droite de tel personnage, par ex.).

– Des activités de mesure de longueurs.

– Enfin, des activités visant à une première découverte du vocabulaire de la géométrie plane et de l'espace ; les élèves doivent notamment apprendre à considérer les carrés comme des rectangles particuliers et les cubes comme des pavés particuliers. Ces dernières activités ne figurent au programme du CP que depuis 2008 et elles constituent donc une nouveauté de cette édition de *J'apprends les maths CP.*

PLAN DU CHAPITRE

- Développer des habiletés géométriques dans l'espace de la feuille de papier
- Une nouvelle approche de la mesure des longueurs
  - – Quelques généralités sur la mesure
  - – La progression la plus fréquente : d'un étalon quelconque au cm
  - – Mesurer des longueurs en cm et, dans le même temps, en allumettes…
- Rectangles et carrés, pavés et cubes : une nouvelle façon de les enseigner
  - – Quand les connaissances quotidiennes font obstacle à la compréhension
  - – Le carré est un « rectangle régulier »
- Les « formographes » : des outils pour développer de nombreux savoir-faire géométriques

Développer des habiletés géométriques dans l'espace de la feuille de papier

Au-delà de leur contenu (tracés à la règle ou tracés de figures géométriques, par exemple), un grand nombre de séances de géométrie ont, dans *J'apprends les maths CP*, une forme commune qu'il convient de présenter. Les élèves sont souvent amenés à analyser la façon dont deux personnages, Géom et Couic-Couic, ont réalisé la tâche qui va leur être proposée.

Considérons, par exemple, la séquence 6 de la page 16, où les élèves doivent tracer à la règle les traits horizontaux qui permettent de compléter cet escalier :

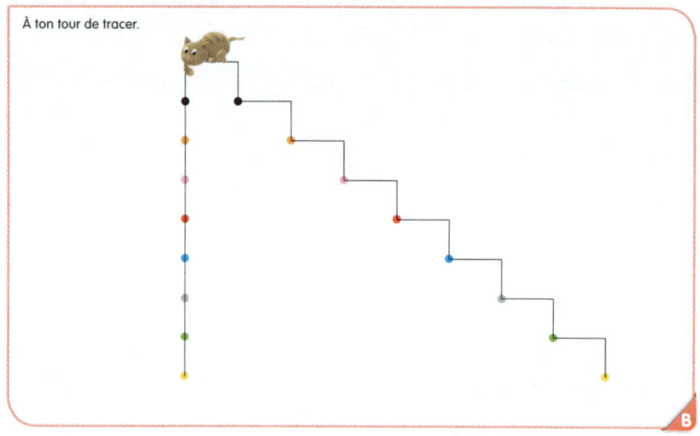

Ils sont auparavant amenés à analyser la réalisation de cette tâche par Géom et Couic-Couic :

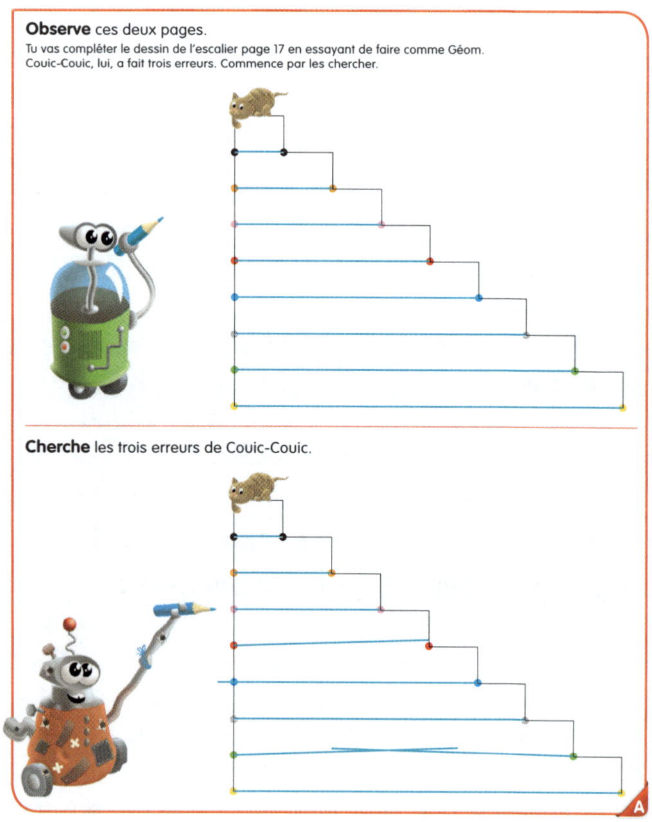

En fait, les réalisations de Géom sont toujours correctes tandis que celles de Couic-Couic comportent toujours **3 erreurs**. Lors de la découverte de l'activité, le travail de Géom permet ainsi aux élèves de découvrir ce vers quoi ils devront tendre : le personnage de Géom délivre aux élèves le but de la tâche. En début de séance, on procède à l'analyse collective des erreurs de Couic-Couic : dans l'exemple précédent, il a mal joint deux des points (4e marche en partant du haut), il a tracé un trait « qui dépasse à gauche » (5e marche en partant du haut) et, enfin, il a tracé une marche en tentant de raccorder deux traits (avant-dernière marche). Le personnage de Couic-Couic permet ainsi aux élèves de prendre conscience des contraintes de la tâche : les traits doivent *joindre* les points *sans les dépasser* et ils doivent résulter d'*un seul tracé* de crayon.

Ce procédé pédagogique a pour objectif d'amener les élèves à anticiper les actions qui leur permettront de réussir les tâches qui leur sont proposées. En effet, il est toujours plus facile à un jeune enfant de comprendre « ce qu'il faut faire » en le comparant à « ce qu'il ne faut pas faire ». Lorsqu'on présente seulement une exécution correcte, les contraintes qu'il faut gérer pour accéder à la réussite restent implicites. En comparant en grand groupe, avec l'aide de l'adulte, le travail de Géom et celui de Couic-Couic, les enfants verbalisent les différentes contraintes de la tâche. Du coup, au cours de l'activité elle-même, ils régulent leur action différemment : on les voit plus souvent commenter leur travail, gommer, reprendre, etc.

Une nouvelle approche de la mesure des longueurs

Précisons d'abord que la progression qui va être présentée ci-dessous était « nouvelle » lors de la première édition de *J'apprends les maths CP*. Depuis, en effet, elle a été reprise dans de nombreux autres ouvrages. On trouve ci-desssous les raisons qui ont présidé à l'élaboration d'une telle progression.

Quelques généralités sur la mesure

Rappelons d'abord quelques généralités concernant la mesure des grandeurs. Trois sortes d'entités doivent en effet être distinguées :

– **Les supports des grandeurs** : on parlera, par exemple, de la longueur d'un segment de droite ou d'une ligne brisée, mais de l'aire d'un triangle ou d'un rectangle. Plus généralement, on ne peut parler d'un type de grandeur donné que relativement à un certain type de support : on parle de longueurs concernant des segments de lignes droites ou courbes, on parle d'aires concernant des surfaces délimitées (qu'elles soient planes ou courbes), on parle de volumes concernant des solides, etc.

– **Les grandeurs elles-mêmes** (les longueurs, les aires, les volumes par exemple) ne doivent évidemment pas être confondues avec l'un des supports qui les réalisent : une même longueur correspond à des segments de lignes dont certaines sont droites, d'autres sont brisées et d'autres courbes, une même aire peut être celle d'un triangle ou d'un rectangle, etc.

– Enfin, **une mesure** d'une longueur donnée (d'une aire donnée, etc.) est **un nombre** qui exprime le rapport de cette longueur (de cette aire, etc.) à une autre longueur (à une autre aire, etc.) qu'on appelle unité.

À une même longueur (respectivement une même aire) correspondent donc diverses mesures de cette longueur (de cette aire) selon l'unité qui est choisie.

Un mot manque dans ce glossaire : celui d'**étalon**. L'étalon est à l'unité ce que le « mètre-étalon » construit en platine et « déposé au pavillon de Breteuil » est au mètre : l'étalon est une réalisation (une matérialisation) de l'unité. L'unité est une grandeur (le cm, par exemple, est une longueur), mais dans un étalon d'1 cm, cette grandeur est attachée à un support : une bande de 1 cm de long, par exemple.

Le passage d'une unité à un étalon qui réalise cette unité peut réserver des surprises : un rectangle de largeur 1/2 cm et de longueur 2 cm, par exemple, est un étalon du cm^2.

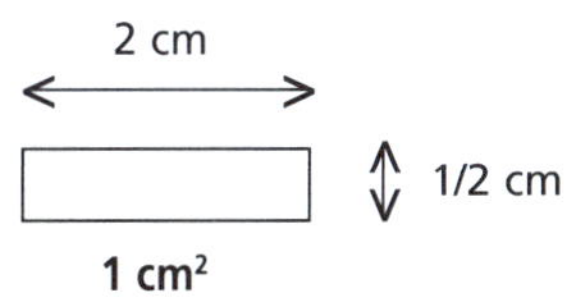

Les enfants de CM sont souvent surpris en présence « d'un centimètre carré qui n'est pas carré », mais on aura compris que c'est l'étalon qui n'est pas carré car le cm^2, qui est une aire, n'a aucune forme qui lui soit attachée. De même, si le mètre-étalon du pavillon de Breteuil est droit, c'est uniquement pour des considérations pratiques !

La notion d'étalon est importante pour comprendre la didactique de la mesure à l'école primaire. En effet, l'activité qui, classiquement, sert à introduire la mesure des longueurs est la suivante : on a choisi un étalon de longueur et on arpente divers segments à l'aide de cet étalon. La mesure obtenue s'exprime alors soit par un nombre entier, soit par un *encadrement entre deux entiers successifs*.

Ce procédé d'arpentage est fondamental car c'est lui qui permet de donner aux enfants l'intuition de ce qu'est une mesure : ce segment est long comme 3 allumettes, par exemple. Il est par ailleurs adapté aux jeunes enfants parce qu'il conduit à un encadrement par des mesures entières alors que la mesure est un rapport qui, généralement, ne peut pas s'exprimer par un nombre entier (la diagonale du carré dont le côté mesure 1 a pour mesure $\sqrt{2}$).

La progression la plus fréquente : d'un étalon quelconque au cm

Examinons la progression qui est très souvent adoptée dans les ouvrages d'autres collections. On propose successivement aux enfants les deux sortes d'activités suivantes :

A 

U 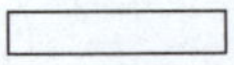

Si l'unité est U, la bande A mesure…

V 

Si l'unité est V, la bande A mesure…

Puis :

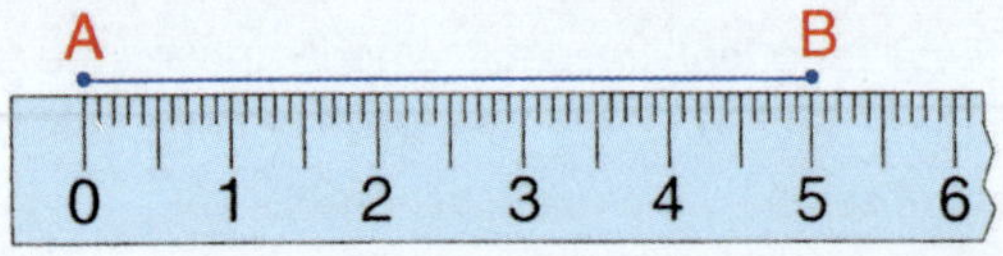

Le trait AB mesure ...... cm.

Il n'y a pratiquement pas de transition entre une activité et l'autre : l'enfant procède d'abord à des arpentages avec des unités quelconques, et lorsqu'il rencontre une unité conventionnelle de longueur, c'est directement avec la règle graduée en cm, c'est-à-dire sous une forme très élaborée où l'arpentage qui a permis la mesure n'est pas facile à reconstituer mentalement.

Cette progression présente un double inconvénient :

– lorsqu'ils arpentent avec une unité quelconque, beaucoup d'enfants n'ont pas conscience qu'ils mesurent parce qu'ils ont déjà une connaissance sociale du phénomène de la mesure et que pour eux, mesurer, ça se fait « avec la règle et avec des cm » ;

– lorsqu'ils mesurent avec la règle graduée, ils ne font aucun lien entre cet outil et le résultat d'un arpentage à l'aide d'un étalon d'1 cm.

Du coup, lorsqu'on demande aux enfants de « montrer 1 cm sur la règle », ils montrent le plus souvent l'intervalle entre 0 et 1, mais la longueur d'un intervalle entre 2 numéros successifs n'est pas aussi facilement interprétée comme 1 cm. En fait, de nombreux enfants apprennent à se servir d'un double décimètre par répétition de la « bonne séquence d'actions » (je pose le 0 sur une extrémité du segment, je regarde à l'autre extrémité, etc.), sans réellement comprendre la structure de cet outil. De nombreuses erreurs attestent d'ailleurs de la nature de cet apprentissage : certains enfants font coïncider une extrémité du segment avec le 1 (et non le 0), d'autres avec le bord de la règle.

Mesurer les longueurs en cm et, dans le même temps… en allumettes

C'est une autre progression qui a été adoptée dans *J'apprends les maths*. On y utilise de manière conjointe l'allumette et une bande de longueur 1 cm comme *étalons de longueur*. C'est ainsi que les enfants disposent de 2 règles graduées, l'une en allumettes et l'autre en cm (voir en haut de la colonne de droite).

On leur propose de mesurer des longueurs d'abord en allumettes, puis en centimètres.

Cette règle est graduée en allumettes.

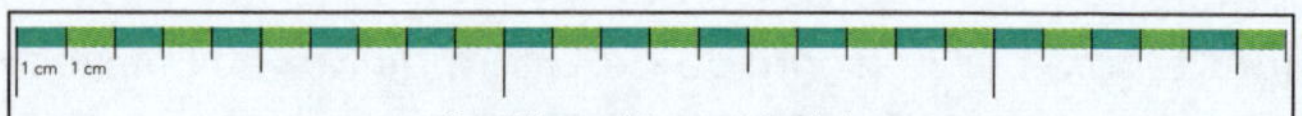

Cette règle est graduée en centimètres (cm).

Ces utilisations successives de 2 étalons doivent amener les élèves à mieux se représenter ce qu'est une longueur de 1 cm. En effet, l'arpentage est explicite dans la règle graduée en allumettes (de manière évidente, on y a mis « bout à bout des allumettes »). Or, une règle graduée en cm est construite de la même manière : on y a mis « bout à bout des cm ».

Les enfants s'approprient d'autant mieux cette structure de la règle graduée en cm qu'elle est, dans un premier temps, dépourvue de toute numérotation. Pour mesurer la longueur d'un segment, ils sont ainsi amenés à « compter les cm ». On veut par là qu'ils comprennent qu'une longueur de 6 cm est équivalente à 6 longueurs de 1 cm mises bout à bout. Lorsqu'ils utiliseront un double décimètre numéroté, il leur sera plus facile de comprendre que, depuis le trait du 0 jusqu'au trait du 6, il y a 6 longueurs de 1 cm.

Remarquons que certaines expressions qui viennent d'être employées sont incorrectes, mais ce n'est pas toujours en s'exprimant d'emblée de la façon la plus correcte qu'on favorise le mieux l'apprentissage. Ainsi, examinons ces « incorrections » :

– Il est incorrect de dire qu'on met « bout à bout des cm », car ce sont des bandes de longueur 1 cm qui sont juxtaposées et non des cm. Cette façon de s'exprimer relève de la confusion entre « unité » et « étalon » !

– Il est incorrect de dire qu'« un segment mesure 2 allumettes », car l'allumette est un étalon ; il serait préférable de dire que « ce segment mesure 2 quand l'unité est la longueur de l'allumette ». Encore une confusion entre « unité » et « étalon » !

En fait, ces « incorrections » nous semblent avoir une grande valeur didactique. En effet, en choisissant deux entités dont l'une est un étalon (l'allumette) et l'autre une unité (le cm), et en acceptant le « jeu de langue » qui consiste à s'exprimer tantôt avec l'unité comme si elle était un étalon (« on met bout à bout des cm ») et tantôt avec l'étalon comme s'il était une unité (« un segment mesure 2 allumettes »), on aide l'enfant à s'appuyer sur ce qu'il connait le mieux, l'allumette-étalon, pour concevoir l'entité la plus abstraite, *le cm-unité*.

Par ailleurs, en utilisant deux étalons de longueurs différentes, on aide les enfants à prendre conscience que pour penser une mesure, il faut penser à la fois un nombre et une unité. Ainsi, l'erreur qui consiste à répondre que « 2 allumettes c'est moins long que 8 cm », du fait que 2 < 8, est fréquente chez les débutants. Ces élèves doivent apprendre que pour comparer deux longueurs dont chacune est donnée par une mesure, la comparaison des nombres ne suffit pas car à chaque nombre est attachée une unité. De même, pour savoir quelle est la longueur exprimée par une mesure donnée (8 cm par exemple), il ne suffit pas de s'intéresser au nombre, il faut coordonner l'unité (le cm et non l'allumette) et le nombre de fois qu'elle est répétée (8).

Là encore, on remarquera l'utilisation didactique qui est faite de la différence de nature entre l'allumette (plus proche de l'étalon) et le cm (qui est une unité) : « le changement d'unité » sous-jacent à l'activité précédente (comparer 2 allumettes et 8 cm) serait très difficile s'il s'agissait de deux unités conventionnelles (le cm et le dm, par exemple) ; il est beaucoup plus simple lorsque l'une des unités (la longueur d'une allumette) correspond à un étalon familier.

L'approche didactique de la mesure des longueurs qui est exposée ici est donc nouvelle en ce sens que les activités d'arpentage avec un étalon familier ne précèdent pas l'introduction d'une unité conventionnelle. Bien au contraire, les longueurs sont **dans le même temps mesurées en cm et en allumettes**. L'interaction entre ces deux sortes de mesure est considérée ici comme un **facteur essentiel de l'apprentissage**.

Rectangles et carrés, pavés et cubes : une nouvelle façon de les enseigner

Quand les connaissances quotidiennes font obstacle à la compréhension

Pour concevoir une progression visant à enseigner les figures planes élémentaires, il convient tout d'abord de remarquer que, bien évidemment, les élèves de CP ne sont pas dépourvus de toute connaissance les concernant : ils savent notamment reconnaitre un rectangle et un carré quand ces figures sont dans une position typique (2 côtés sont horizontaux et les 2 autres verticaux). De même, face à un rectangle et un carré dans une position typique, ils savent dire laquelle des deux figures est un carré.

Malheureusement, ces connaissances quotidiennes constituent pour certains élèves un obstacle important. En effet, dès qu'un carré a l'un de ses sommets comme point le plus bas (lorsqu'il est dans cette position : ◇, par exemple), ils ne le considèrent plus comme un carré. Un autre obstacle important réside dans le fait que, pour les jeunes enfants, il est très difficile d'admettre que le carré est un rectangle. Or, l'objectif de la scolarité est que les élèves considèrent le carré comme un rectangle particulier : c'est un rectangle qui a tous ses côtés de même longueur.

Expliquons l'origine de cette difficulté en considérant les deux propriétés suivantes d'un polygone : « il a n côtés » et « les n côtés ont la même longueur » ; pour $n = 3$, il faut dire deux mots différents pour exprimer ces deux idées : les mots « triangle » et « régulier » (ou équilatéral) ; en revanche, pour $n = 4$, le mot « carré » rassemble en un seul mot ces deux idées différentes. Or, dans la conversation courante, on s'efforce d'être précis et concis : on utilise donc le mot « carré » plutôt que « rectangle régulier » ; ce faisant, on n'utilise pas le mot « rectangle » pour désigner un carré. À l'école, il faut le faire. Le pire des choix pédagogiques consisterait à renforcer la conception naïve selon laquelle les carrés ne sont pas des rectangles parce que sur le long terme, cet obstacle deviendrait insurmontable pour certains élèves.

Le carré est un « rectangle régulier »

Dans *J'apprends les maths*, avant de découvrir ce que sont des « rectangles réguliers », les élèves découvrent ce que sont des « triangles réguliers ». Dans l'activité A ci-dessous (sq 101), ils cherchent d'abord la forme qui constitue un « intrus », ce qui permet la construction mentale de l'ensemble des triangles ; puis ils repèrent les triangles réguliers, ceux dont tous les côtés ont la même longueur.

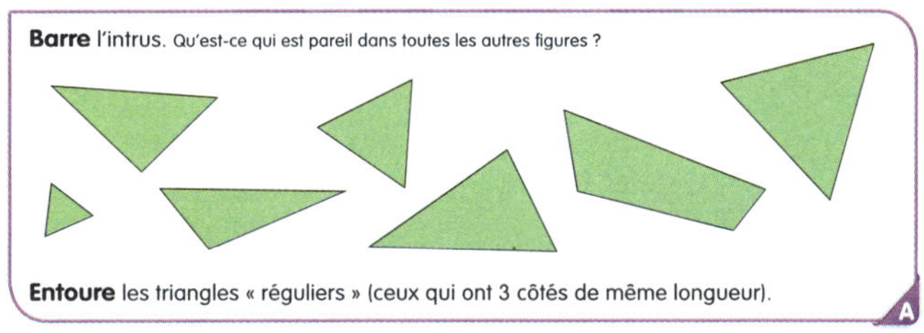

Puis, dans l'activité B, ils sont invités à barrer un intrus dans un ensemble de rectangles : toutes les autres figures, quelle que soit la longueur de leurs côtés, sont qualifiées de « rectangles ». Et de même qu'ils ont distingué des « triangles réguliers », ils distinguent des « rectangles réguliers » dont tous les côtés ont la même longueur : ce sont ces rectangles qu'on appelle des carrés.

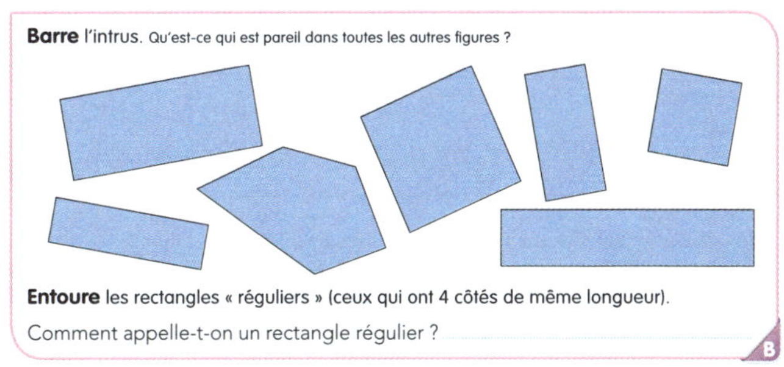

Ainsi, avec une telle progression, le carré apparait d'emblée à l'école comme un rectangle particulier. Le même type de progression est adopté, sq 106, concernant les pavés particuliers que sont les cubes.

Les « formographes » : des outils pour développer de nombreux savoir-faire géométriques

Avec leur fichier, les élèves disposent de deux gabarits en plastique transparent que nous appelons « formographes ». Des formes géométriques simples y sont évidées. On y retrouve 3 rectangles, 3 carrés, 3 triangles rectangles, 3 triangles équilatéraux, 3 cercles et 3 ovales. Dans chaque série, il y a un petit exemplaire de la figure, un moyen et un grand (les 3 figures sont homothétiques).

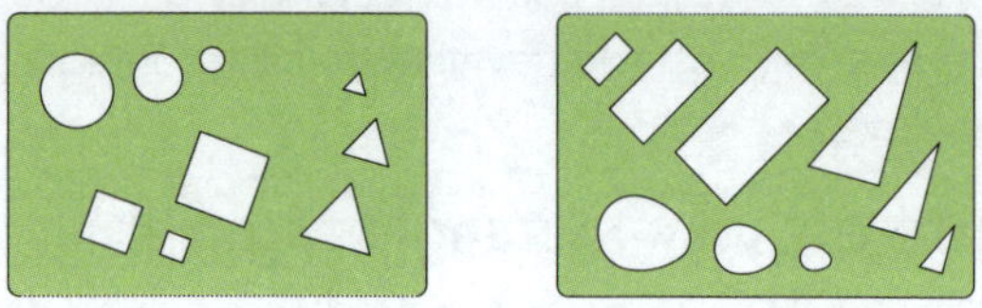

De plus, les dimensions ont été prévues pour que certaines conjonctions soient possibles, par exemple, pour une même catégorie de tailles : le rectangle est construit à partir de deux carrés ou de deux triangles rectangles ; les côtés du carré, ceux du triangle équilatéral et le petit côté du triangle rectangle sont de même longueur…

Les élèves vont s'efforcer de reproduire, avec ces instruments, des constructions proposées sur le fichier. La tâche est proposée en utilisant Géom et Couic-Couic. Sq 107 par exemple (facs-similés ci-dessous), les élèves doivent reproduire dans le cadre A la figure réalisée correctement par Géom en haut du cadre B et réalisée en faisant 3 erreurs par Couic-Couic, en bas du même cadre.

À travers cette tâche, on cherche à favoriser plusieurs savoir-faire géométriques :

– évidemment, les élèves se familiarisent avec ces figures simples et leur dénomination ;

– la présentation de l'activité avec Géom et Couic-Couic les conduit à observer et décrire le tracé qu'il faut reproduire, à chercher et à formuler les erreurs de Couic-Couic ; ils apprennent ainsi à analyser et « à mettre en mots » une construction complexe ;

– c'est, par là même, une nouvelle occasion d'employer le vocabulaire de la topologie (le triangle « au-dessus de » la petite fusée, la petite fusée « entre » les deux autres, la moyenne fusée trop « loin de » la grande, trop « à droite », etc.) ;

– les élèves apprennent à « gérer » l'espace de la feuille (il faut prévoir l'encombrement de la construction) et la contrainte de repères préexistants (ici, un grand triangle rectangle, déjà tracé, impose le point de départ) ;

– comme il faut comparer les côtés des figures pour choisir celles qui conviennent, c'est une nouvelle occasion de comparer des longueurs (« Ici, faut-il utiliser le petit ou le moyen triangle ? ») ;

– comme aucune des figures évidées dans le formographe n'a ses côtés parallèles à un bord de cet outil, les élèves apprennent à reconnaitre le carré et le rectangle dans des orientations non prototypiques.

Rémi Brissiaud

Dans le cadre **B**, **observe** le dessin de Géom et **trouve** les 3 erreurs de Couic-Couic.
Continue ci-dessous le dessin de Géom.

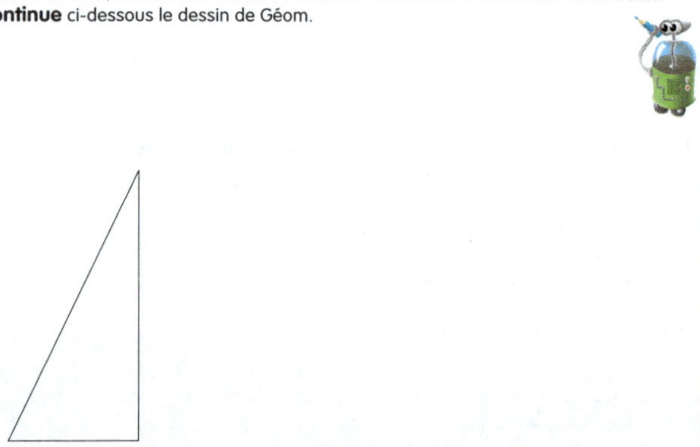

A

Calcule en barrant « au début ».
11 – 7 = 12 – 9 =

Calcule en barrant « à la fin ».
11 – 3 = 13 – 4 =

Calcule en choisissant ta stratégie.
12 – 8 = 11 – 2 = 12 – 5 = 15 – 8 =

C

Écris la table des moitiés après 10.
12 14
… + … … + … … + … … + … … + …

Calcule en choisissant ta stratégie.
12 – 6 = 16 – 8 = 18 – 9 = 14 – 7 =

D

Les trois fusées

Couic-Couic a voulu faire le même dessin que Géom. Il a fait 3 erreurs. Lesquelles ?

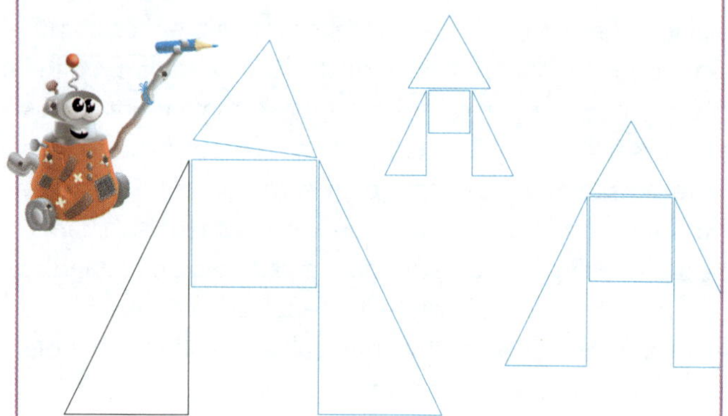

B

Rémi Brissiaud
François Lelièvre
André Ouzoulias
Florence Suire

Chaque double page de ce guide correspond à une double page du fichier de l'élève.

Ce guide pédagogique décrit comment **animer les activités de calcul mental et les activités écrites** du fichier de l'élève. Il contient également un ensemble **d'activités complémentaires** dont l'index figure page 166.
Dans chaque double page, les **objectifs** principaux sont précisés dans la colonne de gauche.
Au centre, la double page du fichier de l'élève est reproduite **avec les corrigés (en fuchsia)** afin que vous ayez une vision globale et rapide de l'ensemble et des attendus.
Le plus souvent, une page correspond à une journée (certaines séances utilisent une double page), et un groupe de quatre pages à une semaine.
Le fichier et le Guide pédagogique sont structurés en 5 périodes qui constituent 5 phases dans la progression en arithmétique. De ce fait, ces périodes ne coïncident pas avec les « périodes » de l'année scolaire, telles qu'elles résultent des dates des congés.

Périodes	Nombres et calculs	Géométrie et mesures	Pages
rouge 1	**Calcul jusqu'à 5** décompositions, additions et soustractions **Les 10 premiers nombres** 5 + 1 = 6 ; 5 + 2 = 7 ; 5 + 3 = 8, etc.	Tracés à la règle	8 à 35
jaune 2	**Calcul jusqu'à 10** décompositions, additions et soustractions **Les 20 premiers nombres** comprendre 14 comme 10 et 4; groupes de 2 et 5	Tracés à la règle (suite)	36 à 67
verte 3	**Calcul jusqu'à 20** additions (ajouter 5 ; les doubles) ; soustractions **Numération décimale jusqu'à 59** les nombres jusqu'à 59 ; groupes de 2, 5 et 10	Tableaux cartésiens ; repérage et tracés sur quadrillage	68 à 95
bleue 4	**Calcul et numération jusqu'à 79** la soustraction pour calculer une différence ; additions du type 9 + 7 (passage de la dizaine) ; du type 35 + 27 en dessinant puis sans dessiner ; comparer des nombres	Mesure des longueurs ; le centimètre.	96 à 123
violette 5	**Calcul et numération jusqu'à 100** calcul d'additions à partir des écritures chiffrées (addition naturelle puis addition en colonnes); soustractions avec des nombres de 2 chiffres	Solides ; figures simples ; heures et demi-heures ; masses (le kg) ; décrire un trajet (gauche, droite)	124 à 155
	Problèmes pour apprendre à chercher		49 ; 57 ; 65 ; 75 ; 85 ; 105 ; 113 ; 129 ; 145 ; 153

La boite de Picbille

Une nouvelle boite de 10 qui s'utilise dès le début de l'année, pour mieux favoriser la représentation de la dizaine.

Matériel diffusé par Retz en petit nombre ou en valises de 10 boites de 10.

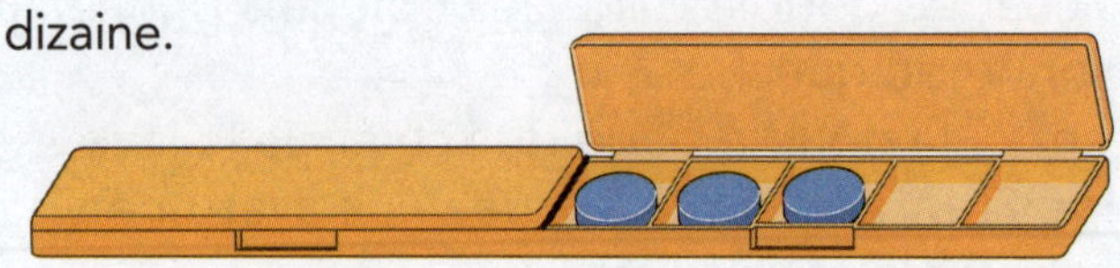

Chaque compartiment contient 5 jetons. Un repère noir amovible (au centre) permet de mieux visualiser le repère à 5. Les boites de Picbille sont nécessaires pour animer les scénarios d'anticipation.

Un exemple de scénario d'anticipation :

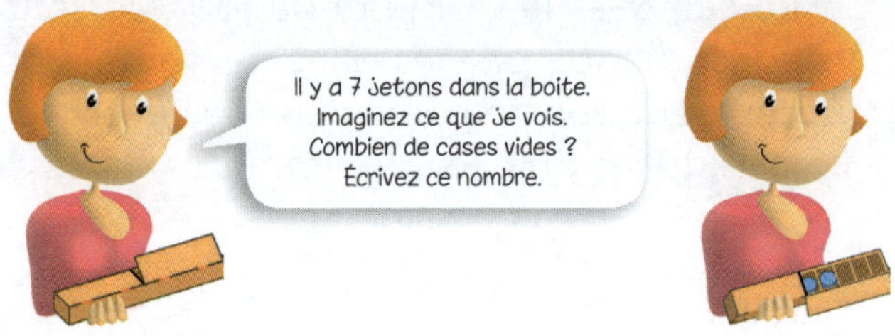

Anticipation — Validation

Elles servent également à mener des activités (course à 5, course à 10) en petits groupes ou en classe entière.

Les caches

Le cache en carton permet de nombreuses situations-problèmes autocorrectives (sq 21, 22, 32, 43, 46, 54 et 65). Un mode d'emploi détaillé figure dans chaque fichier de l'élève (page 156).

Support de l'activité sur le fichier. Les élèves vérifient qu'il y a bien le nombre de kiwis annoncé.

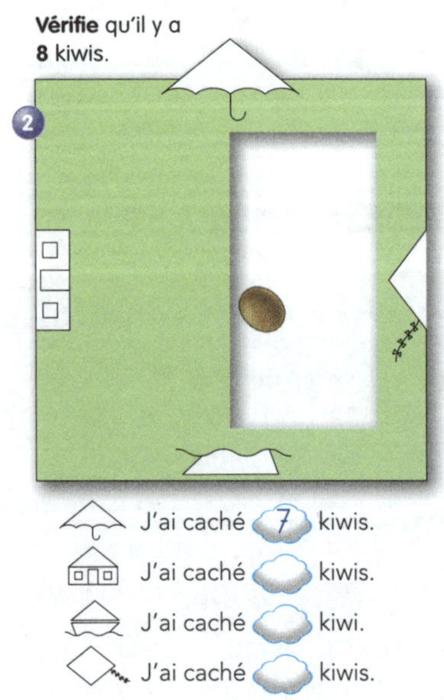

Le cache est posé dans la première position demandée. On s'interroge :
« Il y a 8 kiwis en tout, j'en vois 1, combien sont cachés ? »

En tournant le cache d'un quart de tour, on pose un nouveau problème…

Les formographes

Deux formographes en plastique transparent utilisés pour les activités de géométrie sq 107, 108, 115.

Des modèles de réalisations supplémentaires sont téléchargeables sur le site compagnon de *J'apprends les maths CP* (japprendslesmaths.fr).

Des cartons

Des cartons figurant des doigts.

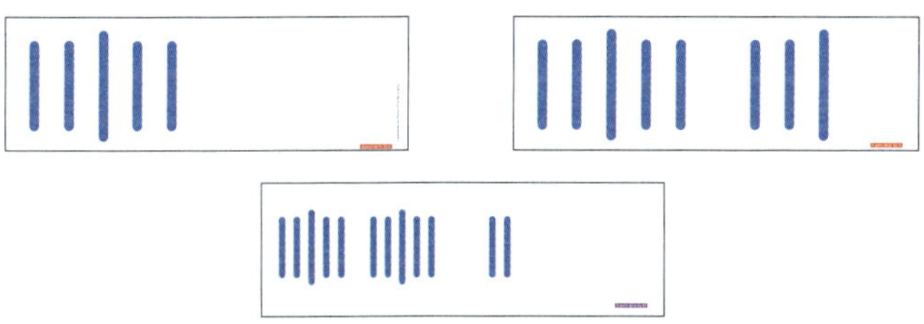

Ces cartons permettent d'animer les situations d'anticipation du résultat d'un retrait.

Exemple : 11 – 3

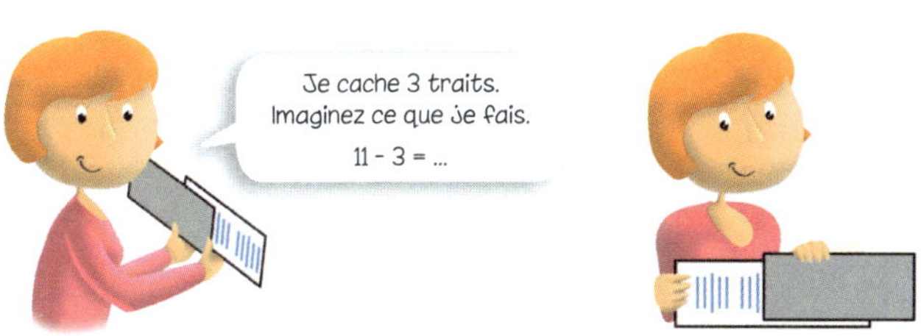

Anticipation

Validation

Minibille veut autant de jetons que Maxibille.

Ces cartons permettent d'animer les situations d'anticipation de la comparaison de 2 collections.

Exemple : 4 – 1

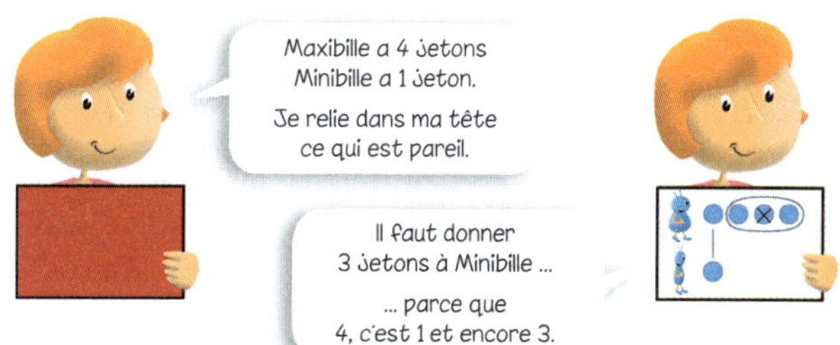

Anticipation

Validation

Ce matériel est aussi téléchargeable sur le site compagnon de *J'apprends les maths CP* (japprendslesmaths.fr).

D'autres cartons sont également téléchargeables sur ce site. Par exemple :

Les nombres « comme Dédé ». 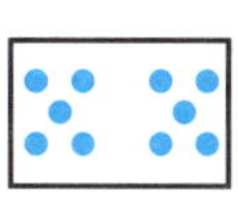

Des cartons éclairs quelconques. 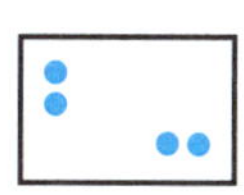

Objectifs

Trois objectifs sont poursuivis ici :

1. Constituer un système de « traduction » entre différentes façons de représenter les cinq premiers nombres :
– les noms de ces nombres et leurs écritures chiffrées ;
– des collections de doigts, une schématisation de ces collections de doigts et les constellations du dé.

Ces trois dernières sortes de représentations facilitent l'accès aux nombres parce qu'elles en sont des figurations (on a vu dans la présentation qu'il vaut mieux parler de « collections-témoins »).

On remarquera que pour éviter l'enfermement dans les figures, les collections-témoins de doigts utilisées ici ne sont pas les plus fréquentes. Le nombre ne doit pas être confondu avec une image particulière des doigts (trois représenté par le pouce, l'index et le majeur, par exemple). Il est fondamental qu'un enfant sache que « un » ne correspond pas seulement au pouce parce que chaque doigt « vaut un ». Pour être sûr que les élèves utilisent les doigts comme d'authentiques symboles numériques, il faut s'assurer qu'ils savent représenter un même nombre de différentes façons sur leurs doigts.

Pour la même raison, les trois premiers nombres ne sont pas représentés sur le dé de manière classique.

2. Comprendre que dans un comptage, la succession des mots-nombres (par exemple « 4 » suit « 3 ») exprime l'ajout d'une unité : « 4, c'est 3 et encore 1 » ou bien : « 4, c'est 3 plus 1 ». Dans la Présentation, nous avons insisté sur l'importance de comprendre cette propriété : elle conditionne l'accès à un « comptage-dénombrement », c'est-à-dire un comptage qui ne fait pas seulement correspondre chaque mot prononcé à 1 unité et 1 seule, comme une sorte de numéro (le un, le deux, le trois...), mais un comptage tel que chaque mot prononcé désigne la totalité des unités déjà prises en compte : 1 et encore 1, 2 ; et encore 1, 3 ; et encore 1... Au début du CP, il faut aider les élèves les plus fragiles à sortir du comptage-numérotage mécanique qu'on observe chez un grand nombre d'enfants de maternelle.

3. Commencer à s'approprier les décompositions des cinq premiers nombres. Lorsqu'on présente une collection de plus de 3 unités, même les adultes n'ont pas un accès immédiat au nombre correspondant (ce qu'on appelle le « subitizing » se limite à 3). C'est la raison pour laquelle, dans la schématisation des doigts retenue ici, le 3e doigt, celui du milieu de la main, est représenté légèrement plus grand que les autres. Cela aide à concevoir 5 comme « 2 et encore 1 et encore 2 » ou bien comme « 3 et encore 2 » ou bien comme « 4 et encore 1 ». De même, il est fondamental d'analyser les 5 points en quinconce du dé comme 4 points (2 en haut et 2 en bas) et encore 1 point au milieu.

1 5, c'est 2 et encore 1 et encore 2

Écris ton prénom et le nom de ton école. *Ce fichier appartient à :* ....
École : ....

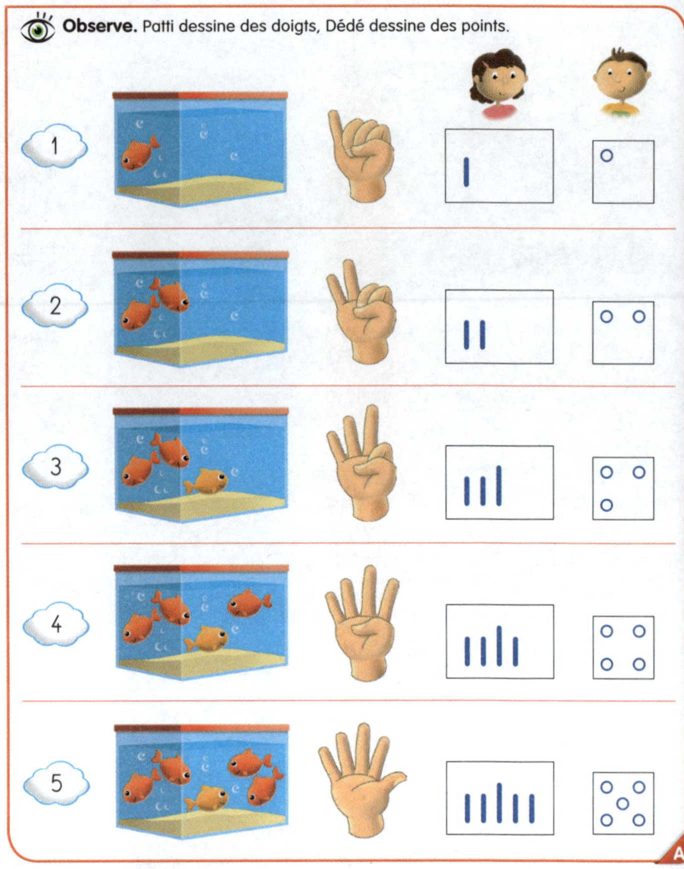

Activités — Séquence 1

L'observation et le commentaire de la page 8 constituent l'activité préliminaire à la page 9 : dans chaque aquarium, à partir du second, il y a toujours un poisson de plus. C'est en s'appuyant sur ce scénario qu'on pourra analyser chaque nombre comme résultant de l'ajout d'une unité au précédent.

Première phase : observation de la page 8

On dit aux élèves qu'on va s'intéresser à ce qui est dessiné en haut de la page 8 (cette partie est montrée collectivement). Ils sont amenés à remarquer que, sur cette première « ligne », il y a toujours « 1 » (chiffre « 1 », 1 poisson, 1 doigt, 1 trait dessiné sur le carton de Patti, 1 point sur le dé « de Dédé »). On remarque que le point est « en haut à gauche » (c'est le moment d'introduire ce vocabulaire) et non au milieu comme sur un dé classique.

De même, sur la deuxième ligne, il y a toujours « 2 », c'est-à-dire 1 et encore 1 (surtout pas de comptage-numérotage !) L'enseignant provoque une analyse de la configuration de doigts. Il peut montrer tout d'abord son petit doigt et son annulaire et demander de les nommer (sur le fichier, on voit les mêmes doigts). Mais il montre aussi d'autres façons de « faire 2 » sur les doigts, dont la façon la plus fréquente : le pouce et l'index ; dans tous les cas, 2, c'est 1 et encore 1. De même, pour le dé, il peut reproduire 2 points « comme Dédé » au

1re période

- **Nombres et calculs :** calcul jusqu'à 5 : décompositions (d'abord avec le langage quotidien puis mathématique), additions, soustractions ; les nombres jusqu'à 10 sur les doigts : 5 + 1 = 6 ; 5 + 2 = 7…
- **Espace et géométrie :** tracés à la règle.

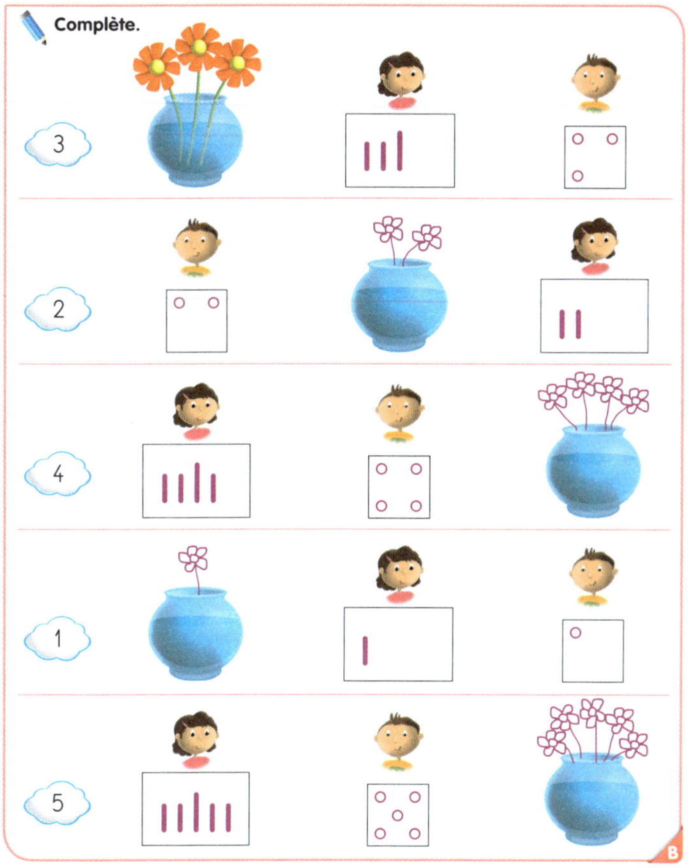

tableau, cacher l'un des 2 points et faire constater la même relation (2, c'est 1 et encore 1). Là encore, on fait observer que les 2 points ne sont pas dessinés de façon classique, en diagonale. Quand on dessine des points comme Dédé, ils sont l'un à côté de l'autre près des coins du carré.

On procède de la même manière pour 3 : « C'est 2 poissons rouges et encore 1 orange, 2 doigts et encore 1 autre » ; à partir de 3, on comprend mieux que les traits de Patti représentent des doigts : elle a dessiné 2 doigts et celui du milieu qui est plus grand…. On remarque que son dessin correspond aussi bien au dessin du petit doigt, de l'annulaire et du majeur qu'au dessin du pouce, de l'index et du majeur. Concernant 3 également, on évoque la façon classique de disposer 3 points sur un dé : en diagonale, 2 points près des coins du carré et 1 au milieu. Avec Dédé, chacun des 3 points est près d'un coin du carré ; dans tous les cas, 3 points, c'est 2 points et encore 1.

Même démarche pour 4 et 5. Pour 4, un nouveau poisson (rouge) a été ajouté, un nouveau doigt (l'index) a été levé un nouveau trait correspondant à ce doigt a été dessiné… On remarque que Dédé dessine 4 et 5 comme sur le dé classique. Pour faciliter l'analyse de ces constellations de 4 et 5, l'enseignant peut utiliser son doigt afin de masquer des points sur une reproduction au tableau. Pour 5, par exemple :

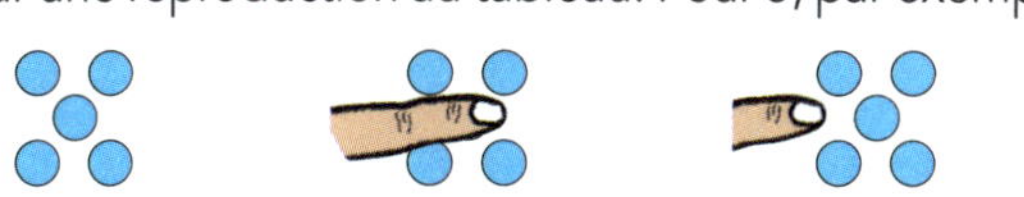

Cinq… c'est quatre… et encore un

On soulignera que « 5, c'est tous les doigts d'une main ».

Remarque

Le choix de faire dessiner les points comme Dédé de façon non classique jusqu'à 3 présente un premier avantage : inciter à la comparaison avec la façon classique de les dessiner. Mais il a un autre avantage : contrairement à ce qui se passe avec les points du dé, la configuration 2 s'obtient en dessinant un nouveau point à la configuration 1 et la configuration 3 en dessinant un nouveau point à la 2.

Seconde phase : activité de traduction, page 9

La découverte collective de la page permet de comprendre la consigne. Verticalement, on voit le chiffre « 3 », puis le chiffre « 2 », puis le chiffre « 4 »… On a donc mis les nombres dans le désordre. Mais on remarque aussi, horizontalement, que sur la ligne où il y a le chiffre « 3 », il y a aussi 3 fleurs. De là, l'activité qui consiste à lire le chiffre qui est en début de ligne et à dessiner autant de fleurs, autant de points « comme Dédé » et autant de doigts « comme Patti ».

Remarques

1. Pour dessiner les nombres comme Dédé, les enfants peuvent dessiner les 4 premiers points dans les coins du carré : la gestion de l'espace est plus simple. On pourra cependant être conduit à leur demander de les écarter un peu des coins pour mieux gérer l'espace du dé.
2. La page 9 fonctionnant comme une sorte de modèle, seul le pourtour des ronds est dessiné dans les dés : comme les enfants ont tendance à reproduire ce qu'ils voient, face à des points colorés ils seraient conduits tantôt à colorier longuement l'intérieur des points, tantôt à les représenter très petits, à peine perceptibles.
3. On évite de faire écrire des chiffres avant d'avoir enseigné les « bonnes trajectoires » (sq 4, 5 et 6), afin que les élèves ne pensent pas que le respect de ces trajectoires est optionnel.

Activité complémentaire

Tout au long de la 1re période, l'enseignant proposera l'activité ci-dessous. Elle aide à structurer les nombres à l'aide du repère 5. Elle peut être proposée régulièrement, en plus des activités programmées dans les hauts de pages du fichier.

« J'ai replié n doigts… »

L'enseignant a mis une main dans le dos : « Sur la main que j'ai dans le dos, 2 doigts sont repliés, combien de doigts sont levés ? » Les élèves sont incités à imaginer ou à « ressentir » cette configuration (on leur demande de ne pas regarder leurs mains). L'enseignant utilise soit les configurations classiques (celles commençant par le pouce), soit celles du fichier.

Avant la sq 6 (fin de l'apprentissage de l'écriture des cinq premiers chiffres), il vaut mieux éviter que les élèves écrivent des chiffres en adoptant des trajectoires erronées ; la réponse est donc orale ; après la sq 6, elle peut se faire en écrivant sur l'ardoise.

Objectifs

Cette double page est le support des premières activités géométriques. Les élèves y découvrent deux personnages (des robots), Géom et Couic-Couic.

Géom réussit tous ses travaux géométriques, Couic-Couic fait toujours trois erreurs. Ces deux personnages interviendront ensuite dans la plupart des activités géométriques.

La comparaison des deux réalisations aide les enfants à comprendre les exigences des tâches qui leur sont proposées : ce procédé favorise les verbalisations sur les conditions de la réussite ; il amène les élèves à anticiper davantage leurs productions et à mieux en évaluer le résultat. En somme, quand les élèves savent aussi « ce qu'il ne faut pas faire », ils savent mieux ce qu'ils doivent faire et comment ils doivent le faire.

On commence ici une progression sur les tracés à la règle. Trois variables caractérisent cette habileté :
- la présence ou l'absence de pointillés suggérant le trait qu'il s'agit de tracer ;
- en l'absence de pointillés, la distance séparant les points à relier (plus elle est grande et plus la tâche est difficile) ;
- la direction des traits (la tâche est plus difficile quand les traits ne sont pas horizontaux et quand le tracé change de direction d'un trait à l'autre).

C'est cette analyse qui est à la base de la progression. On commence ici par le tracé de traits qui sont suggérés par la présence de pointillés avant d'apprendre à le faire en l'absence de cette aide. De plus, la longueur croît, mais sans changement de direction ; dans la sq 6, la même tâche est proposée mais d'emblée en l'absence de pointillés ; dans la sq 19, elle est proposée pour deux séries de traits, avec changement de direction d'une série à l'autre ; dans la sq 25, la direction des traits change pratiquement de l'un à l'autre ; enfin, dans la sq 40, il faut tracer des traits dans toutes les directions en les interrompant sur une longueur donnée.

Activités Séquence 2

Calcul mental

Remarque générale :

Comme dans cette sq, 2 activités sont souvent proposées en haut de page alors qu'il n'existe qu'une seule zone de réponse, les élèves écrivent les réponses à la 1re activité sur leur ardoise et celles à la 2de sur le fichier (après éventuellement un échauffement sur l'ardoise).

Dessins de points : doigts → Dédé

L'enseignant montre un carton au format demi A4 sur lequel sont dessinés des doigts comme Patti ($n \leq 5$), les élèves dessinent le même nombre de points comme Dédé (le matériel est présent dans ce guide pédagogique, il est également téléchargeable sur le site compagnon : japprendslesmaths.fr). On dit ce nombre.

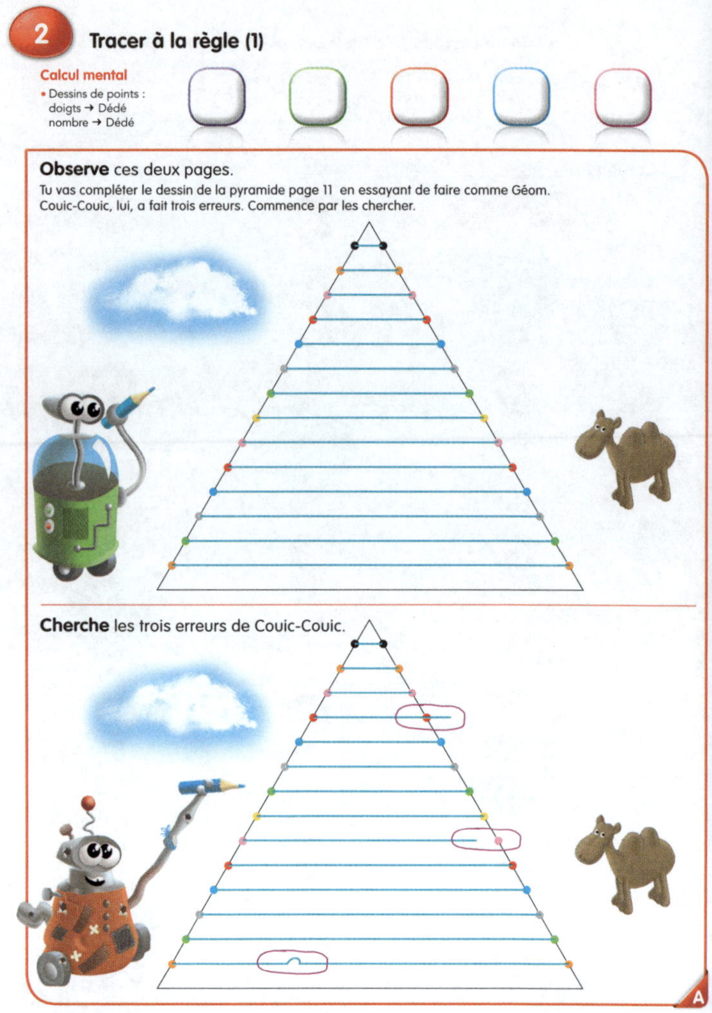

Dessins de points : nombre → Dédé

L'enseignant dit un nombre ($n \leq 5$), les élèves dessinent le même nombre de points comme Dédé.

A et B. Tracés à la règle

Dans l'introduction de cette activité, on cherche d'abord à amener les élèves à comprendre la fonction de chacun des trois supports (la réalisation de Géom, celle de Couic-Couic, page 10, et le support de travail de l'élève, page 11), puis, à travers l'analyse des erreurs de Couic-Couic, à déterminer comment faire pour réussir les tracés demandés : bien poser sa règle sur les deux points à relier et la tenir fermement en appuyant au milieu et non sur une extrémité, bien suivre le bord avec le crayon et s'arrêter aux points.

Les fonctions des trois supports

Comme ce type de présentation reviendra régulièrement, il est important de bien établir d'emblée comment on se meut dans une telle double page : c'est sur la page de droite qu'on va tracer ; sur la page de gauche, on observe et on commente les deux tracés de Géom et Couic-Couic.

Ici, on peut partir du fait que, dans les pages 10 et 11, on observe trois fois la même pyramide. Page 11, les traits ne

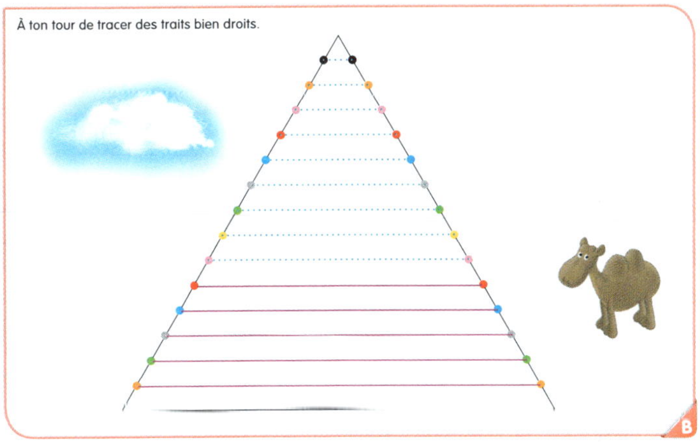

sont pas encore tracés : on voit juste des pointillés dans la partie supérieure, puis plus rien. Ce sera à chaque élève de tracer les traits, d'abord sur les pointillés, puis en reliant les points qui ont la même couleur. Page 10, les points de même couleur sont reliés par un trait bleu : Géom a tracé ces traits à la règle (tâche réussie). En dessous, un autre robot, Couic-Couic, bricolé avec du matériel de récupération, a voulu faire de même (tracé comportant des erreurs).

L'analyse des tracés des deux robots

On revient à l'analyse des tracés des deux robots. On s'attarde sur ceux de Couic-Couic. Ce robot a fait des erreurs. Il faut les chercher.

On incite les élèves à formuler leurs remarques plutôt que de les laisser les signaler par le geste (le fait que les points à relier sont en couleur facilite les verbalisations) :

- Couic-Couic a « dépassé » en reliant les deux points rouges (quatrième trait en partant du haut).
- Il n'a pas tracé le trait assez loin entre les deux points roses.
- Son crayon a dévié lorsqu'il a tracé le dernier trait.

Remarques

❶ Dans un tracé à la règle, il y a deux phases.

• Il faut tout d'abord ajuster correctement la règle pour qu'elle affleure les deux points à relier. Les élèves le comprennent bien. Mais, pour les tracés les plus longs, on observe souvent des hésitations : des élèves ajustent la règle sur un point d'abord, puis essaient de faire de même sur l'autre, mais alors, en bougeant la règle, ils l'éloignent du premier point… On peut conseiller aux élèves de faire cet ajustement avec les deux mains en ne perdant pas de vue les deux points. Tant que des pointillés indiquent la position de la règle, la tâche est évidemment facilitée.

• Vient ensuite le moment de tracer. Or chaque main a un rôle spécifique : avec l'une l'enfant doit maintenir la règle en position, avec l'autre il effectue son tracé. La force avec laquelle il faut appuyer sur la règle augmente avec la longueur du trait (pour compenser l'effet de levier). C'est ce qui explique que, malgré une position initiale correcte de la règle, lors du tracé il arrive souvent que celle-ci bouge. Il convient donc de conseiller aux élèves d'appuyer bien fort et au milieu, voire de se mettre debout, pour exercer sur la règle un meilleur appui, « pour l'empêcher de bouger ».

❷ Le tracé à la règle fait partie de ces savoir-faire instrumentaux impliqués dans de nombreuses activités géométriques. Mais, par-delà ce savoir-faire, avec les tracés à la règle se construisent des expériences indispensables à la formation des notions géométriques de base. Ainsi, la notion intuitive de droite a partie liée avec l'expérience des tracés à la règle. Par exemple, c'est dans ce type de tracé que les enfants prennent souvent conscience du fait que les traits « bien droits » peuvent avoir des directions différentes de la verticale, alors que dans le langage ordinaire, pour eux, le mot « droit » signifie souvent « debout ».

❸ Nous recommandons aux enseignants de ne pas utiliser le terme savant de « segment », mais d'utiliser plutôt celui de « trait droit ». En effet, le mot « segment » n'a pas de sens dans le langage ordinaire. Le segment est un objet mathématique (c'est une portion de droite, finie, limitée par deux extrémités, dotée d'une direction, c'est un ensemble infini de points…). Bien évidemment, il serait prématuré de chercher à dégager ces propriétés du segment. Utiliser ce mot pour désigner de banals traits de crayon, ce serait donc risquer d'établir une conception fausse du segment qui pourrait gêner ensuite, au cycle 3 ou plus tard, la compréhension de la notion mathématique.

❹ Il se peut que les personnages Géom et Couic-Couic soient déjà connus des élèves. En effet, ils apparaissent aussi dans la *mallette de Géom*, ensemble de supports pour la GS et le CP, publié par Retz. Il serait donc normal que certains élèves les aient déjà rencontrés l'année précédente pour d'autres tracés.

Objectifs

On introduit ici un autre mode de représentation des premiers nombres : une boite se présentant sous la forme de 10 cases alignées, organisée en 2 compartiments de 5 cases. C'est la « boite de Picbille ».

Dans cette sq, on utilise seulement le premier compartiment ($n \leq 5$), mais il est préférable de présenter d'emblée la structure complète de cette boite.

Elle se remplit avec des jetons, à partir de son extrémité gauche. Les 2 compartiments de 5 sont séparés par un repère noir. De plus, la case du milieu de chaque compartiment s'identifie facilement grâce à un décrochement latéral : dans le matériel diffusé par les éditions Retz, c'est l'endroit où l'on appuie pour ouvrir le couvercle*. Cette structure a pour conséquence que lorsqu'on remplit la boite, les 5 jetons de chaque compartiment apparaissent sous la forme 2 + 1 + 2.

Cela permet de créer les repères suivants :
- le repère 3 : le premier compartiment est rempli jusqu'au milieu (3, c'est 2 + 1) ;
- le repère 5 : le premier compartiment est plein (5, c'est 2 + 1 + 2 ou bien 3 + 2) ;
- le repère 8 : le premier compartiment est plein et le second est rempli jusqu'au milieu (8, c'est 5 plus 3) ;
- le repère 10 : les deux compartiments sont pleins (10, c'est 5 + 5).

On remarquera que cette structure est très exactement celle des doigts ou, plus précisément, celle de la schématisation qu'en fait Patti (présence des repères 3 et 8). Pour que les repères 5 et 10 fonctionnent encore mieux, on fait souvent intervenir la convention suivante : lorsqu'un compartiment est plein, on ferme son couvercle. En amenant les enfants à reconstruire mentalement les 5 jetons alors que le couvercle a été fermé, on les prépare à utiliser 5 comme groupement intermédiaire pour représenter les nombres compris entre 5 et 10 (*cf.* les sq 12, 14, 17 et 24).

Dans cette sq, on s'intéresse seulement aux nombres jusqu'à 5. Les exercices de traduction : boite ⟷ doigts et boite ⟷ points comme Dédé (cadre A), aident les élèves à comprendre la structure d'un compartiment et renforcent la connaissance des relations numériques correspondantes.

Quand Picbille dessine des jetons alignés (cadre B), il imagine qu'ils sont dans sa boite et il fait une croix sur le troisième jeton dessiné : cela lui permet de reconnaitre d'emblée 5 jetons sous la forme 2 + 1 + 2.

* Cette caractéristique n'est présente que dans l'édition 2012 du matériel.

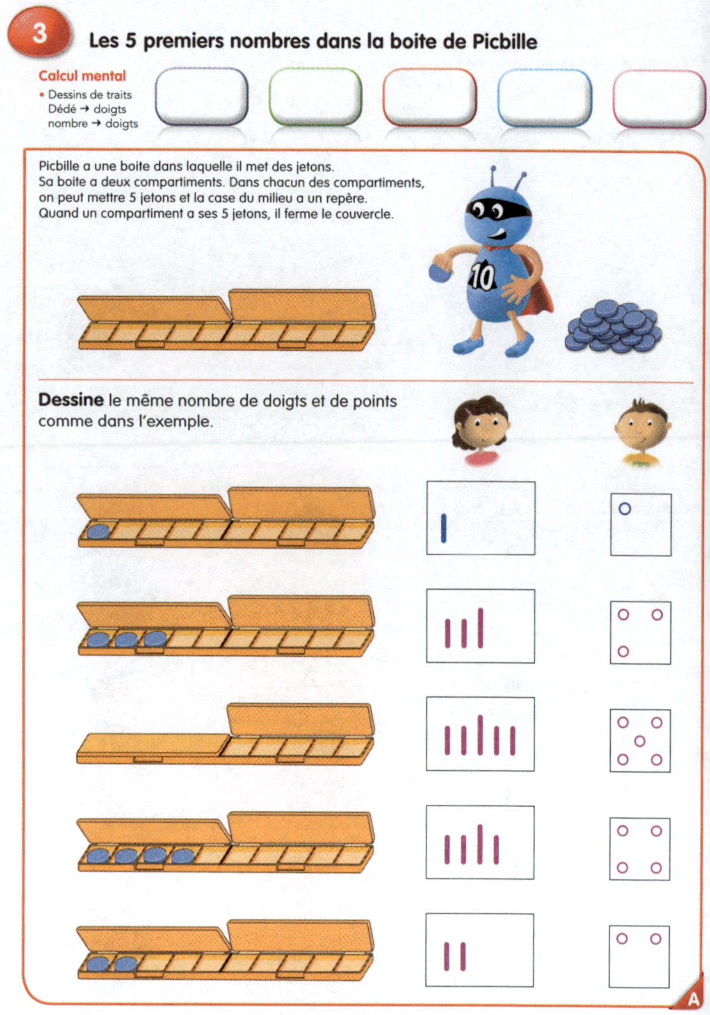

Activités Séquence 3

Calcul mental

Dessins de traits : Dédé → doigts

L'enseignant(e) montre un carton au format A4 sur lequel sont dessinés des points comme Dédé ($n \leq 5$), les élèves dessinent le même nombre de doigts comme Patti (le matériel est téléchargeable sur le site compagnon : japprendslesmaths.fr). On dit ce nombre.

Dessins de traits : nombre → doigts

L'enseignant dit un nombre ($n \leq 5$), les élèves dessinent le même nombre de traits comme Patti.

A. Introduction de la boite de Picbille

Il est évidemment possible de présenter la boite de Picbille à partir de l'image qui est en haut du cadre A, mais, pour que les élèves se représentent bien la situation, il est préférable de disposer d'une boite (il est possible de les acheter à l'unité). S'il s'agit du nouveau modèle (voir le schéma figurant dans la colonne « Objectifs »), c'est évidemment parfait, mais l'ancien modèle convient également. Rappelons que cet ancien modèle se présente sous la forme de deux « petites boites de 5 » qu'il faut assembler pour former une boite de 10. Comme dorénavant, la boite de 10 est la seule à être utilisée, il est préférable de solidariser les deux compartiments

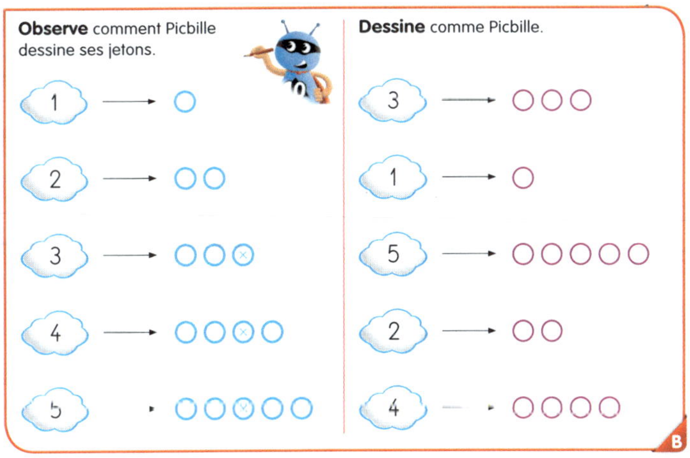

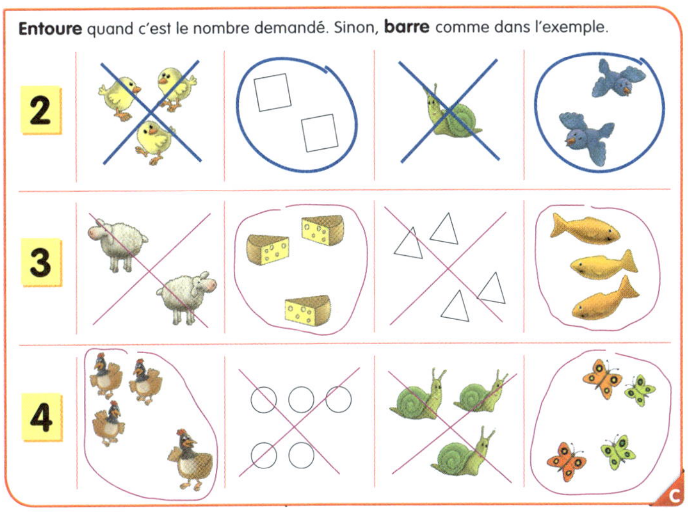

de manière définitive avec de la colle. On pourra aussi créer le repère noir qui sépare les deux compartiments de 5 avec un feutre noir indélébile et même créer les repères 3 et 8 en traçant un trait noir sur le bord latéral de la boite, en lieu et place du repère qui existe dorénavant.

Découverte : sous le couvercle, il y a 5 jetons

La description de la structure de la boite commence globalement : on découvre qu'elle est composée de 2 compartiments avant d'expliciter qu'ils sont identiques et de s'intéresser au premier de ces 2 compartiments, celui de gauche.

Alors qu'il a mis des jetons sur le bureau, l'enseignant présente la boite aux élèves qui ont leur fichier ouvert : « Le personnage en haut du cadre A s'appelle Picbille. Il a des jetons, comme moi, regardez, les miens sont là. Picbille a aussi une boite, comme celle-ci. Comment est faite cette boite ? Est-ce que quelqu'un peut la décrire ? »

Il fait expliciter la structure de la boite : elle a deux compartiments, le premier (celui de gauche) et le deuxième ; chaque compartiment a un couvercle. « Combien peut-on mettre de jetons dans le premier compartiment ? » Il précise aux élèves qu'ils peuvent répondre à partir de la boite dessinée sur leur fichier. La réponse, 5, est commentée en même temps que l'enseignant remplit le premier compartiment de la boite : « Il y 5 jetons en tout ; 2 là, 1 au milieu et encore 2 là. « Attention les enfants : quand Picbille a 5 jetons dans le premier compartiment de sa boite, il ferme le couvercle. » L'enseignant le fait et il commente à nouveau alors que les jetons sont masqués par le couvercle : « Sous le couvercle, il y a 5 jetons, 2 là (il désigne les emplacements avec l'index et le majeur), 1 là, au milieu du compartiment (il désigne l'emplacement avec l'index), et 2 là. »

« Et dans l'autre compartiment, combien pourrait-on mettre de jetons ? » On explicite qu'on pourrait également y mettre 5 jetons (2 là, 1 au milieu et encore 2 là), mais on ne le fait pas parce qu'on va s'intéresser aux 5 premiers nombres.

Picbille remplit la boite de gauche à droite

L'enseignant vide donc la boite et montre ensuite comment Picbille remplit la boite (de gauche à droite), en mettant les jetons l'un après l'autre et en commentant avec l'objectif d'aider les élèves à associer chaque nombre avec l'endroit jusqu'où la boite est remplie. Il fait notamment remarquer que lorsqu'il y a 3 jetons (2 et encore 1), le troisième jeton est au milieu du premier compartiment, au-dessus du repère latéral : « C'est facile de savoir où est le troisième jeton, c'est comme avec les doigts que Patti dessine. »

Traduction : Picbille → doigts → Dédé

La première ligne permet d'expliciter la tâche : il faut dessiner autant de doigts (comme Patti) et de points (comme Dédé) qu'il y a de jetons dans la boite de Picbille.

En fin d'activité, on peut souligner à nouveau l'analogie entre les jetons dans la boite de Picbille et les doigts quand ils sont dessinés comme Patti : on repère rapidement le troisième.

B. Dessiner des jetons comme Picbille

La partie gauche du cadre B permet d'analyser comment Picbille dessine des jetons. Il les dessine l'un à côté de l'autre. Pour repérer rapidement le troisième jeton, il dessine une petite croix. Comme ça, il est sûr qu'il ne s'est pas trompé : 4 apparait comme 3 et encore 1 et 5 apparait comme 3 et encore 2 ou bien 2 et encore 1 et encore 2.

C. Reconnaitre 2, 3 et 4

Au tableau, l'enseignant reproduit les éléments d'une activité analogue à celle de la première ligne. Il dessine un chiffre 2 d'assez grande taille puis il dessine 2 lettres V (dont on peut dire qu'il s'agit d'oiseaux), 3 triangles, 2 étoiles et 3 ronds. La consigne est donnée : « Est-ce qu'on peut dire qu'il y a 2 oiseaux ? ; et 2 triangles ? ; et 2 étoiles ? ; et 2 ronds ? » Quand c'est le cas, la collection est entourée ; quand ce n'est pas le cas, elle est barrée. Les élèves comprennent alors facilement la consigne du travail sur le fichier.

Lors de la correction, on privilégie là encore l'usage de décompositions : « Il y a 3 fromages parce qu'il y en a 2 en haut et 1 en bas ; 2 et encore 1, c'est 3. » Quand il faut barrer, cela est justifié en utilisant les expressions « Il manque un… » et « Il y a un … en trop ». La tâche est facilitée du fait que la différence entre ce qu'il faudrait avoir et ce qu'il y a effectivement est toujours de 1.

Objectifs

Ces deux séquences se présentent sous la même forme et elles ont des objectifs et des déroulements similaires. Deux objectifs y sont visés :

1. Approfondir la connaissance des 4 premiers nombres : Deux tâches ayant cet objectif sont proposées dans chacune de ces séquences :

– Une tâche inhabituelle (cadre A) : il faut trouver tout ce qui est en *n* exemplaires dans le dessin d'une scène de la vie quotidienne. Encore une fois, on privilégiera la description de ces nombres à l'aide d'une décomposition.

– La tâche qui consiste à représenter ces premiers nombres avec un schéma des doigts comme Patti ou comme une collection de jetons dans la boite de Picbille. Concernant ce dernier outil, une nouveauté de la sq est l'introduction d'un schéma de la boite : elle est vue de dessus ; les deux compartiments sont séparés par un trait noir ; dans chaque compartiment, la case du milieu est repérée par une petite croix. Ce schéma de boite a une autre propriété qui n'est pas utilisée dans cette sq mais qui le sera dès qu'on demandera aux enfants de dessiner 5 jetons : il est possible de simuler la fermeture du couvercle de la boite en utilisant les couvercles auto-collants orange que les élèves trouvent à la fin de leur fichier.

2. Apprendre à bien écrire les chiffres de 1 à 4 (calligraphie). Comme dans le cas de l'écriture des lettres, l'écriture d'un chiffre doit respecter une trajectoire pour que le geste s'automatise rapidement. Si l'enseignant observe des difficultés dans le respect des trajectoires, ces exercices devront être proposés dans le cadre de l'aide personnalisée.

Remarques : Dans cette nouvelle édition de *J'apprends les maths avec Picbille CP*, la rencontre avec la file numérique a été retardée. Il y a deux raisons à cela :

– Lorsqu'un enfant compte les cases d'une file numérique pour retrouver la graphie du chiffre « 5 », il compte : 1, 2, 3, 4, 5 et il découvre comment s'écrit « le 5 », c'est-à-dire un numéro. Cet usage de la file numérique ne doit pas être favorisé parce qu'il conduit à un « comptage-numérotage » et non à un « comptage-dénombrement » (cf. Présentation).

– Lorsqu'un enfant retrouve ainsi la graphie d'un chiffre, il la retrouve de façon globale, sans sa trajectoire ; cela conduit à l'adoption de trajectoires erronées.

La file numérique est présente dans *J'apprends les maths avec Picbille CP*, mais à partir de la sq 44 seulement, c'est-à-dire lorsque les élèves savent que le numéro d'une case correspond au nombre de cases depuis le début jusqu'à celle-là.

Un affichage en classe peut se substituer à celui de la file numérique : il renvoie aux cadres B et C présents dans cette double page (téléchargeable sur le site compagnon).

Activités Séquence 4

Calcul mental

Dessins de points : Picbille → Dédé

L'enseignant montre un carton sur lequel sont dessinés des jetons comme Picbille ($n \leq 5$), les élèves dessinent le même nombre de points comme Dédé (le matériel est téléchargeable sur le site compagnon japprendslesmaths.fr). On dit ce nombre.

Dessins de points : nombre → Dédé

L'enseignant dit un nombre ($n \leq 5$), les élèves dessinent le même nombre de points comme Dédé.

A. Reconnaitre des collections de deux et trois parmi d'autres

Il faut chercher dans l'image tout « ce qui permet de dire 2 » (chaises, fleurs et chats) et « de dire 3 » (coussins, voitures et livres). Il est recommandé de ne pas compter mais d'utiliser des décompositions : « un chat sur le lit et un sur la chaise ; un et encore un, c'est deux » ; en fait, cette tâche conduit naturellement à des dialogues incluant des décompositions : lorsqu'un élève dit qu'il y a 2 coussins dans l'image, parce qu'il a seulement pris en compte ceux qui sont sur le lit, les autres enfants réagissent en disant qu'il y en a 3 parce qu'il

y a aussi celui qui est par terre, contre le mur : « 2 coussins et encore 1 coussin, ça fait 3 coussins ».

L'activité commence directement sur le fichier en commentant collectivement ce qu'on voit sur l'image : « C'est une chambre d'enfant ; on voit des chats... » Il est probable que les enfants diront spontanément qu'il y a 1 chat sur le lit et 1 autre en bas à droite. Une consigne plus précise peut être alors énoncée : « On peut dire 2 avec les chats, il y a 2 chats ; avec quoi d'autre peut-on dire 2 ? »

B et C. Traductions et calligraphie de 1 et 2

Dans le cadre B, l'enseignant fait observer et commenter l'image de la main sur laquelle le premier doigt est colorié. Il lit ce qui est écrit au-dessus de la tête de Patti : « On a colorié 1 doigt ». Il fait observer et commenter le trait tracé et il lit ce qui est écrit au-dessus : « Patti a dessiné 1 doigt ». Il demande aux enfants d'interpréter ce qui est dessiné en dessous : c'est une boite de Picbille vue du dessus. La correspondance entre la « vraie boite » et son schéma est explicitée : les deux compartiments séparés par un trait noir ; dans chaque compartiment, la case du milieu est repérée par une croix ; il y a « 2 cases et encore 1 case, et encore 2 cases, c'est 5 cases en tout ».

L'enseignant annonce qu'il va montrer comment il convient de faire pour bien écrire les chiffres 1 et 2. Il exécute au tableau le geste qui forme le chiffre 1. Les élèves repassent ensuite le parcours en pointillé sur le fichier, et ils font de même avec la ligne de calligraphie du bas du cadre B.

Cette démarche est reprise pour le nombre 2, mais, de plus, les élèves doivent alors dessiner eux-mêmes les 2 traits comme Patti et dessiner les 2 ronds qui représentent des jetons dans la boite de Picbille.

Remarques

1 L'animation des activités est grandement facilitée lorsqu'on télécharge sur le site compagnon (www.japprendslesmaths.fr) des feuilles A4 sur lesquelles sont reproduits les cadres B et C correspondant aux nombres 1 et 2 (mais aussi les cadres analogues correspondant aux nombres 3, 4, 5... afin d'animer les sq suivantes). Il suffit d'agrandir ces feuilles au format A3 et l'on dispose d'un affichage collectif permettant d'indiquer aux élèves l'endroit sur lequel l'attention doit se porter à un moment donné. De plus, ces feuilles peuvent, une fois complétées, rester comme affichage collectif (voir colonne « Objectifs »).

2 Pour les exercices de calligraphie, les élèves disposent de deux modèles, l'un au début, l'autre à la fin, ce qui permet aux gauchers aussi bien qu'aux droitiers d'avoir le modèle sous les yeux pendant l'exercice.

3 Concernant les ronds figurant les jetons de Picbille, seul leur pourtour est dessiné pour éviter un long coloriage de l'intérieur du rond, et aussi pour que les ronds ne se transforment pas en points à peine perceptibles.

Activités Séquence 5

Calcul mental

Dessins de traits : Picbille → doigts

L'enseignant montre un carton sur lequel sont dessinés des jetons comme Picbille ($n \leq 5$), les élèves dessinent le même nombre de doigts comme Patti. On dit ce nombre.

Dessins de traits : nombre → doigts

L'enseignant dit un nombre ($n \leq 5$), les élèves dessinent le même nombre de doigts comme Patti.

A. Reconnaitre des collections de trois et quatre parmi d'autres

Le déroulement de l'activité est identique à celui de l'activité A de la sq 4. Il faut trouver ce qui est en 3 exemplaires (chiens, poules et arbres) et ce qui est en 4 exemplaires (chats, fenêtres et pelles).

B et C. Traductions et calligraphie de 3 et 4

Les élèves doivent dessiner 3 (respectivement 4) doigts comme Patti, dessiner 3 (respectivement 4) jetons dans la boite de Picbille et faire les exercices de calligraphie.

Objectifs

On poursuit ici la progression sur les tracés à la règle. Les traits à tracer sont toujours horizontaux ; les élèves n'ont donc pas à changer la direction de leur règle, ce qui facilite les tracés ; en revanche, il n'y a plus de pointillés, ce qui rend la tâche un peu plus difficile que dans la sq 2.

On retrouve le même dispositif de préparation de la tâche que dans la sq 2 : Géom a tracé correctement les traits demandés, Couic-Couic a fait trois erreurs.

Activités Séquence 6

Calcul mental

Le principe des cartons éclairs est de montrer brièvement l'un des cartons (doigts, Picbille ou Dédé) aux élèves afin qu'ils reproduisent le même nombre sous une autre forme : écriture chiffrée ou dessin de points alors qu'ils ont vu des traits, etc.

Nous conseillons à l'enseignant de commencer par tenir les cartons comme dans le dessin ci-dessous, les unités des collections lui apparaissant sur la droite du carton (le texte écrit en petit sur le carton lui apparait donc à l'envers) :

Pour montrer brièvement la collection aux élèves, il suffit de tourner le carton avec l'autre main *selon un axe horizontal* (on bascule le carton). De cette manière, lorsque les élèves imaginent les traits derrière le carton, ils les imaginent sur la gauche de celui-ci. De même, lorsqu'ils voient les traits après le basculement, ils les voient sur la gauche du carton. Cela est préférable parce que la file numérique mentale, dont il faut favoriser la construction chez les élèves, est orientée de la gauche vers la droite. On remarquera que le basculement ne rend pas le dessin des traits inhabituel parce qu'on a prolongé le 3e trait à la fois vers le haut et vers le bas.

Cartons éclairs : doigts → Dédé

L'enseignant montre brièvement un carton sur lequel sont dessinés des doigts comme Patti ($n \leq 5$), les élèves dessinent le même nombre de points comme Dédé. On dit ce nombre. Du fait du temps limité, le comptage 1 à 1 d'une collection de 4 ou de 5 n'est plus une stratégie efficiente, même s'il s'agit d'un comptage-dénombrement. Les élèves sont obligés d'utiliser une décomposition, c'est-à-dire de calculer.

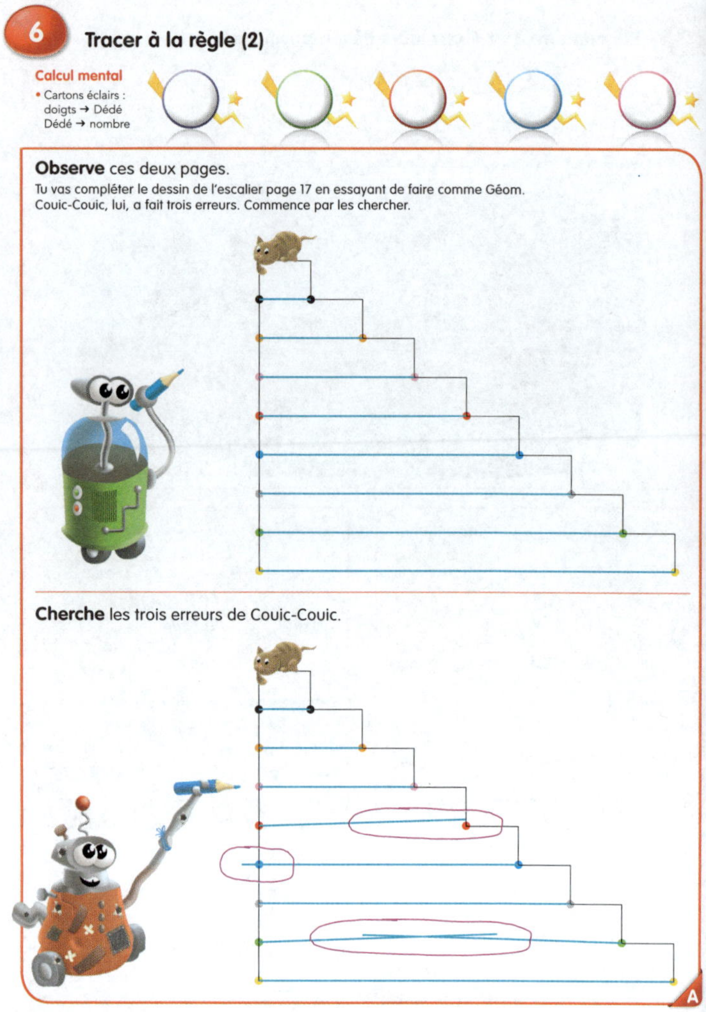

Cartons éclairs ($n \leq 4$) : Dédé → nombre

C'est seulement au cours de cette sq que les élèves apprennent à calligraphier le chiffre 5 ; c'est la raison pour laquelle on se limite à des collections avec $n \leq 4$.

A et B. Tracés à la règle

On fait d'abord remarquer la similarité de la présentation de l'activité avec celle de la pyramide de la sq 2 : page de droite, il faudra compléter le dessin de l'escalier en traçant les traits manquants ; page de gauche, Géom a bien fait le travail demandé, Couic-Couic a fait 3 erreurs qu'il faut retrouver (il arrive au-dessus du point visé, il dépasse à gauche et il trace deux traits qui ne se superposent pas). Les conseils pédagogiques de la sq 2 valent évidemment pour celle-ci.

C. Traductions et calligraphie de 5

L'activité se déroule comme dans les sq 4 et 5 : les élèves doivent dessiner 5 doigts comme Patti, dessiner 5 jetons dans la boite de Picbille et faire les exercices de calligraphie.

Mais il y a une nouveauté : comme le premier compartiment est plein, on demande aux élèves de prendre *un couvercle autocollant* parmi ceux qui se trouvent en fin de fichier et de le coller pour simuler la fermeture du couvercle : il y a 5 jetons mais on ne les voit plus (l'enseignant peut choisir de prélever en début d'année les pages d'autocollants pour éviter que des élèves en prélèvent indument).

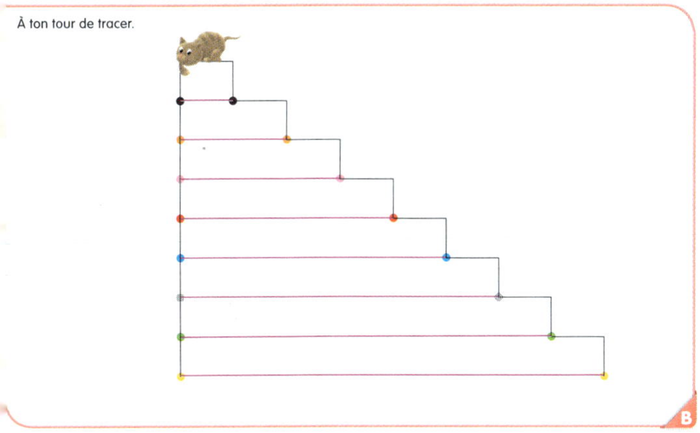

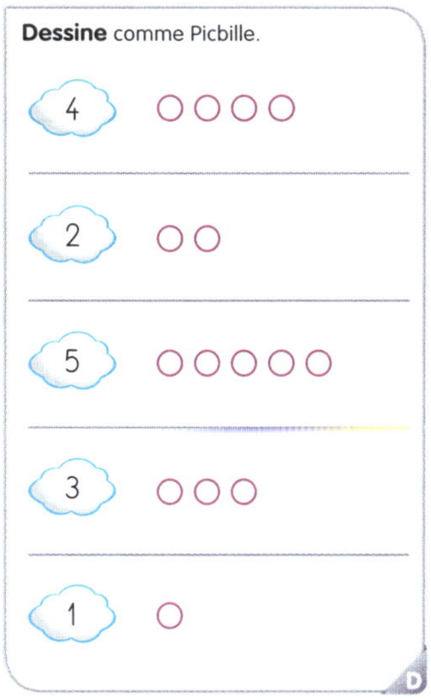

Activités complémentaires

Comptine avec les doigts

Cette comptine, basée sur un comptage-dénombrement, est extraite de R. Brissiaud ; *Comment les enfants apprennent à calculer* ; Retz, 1989.

Activités complémentaires (suite)

Les albums à calculer

Si les élèves ne les ont pas déjà découverts en grande section, l'enseignant peut utiliser, durant la première période, l'un des albums à calculer (publiés chez Retz). Ces albums et les activités qui leur sont liées aident les élèves à structurer les nombres de 3 à 7 et de 5 à 10. Ces activités, décrites ici pour l'un des albums, se déroulent à l'identique pour les deux autres.

Les enfants rencontrent successivement différents personnages : 3 chats, 4 souris, 5 grenouilles, 6 oiseaux, 7 papillons. Avec l'histoire des 3 chats, ils apprennent toutes les décompositions du nombre 3, de même avec celle des 4 souris, etc. Ces histoires se transforment en jeu grâce au rabat de la couverture qui permet de masquer la page de gauche (au CP, l'usage de l'autre rabat conduit à des problèmes trop faciles). Quand la page est masquée, les élèves cherchent à l'imaginer. À titre d'exemple, voici les 6 doubles pages de l'histoire des 5 grenouilles :

Les 5 grenouilles sont toujours réparties soit sur la page de gauche, occupant des nénufars disposés comme sur le 5 d'un dé, soit sur celle de droite, dans l'eau. Après avoir caché avec le rabat de la page de gauche, on voit 2 grenouilles dans l'eau sur la page de droite, par ex. :

On pose le problème suivant aux enfants : « Combien y a-t-il de grenouilles sur les nénufars ? » En se représentant mentalement la constellation de 5 du dé et en cherchant à « voir » 2 dans 5, les élèves sont susceptibles d'anticiper : il y a encore 3 grenouilles sur les nénufars. Cette situation est autocorrective : il suffit de rendre visible la page des nénufars pour vérifier cette réponse.

Objectifs

Dans cette nouvelle édition de *J'apprends les maths CP avec Picbille*, les enfants travaillent la comparaison et la soustraction en parallèle pendant une grande partie de l'année, sans faire de lien entre les deux types de situations. Les élèves rencontreront bientôt (sq 18) la soustraction et son signe opératoire (le signe « — ») ; mais c'est seulement à partir de la sq 74 qu'ils commenceront à mettre en relation la comparaison et la soustraction.

En fait, de façon générale, les enfants font difficilement le lien entre ces deux types de situations, qui leur apparaissent très différentes : dans le premier type (comparaisons) deux collections sont d'emblée en jeu dans l'énoncé du problème, alors que dans le second type (retraits) on s'intéresse à la transformation d'une seule collection.

Nous utilisons ici le mot « différence » pour dénommer le résultat d'une comparaison, mais attention : avant la séquence 74, ce mot ne doit pas être interprété comme désignant le résultat d'une soustraction. En fait, l'usage de ce mot est particulièrement approprié à la comparaison de deux collections : lorsqu'on relie 1 à 1 « ce qui est pareil » dans les deux collections, ce qui dépasse de l'une d'elles est « ce qui est différent » ou encore « la différence ».

Dans la sq 7, on introduit le scénario qui sera privilégié pour étudier la comparaison : celui où deux personnages, Maxibille et Minibille, ont des nombres différents de jetons (Maxibille en a plus que Minibille) et où l'on s'interroge sur le nombre de jetons que Picbille doit donner à Minibille pour que celui-ci ait *autant* de jetons que Maxibille (on peut aussi dire : « pour que Minibille ait le *même nombre* de jetons que Maxibille »). Dans la sq 7, les collections de jetons de Maxibille et de Minibille sont toujours dessinées ; dans le cadre A, cependant, les élèves donnent la réponse en dessinant les jetons que Picbille doit apporter dans son charriot, alors que dans le cadre B, ils en écrivent seulement le nombre au même emplacement.

Dans la sq 8, les collections de jetons de Maxibille et de Minibille ne sont plus dessinées : les élèves doivent procéder à la comparaison à partir des deux nombres seulement, le dessin des jetons servant à vérifier la réponse.

Dans les sq suivantes (à partir de la sq 9), l'enseignant sera invité à animer une activité de haut de page conduisant les enfants à simuler mentalement la correspondance terme à terme entre les jetons de Maxibille et ceux de Minibille, alors que l'enseignant réalisera cette correspondance terme à terme de manière masquée. Nous avons appelé cette activité « différence mentale » ; elle doit évidemment être distinguée de la « soustraction mentale ». Jusqu'à la sq 74, l'enseignant animera en parallèle les deux sortes d'activités : différences mentales et soustractions mentales.

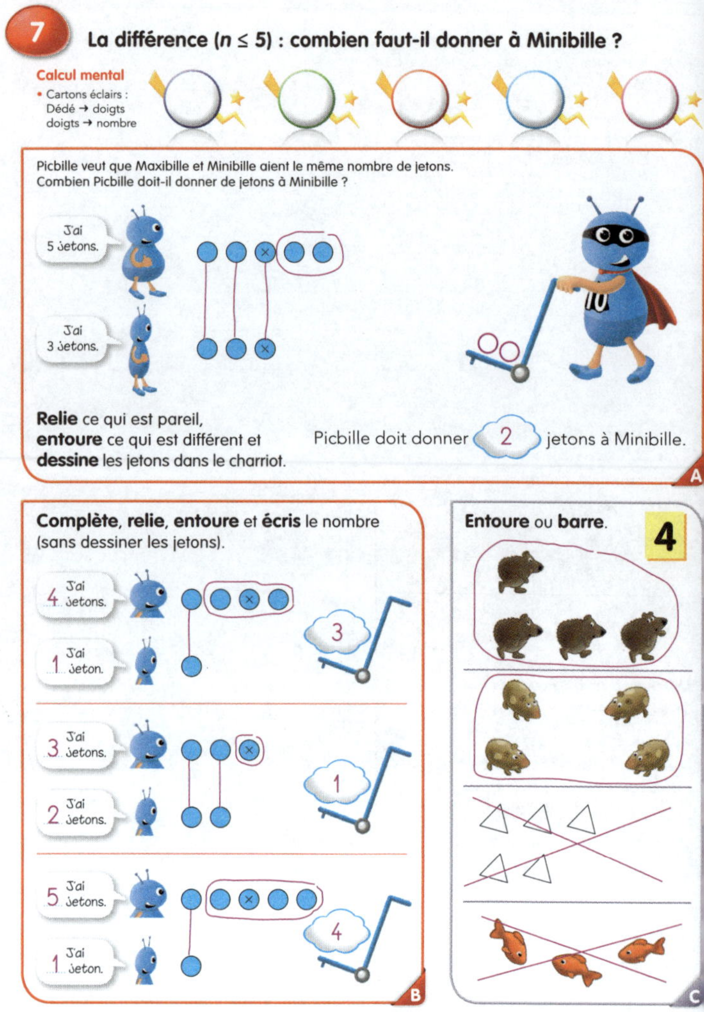

Activités Séquence 7

Calcul mental

Cartons éclairs : Dédé → doigts

L'enseignant montre brièvement un carton sur lequel sont dessinés des points comme Dédé ($n \leq 5$), les élèves dessinent le même nombre de doigts comme Patti. On dit ce nombre.

Cartons éclairs ($n \leq 5$) : doigts → nombre

Les élèves ayant appris à calligraphier le chiffre 5, les cartons utilisés contiennent jusqu'à 5 doigts dessinés comme Patti.

A et B. Une situation de comparaison : Minibille veut autant de billes que Maxibille

L'activité commence directement sur le fichier. Dans le cadre A, les élèves découvrent deux nouveaux personnages : Maxibille et Minibille. Maxibille annonce qu'il a 5 jetons et Minibille qu'il en a 3. La vérification est facile parce que les jetons sont dessinés « comme Picbille » : le 3e jeton est repéré par une croix.

Il est annoncé aux élèves que cette situation se retrouvera systématiquement : dans la suite du fichier, Maxibille aura toujours plus de jetons que Minibille alors qu'on voudrait que Maxibille et Minibille aient le même nombre de jetons, ou encore (et il est souhaitable que l'enseignant soit attentif à la manière dont il s'exprime parce que certains enfants

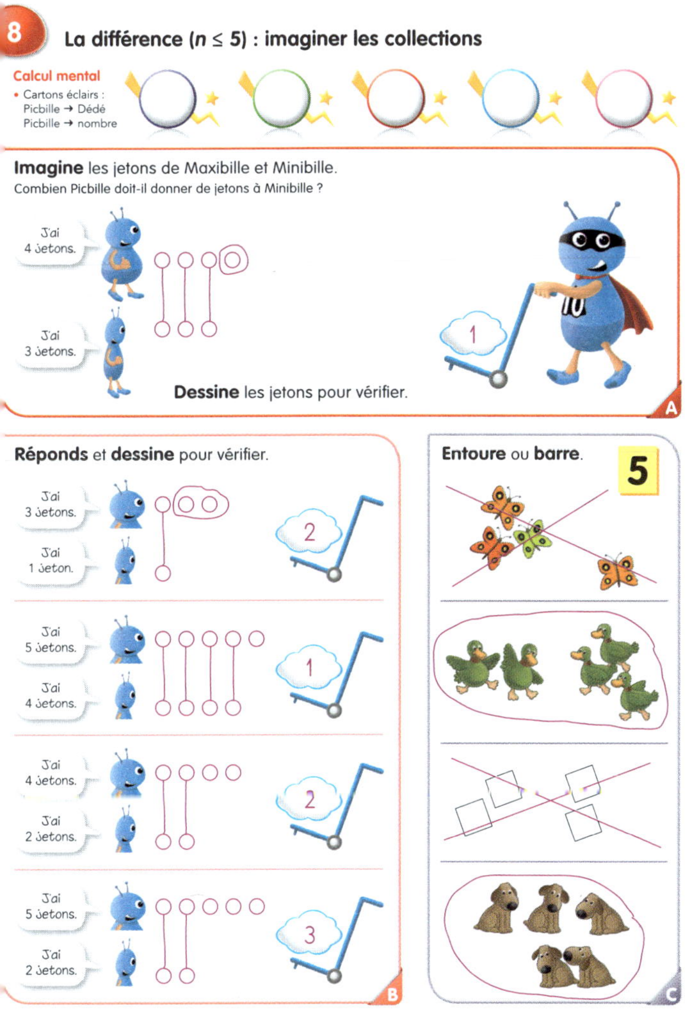

découvrent cette façon de s'exprimer) on voudrait que Minibille ait autant de jetons que Maxibille. L'expression « avoir autant de jetons que » est introduite comme synonyme de « avoir le même nombre de jetons que ».

On remarque que Picbille est présent avec son charriot, et la problématique est précisée : Picbille apporte à Minibille les jetons qui lui manquent pour avoir le même nombre que Maxibille. La plupart des élèves donnent immédiatement la solution : « Il faut que Picbille apporte 2 jetons ». L'enseignant demande comment on peut faire pour en être sûr. Si cela n'a pas déjà été fait, il peut reproduire la situation au tableau : la tête de Maxibille et ses 5 jetons, celle de Minibille et ses 3 jetons. Lorsqu'un élève vient au tableau expliquer la réponse « 2 », il suffit de l'interroger sur le 3e jeton de Maxibille : « Et ce jeton-là, il ne faut pas l'apporter à Minibille ? » pour amorcer une correspondance 1 à 1 : « D'accord, ce jeton-là (le plus à gauche), c'est pareil chez Maxibille et Minibille (en les reliant par un trait) ; ce jeton-là c'est pareil aussi et celui-là aussi (en traçant les traits correspondants). Ce qui n'est pas pareil est entouré :

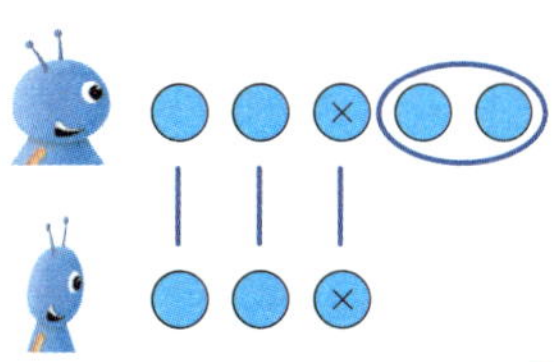

La généralité de la situation est explicitée : « *Quand on a deux collections et qu'on relie 1 à 1 ce qui est pareil dans les deux collections, ce qui dépasse dans la collection la plus grande s'appelle la différence.* *C'est aussi ce qu'il faut ajouter à la plus petite collection pour qu'il y ait le même nombre.* »
Les 2 jetons nécessaires sont dessinés dans le charriot et le chiffre 2 est écrit dans le nuage.

La présentation de l'activité du cadre B est ensuite facile : il faut d'abord compléter ce que disent Maxibille et Minibille en écrivant le nombre de jetons que chacun possède et, dans le nuage du charriot, il faut écrire le nombre de jetons que Picbille doit apporter. Soit les élèves écrivent directement ce nombre et ils relient et entourent ensuite, soit ils commencent par relier et entourer et ils écrivent le nombre après : comme il est facile d'accéder à la solution, il n'y a pas de raison d'empêcher une réponse directe.

C. Reconnaitre des collections de quatre parmi d'autres

Les élèves retrouvent une activité qu'ils ont rencontrée lors de la sq 3. Rappelons qu'ils doivent entourer l'ensemble de la collection lorsqu'elle a exactement le nombre demandé ou, sinon, barrer la collection (on ne complète pas une collection en nombre insuffisant, on ne barre pas non plus des éléments d'une collection trop nombreuse).

Activités Séquence 8

Calcul mental

Cartons éclairs : Picbille → Dédé

L'enseignant montre brièvement un carton sur lequel sont dessinés des jetons comme Picbille ($n \leq 5$), les élèves dessinent le même nombre de points comme Dédé. On dit ce nombre.

Cartons éclairs : Picbille → nombre

Les élèves ayant appris à calligraphier le chiffre 5, les cartons utilisés contiennent jusqu'à 5 jetons dessinés comme Picbille.

A et B. Comparer en anticipant le résultat de la correspondance 1 à 1

On retrouve dans cette sq la situation de comparaison de la sq précédente, mais :
1°) Les jetons ne sont plus dessinés, leur nombre est donné sous forme chiffrée.
2°) On demande aux élèves d'imaginer les collections correspondantes « dans leur tête », d'imaginer « ce qui est pareil et ce qui dépasse » et d'écrire ensuite le nombre de jetons que Picbille devra apporter.
3°) Pour vérifier leur réponse, les élèves doivent enfin dessiner les collections, relier ce qui est pareil et entourer la différence.

Il s'agit donc de simuler mentalement une correspondance terme à terme pour comparer les deux nombres. C'est cette activité qui sera reprise en haut de page dans les sq suivantes sous le nom de : « Différences mentales ».

Objectifs

Les sq 9 et 10 sont celles où l'on introduit l'addition et le signe « + ». Dans ce début de progression, ce signe fonctionne comme une abréviation sténographique de l'expression : « et encore ». Il s'agit donc d'un signe qui se contente d'évoquer l'idée d'ajout. C'est seulement dans la sq 14 qu'on explicitera ce qu'on appelle la *commutativité* de l'addition et, donc, le fait que cette opération arithmétique a une propriété qui est loin d'être évidente pour des élèves de CP : lorsqu'on ajoute 3 unités à une collection de 2 unités, on obtient le même nombre que lorsqu'on ajoute 2 unités à une collection de 3 unités, par exemple. Jusqu'à la sq 14, donc, on ne considèrera pas comme acquis que le résultat de l'une de ces additions est aussi celui de l'autre.

Dans la sq 9, l'écriture de l'addition est introduite dans une situation d'ajout : des jetons sont déjà dans la boite de Picbille et d'autres dans son charriot. On va continuer à remplir la boite en y ajoutant les jetons du charriot. Combien y aura-t-il de jetons en tout dans la boite ?

On se limite à des sommes ≤ 5 (on abordera les sommes jusqu'à 10 dans la 2e période). En effet, un autre objectif est d'aider les élèves à mémoriser rapidement le résultat de ces additions ; il ne s'agit pas seulement qu'ils apprennent à reconstruire ce résultat à partir d'un comptage 1 à 1 (*cf.* Présentation). Pour que les élèves ne recourent pas à un comptage 1 à 1, il est important que l'enseignant pose l'une des questions suivantes : « Quand les jetons seront dans la boite, jusqu'où la boite sera-t-elle remplie ? » ou « Quand les jetons seront dans la boite, faudra-t-il fermer le couvercle ? » Pour connaitre le résultat de 1 + 3, par exemple, il suffit en effet de s'imaginer que l'ajout revient à remplir la case qui est à gauche de celle du milieu, remplir celle du milieu et encore celle à droite, pour savoir qu'il y a 4 jetons dans la boite.

Dans la sq 10, l'usage de l'addition est étendu aux situations de réunion de 2 collections quelconques. On vise ainsi à donner à l'addition un sens plus général. Une situation simple de réunion est celle où un même type d'objets (ici des images) appartient à deux personnages différents et où l'on s'interroge sur ce qu'ils ont en tout. Des situations plus complexes de réunions sont celles où il s'agit de concevoir qu'en réunissant une collection de pommes et une collection de poires, on constitue une collection de fruits. Autrement dit, par-delà l'aspect numérique, les élèves doivent créer une nouvelle unité (fruit, outil), c'est-à-dire considérer le même objet de deux façons, à la fois en tant que pomme par exemple, et en tant que fruit. Ce type de situation est évidemment plus complexe. Pour favoriser la généralisation, les élèves sont invités à inventer d'autres « histoires » à partir de chacune des égalités rencontrées.

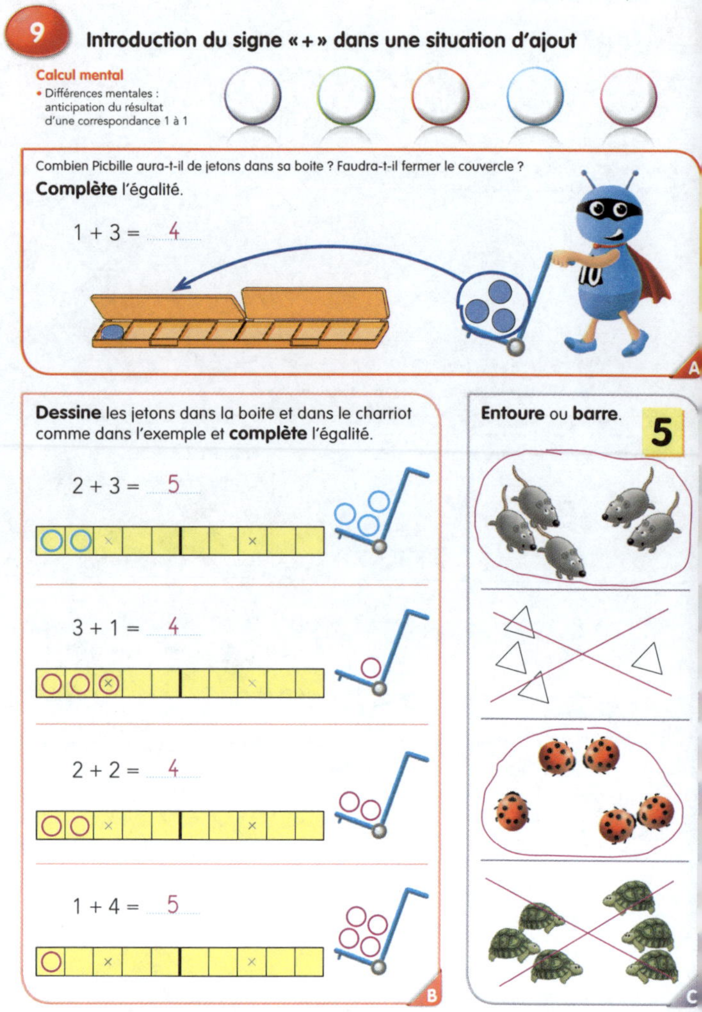

Activités Séquence 9

Calcul mental

Différences mentales : anticiper le résultat d'une correspondance 1 à 1 que l'enseignant réalise dans sa tête

L'enseignant utilise le matériel qui figure dans le *Guide pédagogique* (téléchargeable également sur le site compagnon), il le met sous plastique lisse pour pouvoir utiliser un feutre effaçable. Les cartons sont d'abord montrés aux élèves: « C'est comme dans le fichier, Maxibille a des jetons, Minibille aussi… »

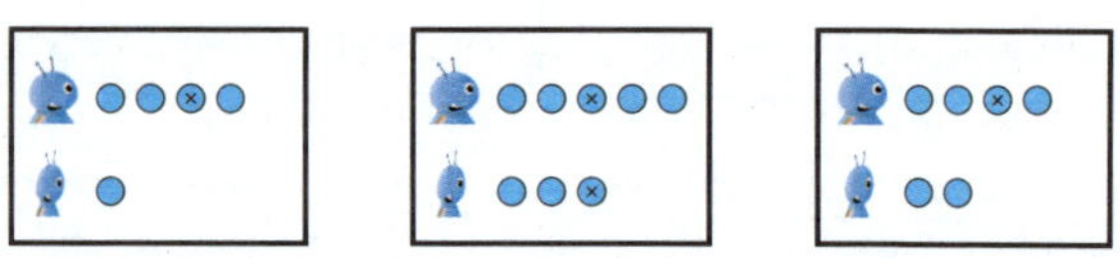

L'enseignant choisit un carton sans le montrer aux élèves et l'animation se fait ainsi :

Simulation mentale (1er temps)

L'enseignant tient le carton dos aux élèves, il dit qu'en haut, Maxibille a 4 jetons en parcourant du doigt cette collection …

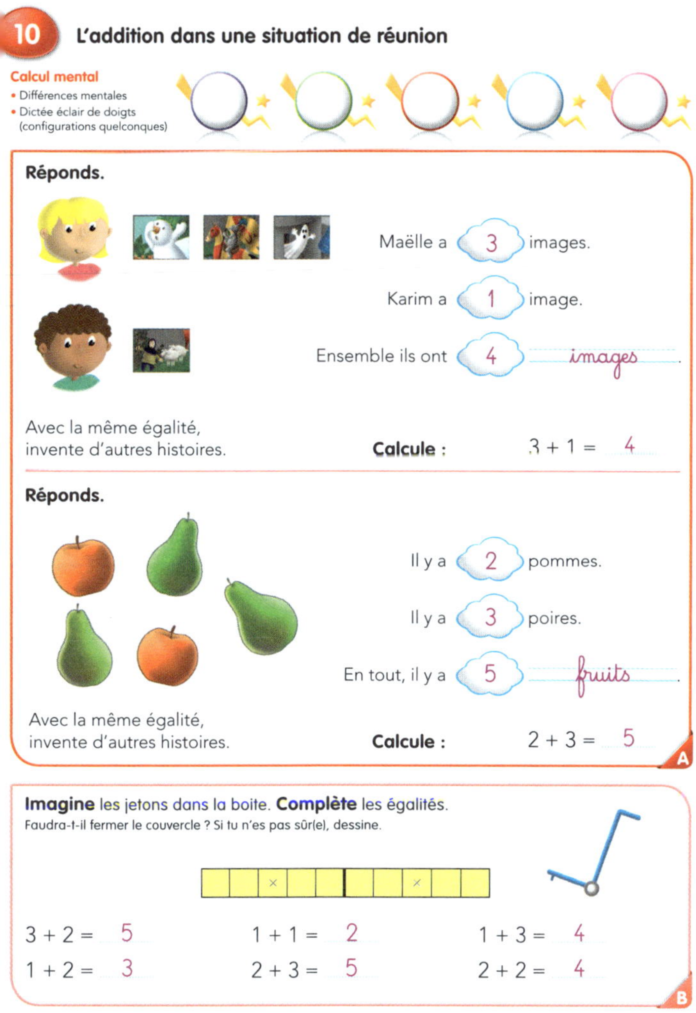
10 L'addition dans une situation de réunion

Calcul mental
- Différences mentales
- Dictée éclair de doigts (configurations quelconques)

Réponds.

Maëlle a 3 images.

Karim a 1 image.

Ensemble ils ont 4 images

Avec la même égalité, invente d'autres histoires.

Calcule : 3 + 1 = 4

Réponds.

Il y a 2 pommes.

Il y a 3 poires.

En tout, il y a 5 fruits

Avec la même égalité, invente d'autres histoires.

Calcule : 2 + 3 = 5

A

Imagine les jetons dans la boite. **Complète** les égalités.

Faudra-t-il fermer le couvercle ? Si tu n'es pas sûr(e), dessine.

3 + 2 = 5	1 + 1 = 2	1 + 3 = 4
1 + 2 = 3	2 + 3 = 5	2 + 2 = 4

B

Validation (2e temps)

L'enseignant retourne le carton, vérifie que chaque personnage a effectivement le nombre annoncé ; puis il effectue la correspondance terme à terme et entoure la différence.

A et B. Introduction de l'addition

Activité préliminaire

L'enseignant prend 2 cubes dans la main gauche (s'il est droitier) et il les montre aux élèves. Il ferme ensuite cette main. Il prend 1 cube dans l'autre main, le montre aux élèves et l'ajoute aux premiers en s'efforçant de garder la main qui les contient fermée. Il écrit au tableau l'addition correspondante, c'est-à-dire, dans cet exemple : 2 + 1 = ... (on respecte l'ordre de l'action). On explicite chaque symbole de l'égalité et notamment les signes « + » et « = » : le premier renvoie à l'ajout ; à droite du second, il faut écrire combien il y a de cubes en tout. Comme les élèves ne voient pas les cubes, ils sont obligés de s'appuyer sur l'égalité pour se rappeler les données du problème et trouver le nombre total. On fait cela avec 2 + 1, 2 + 2 et 1 + 2.

Activités sur le fichier

En A, l'image est tout à fait parlante. On la commente avec les élèves en relation avec l'addition écrite au-dessus : 1 + 3 = ... veut dire ici qu'il y a déjà 1 jeton dans la boite et que Picbille va ajouter les 3 jetons qui sont dans son chariot. On demande : « Faudra-t-il fermer le couvercle ? »... On décrit les cases qui seront remplies : le résultat est 4 et il ne faut pas fermer le couvercle.

En B, une addition étant donnée, il s'agit de l'interpréter dans le cadre du scénario d'ajout qui vient d'être introduit en dessinant les jetons correspondants dans la boite et dans le chariot et en calculant le résultat (« Faudra-t-il fermer le couvercle ? »).

Activités Séquence 10

Calcul mental

Différences mentales

Idem sq 9.

Dictée éclair de doigts (configurations quelconques)

L'activité est décrite page suivante.

A et B. L'addition dans une situation de réunion

On fait expliciter la situation : une fille qui s'appelle Maëlle a 3 images, un garçon qui s'appelle Karim a une image. Les nuages correspondants sont remplis. La question est ensuite posée : combien ont-ils ensemble ? et la phrase correspondante est complétée. L'objectif principal est d'amener les élèves à faire le lien entre ce problème et l'addition 3 + 1 = ...

En cas de difficulté, l'enseignant peut simuler la situation en utilisant des images ou des bouts de papier. On met 3 bouts de papier dans une boite, ce sont les images de Maëlle. L'enseignant interroge : « Comment faire pour qu'il y ait dans la boite les images que Maëlle et Karim ont ensemble ou en tout ? » Il faut ajouter l'image de Karim. Le fait d'ajouter dans une boite aide à faire le lien avec l'égalité. On invite ensuite les enfants à produire d'autres histoires qui correspondent à la même égalité (« Léa a 3 poupées et Aurélie a 1 poupée. Combien ont-elles de poupées ensemble ? »).

Avec la deuxième situation, il faut de plus amener les élèves à concevoir des fruits là où l'on perçoit des poires et des pommes en faisant formuler : « 2 pommes et encore 3 poires, c'est 5 fruits. »

L'invention d'autres histoires qui correspondent à la même égalité est un moment intéressant. Les élèves utilisent par exemple un contexte d'animaux (« Dans un pré, il y a 3 vaches et 2 chevaux. Combien y a-t-il d'animaux en tout ? »). Pour aider les élèves, on peut leur indiquer des catégories générales : des outils, des jouets, des insectes, des moyens de transport, etc.

Objectifs

Dans la sq 11, les élèves sont amenés à produire les égalités correspondant à différents cas du principal scénario d'ajout de référence : celui où l'on ajoute des jetons dans une boite de Picbille. Ils ne se contentent plus d'écrire le résultat d'une addition dont le premier membre est déjà présent dans leur fichier, ils écrivent les deux membres de l'égalité.

Dans la sq 12, les élèves apprennent à représenter les nombres 6 et 7 en dessinant des doigts comme Patti et des jetons dans la boite de Picbille.
Le nombre 6 est ainsi défini comme 5 + 1 (5 doigts sur une main et encore 1 doigt sur l'autre) ; l'égalité 5 + 1 = 6 est écrite ; pour dessiner 6 doigts comme Patti, on en dessine 5 et on laisse un espace avant de dessiner le sixième doigt. Pour dessiner 6 jetons dans la boite de Picbille, on peut en dessiner 5, fermer le couvercle et dessiner le dernier jeton. On peut également dessiner les 6 jetons en utilisant le repère noir (5 d'un côté, 1 de l'autre) et coller le couvercle après. Dans tous les cas, ce nombre apparait comme 5 + 1.
De même, le nombre 7 est défini comme 5 + 2 (5 doigts sur une main et encore 2 doigts sur l'autre) ; l'égalité 5 + 2 = 7 est écrite ; pour dessiner 7 doigts comme Patti, on en dessine 5 et on laisse un espace avant de dessiner les 2 autres doigts. Pour dessiner 7 jetons dans la boite de Picbille, on en dessine 5, on ferme le couvercle et on dessine les 2 autres jetons. On peut également dessiner les 7 jetons en utilisant le repère noir et coller le couvercle après. Dans tous les cas, ce nombre apparait comme 5 + 2.

Activités Séquence 11

Calcul mental

Dictée éclair de doigts (configurations quelconques)

L'enseignant utilise ses propres doigts ; il met une main dans le dos puis il montre brièvement un nombre ($n \leq 5$) avant de remettre la main dans le dos pour « conserver » ce qu'il a montré. Les élèves écrivent la réponse sur leur ardoise. La validation se fait immédiatement en remontrant la main et ses doigts sortis. Après cette validation, l'enseignant peut faire le geste de « secouer les doigts de sa main » vers le bas (pour signifier qu'il initialise le processus) avant de remettre la main dans le dos pour une nouvelle interrogation. L'enseignant sera attentif à varier les configurations (2 est montré par ex. avec l'index et le majeur, 3 avec l'index, le majeur et l'annulaire, etc.)

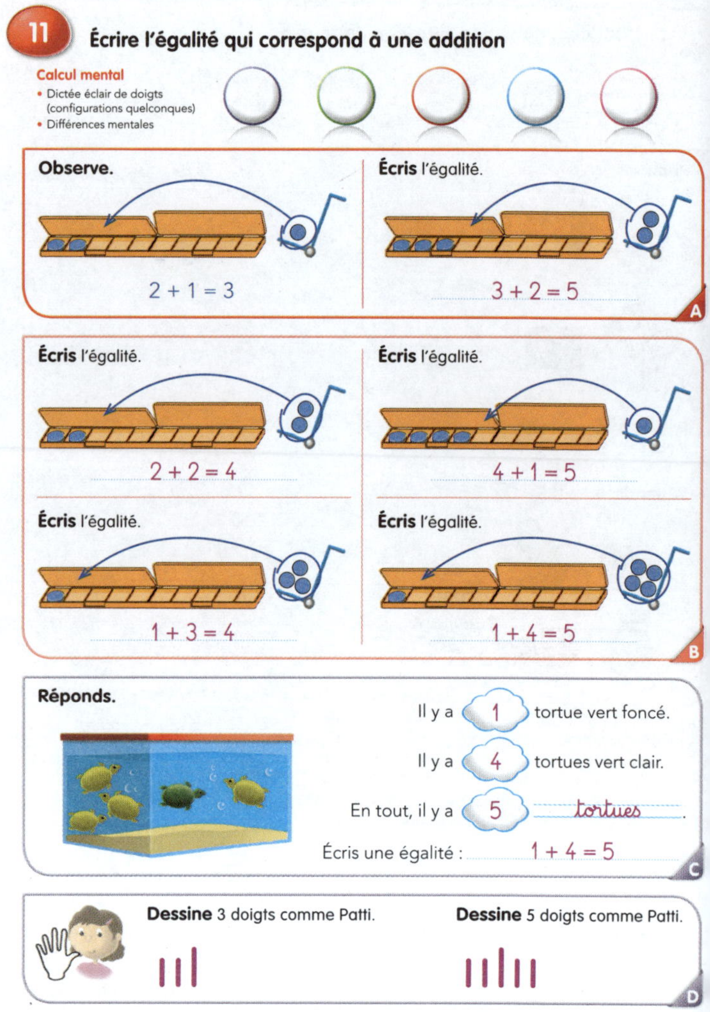

Différences mentales

Idem sq 9.

A et B. Écrire une égalité

L'activité commence directement sur le fichier avec l'observation et le commentaire des illustrations du cadre A : à gauche une égalité est écrite, elle correspond à l'image ; à droite on voit l'image mais l'égalité n'est pas écrite. Il faut donc écrire l'addition qui correspond à cette image.

C. L'addition dans une situation de réunion

L'activité est analogue à celle qui a été menée dans la sq 10, à ceci près que les élèves doivent ici écrire l'égalité. Comme dans le cas de la sq 10, cette activité peut être suivie de l'invention d'autres histoires qui correspondent à la même égalité : billes en terre et en verre, vache et chevaux, etc. Pour aider les élèves, on peut leur indiquer des catégories générales : des outils, des jouets, des insectes, des moyens de transport, etc.

Activités Séquence 12

Calcul mental

Différences mentales

Idem sq 9.

Cartons éclairs mélangés

L'enseignant utilise l'un des cartons déjà utilisés (doigts comme Patti, points comme Dédé ou Picbille) : il le montre brièvement, les élèves écrivent le nombre. On alterne les nombres et la façon dont ils sont représentés (Patti, Dédé ou Picbille) en insistant sur les nombres 3, 4 et 5.

A et B. Traductions et calligraphie de 6 et 7

On commence par expliciter collectivement l'égalité : 5 + 1 = 6 en se référant au dessin de Patti : 6 doigts, c'est 5 doigts (une main complète) et encore 1 doigt ; 5 doigts sur une main, plus 1 doigt sur l'autre, cela fait 6 doigts en tout.
Les élèves découvrent comment Patti dessine 6 doigts, ils dessinent 6 jetons dans la boite de Picbille, l'enseignant leur rappelle qu'ils doivent coller le couvercle. L'enseignant interroge : « Comment voit-on avec la boite de Picbille que 6 c'est 5 plus 1 ? » La trajectoire de l'écriture du chiffre 6 est explicitée au tableau avant que les élèves produisent les écritures demandées.

Concernant le nombre 7, les élèves doivent écrire eux-mêmes l'égalité 5 + 2 = 7 ; ils doivent dessiner eux-mêmes 7 doigts comme Patti en laissant un espace entre les 5 premiers et les 2 autres sur l'autre main.

Activité complémentaire

Jeu de parcours avec les réglettes de Picbille

Les réglettes de Picbille ont des longueurs différentes. Le nombre 1 est représenté par un carré avec un rond bleu à l'intérieur, le nombre 2 par un rectangle de longueur 2 (on peut le juxtaposer exactement avec 2 carrés unités) et il contient 2 ronds bleus, le nombre 3 par un rectangle de longueur 3... Le nombre 5, lui, est représenté par un rectangle de longueur 5, mais il est de couleur orange et on ne voit plus les 5 unités : il figure le couvercle d'un compartiment de la boite de Picbille.

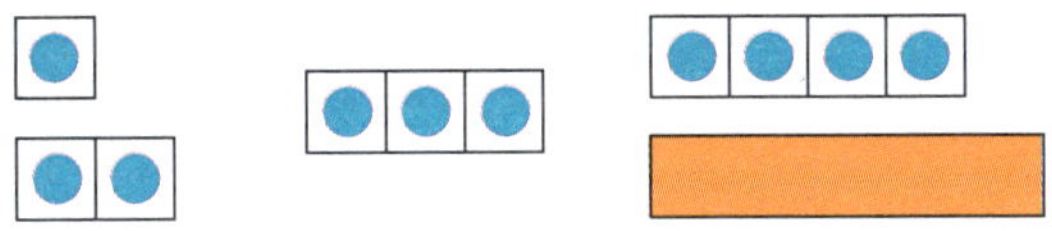

Utilisé dans le jeu décrit ci-dessous, ce matériel aide les enfants à s'approprier les décompositions des 5 premiers nombres.

Matériel et règle du jeu

Pour jouer, les enfants disposent d'une piste de jeu chacun (à télécharger sur japprendslesmaths.fr) et d'un dé reconfiguré 0, 1, 2, 3, 4, 5 (écrits en chiffres).

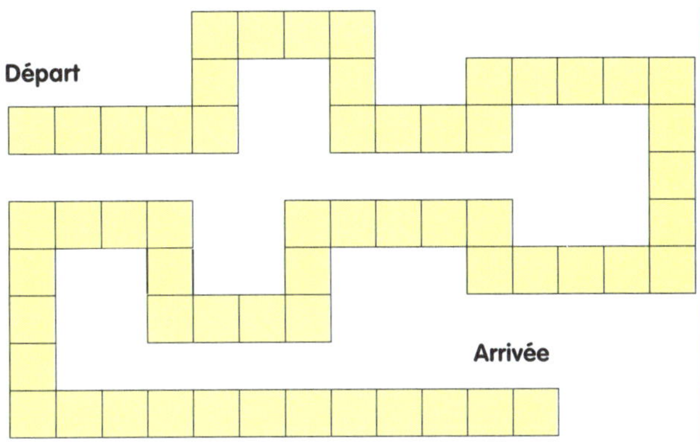

Les enfants jouent par deux, se contrôlant l'un l'autre (et faisant appel à l'enseignant en cas de désaccord). Les joueurs lancent le dé et agissent conformément au tirage. Si un joueur a tiré 4, il complète son parcours avec la réglette 4, s'il le peut ; sinon, pour prendre le virage, il décompose 4 selon le besoin. Le premier qui a rempli sa piste a gagné.

Intérêt pédagogique

Les moments les plus intéressants sont ceux où il faut prendre un virage. Si un joueur a fait 4 et qu'il n'y a que 2 cases en ligne droite avant le prochain virage, il doit décomposer 4 en 2 et encore 2. On remarquera que dans le cas de 5, cela conduit les élèves à travailler les décompositions de ce nombre alors qu'on ne voit pas les unités.

Prolongement

Un prolongement consiste à jouer avec 2 dés reconfigurés : l'un avec quatre faces A signifiant qu'il faut ajouter une réglette (Ajouter) et deux faces R (Retirer), et l'autre reconfiguré 0, 1, 2, 3, 4, 5. Si la dernière réglette qu'un joueur a posée est la 4 et s'il tire R et 3, il doit prendre la réglette correspondant à 4 – 3 pour la substituer à la réglette 4. Dans le contexte d'un virage, la situation peut être plus complexe encore, mais ce matériel développe l'intuition de la solution.

Objectifs

Dans la sq 13, on introduit une activité où l'on invite les élèves à simuler mentalement un ajout de jetons que l'enseignant réalise de manière masquée. C'est le même type d'activité que celle du haut de page de la sq 9, qu'on a appelée « différences mentales » : on invite les élèves à simuler mentalement une action que l'enseignant réalise de manière masquée. Ce procédé très général sera utilisé tout au long de l'année pour favoriser l'apprentissage des stratégies de calcul. Il s'agit d'un procédé pédagogique extrêmement efficace, pour des raisons qui sont développées dans la Présentation du fichier de l'élève et dans celle de cet ouvrage. Dans le fichier de l'élève, les activités correspondantes sont dénommées « Additions mentales » plutôt que « Simulation mentale d'un ajout que l'enseignant réalise de manière masquée », dans un souci évident de raccourci.

Il est essentiel de remarquer qu'il s'agit de situations d'anticipation : pour valider le résultat des élèves, l'enseignant ne se contente pas de dire si la réponse est correcte ou non ; en effet, il effectue à nouveau l'action mais de manière visible, cette fois. Ce faisant, il explicite la stratégie conduisant à la bonne réponse.

Dans la sq 14, on explicite la propriété qu'on appelle la *commutativité* de l'addition, propriété qui est loin d'être évidente pour des élèves de CP : lorsqu'on ajoute 3 unités à une collection de 2 unités, par exemple, on obtient le même nombre que lorsqu'on ajoute 2 unités à une collection de 3 unités. Jusqu'à cette sq, on ne considérait pas comme acquis que le résultat de l'une de ces additions est aussi celui de l'autre. Après cette sq, l'enseignant qui s'aperçoit qu'un élève a déterminé 1 + 3, par exemple, en utilisant un comptage-dénombrement : « 1 plus 1, 2 ; plus 1, 3 ; plus 1, 4 » lui demandera s'il n'y a pas de stratégie plus rapide.

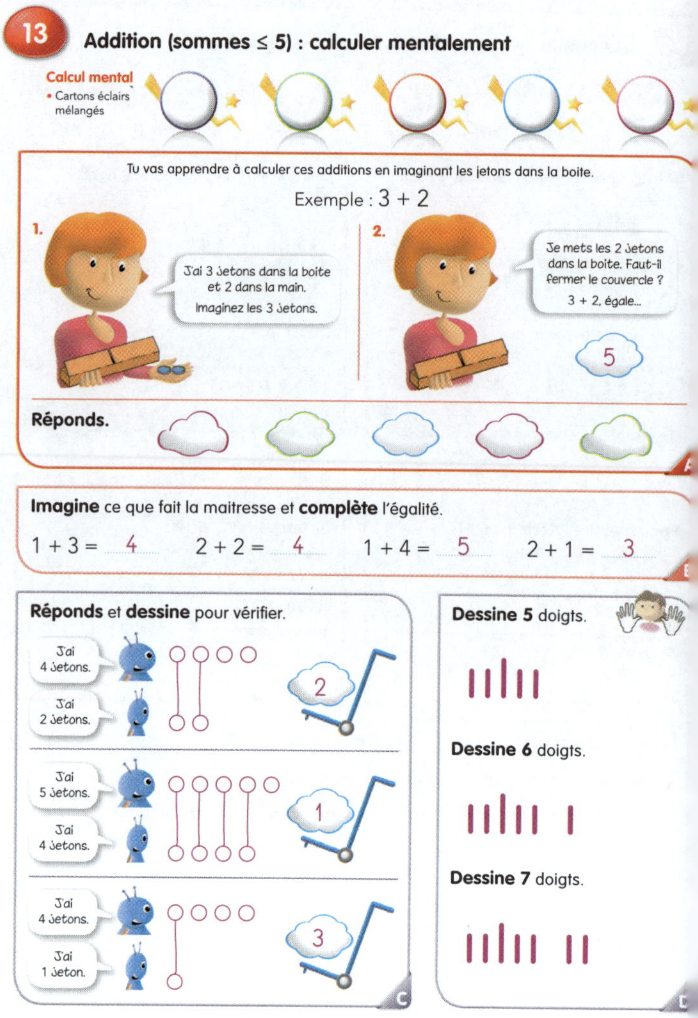

répondre dans les nuages du fichier. Pour chaque calcul, il y a 2 phases : celle de simulation et celle de vérification (ou validation) du résultat. La phase de simulation se déroule elle-même en deux temps.

Simulation (1er temps)

Voir dessin 1 du cadre A.

Avant l'ajout, il s'agit de faire évoquer l'état initial de la boite. Si l'addition est 3 + 2, par exemple, il importe que les enfants imaginent les 3 jetons dans la boite car cela a deux conséquences : 1°) Ils peuvent s'appuyer sur le fait que les jetons vont jusqu'à la case du milieu pour trouver le résultat de l'addition, et 2°) Cela leur permet d'ancrer la donnée numérique « 3 » en mémoire à court terme. C'est la raison pour laquelle l'enseignant dit d'abord : « J'ai 3 jetons dans la boite et 2 dans la main » et qu'il répète ensuite : « Imaginez les 3 jetons dans la boite ».

La main dans laquelle il y a 2 jetons est soit ouverte (les élèves voient les jetons), soit fermée (l'activité est plus difficile parce qu'elle sollicite plus la mémoire).

Simulation (2e temps)

Voir dessin 2 du cadre A.

L'enseignant réalise l'ajout de manière masquée. Pour 3 + 2, il met les 2 jetons directement dans la boite (il est toujours le seul à en voir le contenu) tout en disant aux élèves : « Imaginez ce que je fais ; faut-il fermer le couvercle ? » La question

Activités — Séquence 13

Calcul mental

Cartons éclairs mélangés

L'enseignant utilise l'un des cartons déjà utilisés (doigts comme Patti, points comme Dédé ou Picbille) : il le montre brièvement, les élèves écrivent le nombre. On alterne les nombres et la façon dont ils sont représentés (Patti, Dédé ou Picbille) en insistant sur les nombres 3, 4 et 5.

A et B. Simulation mentale d'un ajout qui est réalisé de manière masquée

L'activité commence sur ardoise ; c'est seulement lorsque les élèves ont compris le scénario qu'on leur demande de

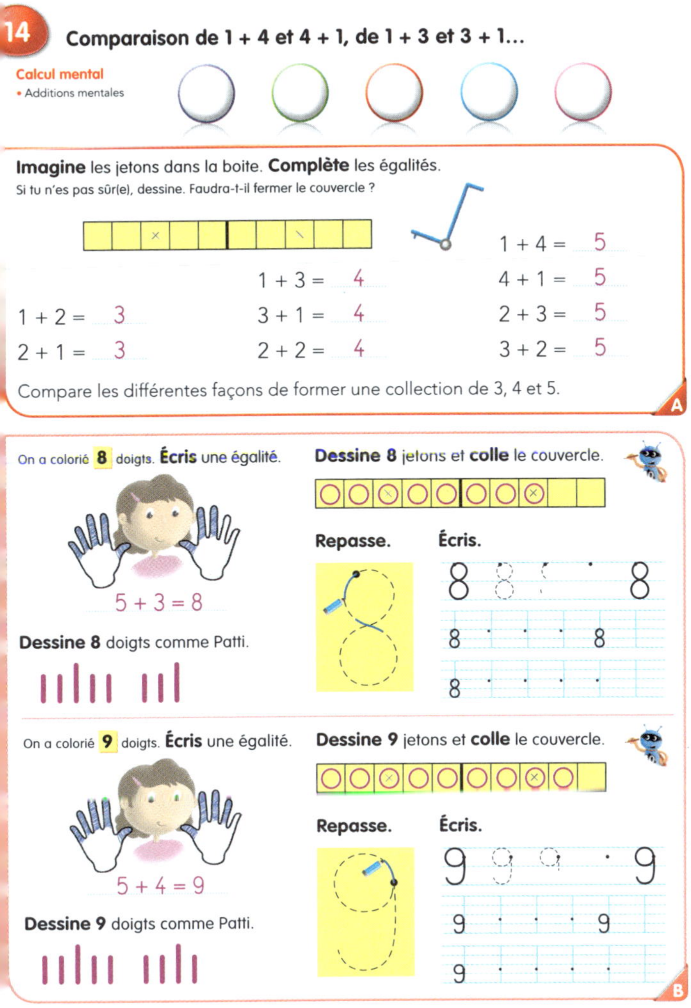

concernant la fermeture éventuelle du couvercle est posée dans tous les cas : elle incite les élèves à imaginer jusqu'où va la collection après l'ajout.

Validation

On procède à la vérification en basculant la boite (les couvercles ouverts pendent vers le bas), en reprenant l'ensemble de la manipulation sous les yeux des élèves et en faisant commenter les changements d'états de la boite : « Il y avait 3 jetons dans la boite ; le compartiment était rempli jusqu'à la case du milieu ; j'ajoute 2 jetons ; le premier compartiment est plein, je peux fermer le couvercle ; 3 + 2 = 5 ».

Avant ajout

Après ajout

On remarquera que dans les activités de simulation mentale qui utilisent la boite, l'enseignant la remplit toujours de sorte que les nombres apparaissent aux élèves croissant de leur gauche vers leur droite (voir schéma ci-dessus). C'est en effet le sens de la file numérique mentale des élèves, et le respect de son orientation est préférable autant que possible. Cela a deux conséquences :

1°) L'enseignant, lui, remplit la boite de sa droite vers sa gauche. C'est pour cela que, lors de la validation, l'enseignant est conduit à basculer la boite avant de réaliser l'ajout de manière visible.

2°) Il vaut mieux éviter de demander aux élèves d'imaginer ce que l'enseignant voit, il est préférable qu'ils imaginent son action, c'est-à-dire une collection qui grandit de leur gauche vers leur droite.

Activités Séquence 14

Calcul mental

Additions mentales

Rappelons que, de façon générale, on appellera « additions mentales », « soustractions mentales »… des activités où l'enseignant anime une situation d'anticipation qui favorise une simulation mentale du calcul. Il s'agit ici de la situation de la sq 13. Les valeurs numériques sont les mêmes.

A. Organiser les résultats d'additions pour découvrir la commutativité

Il s'agit ici d'amener les élèves à prendre conscience qu'un même nombre peut être le résultat de plusieurs additions et notamment de celles dont on commute les termes. Pour cela, dans une même colonne sont regroupées toutes les additions qui ont le même nombre pour résultat. Mais pour que, autant que possible, les élèves calculent effectivement toutes les additions proposées, c'est seulement à la fin de l'activité qu'on fera remarquer l'organisation en colonnes : dans la première colonne, le résultat de toutes les additions est 3, dans la deuxième colonne, le résultat de toutes les additions est 4, etc.

L'activité commence directement sur le fichier. Les élèves doivent d'abord comprendre qu'il n'est pas nécessaire de dessiner dans la boite et le chariot, que ceux-ci sont là pour les aider au calcul s'ils en ont besoin (dans ce cas, il faut effacer après chaque calcul et il faut donc éviter d'appuyer trop fort sur le crayon).

Quand les élèves ont fini de compléter les égalités, les résultats obtenus sont commentés en dessinant des nombres comme Dédé au tableau (cela prépare la sq 21) : l'enseignant dessine 3 points au tableau comme Dédé et il dit : « Pour dessiner une collection de 3 points, on peut dessiner 2 points (ceux d'en haut) et encore 1 point (celui d'en bas) ». Il écrit en dessous : 2 + 1 = 3. Il efface les points (en laissant l'égalité) et il dit « On peut aussi dessiner 1 point (celui d'en bas) et encore 2 points (ceux d'en haut) ». Il écrit l'égalité 1 + 2 = 3 sous la précédente.

La même stratégie est adoptée pour 4 et 5 (dans le cas de 5 et pour 1 + 4, le premier point dessiné est celui du milieu).

Objectifs

Dans la sq 15, les élèves sont confrontés à l'addition de plus de deux nombres (3 sur le fichier). En effet, l'addition a été introduite dans le cas le plus fréquent où l'on ajoute deux nombres. Or il importe que les élèves restent ouverts à la lecture d'additions dans lesquelles on ajoute plus de 2 nombres. Les différentes stratégies de calcul d'une telle addition sont envisagées :

– réaliser les ajouts dans l'ordre qui est celui de l'écriture (de gauche à droite) ;

– commencer par un autre regroupement parce qu'il conduit à un calcul facile.

On introduit aussi, à cette occasion, le cas de l'ajout de 0, ce qui permet de traiter le zéro en tant que nombre, bien avant de l'interpréter dans le cadre de l'étude de la numération décimale de position.

Dans la sq 16, les élèves sont amenés à recenser exhaustivement les additions qui ont 4 et 5 pour résultat, en prenant en compte celles dont l'un des termes est 0. De plus, on leur propose une nouvelle fois d'inventer des « histoires » correspondant à ces additions.

15 Addition de 3 nombres et introduction du nombre zéro

Calcul mental
- Additions mentales
- Cartons éclairs mélangés

Combien l'écureuil a-t-il gagné de noisettes ?
Complète l'égalité.

A

Raconte chaque partie. **Complète** les égalités.

1 + 0 + 2 = 3 1 + 2 + 2 = 5

B

Complète les égalités. Si tu n'es pas sûr(e), dessine des points.

0 + 2 + 0 = 2	2 + 1 + 2 = 5	1 + 2 + 1 = 4
1 + 1 + 2 = 4	0 + 1 + 2 = 3	1 + 0 + 1 = 2

C

Dessine 8 doigts. **Dessine 9** doigts.

D

Activités Séquence 15

Calcul mental

Additions mentales

L'enseignant anime la situation conduisant les élèves à une simulation mentale d'un ajout qu'il réalise de manière masquée (situation décrite dans la sq 13). Les valeurs numériques sont les mêmes.

Cartons éclairs mélangés

L'enseignant utilise l'un des cartons déjà utilisés (doigts comme Patti, points comme Dédé ou Picbille) : il le montre brièvement, les élèves écrivent le nombre. On alterne les nombres et la façon dont ils sont représentés (Patti, Dédé ou Picbille) en insistant sur les nombres 3, 4 et 5.

A à C. Addition de plusieurs nombres

Activité préliminaire : le jeu de la boite

C'est une nouvelle situation d'anticipation. Il faut un dé collectif (un cube en bois par ex.), des jetons (ou des petits coquillages ou des petits cubes) et une boite. Le dé est reconfiguré avec deux faces 0, deux faces 1 et deux faces 2.

L'enseignant lance le dé 3 fois. Chaque jet détermine un nombre de jetons qu'il met dans la boite. Les élèves doivent déterminer combien de jetons il y a en tout après le dernier jet.

Là aussi, c'est l'écriture qui permet de garder la mémoire des nombres. On aboutit donc à des écritures telles que :

2 + 0 + 1 = ...

Là encore, la situation est autocorrective : il suffit de vider la boite pour vérifier le nombre total.

Au début, c'est l'enseignant qui écrit l'égalité au tableau ; les élèves cherchent le nombre de jetons. Puis ceux-ci assument l'ensemble de la tâche.

Le cas du premier jet tombant sur zéro crée évidemment une surprise. Que doit-on faire ? On note ce nombre dans l'addition, mais on ne met pas de jeton dans la boite.

On commente les différentes façons d'anticiper le nombre total de jetons introduits dans la boite. Si la partie conduit à l'écriture 1 + 2 + 2 = ..., par exemple, on peut calculer dans l'ordre de l'écriture qui est aussi celui des évènements successifs : 1 + 2 = 3 et 3 + 2 = 5. Mais on peut aussi calculer d'abord 2 + 2 avant d'ajouter 1.

Activité du fichier : la « loterie des noisettes »

Quand les enfants ont joué au « jeu de la boite », ils comprennent facilement l'image : il s'agit d'une loterie où, à chaque tour de roue, l'écureuil (personnage qui reviendra souvent ensuite) gagne 0, 1 ou 2 noisettes. Il faut l'aider à déterminer combien il a gagné de noisettes en tout. Il n'y a que 3 tours de roue par partie.

On repère le signe « = » sur l'image. D'un côté de ce signe, on

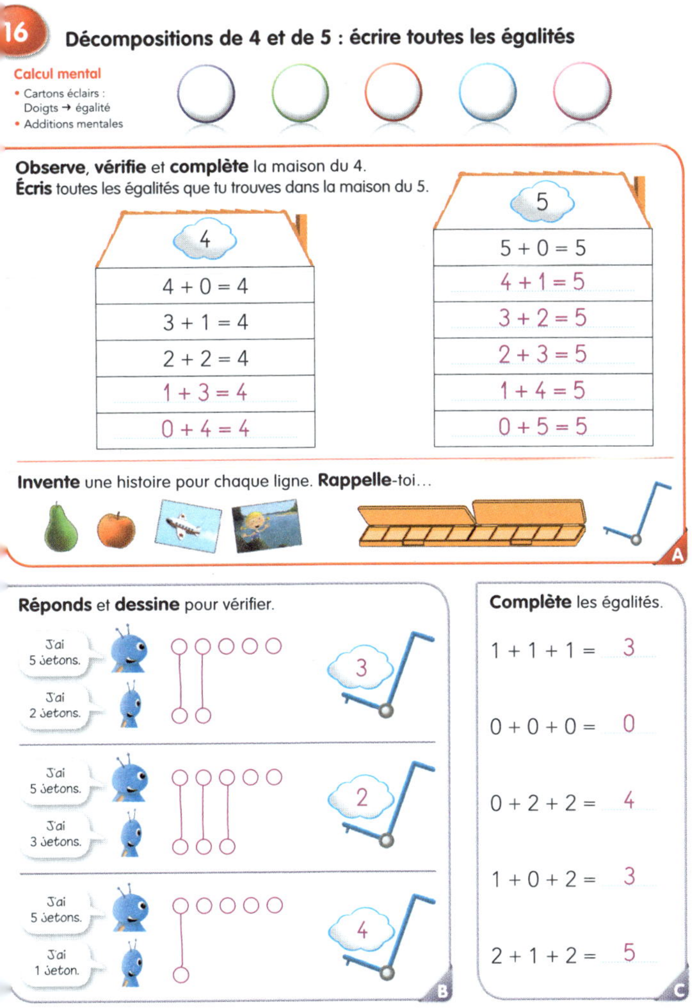

a noté les différents gains successifs d'une partie. De l'autre, il y a un emplacement vide où il faut noter combien de noisettes ont été gagnées en tout dans la partie. Les stratégies utilisées par la foraine (calculer dans le sens de l'écriture) et par Picbille (réorganiser le calcul) sont commentées.

Remarques

❶ C'est seulement lorsqu'un enfant se révèle incapable de procéder autrement qu'on l'autorisera à dessiner des points ou des noisettes sous les différents nombres : encore une fois, il faut inciter au calcul et, en cas de très grande difficulté, c'est à l'enseignant de juger du moment opportun où il invitera ces enfants à se passer du dessin.

❷ Un comportement intermédiaire s'observe parfois : certains enfants ne dessinent pas les jetons (ou les noisettes), mais ils les imaginent et comptent un à un en pointant deux fois sous le chiffre 2, deux autres fois sous le chiffre 2 et en sautant le 0. Ce comportement non plus ne doit pas être encouragé.

❸ En choisissant des nombres aussi petits que 0, 1 et 2, on simplifie au maximum le comptage ou le calcul, mais on conserve à la situation une généralité suffisante : s'il n'y avait que des « 1 », l'enfant pourrait compter ces « 1 » comme on compte des bâtons. La présence du 0, qui ne doit pas être pris en compte, oblige l'enfant à être plus attentif aux nombres en jeu.

Activités Séquence 16

Calcul mental

Cartons éclairs : doigts → égalités

Les cartons utilisés contiennent 6, 7, 8 ou 9 doigts (le matériel est fourni dans le *Guide pédagogique*, il est aussi téléchargeable sur le site compagnon). L'un est montré brièvement (8, par ex.), les élèves doivent écrire l'égalité avec 5 correspondante : 5 + 3 = 8.

Additions mentales

Idem sq 15.

A. Décompositions additives de 4 et 5

Activité préliminaire : décomposition de 3

Il s'agit d'amener les élèves à chercher toutes les additions de deux nombres qui donnent 3 comme résultat. L'enseignant a écrit au tableau une addition comme 3 + 0 = 3 et demande aux élèves de chercher le plus possible d'autres additions qui ont ce même nombre comme résultat. Les élèves les écrivent sur leur ardoise. Finalement, on demande combien d'additions différentes ont été trouvées et on les recense. La garantie d'exhaustivité est assurée par l'enseignant qui peut annoncer finalement qu'il n'y a que quatre additions différentes.

Activités du fichier

Dans la maison du 4 sont déjà écrites trois additions qui ont 4 comme résultat. Il faut en trouver d'autres. Dans la maison du 5, une seule addition est déjà écrite, il faudra en écrire le plus possible.

Activité complémentaire

Le « jeu du cochon »

Chaque enfant dispose d'un exemplaire d'un polycopié sur lequel figure le cochon ci-dessous (disponible sur le site compagnon : www.japprendslesmaths.fr).

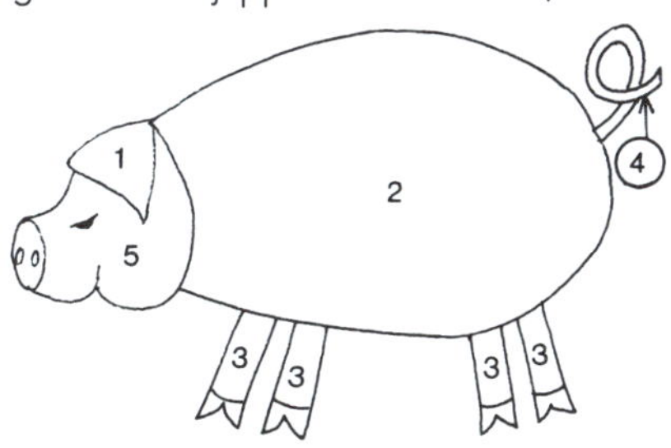

Les élèves disposent aussi d'une paire de dés. Le premier dé comporte sur ses faces opposées les chiffres 0, 1, 2, le second dé les chiffres 1, 2 et 3. On peut jouer à 2, 3, 4, 5 joueurs suivant le nombre de dés dont on dispose. Les joueurs lancent à tour de rôle les 2 dés à la fois. C'est la somme des 2 dés qui détermine quelle partie du corps du cochon on peut colorier (on ne colorie qu'une patte à la fois). Le joueur dont le cochon est entièrement colorié a gagné.

Objectifs

Dans la sq 17, les élèves apprennent à représenter le nombre 10 en dessinant 10 doigts comme Patti et 10 jetons dans la boite de Picbille.
Le nombre 10 est ainsi défini comme 5 + 5 (5 doigts sur une main et encore 5 doigts sur l'autre) ; l'égalité 5 + 5 = 10 est écrite. On remarquera que dans le modèle utilisé pour apprendre à calligraphier l'écriture du nombre 10, celui-ci est écrit sur un carré dont le fond n'est plus jaune, mais orange (de la couleur des couvercles de la boite de Picbille). On anticipe sur le fait que dans les sq 33 et suivantes, un nombre comme 12 sera souvent écrit en superposant le chiffre 2 (écrit sur fond jaune) sur le 0 de l'écriture de 10 (écrit sur fond orange).

12

Ce procédé pédagogique était utilisé il y a un siècle par la grande pédagogue italienne Maria Montessori. Il aide à comprendre que l'écriture de 12 masque le fait que 12 est formé à partir de 10 (c'est 10 + 2) parce qu'il ne subsiste plus que le « 1 » de l'écriture de 12, « 1 » qu'on interprètera comme « 1 dizaine » à partir de la sq 52.

Dans la sq 18, la soustraction est introduite dans une situation de recherche du résultat d'un retrait, ce qui se fait le plus souvent. Rappelons que dans *J'apprends les maths CP avec Picbille*, les élèves procèdent à des comparaisons dès le début de l'année (*cf.* sq 7) et qu'ils sont alors conduits à dénombrer « ce qui est différent » dans 2 collections. Cependant, ils calculent ces différences en comparant les collections par correspondance terme à terme, sans relier dans un premier temps leurs calculs à celui d'une soustraction. C'est lors de la sq 74 que le lien entre la comparaison et la soustraction sera explicité.

Activités — Séquence 17

Calcul mental

Cartons éclairs quelconques

Le matériel correspondant est téléchargeable sur le site compagnon de *J'apprends les maths CP* (japprendslesmaths.fr) ou peut être reproduit à partir des dessins ci-dessous. Chaque carton comporte un maximum de 5 points répartis en deux collections :

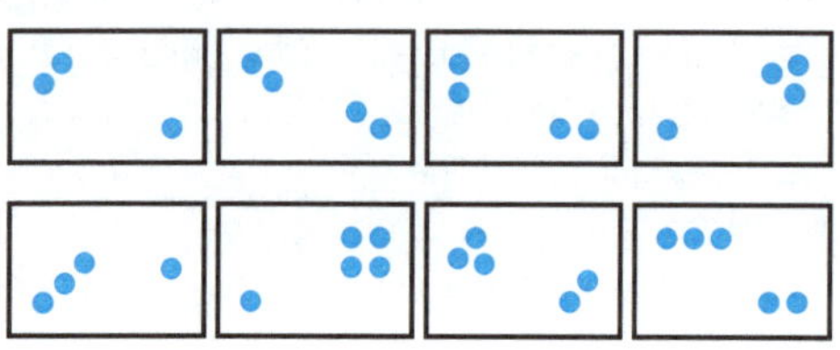

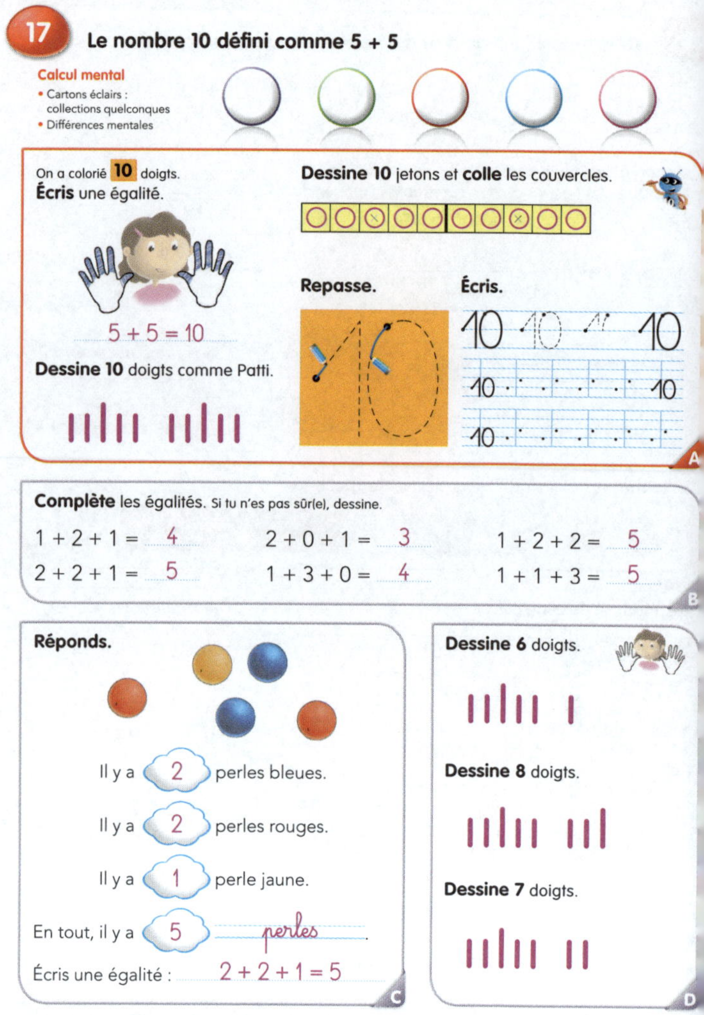
17 Le nombre 10 défini comme 5 + 5

Calcul mental
• Cartons éclairs : collections quelconques
• Différences mentales

A
On a colorié 10 doigts. **Écris** une égalité.
5 + 5 = 10
Dessine 10 doigts comme Patti.
Dessine 10 jetons et **colle** les couvercles.
Repasse. **Écris.**
10

B
Complète les égalités. Si tu n'es pas sûr(e), dessine.
1 + 2 + 1 = 4 — 2 + 0 + 1 = 3 — 1 + 2 + 2 = 5
2 + 2 + 1 = 5 — 1 + 3 + 0 = 4 — 1 + 1 + 3 = 5

C
Réponds.
Il y a 2 perles bleues.
Il y a 2 perles rouges.
Il y a 1 perle jaune.
En tout, il y a 5 perles.
Écris une égalité : 2 + 2 + 1 = 5

D
Dessine 6 doigts.
Dessine 8 doigts.
Dessine 7 doigts.

L'enseignant présente brièvement un carton et les élèves doivent écrire le nombre total de points, sur leur ardoise d'abord, sur le fichier ensuite. La stratégie permettant de réussir est explicitée : pour réussir, il faut trouver le nombre sans compter, en calculant.

Différences mentales

Idem sq 9.

A. Introduction du nombre 10

On commence par expliciter collectivement l'égalité 5 + 5 = 10 en se référant au dessin de Patti : 5 doigts sur une main et encore 5 doigts sur l'autre, cela fait 10 doigts en tout. Les élèves dessinent 10 doigts comme Patti, et dessinent 10 jetons dans la boite de Picbille. On remarque que lorsque la boite contient 10 jetons, il faut coller 2 couvercles. L'enseignant interroge : « Comment voit-on avec la boite de Picbille que 10 c'est 5 plus 5 ? » Les trajectoires permettant d'écrire 10 sont explicitées au tableau (les élèves n'ont pas encore appris à écrire 0) et, enfin, les élèves produisent les écritures demandées.

Si un élève soulève la question de la couleur orange du carré dans lequel on a écrit 10, il lui est répondu que la boite de Picbille, dans ce cas, est pleine et que la couleur orange est celle de cette boite.

B, C et D. Entretien

Deux activités complémentaires sont proposées sur le site compagnon en prolongement de l'activité C.

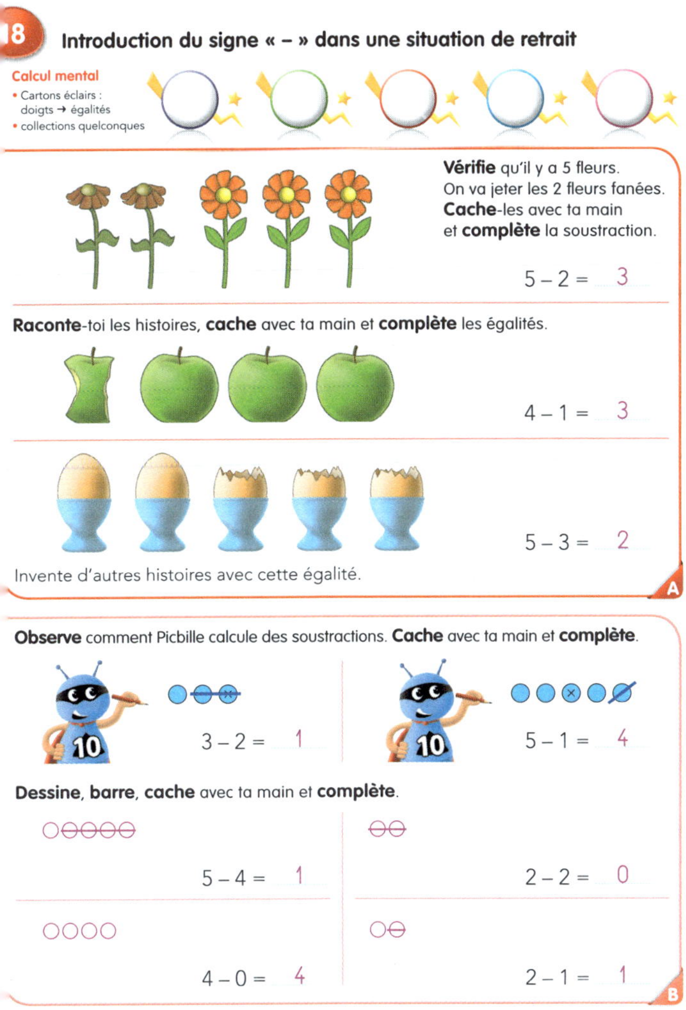

celle-ci en cachant éventuellement avec la main ce qui est enlevé. Les élèves cherchent individuellement et la validation est collective.

On recherche d'autres histoires correspondant à l'égalité 5 – 3 = … Le seul fait d'évoquer un type d'objets (jouets, oiseaux, billes, etc.) est une aide : les jouets se cassent, les oiseaux s'envolent, on perd des billes, etc.

B. Les soustractions ($n \leq 5$) en dessinant « comme Picbille »

Les enfants découvrent le scénario suivant : pour trouver le résultat d'une soustraction, Picbille dessine des ronds alignés et il en barre ensuite. L'intérêt de cette situation réside dans le fait qu'elle va permettre que les élèves dessinent puis barrent eux-mêmes le nombre de ronds correspondant à une égalité donnée (bien que les ronds soient coloriés sur le fichier, on incitera les enfants à n'en dessiner que le contour dans le souci de gagner du temps).

L'activité commence collectivement en découvrant les deux premiers cas sur le fichier (là encore, chaque situation peut être simulée au tableau), et le travail se poursuit de manière autonome.

On remarquera que dès cette leçon d'introduction, les élèves rencontrent les deux cas particuliers d'égalités que sont respectivement 4 – 0 = … et 2 – 2 = … Ces cas ne se traitent pas différemment du cas général. Ils sont seulement inhabituels parce qu'ils correspondent à des scénarios improbables. Lorsqu'on retarde la rencontre de ces cas, les enfants pensent qu'il y a une difficulté là où il n'y en a pas.

Activités Séquence 18

Calcul mental

Cartons éclairs : doigts → égalités

Les cartons utilisés contiennent 6, 7, 8 ou 9 doigts. L'un est montré brièvement (8, par ex.), les élèves doivent écrire l'égalité avec 5 correspondante : 5 + 3 = 8.

Cartons éclairs quelconques

Idem sq 17.

A. Introduction du signe « – »

Chacune des images correspond à un scénario : il y a 5 fleurs, 2 fleurs se fanent ; combien de fleurs ne sont pas fanées ? Le maitre peut simuler ce premier cas au tableau en dessinant d'abord 5 fleurs épanouies et en faisant se faner 2 d'entre elles. Il reproduit au tableau l'écriture correspondante : 5 – 2 = …, et celle-ci est complétée en exprimant qu'il faut écrire à droite du signe « = » ce qui reste. Le fait de cacher avec la main les fleurs fanées permet de mettre ce reste en évidence.

Pour chacun des deux autres scénarios, la tâche des enfants consiste à raconter l'histoire correspondante, à expliciter ce que représente chaque nombre de l'égalité et à compléter

Activité complémentaire

Calligraphie

On trouve sur le site compagnon une page à photocopier pour des exercices complémentaires d'apprentissage de la calligraphie des chiffres.

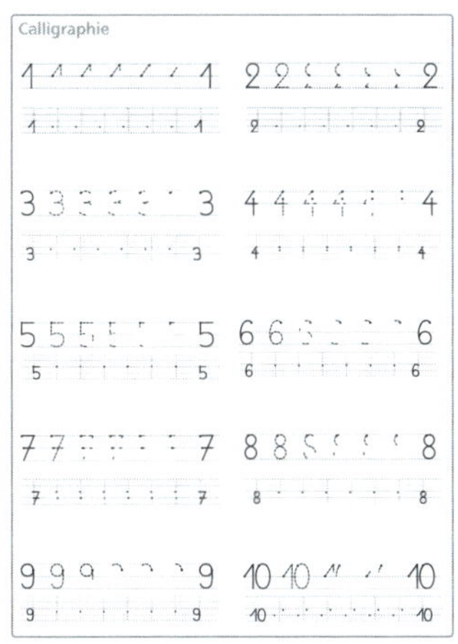

Nous recommandons, pour son utilisation, de la glisser devant un carton dans une pochette transparente. Les élèves écrivent alors avec un feutre effaçable. Cette activité peut être menée collectivement ou avec le petit groupe d'élèves qui rencontrerait des difficultés à calligraphier.

Objectifs

On poursuit ici la progression sur les tracés à la règle. Pour l'une des séries de traits, ceux-ci ne sont plus horizontaux, ils sont inclinés. On retrouve le même dispositif de préparation de la tâche que dans les sq précédentes : Géom a tracé correctement les traits demandés, Couic-Couic a fait trois erreurs.

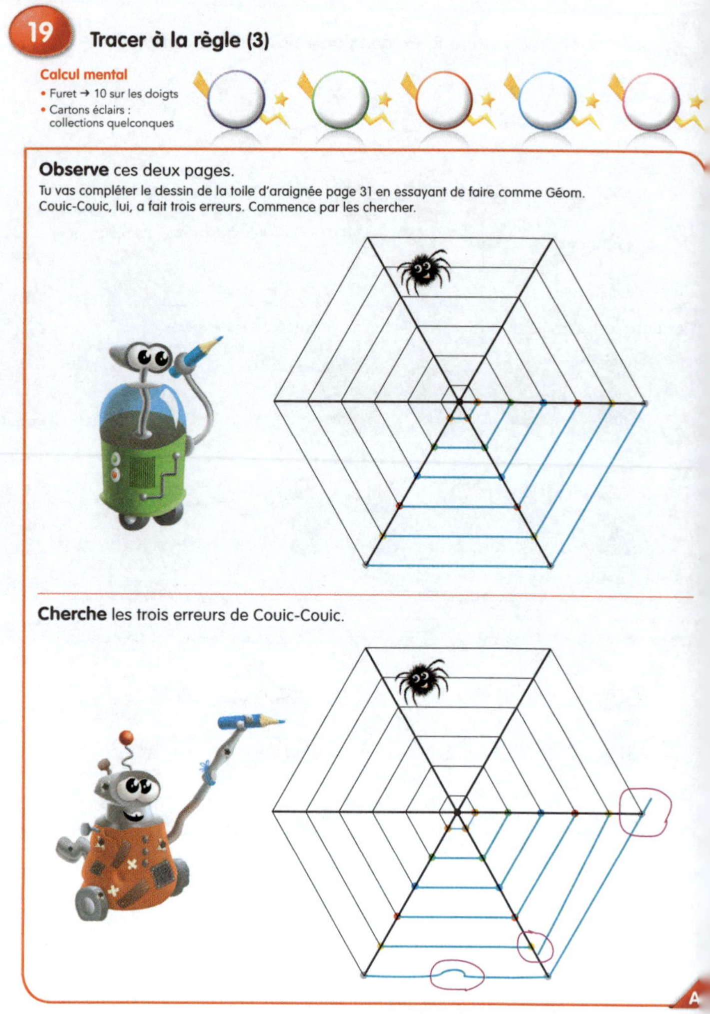

Activités Séquence 19

Calcul mental

Furet → 10 sur les doigts

Il s'agit d'un furet « en avançant » et « en reculant ». L'enseignant demande à tous les enfants de montrer 1 doigt (indifféremment : le pouce ou l'annulaire), puis « 1 de plus »; un enfant est alors interrogé : il doit dire combien de doigts sont sortis ; l'enseignant poursuit : « 1 de plus »; un autre enfant est interrogé. Quand 10 doigts sont sortis, l'enseignant dit : « 1 de moins » et il poursuit de même.

Cartons éclairs quelconques

Idem sq 17.

A et B. Tracés à la règle

La difficulté d'un tracé, avons-nous dit, est liée à la distance entre les points à relier et à l'orientation du tracé. Si les traits sont horizontaux, la tâche est plus facile. C'est pourquoi, ici, on amène les enfants à tracer d'abord une série de traits horizontaux, puis une série de traits « inclinés ».

On fait d'abord observer la similarité de la présentation de l'activité avec celle de la pyramide et de l'escalier : page de droite, il faudra compléter le dessin de la toile d'araignée en traçant les fils manquants ; page de gauche, Géom a bien fait le travail demandé, Couic-Couic a fait trois erreurs qu'il faut retrouver.

Là encore, l'activité commence par l'analyse des tracés des deux robots.

L'analyse des tracés des deux robots

Géom a tracé les six traits horizontaux et les six traits « inclinés » ou « penchés » qui représentent des fils de la toile de l'araignée. On amène les élèves à se rappeler les caractéristiques d'un tracé réussi, et à observer que Géom a bien travaillé : ses traits relient bien les points de même couleur, ils sont bien droits et ils s'arrêtent bien aux points (ils ne dépassent pas).

On fait chercher les erreurs de Couic-Couic :

• Le dernier des traits horizontaux (le plus grand) n'est pas droit. Il présente « une bosse ». On amène les élèves à interpréter cette erreur, fréquente au CP : quand on appuie ses doigts sur la règle pour qu'elle ne bouge pas, il faut veiller à ce qu'ils ne dépassent pas de la règle. Sinon, le crayon dessine le bout du doigt. On peut simuler cette erreur, en l'exagérant, avec la règle à tableau.

• Dans la deuxième série de traits, ceux qui sont « inclinés », l'avant-dernier trait ne joint pas l'un des deux points jaunes, il aboutit à côté. Là encore, on amène les élèves à comprendre cette erreur en leur demandant comment Couic-Couic a posé sa règle et comment il aurait dû la poser.

• Le dernier trait dépasse l'un des points : Couic-Couic a bien posé sa règle, mais a oublié de s'arrêter au point.

On peut alors passer à la phase individuelle du travail. L'enseignant recommande aux élèves de commencer par les traits horizontaux et, dans cette série, de commencer par le trait le plus petit. Concernant la seconde série, la discussion avec les élèves après deux ou trois traits peut conduire à « incliner » le fichier plutôt que la règle. On peut cependant choisir de privilégier un mouvement de la règle plutôt que du fichier.

NB : On peut demander aux élèves d'entourer les erreurs de Couic-Couic, soit pendant la phase de recherche individuelle (cela leur sert alors à contrôler leur recherche), soit après la mise en commun (cela constitue une façon de valider les résultats de cette recherche).

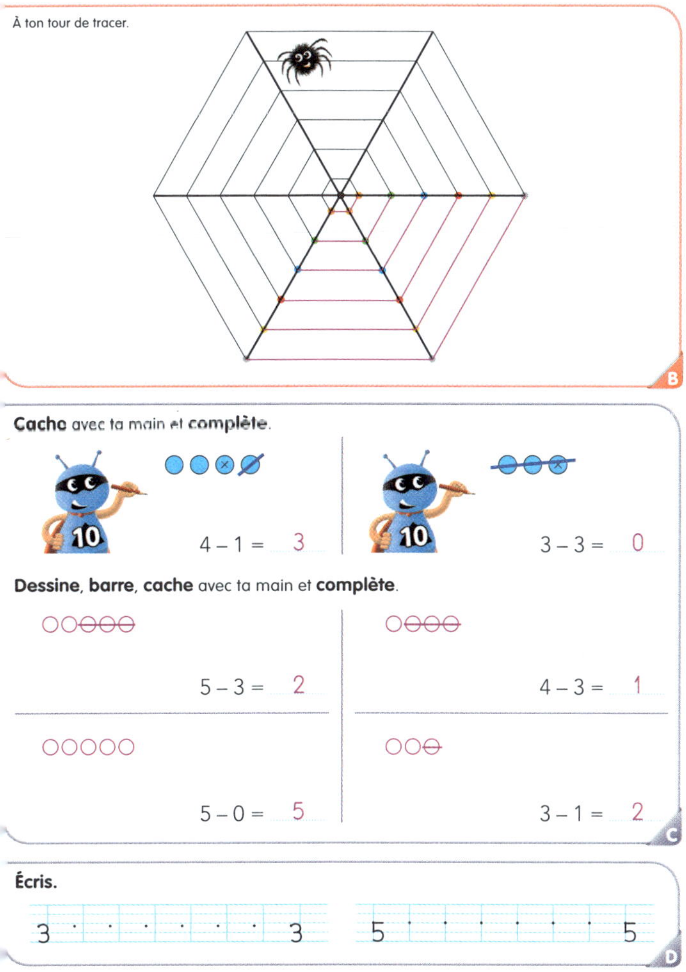
À ton tour de tracer.

B

Cache avec ta main et **complète**.

4 – 1 = 3

3 – 3 = 0

Dessine, **barre**, **cache** avec ta main et **complète**.

5 – 3 = 2

4 – 3 = 1

5 – 0 = 5

3 – 1 = 2

C

Écris.

3 3

5 5

D

Activité complémentaire

Autre tracé à la règle

On trouve en bas de page un autre support pour des tracés à la règle. Si l'on souhaite conserver le procédé de présentation collective de l'activité avec Couic-Couic, il suffit de reproduire 3 fois le support proposé. On utilise le premier pour la réalisation de Géom, le deuxième pour mettre en scène des erreurs de Couic-Couic (exemples d'erreurs possibles ci-dessous en réduction) et le troisième pour la zone de travail de l'élève. Ces trois supports peuvent être mis en page dans les feuilles préformées que l'on trouvera sur le site compagnon avant d'être photocopiés en autant d'exemplaires que nécessaire.

Objectifs

Dans la sq 20, on introduit une activité où l'on invite les enfants à simuler mentalement un retrait que le maitre réalise de manière masquée. C'est le même type d'activité que celle du haut de page de la sq 9, qu'on a appelée « différences mentales », et que celle de la sq 13, qu'on a appelée « addition mentale » : on invite les élèves à simuler mentalement une action que l'enseignant réalise de manière masquée. Lorsque cette activité sera reprise en haut de page, nous l'appellerons : « soustraction mentale ».

Cette activité aurait pu être menée en utilisant les jetons de Picbille comme collections sur lesquelles on effectue des retraits. Nous avons préféré utiliser des traits représentant des doigts dessinés comme Patti.
Nous n'avons pas fait ce choix lorsqu'il s'agissait de trouver le résultat d'une addition, parce qu'il convient alors d'être prudent concernant l'usage des doigts : beaucoup d'élèves, en effet, quittent l'école maternelle en ayant déjà pris des habitudes de comptage pour déterminer une somme et il serait très difficile de les sortir de ce comptage sur les doigts. En revanche, l'usage des doigts est extrêmement rare chez les enfants de maternelle pour trouver le résultat d'un retrait et, donc, il est possible au CP de leur enseigner directement le « bon usage » de ces doigts dans ce contexte, à savoir le « calcul sur les doigts » : une stratégie de décomposition qui ne nécessite pas que les doigts soient égrénés l'un après l'autre.

Dans la sq 21, on introduit un système de notation de la décomposition d'un nombre : le nombre est écrit au sommet d'un V inversé dont chaque branche conduit à l'un des termes de l'addition. Cette notation permet de proposer des « additions à trou » aux élèves. Dans cette sq, ce sont essentiellement les décompositions du nombre 4 qui sont travaillées. Pourquoi ne pas proposer ce type de problèmes en utilisant le signe « = », sous la forme : 1 + … = 4, par exemple ? Dans ce cas, au CP, beaucoup d'élèves donnent 5 comme réponse parce qu'ils voient « 1 », « 4 », « + » et « = » ; ils font donc une addition. Le début de CP est une période où de nombreux élèves sont encore en cours d'appropriation du sens conventionnel de lecture, et il est préférable de ne pas faire dépendre la réussite en mathématiques de l'achèvement de cette appropriation.

On introduit également dans cette sq une activité (« Problèmes avec cache ») dans laquelle il s'agit de déterminer différents compléments à un nombre donné, ici au nombre 4. Les enfants anticipent le résultat et, grâce au cache en carton qu'ils trouvent dans leur fichier, ces situations-problèmes sont autocorrectives. En tournant le cache, quatre problèmes de recherche d'un complément sont ainsi proposés. Un mode d'emploi détaillé des caches en carton se trouve page 156 du fichier des élèves.

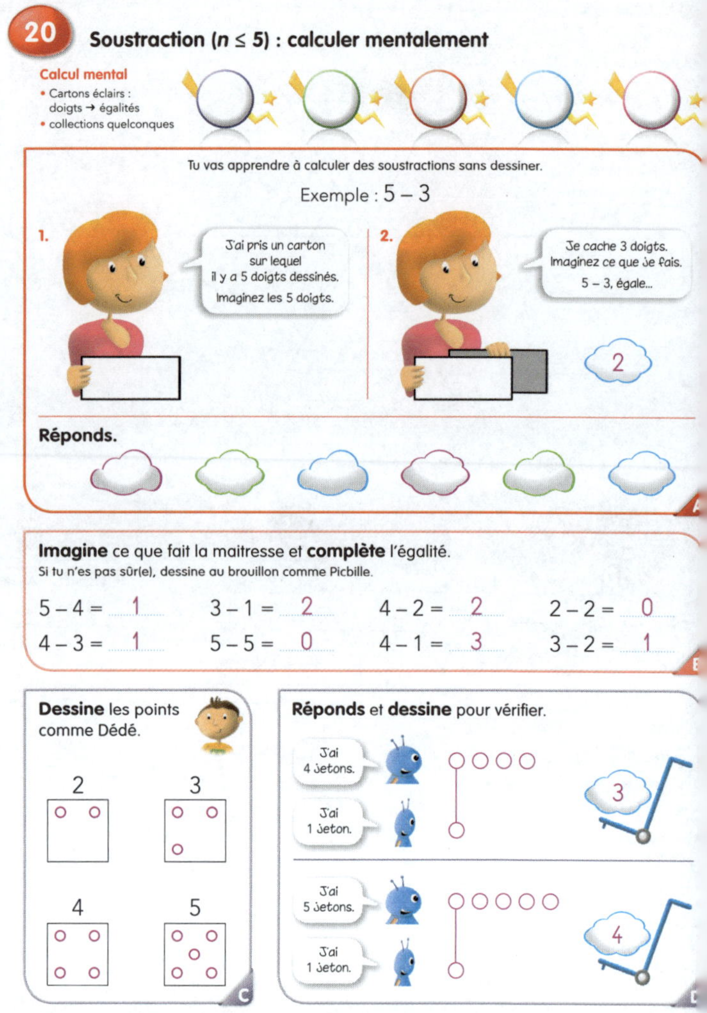
20 Soustraction ($n \leq 5$) : calculer mentalement

Calcul mental
- Cartons éclairs : doigts → égalités
- collections quelconques

Tu vas apprendre à calculer des soustractions sans dessiner.

Exemple : 5 – 3

1. J'ai pris un carton sur lequel il y a 5 doigts dessinés. Imaginez les 5 doigts.

2. Je cache 3 doigts. Imaginez ce que je fais. 5 – 3, égale… 2

Réponds.

Imagine ce que fait la maitresse et **complète** l'égalité.
Si tu n'es pas sûr(e), dessine au brouillon comme Picbille.

5 – 4 = 1 3 – 1 = 2 4 – 2 = 2 2 – 2 = 0
4 – 3 = 1 5 – 5 = 0 4 – 1 = 3 3 – 2 = 1

Dessine les points comme Dédé.

2 3 4 5

Réponds et **dessine** pour vérifier.

J'ai 4 jetons. J'ai 1 jeton. 3

J'ai 5 jetons. J'ai 1 jeton. 4

Activités Séquence 20

Calcul mental

Cartons éclairs : doigts → égalités

Idem sq 16.

Cartons éclairs quelconques

Idem sq 17.

A et B. Simulation mentale d'un retrait qui est réalisé de manière masquée

Le matériel utilisé (les traits figurant des doigts dessinés sur des cartons au format demi A4) est celui qui est utilisé depuis l'activité de haut de page de la sq 2. Les cartons sont tenus comme cela a été recommandé (voir sq 6).

L'activité commence sur ardoise ; c'est seulement lorsque les élèves ont bien compris le scénario qu'on leur demande de

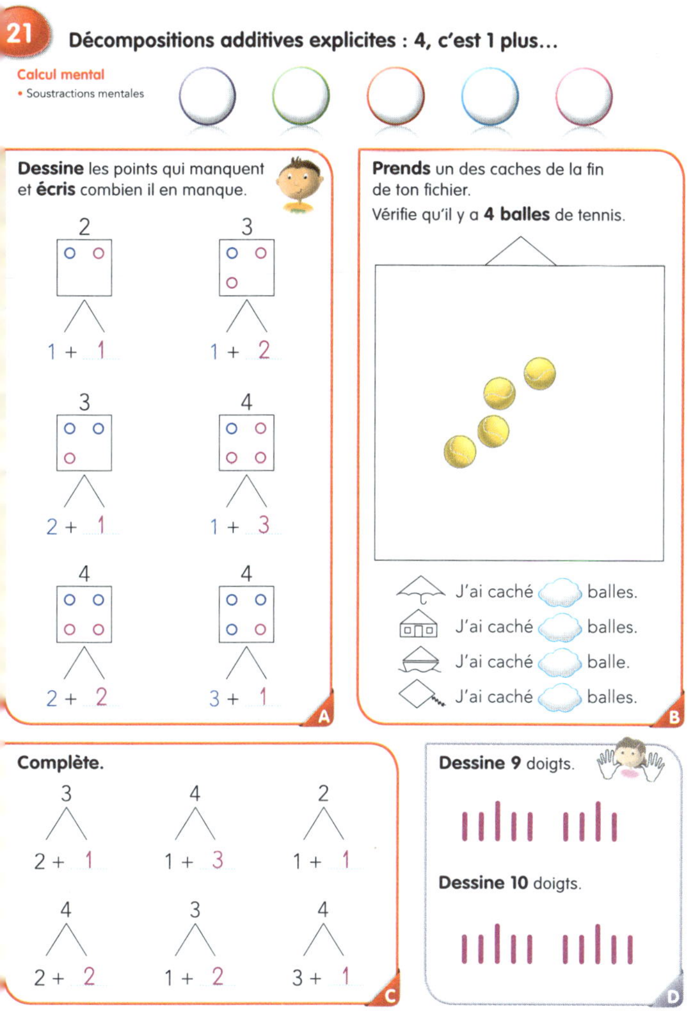

répondre dans les nuages du fichier. Pour chaque calcul, il y a 2 phases : celle de simulation du retrait et celle de vérification (ou validation) du résultat. La phase de simulation se déroule elle-même en deux temps.

Simulation (1er temps)

Voir dessin 1 du cadre A.

L'enseignant prend l'un des cartons, celui qui a 5 traits dessinés s'il veut faire calculer une soustraction du type 5 – *n*, par exemple. Il tient ce carton comme cela vient d'être rappelé.

Durant ce premier temps, avant le retrait, il s'agit de faire évoquer l'état initial, c'est-à-dire, dans l'exemple du fichier, les 5 traits figurant les doigts (2 + 1 + 2). L'enseignant regarde le carton et demande aux élèves d'imaginer les doigts derrière le carton (il peut parcourir la collection avec l'index dans le sens croissant, c'est-à-dire de droite à gauche ; cela aide à la représentation mentale).

Simulation (2e temps)

Voir dessin 2 du cadre A.

L'enseignant réalise le retrait de manière masquée en cachant 3 traits parmi les 5 et en demandant aux élèves d'imaginer ce qu'il fait (il en cache 2 et encore 1). Bien que cela n'ait pas besoin d'être explicité (aucune des deux façons de faire ne facilite plus la tâche que l'autre), il est préférable que l'enseignant cache les traits situés à sa gauche, comme sur le dessin 2 du cadre A.

Validation

On procède à la vérification en basculant le carton où figurent les traits et en exécutant le retrait sous les yeux des élèves : « Il y a 5 doigts sur le carton ; 2 plus 1 au milieu, et encore 2 ; je cache 3 doigts : 2 et encore 1 ; on en voit maintenant 2 ; 5 – 3 = 2. »

Avant retrait — Après retrait

Activités — Séquence 21

Calcul mental

Soustractions mentales

L'enseignant anime la situation d'anticipation qui favorise la simulation mentale d'un retrait : celle qui est décrite sq 20.

A. Décompositions additives de 4 : s'aider des nombres « comme Dédé »

Les trois premiers problèmes du cadre A sont reproduits au tableau (décompositions de 2 et de 3). On voit le chiffre 2 au-dessus d'un carré, mais il n'y a pas 2 points dans le carré, il n'y en a qu'un. Pour qu'il y en ait 2, il faut dessiner un autre point. On le fait et on complète en dessous : 2, c'est 1 (qui était déjà dessiné) plus 1 (qu'il a fallu dessiner). Idem avec le problème suivant : on voit le chiffre 3 au-dessus d'un carré, mais il n'y a pas 3 points dans le carré, il n'y en a qu'un. Pour qu'il y en ait 3, il faut dessiner 2 autres points. On le fait et on complète en dessous : 3, c'est 1 (qui était déjà dessiné) plus 2 (qu'il a fallu dessiner). Idem avec le dernier cas (décomposition de 3 en 2 + 1).

Sur leur fichier, les élèves découvrent que les mêmes problèmes sont d'abord posés et ils en reportent la solution. Ils résolvent ensuite les problèmes correspondant aux décompositions du nombre 4.

B. Décompositions additives de 4 : situations-problèmes autocorrectives

Il s'agit de réinvestir, dans le cadre d'une situation-problème autocorrective, les connaissances relatives aux décompositions additives du nombre 4.

Suite page 49

Objectifs

Dans la sq 22, les élèves étudient les décompositions additives du nombre 5 en utilisant le système de notation découvert dans la sq précédente (V inversé). Ils retrouvent également la situation-problème autocorrective (« Problèmes avec cache ») dans laquelle il s'agit de déterminer différents compléments à un nombre donné, ici dans le cas du nombre 5.

Les activités de la sq 23 constituent un support d'évaluation. Toutes les activités qui y sont proposées ont déjà été pratiquées par les élèves. Nous ne consacrons donc aucune page de ce *Guide pédagogique* à les présenter.

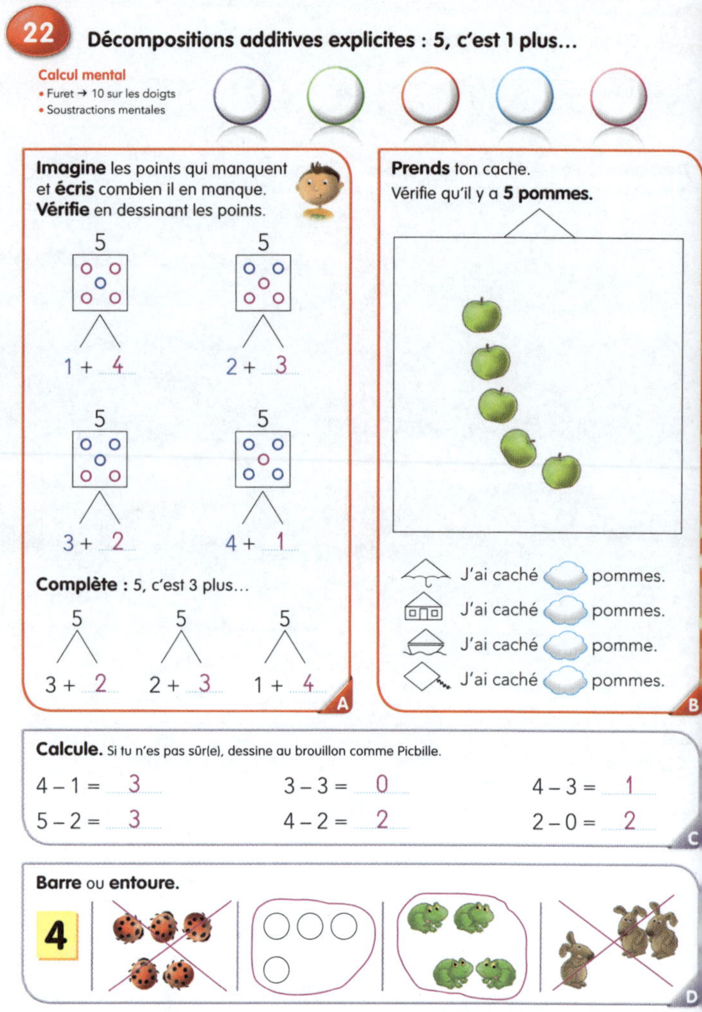

Activités Séquence 22

Calcul mental

Furet → 10 sur les doigts

Il s'agit d'un furet « en avançant » et « en reculant ». L'enseignant demande à tous les enfants de montrer 1 doigt (indifféremment : le pouce ou l'annulaire), puis « 1 de plus » ; un enfant est alors interrogé : il doit dire combien de doigts sont sortis ; l'enseignant poursuit : « 1 de plus » ; un autre enfant est interrogé. Quand 10 doigts sont sortis, l'enseignant(e) dit : « 1 de moins » et il poursuit de même.

Soustractions mentales

L'enseignant(e) anime la situation d'anticipation qui favorise la simulation mentale d'un retrait : celle qui est décrite sq 20.

A. Décompositions additives de 5 : s'aider des nombres « comme Dédé »

Le déroulement n'est pas identique à celui de la sq 21 parce qu'on demande maintenant aux élèves d'imaginer les points qui manquent, d'écrire la solution numérique et de ne dessiner que pour vérifier leur solution.

B. Décompositions additives de 5 : situations-problèmes autocorrectives

Pour cette seconde série et les suivantes, on adoptera le déroulement normal en ne procédant à la vérification qu'au terme de la série de quatre anticipations. Il importe de s'assurer que les élèves ne soulèvent pas le cache avant cette phase, que ce soit pour résoudre l'un des quatre problèmes ou même pour passer d'un problème à l'autre. Le passage d'une position du cache à la suivante se fait par simple rotation. En effet, cette façon de faire évite des réussites qui s'appuieraient sur une mémorisation de l'image. Elle permet aussi de mieux distinguer la phase d'anticipation de la phase de vérification.

Activité complémentaire

Autre comptine « avec jeu de doigts »

Elle favorise l'appropriation d'autres configurations de doigts que celle qui est donnée dans la page de la sq 6 (p. 11).

Les cinq frères
(comptine traditionnelle orale)

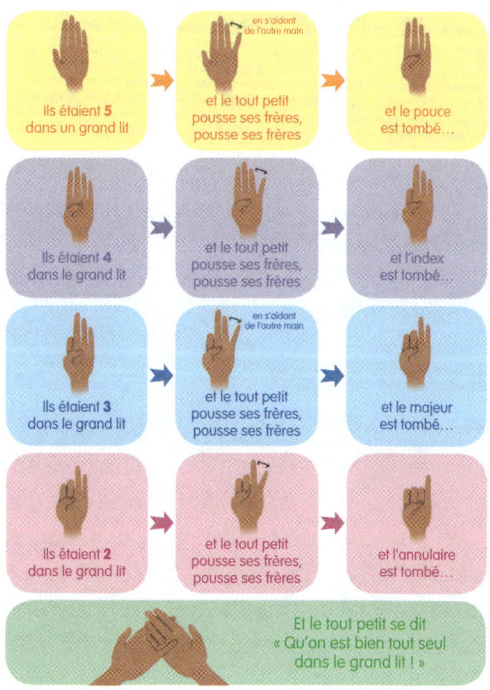

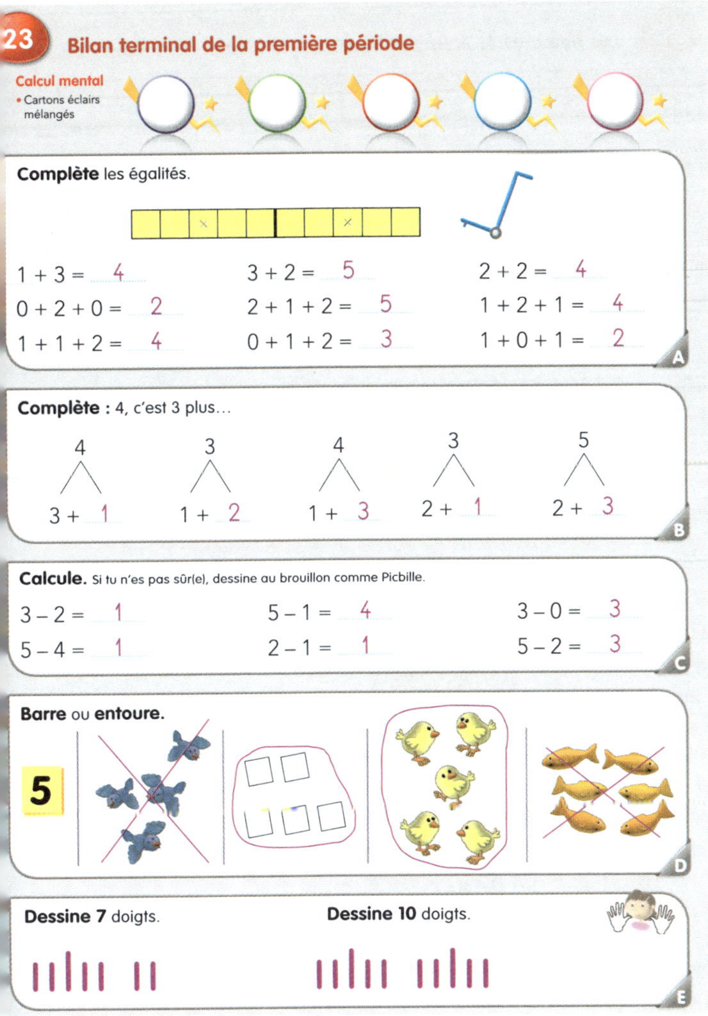

23 Bilan terminal de la première période

Calcul mental
• Cartons éclairs mélangés

Complète les égalités.

1 + 3 = 4	3 + 2 = 5	2 + 2 = 4
0 + 2 + 0 = 2	2 + 1 + 2 = 5	1 + 2 + 1 = 4
1 + 1 + 2 = 4	0 + 1 + 2 = 3	1 + 0 + 1 = 2

A

Complète : 4, c'est 3 plus…

4 : 3 + 1 — 3 : 1 + 2 — 4 : 1 + 3 — 3 : 2 + 1 — 5 : 2 + 3

B

Calcule. Si tu n'es pas sûr(e), dessine au brouillon comme Picbille.

3 – 2 = 1	5 – 1 = 4	3 – 0 = 3
5 – 4 = 1	2 – 1 = 1	5 – 2 = 3

C

Barre ou **entoure.**

5

D

Dessine 7 doigts. **Dessine 10** doigts.

E

Activité complémentaire

La maison des absents

Il s'agit de travailler la décomposition des premiers nombres dans le contexte du recensement des absents. S'il y a 3 absents, par exemple, ce peuvent être 3 garçons ou bien 2 garçons et 1 fille, 1 garçon et 2 filles ou encore 3 filles.

Ces décompositions sont reportées dans une maison des absents à chaque fois qu'elles sont rencontrées (une version vierge est téléchargeable sur le site compagnon). Chaque jour, on se pose les questions suivantes :

1°) A-t-on déjà formé la maison des 4 absents? par exemple. Si ce n'est pas le cas, on la crée et on reporte la décomposition du jour.

2°) Lorsqu'on dispose déjà de la maison nécessaire, on se demande si on a déjà rencontré la décomposition du jour. Sinon on la reporte.

Exemple de maison des 4 absents à un moment donné :

2	2
1	3

De temps en temps, on peut évidemment s'interroger sur les décompositions manquantes.

☛ *Suite de la présentation de la sq 21*

Dispositif

Les enfants utilisent l'un des deux « caches » en carton de la fin du fichier. L'autre cache, de secours, est mis en réserve par l'enseignant.

Quand on pose ce cache sur le carré dans lequel sont dessinés des objets (ici, des balles de tennis), la fenêtre laisse apparaitre une partie de ces objets. En faisant tourner le cache dans le sens horaire, on génère 4 positions et 4 problèmes. Chaque position est repérée par l'image que le triangle (sur le côté supérieur du carré) permet de former : un parapluie, une maison, un bateau et un cerf-volant (voir aussi le mode d'emploi page 156 du fichier de l'élève).

Conduite de l'activité

Dans tous les cas, l'activité débute en dénombrant collectivement la collection support (ici, il y a 4 balles). Les collections sont toujours inorganisées et il faudra donc utiliser un comptage-dénombrement pour s'assurer que c'est bien le nombre annoncé : « 1 plus 1, 2 ; plus 1, 3 ; plus 1, 4 ».

L'activité se poursuit ainsi : l'élève pose son cache de façon à faire apparaitre le parapluie, en ayant bien soin que le bord du cache coïncide avec le carré. Il doit déterminer le nombre d'objets qui sont dissimulés. L'enseignant reformule le problème correspondant ainsi : « Il y a 4 balles de tennis en tout ; on voit 1 seule balle de tennis, combien sont cachées ? ».

Pour répondre, l'élève ne doit évidemment pas soulever la partie du cache qui masque des objets. En effet, cette façon de procéder supprimerait tout problème. Elle ne doit être utilisée que plus tard, après avoir anticipé la solution, pour la vérifier.

L'enseignant favorisera la compréhension de la tâche en organisant une résolution collective pas à pas pour cette première série de problèmes (on pourra faire évoluer l'animation pour les « problèmes avec cache » de la sq 22 et suivantes : sq 32, 43, 46, 54 et 65). Ainsi, dans cette sq 21, la vérification se fera collectivement, après chaque anticipation, en soulevant la partie du cache qui masquait les objets.

Pour chaque position du cache, une fois que les élèves ont tous posé leur cache dans la position demandée, l'enseignant peut formuler le problème correspondant ainsi : « Il y a 4 balles de tennis en tout, on en voit 2, combien sont cachées ? », par exemple.

Remarque

On trouve d'autres supports d'activité permettant de proposer d'autres problèmes avec caches sur le site compagnon. Ils peuvent être proposés soit dans le cadre du suivi personnalisé, soit au titre d'activité complémentaire.

Objectifs

Les élèves connaissent la boite de Picbille depuis la sq 9 et ils ont utilisé des schémas de cette boite alors qu'elle contenait 6 et 7 jetons (sq 12), 8 et 9 jetons (sq 14) et enfin 10 jetons (sq 17), en collant à chaque fois le ou les couvercles nécessaires.

Dans cette sq 24, ce contexte est utilisé pour revoir ensemble les 10 premiers nombres. On observera une nouveauté par rapport aux éditions précédentes de *J'apprends les maths CP avec Picbille* : on demande maintenant aux élèves d'écrire sous forme chiffrée chacune des décompositions utilisant le nombre 5 : 5 + 1 = 6 , 5 + 2 = 7, etc. Il s'agit de mieux en favoriser la mémorisation.

Comme lors de la sq d'introduction de la boite (sq 9), il convient d'utiliser conjointement la structuration de celle-ci en deux compartiments de 5 et le repérage de la case centrale de chacun de ses compartiments, afin de faciliter l'accès aux décompositions que ces repères soulignent :
- le repère 3 : le premier compartiment est rempli jusqu'au milieu (3, c'est 2 + 1) ;
- le repère 5 : le premier compartiment est plein (5, c'est 2 + 1 + 2 ou bien 3 + 2) ;
- le repère 8 : le premier compartiment est plein et le second est rempli jusqu'au milieu (8, c'est 5 plus 3) ;
- le repère 10 : les deux compartiments sont pleins (10, c'est 5 + 5).

24 **Les nombres 6, 7, 8, 9 et 10 dans le contexte de la boite**

Calcul mental
- Furet → 10 sur les doigts

Picbille range ses jetons dans ses boites de 10. Dès qu'un compartiment est plein, il ferme le couvercle. Est-ce que toutes les boites auront leurs 10 jetons ?
Groupe les jetons, **relie**-les aux boites et **réponds** *oui* ou *non*.

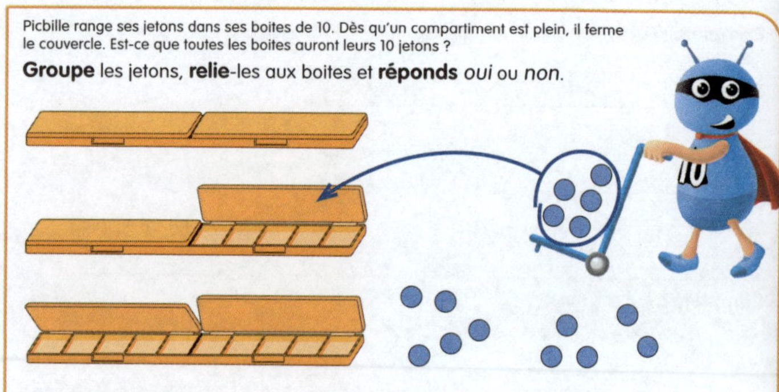

Toutes les boites ont-elles leurs 10 jetons ? oui

A

Ces boites ne sont pas pleines. Combien contiennent-elles de jetons en tout ?

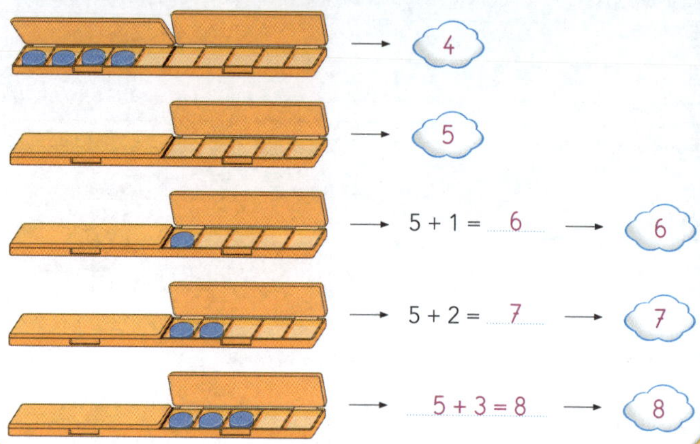

B

Activités — Séquence 24

Calcul mental

Furet → 10 sur les doigts

Idem sq 19. Rappelons qu'il s'agit d'un furet « en avançant » et « en reculant ». L'enseignant demande à tous les enfants de montrer 1 doigt (indifféremment : le pouce ou l'annulaire), puis « 1 de plus » ; un enfant est alors interrogé : il doit dire combien de doigts sont sortis ; l'enseignant poursuit : « 1 de plus » ; un autre enfant est interrogé. Quand 10 doigts sont sortis, l'enseignant dit : « 1 de moins » et il poursuit de même.

A et B. Les 10 premiers nombres dans la boite de Picbille

Activité préliminaire : « La course à 10 » avec 2 joueurs (et 2 boites)

Ce jeu est décrit ci-contre (rubrique « Activité complémentaire »). Cette activité préliminaire s'organise avec 2 enfants (et 2 boites). Le rôle des autres élèves sera de dire qui a le plus de jetons et donc de déterminer le score de chacun à différents moments d'une partie, quand l'enseignant le demandera. Pour cela, ils peuvent utiliser leur ardoise, tracer un trait de séparation au milieu et écrire en haut le nom des 2 joueurs.

Avant le jeu, la boite est présentée et sa structure rappelée. Mais ce sont les questions de l'enseignant qui vont permettre aux élèves de s'approprier au mieux cette structure. Les moments intéressants sont :
– lorsque la case centrale d'un compartiment est atteinte (nombres 3 puis 8) ;
– dès qu'un joueur a rempli le 1er compartiment ;
– dès qu'on voit un couvercle fermé et 1 jeton (ou 2) dans le 2e compartiment ; on n'a pas besoin d'ouvrir le couvercle pour compter parce qu'on s'appuie sur la décomposition : « 5 jetons ici (on les désigne en passant le doigt sur le couvercle) et encore 1 là, c'est 6 jetons en tout parce que 5 plus 1 égale 6 » ;
– à 8 (respectivement 9) : il faut encore 2 jetons (respectivement 1 jeton) pour avoir 10 ;
– à 10 : les deux compartiments sont pleins : « 5 jetons ici (on les désigne en passant le doigt sur le 1er couvercle) et encore 5 là (on passe le doigt sur le 2e couvercle), c'est 10 jetons en tout parce que 5 plus 5 égale 10. »

Si un joueur a 4 jetons et l'autre 6, par exemple, il est alors intéressant de faire comparer les deux boites et de faire anticiper comment celui qui a 4 jetons pourrait « égaliser ».

On peut animer ainsi trois ou quatre parties.

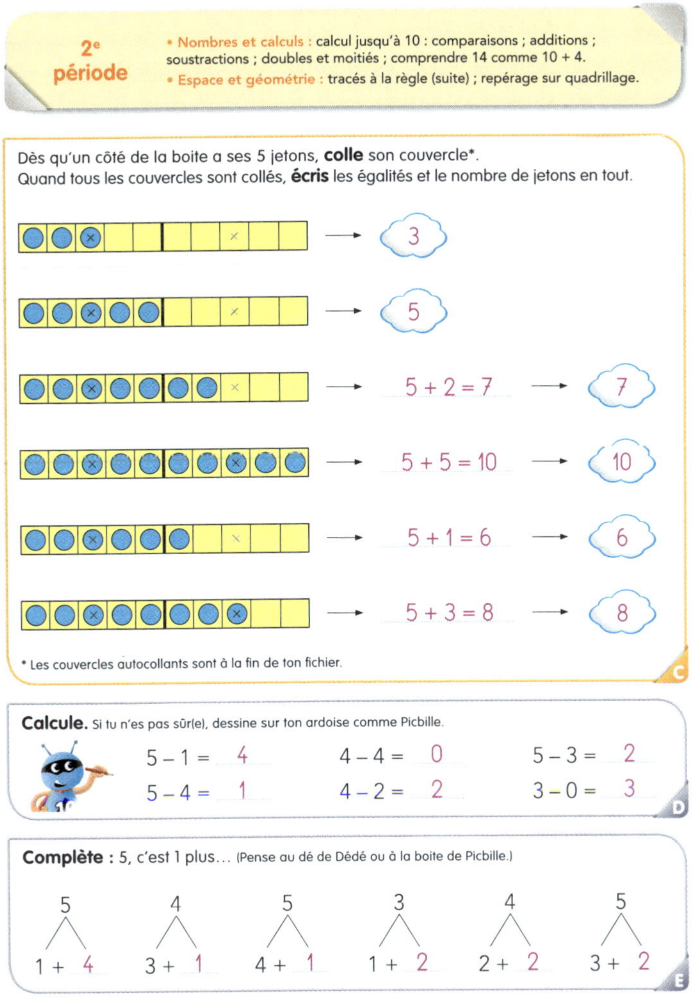

Activités sur le fichier

Les deux activités sont menées collectivement. Celle du cadre A permet de rappeler la règle de fermeture du couvercle. La première boite est pleine : « Combien contient-elle de jetons ? » La seconde boite est à moitié pleine, un seul couvercle est fermé : « Et quand Picbille aura mis dedans le contenu de son chariot ? » Enfin : « Picbille pourra-t-il remplir la dernière boite ? »

L'activité B permet de préciser comment Picbille remplit sa boite lorsqu'il ne procède pas par paquets de 5 et ajoute les jetons l'un après l'autre. Les commentaires pour 6 sont similaires à ceux qui sont décrits dans l'activité préliminaire mais, sur le fichier, les élèves écrivent l'égalité : 5 + 1 = 6, 5 + 2 = 7, etc.

Prolongements possibles

L'enseignant organise des « courses à 10 » pour l'ensemble des élèves. Rappelons que le jeu se joue avec des boites de Picbille et qu'il est important que l'enseignant interroge sur les scores à divers moments (voir description ci-contre).

C. Des schémas de la boite

On retrouve ici la boite de Picbille sous forme schématisée (vue de dessus). Il importe de commencer cette activité en faisant coller par les élèves tous les couvercles* des compartiments pleins (sinon le problème est supprimé). On rappelle que le trait noir représente la séparation des deux compartiments (dans la mesure du possible, on essaie de ne pas le masquer).

Dans un deuxième temps seulement, les enfants écrivent les nombres et, quand il convient, les égalités correspondantes. La consigne peut être : « Il faut écrire, à chaque fois, combien il y a de jetons en tout dans la boite, ceux qu'on voit et ceux qu'on ne voit pas. »

Remarque

On observe différentes façons de procéder. Certains enfants répondent immédiatement parce qu'ils ont mémorisé que « 5 et encore 2 ça fait 7, 5 plus 5 égale 10… ». Ces enfants calculent déjà avec ces nombres.

Mais il est possible que d'autres enfants disent, pour le nombre 7 par exemple, « 5… » en pointant le couvercle, puis qu'ils pointent successivement les 2 jetons visibles en prononçant « 6, 7 ». Ces enfants surcomptent au-dessus de 5.

D'autres enfants encore peuvent compter les jetons « à travers » le couvercle. Ils pointent du doigt les emplacements successifs sur le couvercle en prononçant « 1, 2, 3, 4, 5 », puis pointent les 2 jetons visibles et continuent « 6, 7 ». Parmi ceux-là, on observe même des élèves qui contrôlent mal le comptage des jetons cachés. Ils en comptent trop ou pas assez.

Dans tous les cas, il est fondamental que l'enseignant privilégie l'usage des décompositions. Il amène les élèves les moins avancés à prendre conscience que, puisqu'il y a 5 jetons sous le couvercle, on prononce « 5 » à l'extrémité du couvercle, juste avant le trait noir : « 5, c'est tout ça (en parcourant la zone sous le couvercle avec le doigt) ». Et, dans le cas de 6, par exemple : « 5 (en parcourant la zone sous le couvercle avec le doigt) plus 1 (en pointant le jeton visible), égale 6 en tout ».

En conclusion de cette activité, l'enseignant peut interroger les élèves sur les décompositions en leur demandant : « Décrivez la boite de Picbille quand il y a 8 jetons dedans. » La vérification peut se faire de deux façons : en retrouvant sur le fichier l'image correspondant à 8 jetons dans la boite ou en présentant la boite de Picbille avec 8 jetons dedans.

Activité complémentaire

« La course à 10 » avec la boite de Picbille

Il faut une boite de Picbille,10 jetons par joueur et un dé reconfiguré (0, 1, 2) par groupe de joueurs. À tour de rôle, chacun lance le dé et place dans sa boite le nombre de jetons correspondant. Dès qu'un compartiment est plein, on ferme le couvercle. Celui qui a rempli sa boite le premier a gagné. Règle complémentaire : pour gagner, il faut atteindre 10 exactement (si on a déjà 9 jetons, il faut faire apparaitre la face 1 du dé).

Le rôle de l'enseignant consiste à interroger les élèves sur les scores à différents moments.

*Rappelons que les couvercles autocollants se trouvent à la fin du fichier de l'élève.

Objectifs

On poursuit la progression sur les tracés à la règle : il s'agit maintenant de tracer des traits dans des directions diverses.

Dans les activités de calcul mental, les élèves rencontrent pour la première fois une activité importante : anticiper le nombre de cases vides lorsqu'une boite contient entre 5 et 10 jetons. Il s'agit donc de déterminer le complément à 10 d'un de ces nombres. On commence par ceux des nombres ≥ 5 qui sont plus faciles à déterminer.

Activités Séquence 25

Calcul mental

Compteur (+ 1 ; – 1) : Picbille → chiffres

Au cours de cette activité, on ajoute 1 jeton entre 1 et 10, on en retire ensuite 1, entre 10 et 1.

L'enseignant prend une boite contenant 1 jeton et il la tient de façon à créer une situation d'anticipation.

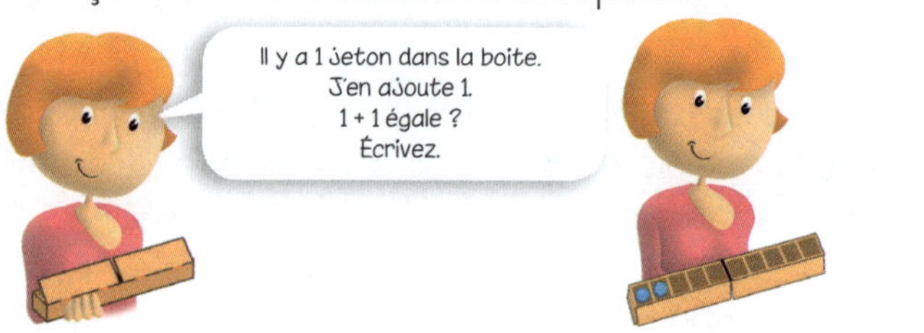

Phase d'anticipation.

Phase de validation : l'enseignant bascule la boite.

Lors de la phase d'anticipation, les élèves écrivent la solution sur leur ardoise. La validation se fait immédiatement : l'enseignant demande aux élèves de montrer leur ardoise pour connaitre leurs résultats puis il bascule la boite vers eux : « 1 + 1 = 2 ». Puis, alors que le contenu de la boite est à nouveau masqué aux élèves : « Il y a 2 jetons dans la boite, j'en ajoute 1 ; 2 + 1 égale ? » Lors de la validation, lorsque le résultat est 3, on remarque que le 1er compartiment est rempli jusqu'à la case centrale.

L'activité se poursuit de même. Quand il y a 5 jetons dans la boite, l'enseignant ferme le couvercle et, dans le cas de 8, par exemple, il valide en basculant la boite : « 5 jetons sous le couvercle (on les désigne en passant le doigt sur le couvercle) et encore 3 qu'on voit, ça fait 8 jetons en tout ; 5 + 3 = 8 ». Arrivé à 10, l'enseignant enlève successivement un jeton : « Il y a 10 jetons dans la boite, j'en enlève 1 ; 10 moins 1 égale ? » ; etc.

Compléments à 10 ($5 \leq n \leq 9$)

Là encore l'activité prend la forme d'une phase d'anticipation suivie d'une phase de validation, mais il faut maintenant déterminer le nombre de cases vides, c'est-à-dire le nombre de jetons qu'il faudrait ajouter pour qu'il y ait 10 jetons en tout. Il s'agit donc de déterminer des compléments à 10.

25 Tracer à la règle (4)

Calcul mental
- Compteur (+ 1 ; – 1) : Picbille → chiffre
- Compléments à 10 ($5 \leq n \leq 9$)

Observe ces deux pages.
Tu vas compléter le dessin de la maison page 39 en essayant de faire comme Géom.
Couic-Couic, lui, a fait 3 erreurs. Commence par les chercher.

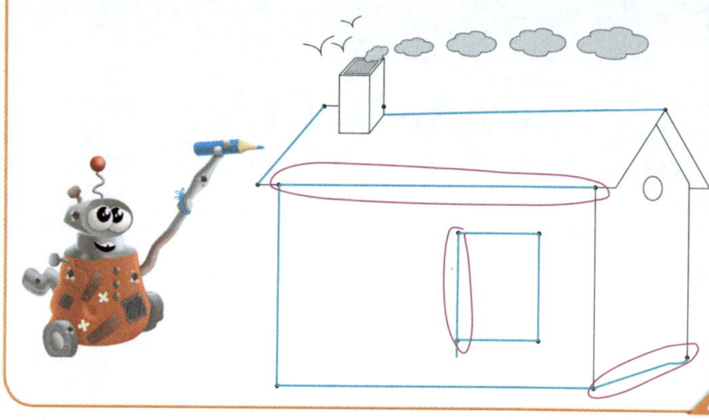

A

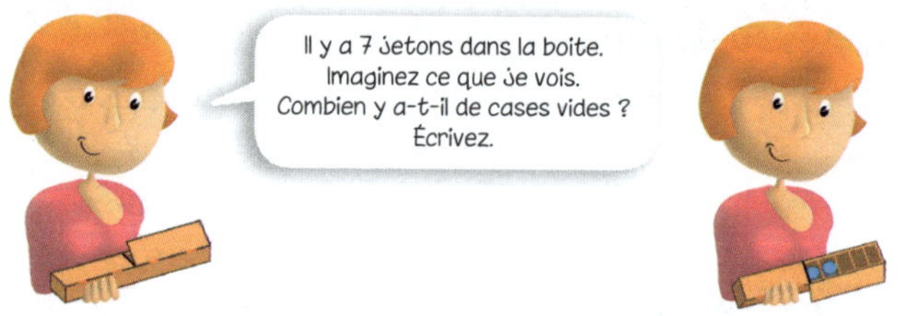

Phase d'anticipation.

Phase de validation : l'enseignant bascule la boite.

Une progression possible consiste à interroger d'abord dans l'ordre (n = 5, 6… jusqu'à 10) puis dans le désordre. On alternera la forme de question en interrogeant tantôt sur le nombre de cases vides, tantôt sur le nombre de jetons qu'il faut ajouter pour en avoir 10.

On se réfèrera là encore à la case centrale comme repère : lorsqu'il y a 8 jetons dans la boite, par exemple, c'est 5 + 3 ; elle est donc remplie jusqu'à la case centrale du 2d compartiment et il reste 2 cases vides.

A et B. Tracés à la règle

La conduite de l'activité est la même que pour les sq 2, 6 et 19 : analyse collective de la double page et comparaison des tracés des deux robots, puis travail individuel sur la page 39.

Géom a tracé les traits qui terminent le dessin de la maison : ses traits relient-ils bien tous les points, les traits sont-ils bien droits et s'arrêtent-ils bien aux points ?

Les élèves cherchent ensuite les trois erreurs de Couic-Couic (trait à droite de la cheminée, trait gauche de la fenêtre et trait en bas à droite de la maison qui n'est pas droit).

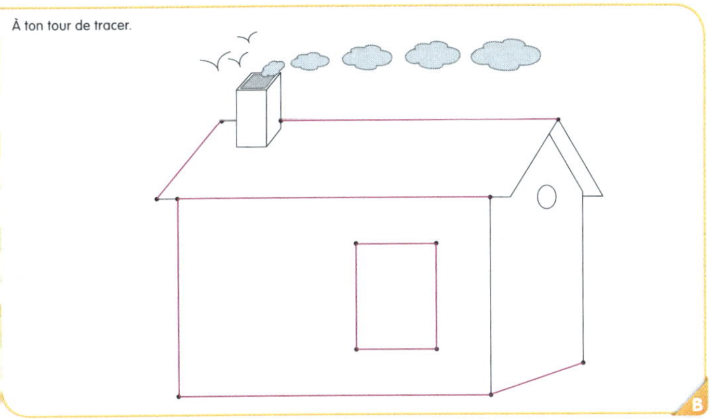

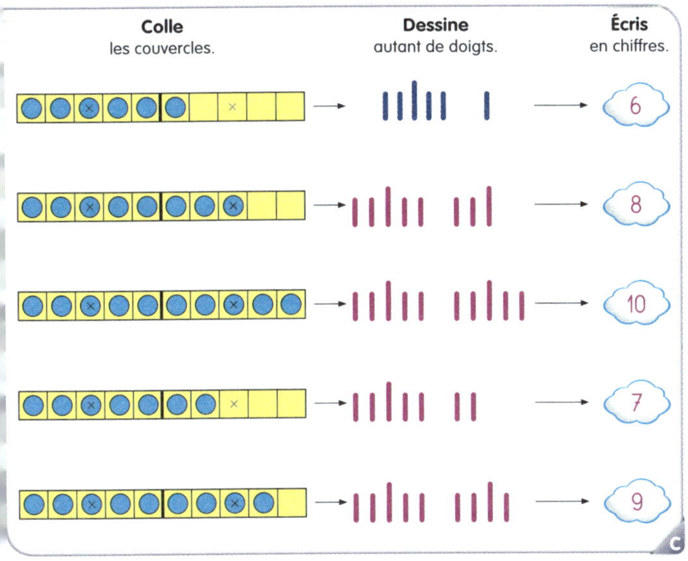

Activité complémentaire

Autres tracés à la règle

On trouve en bas de page un autre modèle pour des tracés à la règle. Rappelons que si l'on souhaite conserver le procédé de présentation de l'activité avec Couic-Couic, il suffit de reproduire 3 fois le support proposé en bas de la page. On utilise le premier pour la réalisation de Géom, le deuxième pour mettre en scène des erreurs de Couic-Couic (exemples d'erreurs possibles ci-dessous en réduction) et le troisième pour la zone de travail de l'élève. Ces trois supports peuvent être mis en page dans les feuilles préformées que l'on trouvera sur le site compagnon avant d'être photocopiés.

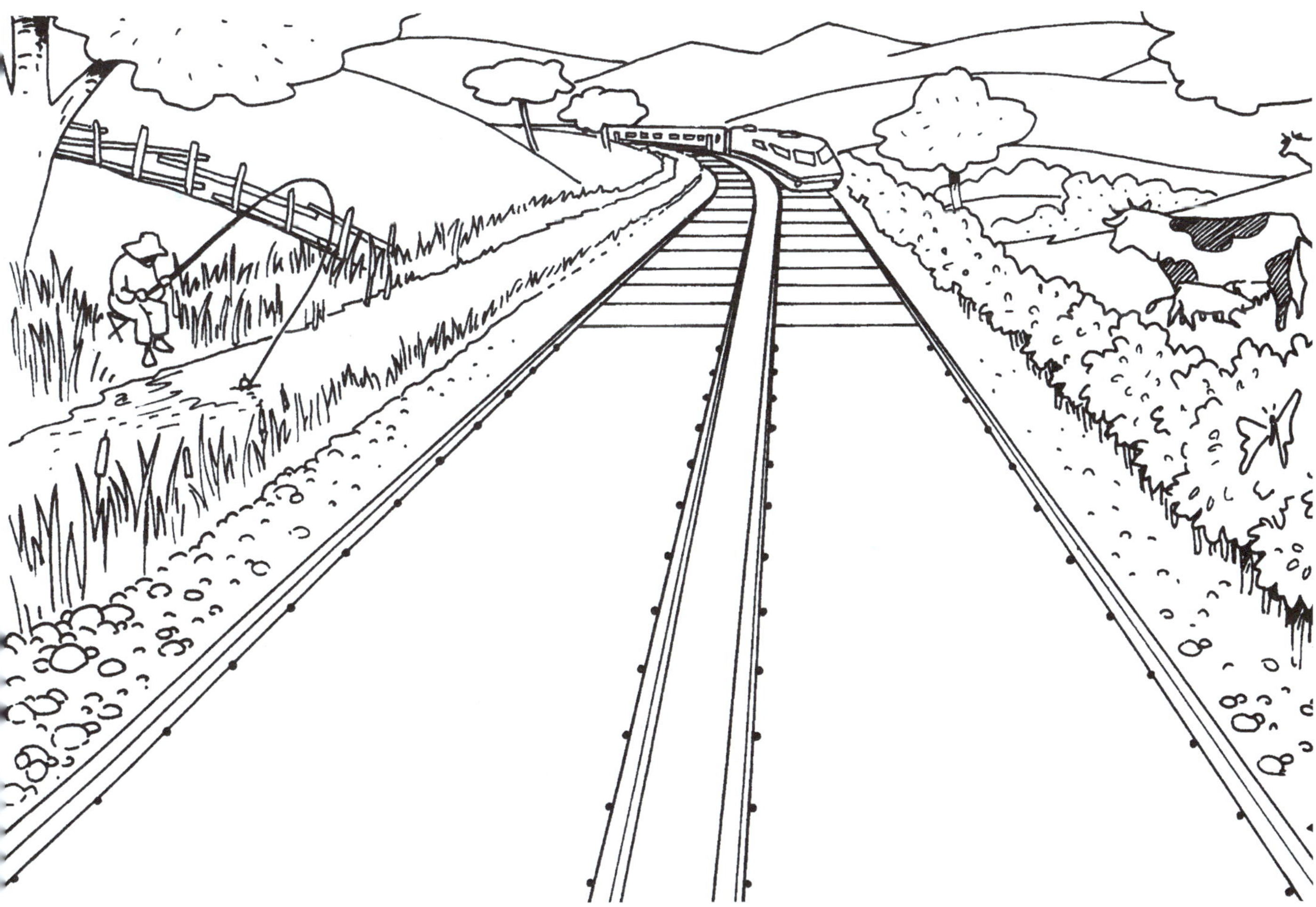

Objectifs

Dans la sq 26, le mode de représentation des nombres « comme Dédé » est prolongé au-delà de 5 en utilisant le groupement intermédiaire de 5. Le groupement est figuré par l'image des points de la face 5 du dé. Le nombre 6 est donc représenté ainsi : ⁙ • et non ainsi : ⠿.
On peut s'étonner de la grande diversité des modes de représentation qui privilégient le groupement de 5 et qui sont enseignés dans ce fichier (nombres « comme Dédé », doigts, boite de Picbille, monnaie avec le billet de 5 €). En fait, cela assure que les élèves accèderont aux décompositions correspondantes, tout en garantissant contre le risque que les élèves confondent les nombres avec l'un de ces moyens de les représenter.

Cette sq est aussi celle dans laquelle les élèves rencontrent pour la première fois un personnage important dans la méthode : l'écureuil. Rappelons que ce personnage, contrairement aux autres, n'organise pas ses collections. Il est donc obligé de compter pour en connaitre le nombre, les stratégies de décomposition-recomposition utilisant les repères 5 et 10 ne lui étant pas accessibles. Rappelons en outre qu'il est préférable que l'écureuil lui-même compte ainsi : « 1 plus 1, 2 ; plus 1, 3 ; plus 1, 4... », c'est-à-dire qu'il utilise un comptage-dénombrement plutôt qu'un comptage-numérotage.

Dans la sq 27, les élèves apprennent à dessiner des points « comme Picbille » au-delà de 5 : ceux-ci sont alignés avec un espace après le 5e point. C'est, bien entendu, une nouvelle occasion de s'approprier le repère 5, mais il est important de remarquer qu'il existe plusieurs stratégies pour dessiner 5 points alignés : on peut les compter 1 à 1 mais on peut aussi en dessiner 3 puis 2. Cette dernière stratégie doit être privilégiée ; une façon de le faire consiste à demander aux élèves de repérer les 3e et 8e jetons par une petite croix.

Activités — Séquence 26

Calcul mental

Compteur (+ 1 ; – 1) : Picbille → chiffre

Idem sq 25.

Compléments à 10 ($5 \leq n \leq 9$)

Idem sq 25.

A et B. Les 10 premiers nombres lorsqu'ils sont dessinés « comme Dédé »

L'activité commence directement sur le fichier. Les élèves rencontrent pour la première fois un personnage important

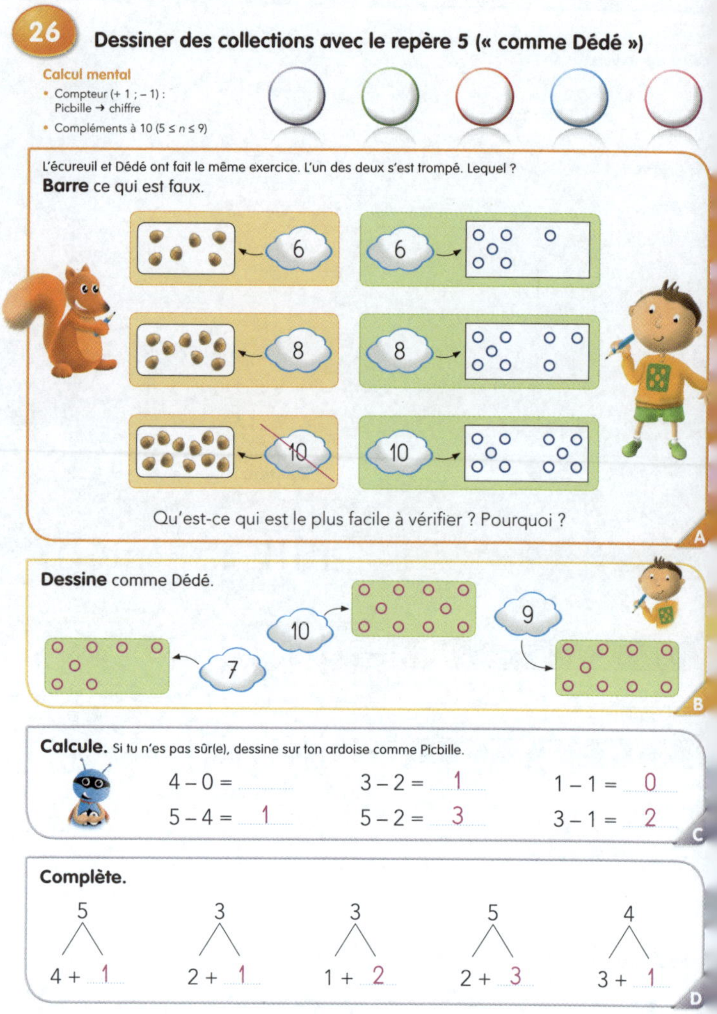
26 Dessiner des collections avec le repère 5 (« comme Dédé »)

Calcul mental
- Compteur (+ 1 ; – 1) : Picbille → chiffre
- Compléments à 10 ($5 \leq n \leq 9$)

A. L'écureuil et Dédé ont fait le même exercice. L'un des deux s'est trompé. Lequel ?
Barre ce qui est faux.

6 — 6
8 — 8
10 — 10

Qu'est-ce qui est le plus facile à vérifier ? Pourquoi ?

B. **Dessine** comme Dédé.

7 — 10 — 9

C. **Calcule.** Si tu n'es pas sûr(e), dessine sur ton ardoise comme Picbille.

4 – 0 = ...
3 – 2 = 1
1 – 1 = 0
5 – 4 = 1
5 – 2 = 3
3 – 1 = 2

D. **Complète.**

5 : 4 + 1
3 : 2 + 1
3 : 1 + 2
5 : 2 + 3
4 : 3 + 1

de la méthode : l'écureuil. Celui-ci a la caractéristique soit de ne pas organiser ses collections de noisettes, ce qui l'oblige à les compter une à une, soit (sq 31 par exemple) d'organiser les collections comme Picbille mais en s'y prenant de telle manière qu'il ne profite pas de l'organisation.

La consigne est lue : « L'écureuil et Dédé ont fait le même exercice, l'un des deux s'est trompé. Lequel ? »
On explicite que l'écureuil (respectivement Dédé) devait dessiner 6, 8 et 10 noisettes (respectivement points). Avec l'écureuil, on est obligé de recompter les noisettes une à une pour vérifier son travail. Avec des points disposés comme Dédé, les enfants peuvent utiliser les relations numériques qu'ils connaissent déjà bien (6, c'est 5 et 1 ; 8, c'est 5 et 3 ; 10, c'est 5 et 5...).
La discussion peut donc montrer qu'il est beaucoup plus facile de vérifier le travail de Dédé que celui de l'écureuil.
On remarquera en outre que Dédé ne s'est pas trompé, alors que l'écureuil a commis une erreur pour 10.
On peut conclure ainsi : l'écureuil aurait remarqué son erreur s'il avait disposé ses noisettes comme Dédé.

En B, les élèves s'approprient ce nouveau mode de représentation des quantités en dessinant eux-mêmes. On peut les amener à anticiper, avant de dessiner, comment ils représenteront chacun des nombres « comme Dédé ».

Remarque

Ici, la reconnaissance rapide des nombres « comme Dédé » repose sur la connaissance des relations numériques du type

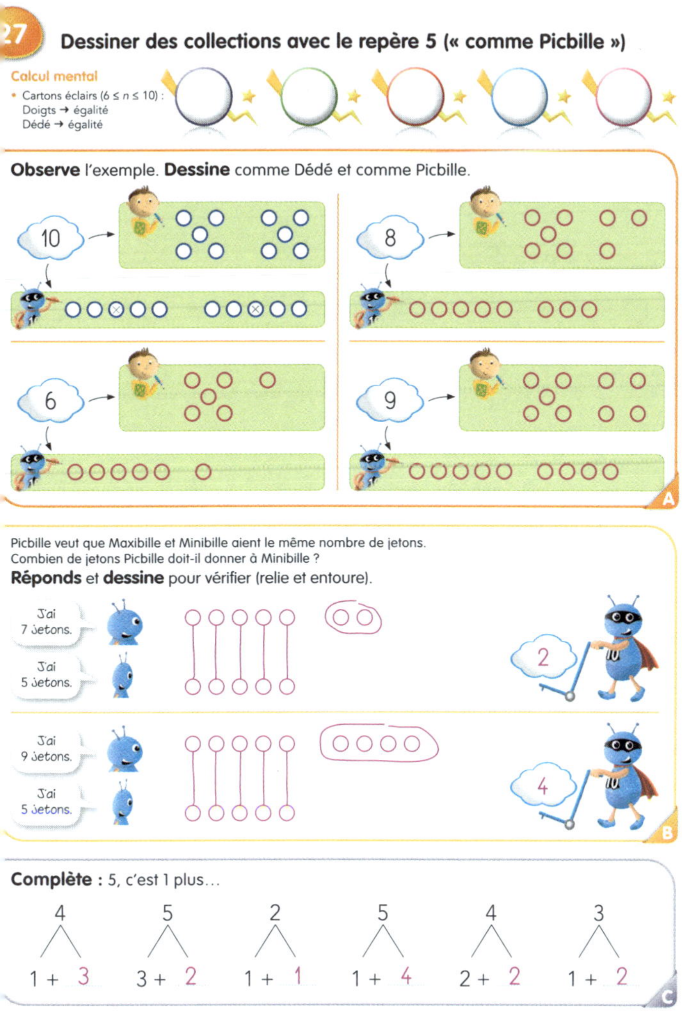

$5 + n$ qui ont été apprises à l'aide de la boite de Picbille et à travers l'usage global des doigts pour représenter les nombres entre 5 et 10. Le cheminement inverse (des nombres comme Dédé à la boite de Picbille) était imaginable. On a préféré commencer par la situation de masquage, meilleur garant de la représentation mentale par les enfants des quantités correspondantes.

En effet, lorsqu'un enfant voit 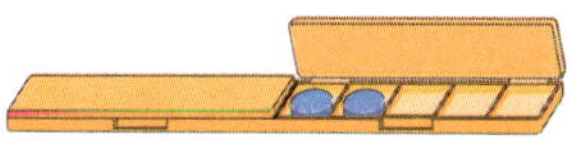 et qu'il écrit 7 alors qu'il ne voit que 2 jetons, on peut être certain qu'il ne confond pas une quantité et une image.

Activités Séquence 27

Calcul mental

Cartons éclairs ($6 \leq n \leq 10$) : doigts → égalité

Idem sq 16. Rappelons la description de cette activité : les cartons utilisés contiennent 6, 7, 8 ou 9 doigts (le matériel est fourni dans le *Guide pédagogique* et il est téléchargeable sur le site compagnon : www.japprendslesmaths.fr) ; l'un est montré brièvement (8, par ex.), les élèves doivent écrire l'égalité qui utilise 5 comme terme d'une décomposition : 5 + 3 = 8.

Cartons éclairs ($6 \leq n \leq 10$) : Dédé → égalité

Le déroulement est le même que pour l'activité précédente mais on utilise ici des cartons contenant des nombres « comme Dédé ».

A. Dessiner des nombres comme Picbille

La comparaison entre la façon de dessiner 10 points comme Dédé et comme Picbille permet facilement de comprendre que Picbille laisse lui aussi un espace vide après les 5 premiers points. On se rappellera par ailleurs le moyen que Picbille utilise pour reconnaitre qu'il a bien dessiné 5 points : il n'a pas besoin de compter les 5 points parce qu'il fait une croix sur le 3e, il « voit » donc qu'il y en a 3 et encore 2 (une autre description possible est : 2 points, 1 point au milieu et encore 2 points). Ainsi, Picbille a dessiné 5 + 5 points, c'est-à-dire 10 points. De façon générale, Picbille fait une croix sur les 3e et 8e ronds.

B. Comparer 5 et n ($5 \leq n \leq 10$) en anticipant le résultat de la correspondance terme à terme

On retrouve ici la situation utilisée depuis la sq 7 pour poser des problèmes de comparaison : Maxibille et Minibille ont des jetons et Picbille doit donner à Minibille ce qui lui manque (la différence) afin qu'ils aient le même nombre de jetons. Cette situation est proposée alors que Maxibille a n jetons ($5 \leq n \leq 10$) et Minibille 5 : il faut donc comparer n et 5, ce qui est une autre façon de construire le repère 5.

Activité complémentaire

La comptine des petits ballons

Dix jolis petits ballons
Avaient le ventre si rond
Que l'un fit « ploc »
Et l'autre fit « bang ».

Huit jolis petits ballons
Avaient le ventre si rond
Que l'un fit « ploc »
Et l'autre fit « bang ».

Six jolis petits ballons…
Etc.
Plus de jolis petits ballons.

Corinne Albaut — Contemine

Cette comptine est jouée sur les doigts de la manière suivante : les 10 doigts sont initialement levés devant soi (« Dix jolis petits ballons… »), le petit doigt (« L'un fit "ploc" ») puis l'annulaire (« l'autre fit "bang" ») sont successivement baissés ; on continue en baissant le majeur et l'index de la même main… jusqu'à ce que tous les doigts soient baissés (« Plus de jolis petits ballons. »). Les élèves apprennent donc à dire les nombres à rebours de 2 en 2 tout en montrant une configuration de doigts correspondante.

À partir de la sq 37 (apprentissage des petits doubles), cette même comptine sera reprise mais en baissant 1 doigt de chaque main à chaque étape : on élimine par exemple les 2 pouces, puis les 2 index, etc. Cette comptine permettra alors d'approfondir la connaissance des petits doubles ; elle le permettra d'autant mieux qu'elle aura, auparavant, été utilisée comme cela est décrit dans le paragraphe précédent.

Objectifs

On introduit, sq 28, les écritures littérales des premiers nombres. L'apprentissage des écritures littérales est réparti sur l'ensemble de l'année et s'articule à la progression en arithmétique :

– jusqu'à « cinq » sq 28 et jusqu'à « dix » sq 45, dans la période jaune, celle où l'accent est mis sur le calcul avec les 10 premiers nombres ;

– de « onze » à « cinquante-neuf » dans les troisième et quatrième périodes, celles où l'accent est mis sur la numération décimale ;

– de « soixante » à « cent » dans la cinquième et dernière période.

La sq 29 est consacrée à l'étude des compléments à 10 des nombres compris entre 1 et 9. Les élèves y sont confrontés à une situation d'anticipation qu'ils ont déjà rencontrée en activité de haut de page : l'enseignant a mis un nombre donné de jetons dans une boite dont il masque l'intérieur aux élèves ; ceux-ci doivent déterminer combien il y a de cases vides. C'est cependant la première fois que cette tâche leur est proposée dans les cas les plus difficiles, ceux où le nombre de jetons dans la boite est inférieur à 5.
Cette activité favorise évidemment l'appropriation des compléments à 10. Au-delà et de façon plus générale, elle aide à se représenter les 10 premiers nombres. Ainsi, elle permet de se représenter un nombre comme 8 non seulement comme 5 + 3, mais aussi comme le nombre auquel il faut ajouter 2 pour avoir 10. Le nombre 8 est ainsi « situé » entre 5 et 10. Cette activité prépare également au calcul d'additions telles que 4 + 3, par ex. En effet, lorsqu'on se représente 4 comme remplissant un compartiment sauf 1 case, cela conduit à calculer 4 + 3 sous la forme 4 + 1 + 2, c'est-à-dire à adopter une stratégie où l'on cherche de combien le résultat dépasse 5 (stratégie de « passage du 5 »).

Activités Séquence 28

Calcul mental

Furet oral → 10

Cette activité est à rapprocher de celle qu'on a appelée : « Compteur (+ 1, – 1) : Picbille → chiffres. Mais maintenant, on n'utilise plus de boite, on se contente d'imaginer qu'on remplit puis vide une boite. On va de 1 à 10 (+ 1) puis de 10 à 1 (– 1). L'interrogation est rapide : « 1 + 1 ? ; Medhi ? » ; « 2 + 1 ? ; Laura ? » ; « 3 + 1 ; Julie ? » ; etc. Après 10 : « 10 – 1 ? », etc.

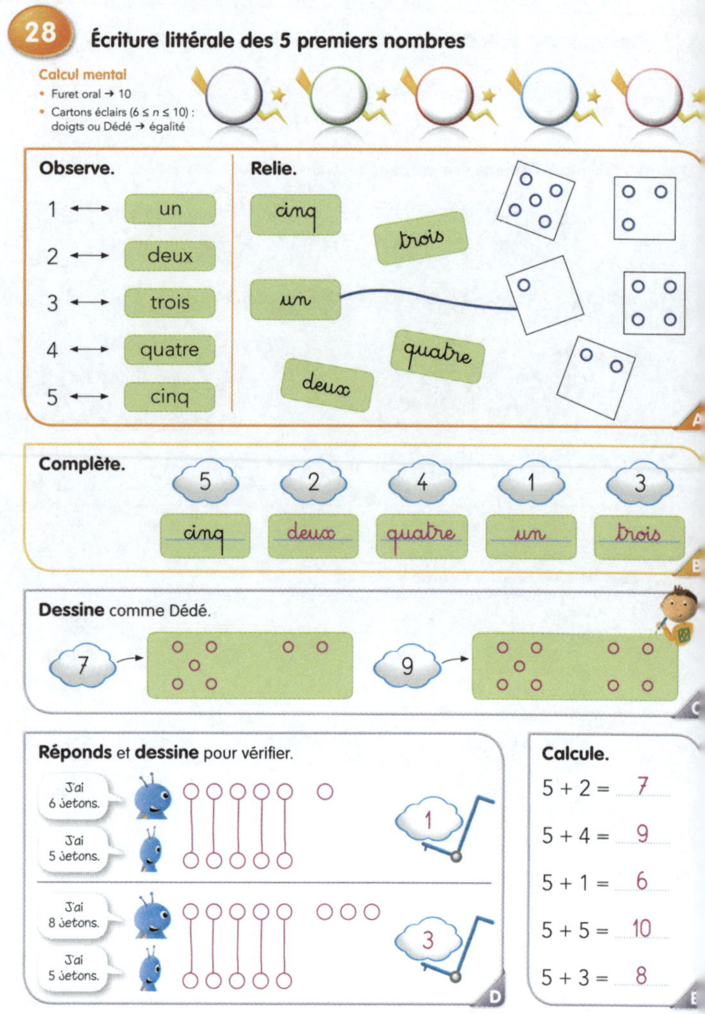

Cartons éclairs (6 ≤ n ≤ 10) : doigts ou Dédé → égalité

Idem sq 27 mais on alterne la présentation de cartons avec des doigts et « comme Dédé ».

A et B. Les écritures littérales des nombres jusqu'à 5

On pourra justifier l'introduction des écritures littérales en faisant appel, par exemple, au caractère international des nombres écrits « en chiffres », opposé à la façon différente dont ils sont dits dans différentes langues. On comparera par exemple :

– les nombres écrits en chiffres : 1, 2, 3, 4, 5 (si on dessine « 3 », tous les peuples du monde comprennent qu'on veut 3 fleurs) ;

– ces mêmes nombres dits en anglais : « *one, two, three, four, five* » (il faut connaitre ces mots anglais pour comprendre) ;

– … en espagnol : « *uno, dos, tres, quatro, cinquo* » ;

– … en allemand : « *eins, zwei, drei, vier, fünf* » ;

– … et en français : « un, deux, trois, quatre, cinq ».

On pourra demander si certains enfants savent compter dans d'autres langues.

Notre écriture « en lettres » note ce qu'on dit en français. Et il faut donc connaitre ces mots français pour comprendre ces mots écrits en lettres.

En A, il s'agit essentiellement d'une activité de lecture (on

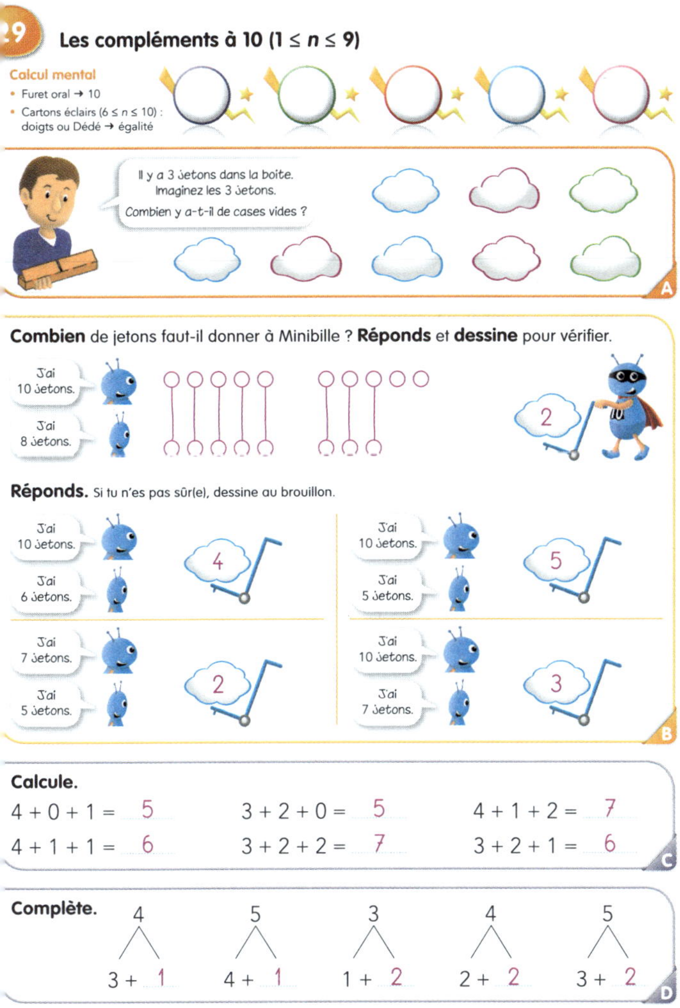
29 **Les compléments à 10 (1 ≤ *n* ≤ 9)**

Calcul mental
- Furet oral → 10
- Cartons éclairs (6 ≤ n ≤ 10) : doigts ou Dédé → égalité

Il y a 3 jetons dans la boite. Imaginez les 3 jetons. Combien y a-t-il de cases vides ?

A

Combien de jetons faut-il donner à Minibille ? **Réponds** et **dessine** pour vérifier.

J'ai 10 jetons. J'ai 8 jetons. 2

Réponds. Si tu n'es pas sûr(e), dessine au brouillon.

J'ai 10 jetons. J'ai 6 jetons. 4 — J'ai 10 jetons. J'ai 5 jetons. 5

J'ai 7 jetons. J'ai 5 jetons. 2 — J'ai 10 jetons. J'ai 7 jetons. 3

B

Calcule.

4 + 0 + 1 = 5 — 3 + 2 + 0 = 5 — 4 + 1 + 2 = 7

4 + 1 + 1 = 6 — 3 + 2 + 2 = 7 — 3 + 2 + 1 = 6

C

Complète. 4 : 3 + 1 — 5 : 4 + 1 — 3 : 1 + 2 — 4 : 2 + 2 — 5 : 3 + 2

D

suppose que tous les élèves savent dire les nombres représentés sur les faces du dé). De plus, les élèves peuvent se servir de la liste de référence donnée à gauche. Mais, alors que ce « dictionnaire » est écrit en minuscules d'imprimerie, les étiquettes sont écrites en cursive. Pour les élèves qui ne sauraient pas encore bien identifier les lettres de l'écriture cursive, cette tâche les conduit à comparer les deux sortes d'écriture et peut donc les aider à progresser dans la structuration de la cursive.

En B, il faut écrire en lettres des nombres donnés en chiffres. La plupart des élèves auront besoin d'utiliser la liste de référence. À ce moment, pour écrire le nombre demandé, ils devront passer de l'écriture minuscule d'imprimerie à la cursive. Il se peut que certains élèves n'aient pas encore bien constitué les associations entre les deux types de lettres. Ils pourront s'aider de l'affichage, en classe, des deux alphabets (minuscules d'imprimerie et cursives).

Activités Séquence 29

Calcul mental

Furet oral → 10

Idem sq 28.

Cartons éclairs (6 ≤ *n* ≤ 10) : doigts ou Dédé → égalité

Idem sq 28.

A. Compléments à 10 (1 ≤ *n* ≤ 9)

L'activité prend la forme d'une phase d'anticipation suivie d'une phase de validation et il faut déterminer le nombre de cases vides, c'est-à-dire le nombre de jetons qu'il faudrait ajouter pour qu'il y ait 10 jetons en tout. Il s'agit donc de déterminer des compléments à 10.

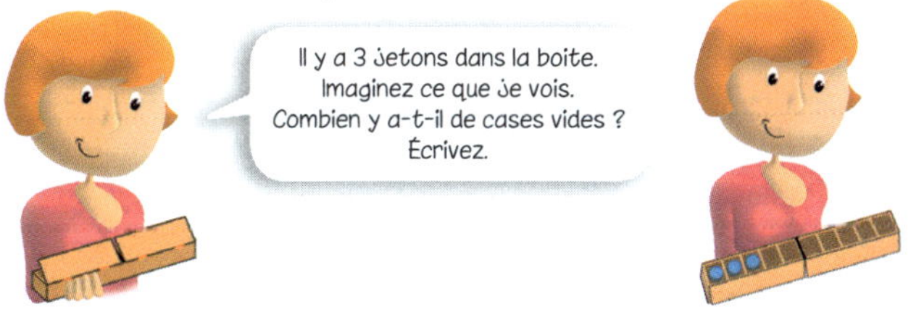

Phase d'anticipation.

Phase de validation : l'enseignant bascule la boite.

Une progression possible consiste à interroger d'abord dans l'ordre (*n* = 1, 6… jusqu'à 10) puis dans le désordre. On alternera la forme de la question en interrogeant tantôt sur le nombre de cases vides, tantôt sur le nombre de jetons qu'il faut ajouter pour en avoir 10.

On se réfèrera là encore à la case centrale comme repère : lorsqu'il y a 3 jetons dans la boite, par exemple, celle-ci est remplie jusqu'à la case centrale du 1er compartiment et il reste donc 2 cases vides dans ce 1er compartiment ; avec les 5 cases vides du 2d compartiment, il y a 7 cases vides en tout.

B. Comparer *n* à 5 et 10 en anticipant le résultat de la correspondance terme à terme

On retrouve ici la situation utilisée depuis la sq 7 pour poser des problèmes de comparaison : Maxibille et Minibille ont des jetons et Picbille doit donner à Minibille ce qui lui manque (la différence) afin qu'ils aient le même nombre de jetons. Cette situation est proposée alors que l'un des deux nombres est soit 5, soit 10 : il faut donc comparer *n* à 5 ou 10, ce qui est une autre façon de construire les repères 5 et 10.

Activité complémentaire

Jeu de bataille avec les nombres de J'apprends les maths CP

La règle est celle qui est habituelle au jeu de bataille (un dessin des cartes peut être téléchargé sur le site compagnon de *J'apprends les maths CP*).

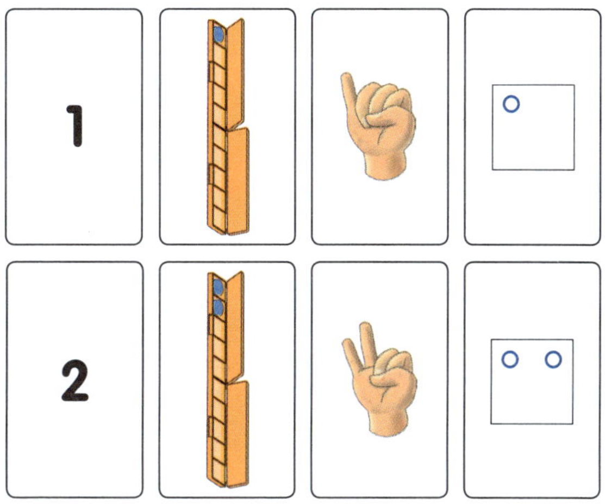

Objectifs

On commence sq 30 la progression sur les calculs d'additions dont les sommes sont comprises entre 6 et 10. L'outil essentiel qui est proposé aux enfants est le cadre structuré de la boite de Picbille. Cet outil favorise le calcul grâce aux repères 5 et 10. Pour utiliser ces repères, on se demandera fréquemment : « Ça fera 5 et encore combien ? » (la question : « Est-ce que ça fera 10 ? » peut également être utile). Deux stratégies pour calculer ces sommes sont principalement enseignées :

1°) Celle correspondant aux cas où le premier nombre est supérieur ou égal à 5 et le second inférieur à 5 (cas du type 6 + 3, par exemple). On effectue un « retour au cinq » : comme 6, c'est 5 et encore 1, on en déduit que 6 + 3, c'est 5 et encore... 4. Cette stratégie, basée sur une décomposition du premier nombre, peut se symboliser ainsi : 6 + 3 = 5 + 1 + 3 (une telle égalité ne doit évidemment pas être utilisée avec les élèves).

2°) Quand le premier nombre est inférieur à 5 (cas du type 4 + 3, par exemple), on effectue un « passage du 5 », c'est-à-dire une stratégie basée sur une décomposition du deuxième nombre. Comme il suffit d'ajouter 1 à 4 pour avoir 5, le résultat de 4 + 3 va dépasser 5. De combien va-t-il dépasser 5 ? 4 + 3, c'est 4 + 1 et encore... 2. Cette stratégie peut se symboliser ainsi : 4 + 3 = 4 + 1 + 2. On remarquera que le choix de la stratégie n'est pas un problème : l'usage du matériel enclenche la bonne stratégie.

Il s'agit ici de la première leçon où l'on compare, pour la même opération, le comptage-dénombrement et le calcul. Cette comparaison, qui sera reprise chaque fois qu'il s'agira d'enseigner des stratégies de calcul, présente un double intérêt : on veut que les enfants prennent conscience que le calcul est plus rapide et plus efficace que le comptage, mais on veut aussi que le comptage-dénombrement reste un recours possible en cas de difficulté.

La sq 31 est consacrée à un enseignement de la commutativité de l'addition (1 + 6 est égal à 6 + 1, par exemple). La situation de base pour enseigner l'addition (celle où Picbille remplit sa boite en apportant des jetons dans un charriot) rend possible un enseignement de cette propriété qui ne se réduit pas au simple constat de l'égalité des résultats. Grâce à l'opposition entre les stratégies adoptées par l'écureuil et celles de Picbille, la commutativité est en effet enseignée ici comme une propriété qui facilite le calcul : 1 + 6, par exemple, peut être déterminé à l'aide d'un comptage-dénombrement : 1 plus 1, 2 ; plus 1, 3 ; plus 1... jusqu'au résultat 7 : c'est ce que fait l'écureuil. Mais on peut aussi choisir de prendre d'abord les 6 jetons en compte et, donc, de les mettre d'abord dans la boite, avant d'ajouter un autre jeton : c'est ce que fait Picbille. Ainsi, une même addition peut se calculer de deux façons différentes. Souvent l'une est plus facile que l'autre.

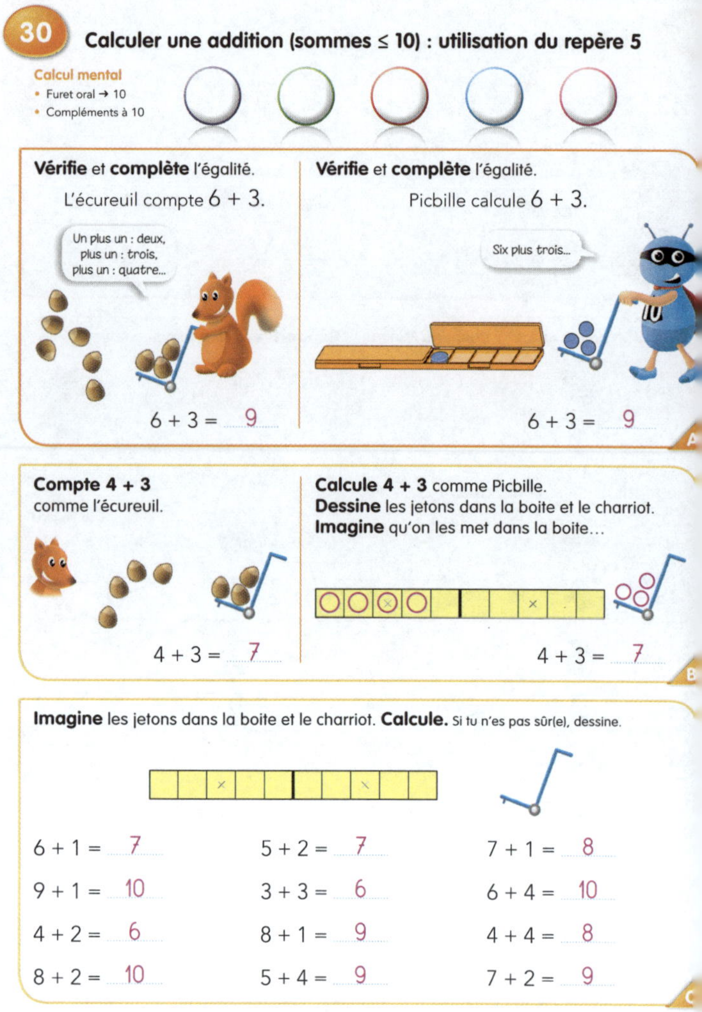
30 Calculer une addition (sommes ≤ 10) : utilisation du repère 5

Calcul mental
- Furet oral → 10
- Compléments à 10

A

Vérifie et **complète** l'égalité.
L'écureuil compte 6 + 3.

6 + 3 = 9

Vérifie et **complète** l'égalité.
Picbille calcule 6 + 3.

6 + 3 = 9

B

Compte 4 + 3 comme l'écureuil.

4 + 3 = 7

Calcule 4 + 3 comme Picbille.
Dessine les jetons dans la boite et le charriot.
Imagine qu'on les met dans la boite...

4 + 3 = 7

C

Imagine les jetons dans la boite et le charriot. **Calcule.** Si tu n'es pas sûr(e), dessine.

6 + 1 = 7	5 + 2 = 7	7 + 1 = 8
9 + 1 = 10	3 + 3 = 6	6 + 4 = 10
4 + 2 = 6	8 + 1 = 9	4 + 4 = 8
8 + 2 = 10	5 + 4 = 9	7 + 2 = 9

Activités Séquence 30

Calcul mental

Furet oral → 10

Idem sq 28.

Compléments à 10 avec $1 \leq n \leq 9$

L'enseignant anime la situation d'anticipation de la sq 29 (cadre A).

A et B. Comparaison du comptage et du calcul pour les cas du type 6 + 3 et 4 + 3

L'activité commence directement sur le fichier. Pour l'activité A, il importe de bien faire fonctionner la comparaison entre les deux procédures illustrées par chacun des personnages (le comptage représenté par l'écureuil et le calcul par Picbille) :

– On commence par vérifier que l'écureuil et Picbille cherchent le résultat de la même addition, 6 + 3. Pour chacune des images, on se demande où sont les 6 et où sont les 3. L'écureuil, pour vérifier qu'il est bien en train de chercher le résultat de 6 + 3, est obligé d'utiliser un comptage-dénombrement : « 1 plus 1, 2 ; plus 1, 3 ; plus 1... » ; Picbille, lui, voit directement qu'il a 6 jetons dans sa boite : il y a un compartiment plein, 5 jetons, et encore 1.

– Puis on compare les stratégies de chacun des personnages.

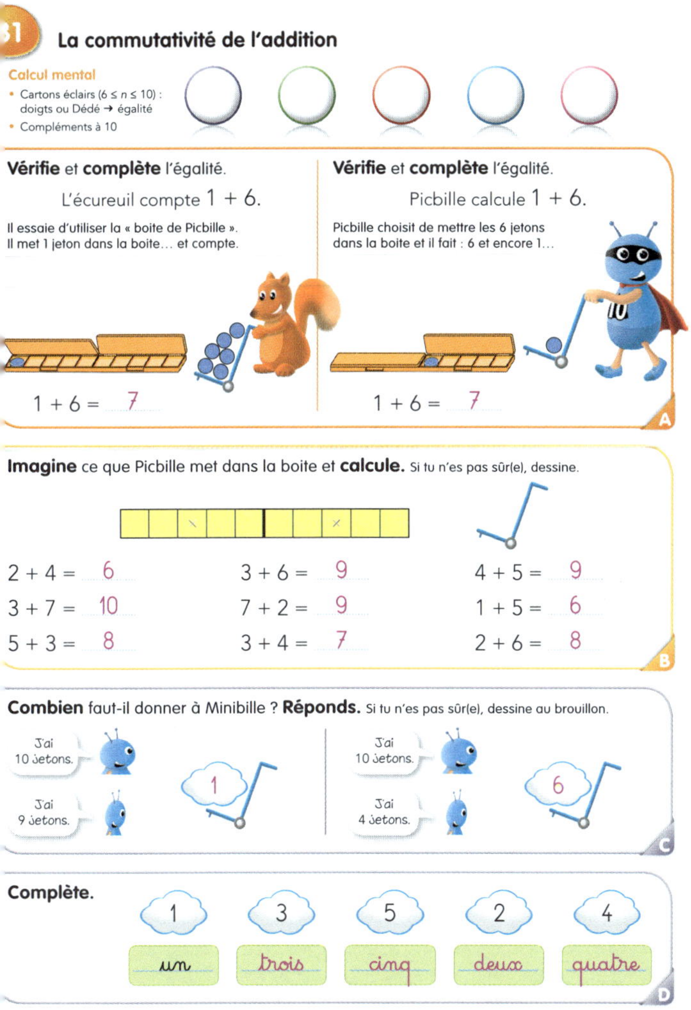

31 La commutativité de l'addition

Calcul mental
- Cartons éclairs ($6 \le n \le 10$) : doigts ou Dédé → égalité
- Compléments à 10

Vérifie et **complète** l'égalité.

L'écureuil compte 1 + 6.

Il essaie d'utiliser la « boite de Picbille ». Il met 1 jeton dans la boite… et compte.

1 + 6 = 7

Vérifie et **complète** l'égalité.

Picbille calcule 1 + 6.

Picbille choisit de mettre les 6 jetons dans la boite et il fait : 6 et encore 1…

1 + 6 = 7

A

Imagine ce que Picbille met dans la boite et **calcule.** Si tu n'es pas sûr(e), dessine.

2 + 4 = 6	3 + 6 = 9	4 + 5 = 9
3 + 7 = 10	7 + 2 = 9	1 + 5 = 6
5 + 3 = 8	3 + 4 = 7	2 + 6 = 8

B

Combien faut-il donner à Minibille ? **Réponds.** Si tu n'es pas sûr(e), dessine au brouillon.

J'ai 10 jetons. J'ai 9 jetons. 1

J'ai 10 jetons. J'ai 4 jetons. 6

C

Complète.

1 un — 3 trois — 5 cinq — 2 deux — 4 quatre

D

L'écureuil compte 6, il compte 3, puis il recompte 9 ; à droite, Picbille calcule ; il sait directement qu'il a 6 jetons dans sa boite (il y en a 5 sous le couvercle et 1 qu'on voit dans le second compartiment), il imagine 3 jetons de plus dans la boite : ça fera plus de 5, ça fera 5 et… 4, c'est-à-dire 9.

De manière générale, pour ce type d'activité, il est intéressant de poser des questions telles que « Combien y aura-t-il de billes dans le deuxième compartiment ? », qui aident à mobiliser le repère 5, et : « La boite de Picbille sera-t-elle pleine ? » qui aident à mobiliser le repère 10. En conclusion, on prend conscience que, pour déterminer 6 + 3, on n'est pas obligé de tout recompter. On peut faire comme Picbille, on peut calculer.

En B, c'est la même activité qui est poursuivie, à deux différences près : les enfants doivent dessiner les jetons et, comme le premier nombre est inférieur à 5, la stratégie que l'on est conduit à utiliser est un « passage du cinq » : au départ, il y a 4 jetons dans la boite ; pour ajouter 3 jetons, on imagine qu'on ajoute d'abord 1 jeton (on peut fermer le couvercle) puis les 2 autres jetons : 5 et encore 2, c'est 7.

C. Évoquer le contenu de la boite pour calculer

Ici les élèves sont invités à ne plus dessiner. Cependant, à ce moment de la progression, certains élèves auront encore besoin de dessiner. Dans un tel cas, ils peuvent se servir du cadre prévu à cet effet. Ce cadre peut servir plusieurs fois si les élèves gomment leurs dessins au fur et à mesure. L'enseignant peut aussi, dès à présent, utiliser la planche que l'on trouvera sur le site compagnon.

Activités Séquence 31

Calcul mental

Cartons éclairs ($6 \le n \le 10$) : doigts ou Dédé → égalité

Idem sq 27.

Compléments à 10 avec $1 \le n \le 9$

Idem sq 30 : l'enseignant anime la situation d'anticipation de la sq 29 (cadre A).

A et B. La commutativité de l'addition

On compare de nouveau le comptage et le calcul, mais dans des cas du type 1 + 6 =…

La nouveauté consiste à montrer que, pour déterminer le résultat d'additions de ce genre, il est préférable de concevoir en premier le plus grand des deux nombres. Ce que les élèves décrivent souvent sous la forme : « Il faut commencer par le plus grand. » Concevoir en premier le plus grand nombre revient ici, avec la boite de Picbille, à mettre le plus grand nombre dans la boite. C'est ce que fait Picbille (il en déduit immédiatement le résultat), tandis que l'écureuil, qui met 1 jeton dans la boite et 6 dans le chariot, est encore obligé de compter ! Certes, il a essayé d'utiliser la boite. Mais elle ne lui sert à rien.

Cette stratégie consistant à amorcer le calcul par le plus grand nombre sera rapidement dégagée et, dans les exemples suivants, les élèves seront invités à se poser la question : par quel nombre commence-t-on le calcul ?

En B, les élèves ont une première occasion de mettre en œuvre cette stratégie. Tous les cas ne sont pas du même type qu'en A : dans l'addition, le premier nombre n'est pas systématiquement le plus petit, ce qui prévient contre les comportements automatiques.

Activité complémentaire

Calculs avec des schémas de la boite

À partir de cette séquence, et dans une perspective de consolidation et de soutien, l'enseignant peut proposer des exercices en reproduisant la planche que l'on trouvera sur le site compagnon.

Objectifs

Dans la sq 32, les élèves étudient les décompositions additives du nombre 6 en utilisant le système de notation découvert dans la sq 21 (V inversé). Ils retrouvent également la situation-problème autocorrective (« Problèmes avec cache ») dans laquelle il s'agit de déterminer différents compléments à un nombre donné, 6 ici.

Dans la sq 33 les élèves rencontrent pour la première fois au CP les nombres de onze à seize, ceux dont le nombre d'unités est masqué à l'oral (dans « vingt-six », en revanche, on entend « six »). L'apprentissage de ces nombres est une étape cruciale du CP : les enfants qui n'apprennent pas les décompositions du type « douze, c'est dix et encore deux » risquent d'avoir des difficultés durables avec ces nombres et, au-delà, avec la compréhension de la numération décimale. Un grand nombre de décisions pédagogiques de *J'apprends les maths CP* visent à assurer le progrès sur ce point. Par exemple :

– divers supports de représentation sont mis à leur disposition : les doigts de deux enfants, les groupes de 10 « comme Dédé », les boites de Picbille, les billets de 10 €, les groupes de 10 « quelconques » tels que des paquets de gâteaux ou encore des bouquets de fleurs... ;

– un support comme la boite de Picbille est utilisé à la fois pour apprendre les décompositions de ces nombres et pour apprendre des stratégies de calcul telles que le « passage de la dizaine ».

Il est important de mettre d'emblée l'écriture des nombres après 10 en relation avec leur décomposition : douze, c'est « dix plus deux » et ce nombre s'écrit sous forme chiffrée en juxtaposant les chiffres « 1 » et « 2 » : « 12 ». Mais comment justifier aux élèves que le nombre dix de « dix plus deux » est noté « 1 » dans cette écriture chiffrée ? Il est classique de justifier ce remplacement en disant aux élèves que douze s'écrit ainsi parce que c'est «1 groupe de dix et encore 2 ». En fait, cette justification se comprendra bien mieux lorsqu'on abordera les nombres au-delà de vingt : vingt-quatre, par exemple, s'écrit sous forme chiffrée en juxtaposant les chiffres « 2 » et « 4 » (« 24 ») parce que c'est 2 groupes de dix et encore 4. En revanche, il est difficile de faire appel à la notion de « groupe » quand il n'y a qu'un seul groupe : souvent, on ne parle de groupe que lorsqu'on a constitué 2 groupes au moins.

La justification précédente (« 12 », c'est 1 groupe de dix et encore 2) peut éventuellement être avancée dès cette sq, mais nous avons choisi d'utiliser principalement le procédé pédagogique popularisé par Maria Montessori (*cf.* la colonne Objectifs de la sq 17) : l'écriture de douze, par exemple, s'obtient en masquant le chiffre « 0 » de « 10 » par un chiffre « 2 » et, inversement, le nombre qui s'écrit « 12 », c'est 10, dont l'écriture est partiellement masquée, et encore 2.

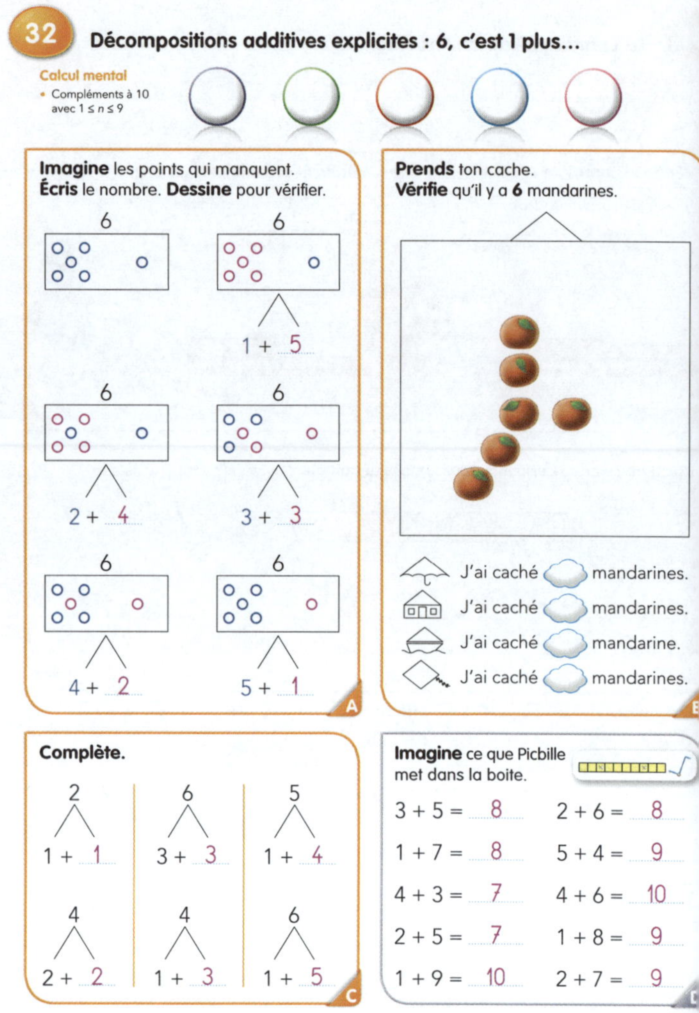

Activités Séquence 32

Calcul mental

Compléments à 10 avec $1 \leq n \leq 9$

L'enseignant anime la situation d'anticipation de la sq 29 (cadre A).

A. Décompositions additives de 6 : s'aider des nombres « comme Dédé »

Le déroulement est identique à celui de la sq 22 : on demande aux élèves d'imaginer les points qui manquent, d'écrire la solution numérique et de ne dessiner que pour vérifier leur solution.

B. Décompositions additives de 6 : situations-problèmes autocorrectives

Activité préliminaire : le « jeu du gobelet »

Les enfants jouent par deux. Ils disposent ensemble d'un gobelet et de 6 jetons. L'enfant A ferme les yeux, pendant que l'enfant B cache sous le gobelet une partie des 6 jetons en laissant les autres visibles. L'enfant A rouvre alors les yeux et doit dire combien il y a de jetons cachés sous le gobelet. On alterne les rôles constamment. Dès que le jeu est bien compris, les enfants peuvent remplir une « feuille de score » sur ardoise : ils comptabilisent par un bâton chaque bonne solution.

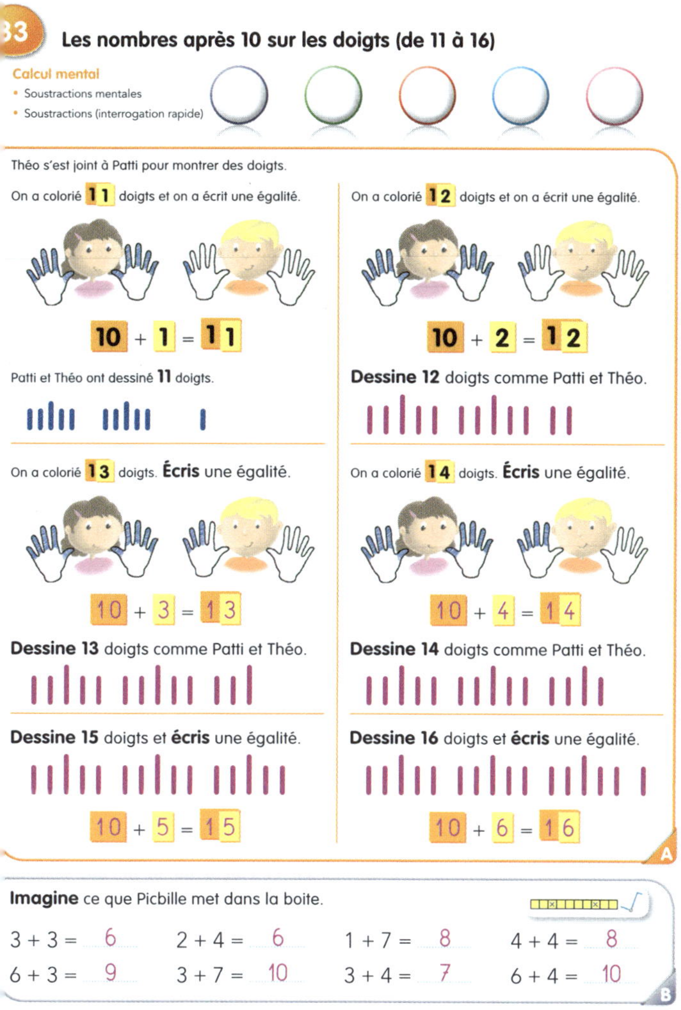

33 Les nombres après 10 sur les doigts (de 11 à 16)

Calcul mental
• Soustractions mentales
• Soustractions (interrogation rapide)

Théo s'est joint à Patti pour montrer des doigts.

On a colorié 11 doigts et on a écrit une égalité.

10 + 1 = 11

Patti et Théo ont dessiné 11 doigts.

On a colorié 12 doigts et on a écrit une égalité.

10 + 2 = 12

Dessine 12 doigts comme Patti et Théo.

On a colorié 13 doigts. Écris une égalité.

10 + 3 = 13

Dessine 13 doigts comme Patti et Théo.

On a colorié 14 doigts. Écris une égalité.

10 + 4 = 14

Dessine 14 doigts comme Patti et Théo.

Dessine 15 doigts et écris une égalité.

10 + 5 = 15

Dessine 16 doigts et écris une égalité.

10 + 6 = 16

A

Imagine ce que Picbille met dans la boite.

3 + 3 = 6	2 + 4 = 6	1 + 7 = 8	4 + 4 = 8
6 + 3 = 9	3 + 7 = 10	3 + 4 = 7	6 + 4 = 10

B

Cette même activité peut aussi se dérouler collectivement. Le maitre dispose 6 petits cubes sur un support (ou 6 aimants au tableau). Il est préférable de les aligner. À un signal donné, les élèves ferment les yeux. Quand ils les rouvrent, ils doivent écrire sur l'ardoise combien de cubes sont cachés… La situation est autocorrective : en soulevant le gobelet, on peut vérifier combien d'objets étaient cachés.

Au cours de ce jeu, l'enseignant pourra intervenir auprès des enfants pour aider ceux qui ne disposeraient pas de stratégie leur permettant de traiter ce type de problème. Si, par exemple, on joue avec 6 jetons et que deux seulement de ces jetons sont visibles (les autres sont sous le gobelet), on peut aider l'enfant en lui demandant d'analyser le dessin (au tableau ou sur un affichage) du nombre 6 « comme Dédé ». Le lien est fait avec l'activité A.

Activité du fichier : les problèmes avec cache

Rappelons que l'activité débute en dénombrant collectivement la collection support (ici, il y a 6 mandarines). La collection est inorganisée et il faut donc utiliser un comptage-dénombrement pour s'assurer que c'est bien le nombre annoncé : « 1 plus 1, 2 ; plus 1, 3 ; plus 1, 4… »

L'activité se poursuit ainsi : l'élève pose son cache de façon à faire apparaitre le parapluie, en ayant bien soin que le bord du cache coïncide avec le carré. Il doit déterminer le nombre d'objets qui sont dissimulés. L'enseignant reformule le problème correspondant ainsi : « Il y a 6 mandarines en tout ; on voit 1 seule mandarine, combien sont cachées ? »

Pour répondre, l'élève ne doit évidemment pas soulever la partie du cache qui masque des objets. En effet, cette façon de procéder supprimerait tout problème. Elle ne doit être utilisée que plus tard, après avoir anticipé la solution, pour la vérifier.

On ne procède à la vérification qu'au terme de la série de quatre anticipations. Il importe de s'assurer que les élèves ne soulèvent pas le cache avant cette phase, que ce soit pour résoudre l'un des quatre problèmes ou même pour passer d'un problème à l'autre. Le passage d'une position du cache à la suivante se fait par simple rotation.

Activités Séquence 33

Calcul mental

Soustractions mentales

Idem sq 21.

Soustractions rapides

Les calculs (5 – 1 ; 4 – 3, etc.) sont proposés à la suite en les écrivant au tableau, la correction se fait à la fin.

A. Les nombres après 10 sur les doigts

Activité préliminaire : furet collectif sur les doigts → 16

L'activité peut commencer en demandant à un enfant de venir au tableau et de montrer 5 doigts aux autres élèves (il faut lui demander d'utiliser la main droite afin que les nombres soient croissants de gauche à droite pour l'ensemble des autres élèves), puis 7 doigts, puis 10 doigts, puis… 1 doigt de plus. Comme ce n'est pas possible, l'enseignant demande à un autre enfant de venir et de lever son petit doigt (l'image construite est analogue à celle que les enfants trouveront sur le fichier). Combien y a-t-il de doigts levés en tout ?

L'enseignant écrit l'égalité au tableau en utilisant des feuilles colorées (téléchargeables sur le site compagnon ; il faut 2 exemplaires de chaque écriture chiffrée), en expliquant que ce nombre s'appelle « onze » et que pour l'écrire en chiffres, on « masque » le « 0 » de « 10 » par le chiffre « 1 ». Les élèves reproduisent cette égalité sur leur ardoise. Il montre également comment on dessine 11 doigts (on laisse un plus petit espace entre le 5ᵉ et le 6ᵉ qu'entre le 10ᵉ et le 11ᵉ).

L'enseignant dit : « Levez 1 doigt de plus. » L'élève qui avait seulement le petit doigt levé lève l'annulaire. Combien y a-t-il de doigts levés en tout ? L'enseignant écrit l'égalité au tableau en utilisant les feuilles colorées ; le nom du nombre (douze) est explicité, et son écriture chiffrée expliquée : pour obtenir « 12 », on « masque » le « 0 » de « 10 » par le chiffre « 2 ». 12 doigts sont dessinés de façon schématisée au tableau. On poursuit avec 13, 14, 15 et 16, mais les élèves écrivent l'égalité avant qu'elle le soit collectivement au tableau.

Activité du fichier

Reprise individuelle de ce qui vient d'être fait collectivement.

Objectifs

La sq 34 a pour objectif de favoriser la mentalisation des stratégies enseignées lors de la sq 30 (calcul d'additions du type 4 + 3 par « passage du cinq » : 4 + 3 = 4 + 1 + 2 et d'additions du type 6 + 3 par « retour au cinq » : 5 + 3 = 5 + 1 + 2). Le procédé pédagogique utilisé consiste à inviter les enfants à simuler mentalement un ajout que l'enseignant réalise de manière masquée.

Rappelons que ce procédé très général de « simulation mentale de l'action d'autrui » sera utilisé tout au long de l'année pour favoriser l'apprentissage des stratégies de calcul et que, dans le fichier de l'élève, les activités correspondantes sont souvent dénommées « Additions mentales » plutôt que « Simulation mentale d'un ajout réalisé de manière masquée », dans un souci de raccourci.

Dans la sq 35, les élèves rencontrent pour la première fois un type de sq que nous avons appelé : Problèmes pour apprendre à chercher (PAC). De façon générale, la résolution de problèmes est présente dans chacune des sq du fichier. C'est une conséquence du fait que les problèmes d'anticipation sont constamment utilisés dans *J'apprends les maths CP* : nous venons de le voir concernant la sq 34 et celles du même type (mentalisation des stratégies de calcul), c'est aussi le cas lorsqu'il s'agit de comparer deux nombres pour déterminer leur différence (*cf.* les jetons de Maxibille et de Minibille) ou encore concernant les « problèmes avec caches », etc. Une question se pose donc : en quoi les sq « PAC » se distinguent-elles des autres ?

En fait, ces sq ont deux objectifs spécifiques :

1°) Elles permettent de proposer des problèmes, tels que celui évoquant un partage dans cette sq (« Peut-on partager 7 objets en 2 parts égales ? »), dont la stratégie de résolution sera systématiquement enseignée ultérieurement (à partir de la sq 37 dans le cas du problème de partage précédent) mais qui, à ce moment de la progression, sont des situations de recherche devant être résolues en consacrant le temps nécessaire à la découverte de leur solution, pour mieux en comprendre le ressort.

2°) Elles permettent de proposer des problèmes, tels que celui de l'aquarium dans cette sq (cadre C), qui correspondent à des situations souvent rencontrées (le problème de l'aquarium est très proche d'un « problème avec cache » !), mais qui sont proposés ici avec un habillage différent, de sorte que leur solution n'apparait pas d'emblée à un grand nombre d'élèves. Concernant cette 2nde sorte de problèmes, on parle souvent de « réinvestissement ».

De façon générale, l'activité des élèves, lors de ces PAC, devra être plus individualisée que lors des autres sq : en effet, pour que chaque élève en profite, il ne faut pas que ceux qui accèdent presque immédiatement à la solution court-circuitent la recherche des autres.

34 Additions (sommes ≤ 10) : simulation mentale de l'ajout

Calcul mental
- Cartons éclairs (10 ≤ n ≤ 16) : doigts → égalité ; dans l'ordre puis le désordre

La maitresse calcule des additions avec la boite de Picbille.
Exemple : 4 + 3.

1. Avant d'ajouter les jetons.

2. Elle ajoute les jetons dans la boite.

Réponds.

Imagine ce que Picbille met dans la boite. Essaie de ne pas utiliser ton carton.

2 + 7 = 9	8 + 2 = 10	2 + 6 = 8	1 + 8 = 9
5 + 2 = 7	1 + 4 = 5	2 + 4 = 6	3 + 7 = 10
4 + 3 = 7	4 + 6 = 10	6 + 3 = 9	4 + 4 = 8

Barre ou **entoure.** 6

Écris le plus possible d'égalités. 6

6 + 0 = 6	2 + 4 = 6
5 + 1 = 6	1 + 5 = 6
4 + 2 = 6	0 + 6 = 6
3 + 3 = 6	

Activités — Séquence 34

Calcul mental

Cartons éclairs (10 ≤ n ≤ 16) : doigts → égalité

Les cartons utilisés contiennent entre 10 et 16 doigts (le matériel est fourni avec ce guide pédagogique, il est également téléchargeable sur le site compagnon). L'un est montré brièvement (13, par ex.), les élèves doivent écrire l'égalité avec 10 correspondante : 10 + 3 = 13. Une progression possible consiste à interroger les élèves d'abord dans l'ordre puis dans le désordre.

A et B. Simulation mentale d'un ajout qui est réalisé de manière masquée

L'animation est similaire à celle de la sq 13 (simulation mentale d'un ajout lorsque le résultat est ≤ 5), à ceci près que dans cette nouvelle sq, il conviendra, selon le cas, d'expliciter la stratégie utilisée : passage du cinq (cas du type 4 + 3) ou retour au cinq (cas du type 6 + 3). Rappelons comment se déroule cette animation.

L'activité commence sur ardoise ; c'est seulement lorsque les élèves ont compris le scénario qu'on leur demande de répondre dans les nuages du fichier. Pour chaque calcul, il y a 2 phases : celle de simulation et celle de vérification

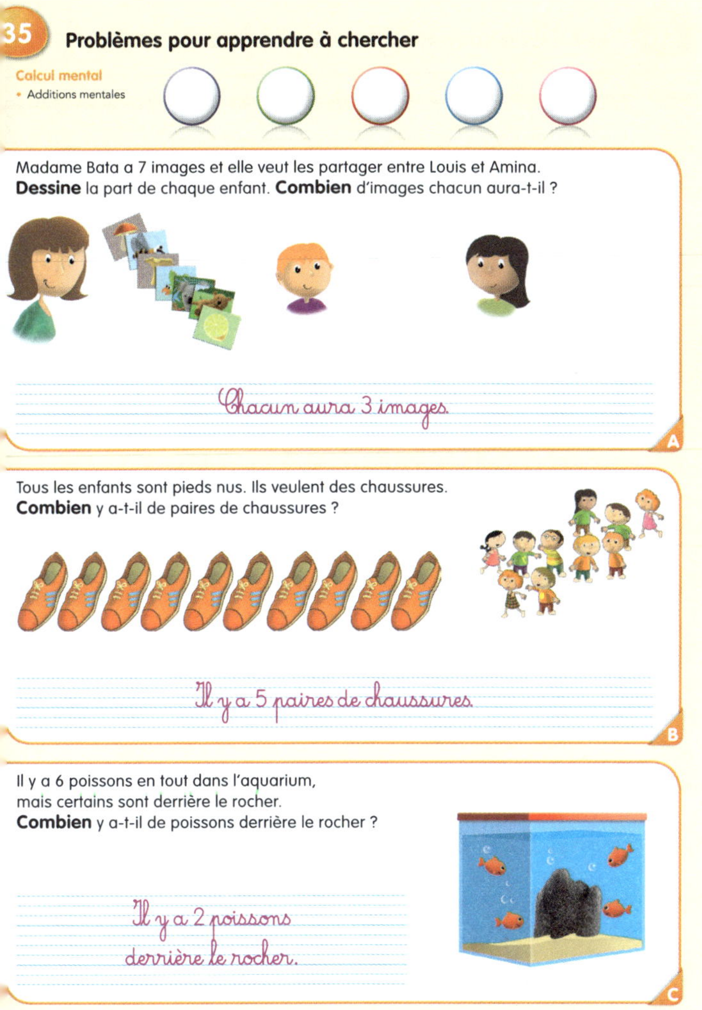

(ou validation) du résultat. La phase de simulation se déroule elle-même en deux temps.

Simulation (1er temps)

Voir dessin 1 du cadre A.

Avant l'ajout, il s'agit de faire évoquer l'état initial de la boite. Si l'addition est 4 + 3, par exemple, il importe que les enfants imaginent les 4 jetons dans la boite car cela a deux conséquences : 1°) Ils peuvent s'appuyer sur le fait que le 1er compartiment a encore une case vide pour amorcer la décomposition du nombre 3 (c'est 1 + …) et 2°) Cela leur permet d'ancrer la donnée numérique « 4 » en mémoire à court terme. C'est la raison pour laquelle l'enseignant dit d'abord : « Il y a 4 jetons dans la boite et j'ai 3 jetons dans la main » et qu'il répète ensuite : « Imaginez les 4 jetons dans la boite ».

La main dans laquelle il y a 3 jetons est soit ouverte (les élèves voient les jetons), soit fermée (l'activité est plus difficile parce qu'elle sollicite plus la mémoire).

Simulation (2e temps)

Voir dessin 2 du cadre A.

L'enseignant réalise l'ajout de manière masquée. Pour 4 + 3, il complète le 1er compartiment en mettant 1 jeton dedans (il s'arrange pour que les élèves ne voient pas qu'il reste 2 jetons dans la main), tout en disant aux élèves : « Imaginez ce que je fais », puis il ferme le couvercle et met les 2 jetons restants dans la boite.

Validation

On procède à la vérification en basculant la boite (les couvercles ouverts pendent alors vers le bas), en reprenant l'ensemble de la manipulation sous les yeux des élèves et en faisant commenter les changements d'états de la boite : « Il y avait 4 jetons dans la boite ; le compartiment avait encore 1 case vide ; j'y mets 1 jeton, j'en ai encore 2 dans la main ; je peux fermer le couvercle et mettre les 2 autres jetons ; 4 + 3 = 7. »

Avant ajout

Après ajout

On remarquera encore une fois que l'enseignant remplit la boite de sorte que les nombres apparaissent croissant aux élèves de leur gauche vers leur droite (voir schéma ci-dessus).

Activités Séquence 35

Calcul mental

Additions mentales

Rappelons que, de façon générale, on appelle « additions mentales », « soustractions mentales »… des activités où l'enseignant anime une situation d'anticipation qui favorise une simulation mentale du calcul. Il s'agit ici de la situation de la sq 34. Les valeurs numériques sont les mêmes.

A, B et C. Problèmes pour apprendre à chercher

Deux formes d'animation d'une telle sq sont possibles :
1°) Présenter la 1re situation-problème seulement, donner un temps de travail individuel et échanger avec les élèves dès qu'ils ont effectué la tâche correspondante ; faire successivement de même avec chacune des situations-problèmes (présentation, puis travail individuel, puis échange collectif).
2°) Présenter l'ensemble des situations-problèmes (cadres A, B et C), engager les élèves à aborder l'ensemble des tâches et ne faire d'échange commun qu'en fin de séquence.

Cette dernière forme est celle qui permet le mieux d'individualiser le travail des élèves, conformément à l'esprit de cette sorte de sq (*cf.* la colonne « Objectifs »). Dans un premier temps, cependant, tant que les élèves ne se sont pas approprié le fonctionnement de cette sorte de sq, la première forme d'animation semble préférable. On remarquera notamment que les élèves doivent apprendre à gérer l'espace de réponse dans la mesure où ceux qui le peuvent sont invités à rédiger leur réponse en rédigeant une phrase.

En A, une maitresse dispose de 7 images et elle veut les partager équitablement entre 2 enfants. On propose aux élèves de dessiner la part de chacun (les images dessinées

Suite page 65

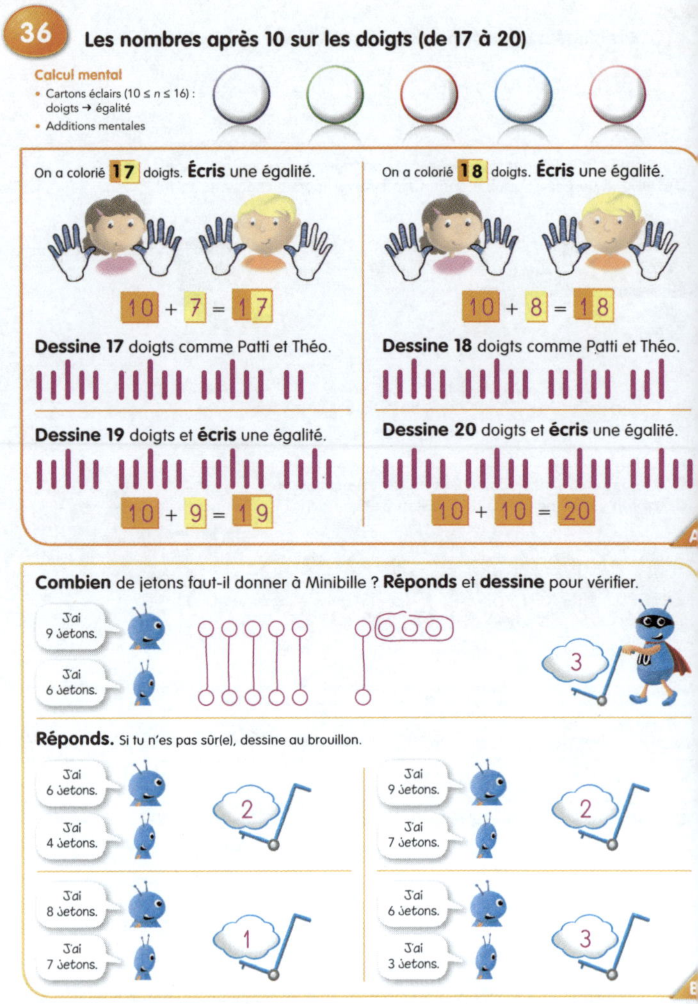

Objectifs

Dans la sq 36, on poursuit l'activité de découverte des nombres après dix qui a été amorcée jusqu'à seize lors de la sq 33 : les élèves découvrent maintenant les nombres dix-sept, dix-huit et dix-neuf, ceux dont le nom explicite la façon dont ils sont formés avec dix. Les procédés pédagogiques utilisés sont ceux de la sq 33. On insiste notamment sur le fait que pour écrire dix-sept, par exemple, comme c'est 10 + 7, on masque le chiffre « 0 » de « 10 » par un chiffre « 7 ». Lorsqu'on raisonne dans l'autre sens, le nombre qui s'écrit « 19 », c'est 10, dont l'écriture est partiellement masquée, et encore 9.

La sq 37 est consacrée à l'étude des moitiés et des doubles jusqu'à 5 + 5. Il est bien connu que la mémorisation des résultats correspondant à ce type d'addition est facile et plutôt précoce (on appelle ces additions des doubles en référence aux jeux comportant un tirage avec 2 dés). Ce phénomène résulte principalement du fait qu'il y a seulement 2 mots différents à mémoriser de manière associée et non 3 mots différents comme dans les autres additions. Cela n'empêche pas de relier ces additions aux stratégies déjà enseignées pour les calculer (par exemple, le passage du cinq pour 3 + 3 et pour 4 + 4).
Une nouveauté de cette nouvelle édition de *J'apprends les maths CP avec Picbille* réside dans le fait que cette sq commence par la recherche des nombres qui peuvent être partagés en 2 de façon exacte (sans reste). Ainsi, les élèves commencent par prendre conscience que seul un nombre sur deux peut être partagé de manière exacte. Et lorsqu'ils cherchent ensuite tous les résultats des doubles, ils s'aperçoivent qu'ils obtiennent la même suite de nombres, ceux qui peuvent être partagés en 2 exactement. En faisant ce choix de travailler les doubles en relation avec un travail sur les moitiés, on permet aux élèves de mieux comprendre pourquoi l'ensemble des résultats possibles est cette suite des nombres (ceux dont on dira au cycle 3 qu'ils sont « pairs ») et on favorise encore mieux la mémorisation.

Activités — Séquence 36

Calcul mental

Cartons éclairs (10 ≤ n ≤ 16) : doigts → égalité

Idem sq 34.

Additions mentales

L'enseignant anime la situation d'anticipation qui favorise une simulation mentale du calcul décrite sq 34. Les valeurs numériques sont les mêmes.

A. Les nombres de 17 à 20 sur les doigts

Activité préliminaire : furet collectif sur les doigts → 20

L'activité est la continuation de celle qui est décrite pour la sq 33. L'enseignant demande à 2 enfants de venir au tableau et de montrer 14 doigts, par exemple, aux autres élèves (il faut demander que ce soit l'enfant apparaissant à gauche des élèves qui montre 10 doigts afin que les nombres leur apparaissent croissants de gauche à droite). Les élèves écrivent l'égalité correspondante (10 + 4 = 14) sur leur ardoise avant qu'elle le soit au tableau en masquant avec une feuille jaune le « 0 » de « 10 » écrit sur une feuille orange ; puis il faut montrer 15 doigts, puis 16 doigts, puis… 1 doigt de plus. « Comment ce nombre s'écrit-il ? » « Comment se dit-il ? » Les élèves écrivent l'égalité sur leur ardoise avant qu'elle soit reproduite au tableau en utilisant les feuilles colorées, en expliquant que ce nombre s'appelle « dix-sept » et que pour l'écrire en chiffres, on « masque » le « 0 » de « 10 » par le chiffre « 7 ». Un schéma correspondant de 17 doigts est dessiné au tableau en le commentant (petit espace après 5, grand espace après 10). La régularité de la désignation orale de ce nombre est évidemment soulignée.

On continue de même : « Levez 1 doigt de plus ». « Comment ce nombre s'écrit-il ? », « Comment se dit-il ? » Après 19, une façon de souligner la régularité de la façon de dire les nombres 17, 18 et 19 consiste à l'opposer à celle de onze, douze… et, éventuellement, à s'interroger sur la façon dont

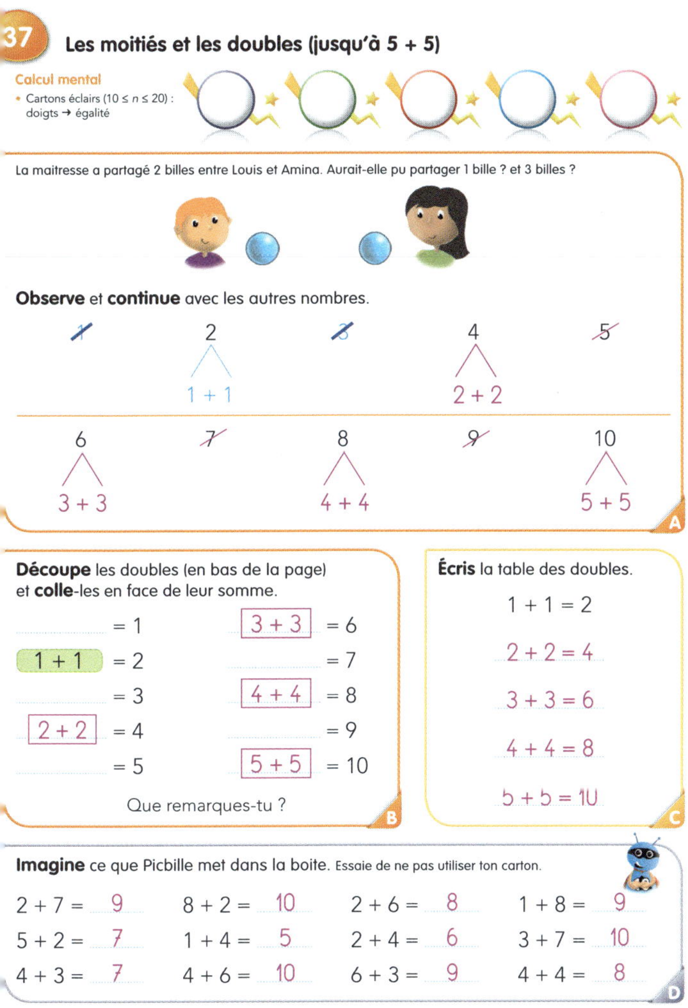

37 Les moitiés et les doubles (jusqu'à 5 + 5)

Calcul mental
• Cartons éclairs (10 ≤ n ≤ 20) : doigts → égalité

La maitresse a partagé 2 billes entre Louis et Amina. Aurait-elle pu partager 1 bille ? et 3 billes ?

Observe et **continue** avec les autres nombres.

1 (barré) | 2 : 1 + 1 | 3 (barré) | 4 : 2 + 2 | 5 (barré)

6 : 3 + 3 | 7 (barré) | 8 : 4 + 4 | 9 (barré) | 10 : 5 + 5

A

Découpe les doubles (en bas de la page) et **colle**-les en face de leur somme.

	= 1	3 + 3	= 6
1 + 1	= 2		= 7
	= 3	4 + 4	= 8
2 + 2	= 4		= 9
	= 5	5 + 5	= 10

Que remarques-tu ?

B

Écris la table des doubles.

1 + 1 = 2
2 + 2 = 4
3 + 3 = 6
4 + 4 = 8
5 + 5 = 10

C

Imagine ce que Picbille met dans la boite. Essaie de ne pas utiliser ton carton.

2 + 7 = 9	8 + 2 = 10	2 + 6 = 8	1 + 8 = 9
5 + 2 = 7	1 + 4 = 5	2 + 4 = 6	3 + 7 = 10
4 + 3 = 7	4 + 6 = 10	6 + 3 = 9	4 + 4 = 8

D

on appellerait ces derniers nombres si la façon de les dire était régulière (dix-un, dix-deux…).

On remarquera que l'égalité « 10 + 10 = 20 » s'écrit avec des feuilles orange. Il est possible de superposer un chiffre « 0 » jaune à celui qui figure sur la feuille orange « 20 », en expliquant que le chiffre « 2 » renvoie aux 2 dix qu'il faut additionner pour obtenir vingt, mais on peut aussi choisir de réserver cette découverte à la sq 52 dont c'est l'objectif principal.

Activité du fichier

Reprise individuelle de ce qui vient d'être fait collectivement.

Activités Séquence 37

Calcul mental

Cartons éclairs (10 ≤ n ≤ 20) : doigts → égalité

Idem sq 34 mais en utilisant maintenant des cartons → 20.

A. Les moitiés jusqu'à 5 + 5

L'enseignant dispose d'objets (images, cubes…) pour procéder à des partages successifs. Il fait venir 2 enfants au tableau et il montre 2 images : « Je veux les partager entre X et Y. Que dois-je faire ? » La situation est schématisée au tableau en utilisant la notation qui figure dans le fichier

Suite de la présentation de la sq 35

peuvent être barrées au fur et à mesure de leur distribution). La « phrase solution » peut être : Chaque enfant a 3 images et il reste 1 image.

En B, on commence par se rappeler qu'il faut 2 chaussures pour 1 enfant. Y aura-t-il assez de chaussures ? Combien de paires de chaussures y a-t-il ? Les élèves entourent les groupes de 2 chaussures et ils les dénombrent. La difficulté est évidemment de penser « un » alors que l'on voit « deux ». Une façon d'aider les élèves consiste à leur demander d'imaginer l'enfant qui mettra la paire de chaussures (1 paire ⟷ 1 enfant) et de dénombrer les enfants qu'ils imaginent ainsi.

En C, la situation est très proche des problèmes avec cache. Une égalité telle que 4 + 2 = 6 peut être écrite pour justifier la réponse.

des élèves (« V » inversé permettant d'exprimer le partage de 2) : « Lorsqu'on a 2 objets, on peut les partager exactement entre 2 enfants : on donne 1 objet à l'un des enfants et 1 autre objet à l'autre ; c'est possible parce 2, c'est 1 + 1 ». « Et si j'ai 3 cubes ? » (il est important qu'il s'agisse d'objets non sécables) ; il est alors impossible de faire des parts égales. « Et si j'ai 4 craies ? » ; la situation est schématisée au tableau en utilisant le « V » inversé.

L'activité se poursuit sur le fichier : une maitresse a partagé 2 billes entre Louis et Amina. « Pourquoi a-t-on barré les nombres 1 et 3 ? », « Que faut-il écrire sous le chiffre 4 ? », « Et pour 5 ?», etc. On laisse les élèves poursuivre seuls dès que la situation est bien comprise.

B et C. Les doubles jusqu'à 5 + 5

Activité préliminaire

L'enseignant utilise une boite de Picbille pour calculer les « additions mentales » suivantes : 2 + 2, 3 + 3… en écrivant au tableau chacune de ces opérations. Pour 3 + 3 et 4 + 4, on retrouve un passage de 5. Après avoir traité 5 + 5 ainsi, il fait exprimer ce que ces cas ont de semblable : ce sont des « doubles ».

Activité sur le fichier

Les enfants découpent les étiquettes du bas de page et collent chaque addition à gauche de son résultat. On remarque finalement qu'un nombre sur deux peut s'obtenir comme un double et que ce sont les mêmes que ceux qu'on peut partager en parts égales.

L'exercice C correspond à une activité qui sera entretenue dans la suite du fichier : il s'agit de récapituler, dans l'ordre, la suite des additions figurant en A. On peut également le faire à l'oral sous la forme du jeu du furet : l'enseignant désigne un élève qui dit « 1 + 1 = 2 », puis un autre qui doit dire « 2 + 2 = 4 », etc. On peut continuer en « redescendant » la table, de 5 + 5 vers 1 + 1.

Objectifs

L'objectif de la sq 38 est double :

1°) Enseigner aux élèves à dénombrer une collection qui est organisée linéairement (ligne droite ou ligne courbe) en utilisant les petits nombres 3 et 2 et, donc, sans compter 1 à 1 (rappelons que 3 est la limite supérieure de ce qu'on appelle le *subitizing*).

2°) Enseigner un second mode de représentation des nombres au-delà de 10 qui, comme dans le cas des doigts, conduit les élèves à dessiner des collections organisées avec le repère 10. Ce mode de représentation prolonge celui des « nombres comme Dédé », que les élèves ont rencontré dès le début de l'année ; il continue à privilégier la configuration de 5 du dé, le groupement de 10 étant formé en entourant 2 groupes de 5. Les nombres au-delà de 10 sont représentés en utilisant les décompositions telles que : « quatorze, c'est dix et encore quatre ». Ainsi, après avoir découvert ces décompositions avec les doigts, les élèves progressent dans la structuration des nombres après 10.

Sq 39, les élèves rencontrent pour la première fois des soustractions avec des nombres supérieurs à 5. Elles sont du type 9 – 2, c'est-à-dire correspondent à des cas où l'on « retire peu ». Les élèves verront lors de la sq 53 que les soustractions du type 9 – 7 ne se calculent pas de la même manière. Pour un adulte, ce fait n'apparait pas évident parce qu'il s'agit de petits nombres et parce que l'entrainement a conduit à une automatisation de ces calculs. En revanche, lorsqu'on augmente la taille des nombres, même un adulte prend assez facilement conscience, par introspection, que 102 – 6 ne se calcule pas de la même manière que 102 – 94, par exemple :

- 102 – 6 se calcule sous la forme 102 – 2 – 4, c'est-à-dire en reculant ou encore en barrant les 6 derniers nombres de notre file numérique mentale ;
- 102 – 94, en revanche, se calcule par complément (94 + ? = 102), c'est-à-dire en avançant ou encore en barrant les 94 premiers nombres de notre file numérique mentale.

Or, lorsque les nombres sont dessinés comme Picbille (mais cela fonctionnerait également avec les doigts), il apparait naturel de calculer 9 – 2 en reculant, c'est-à-dire en barrant les 2 derniers jetons dessinés : c'est la façon de faire qui conduit à reconnaitre immédiatement le nombre de jetons restants (lorsqu'on barre les 2 premiers jetons, ceux de gauche, on « casse » le repère 5).

Ainsi, pour les soustractions où l'on retire peu, lorsqu'on contraste deux façons d'obtenir le résultat : le comptage 1 à 1, incarné par l'écureuil, et le calcul, incarné par Picbille, on est conduit à adopter la stratégie performante, celle où l'on « barre à la fin ».

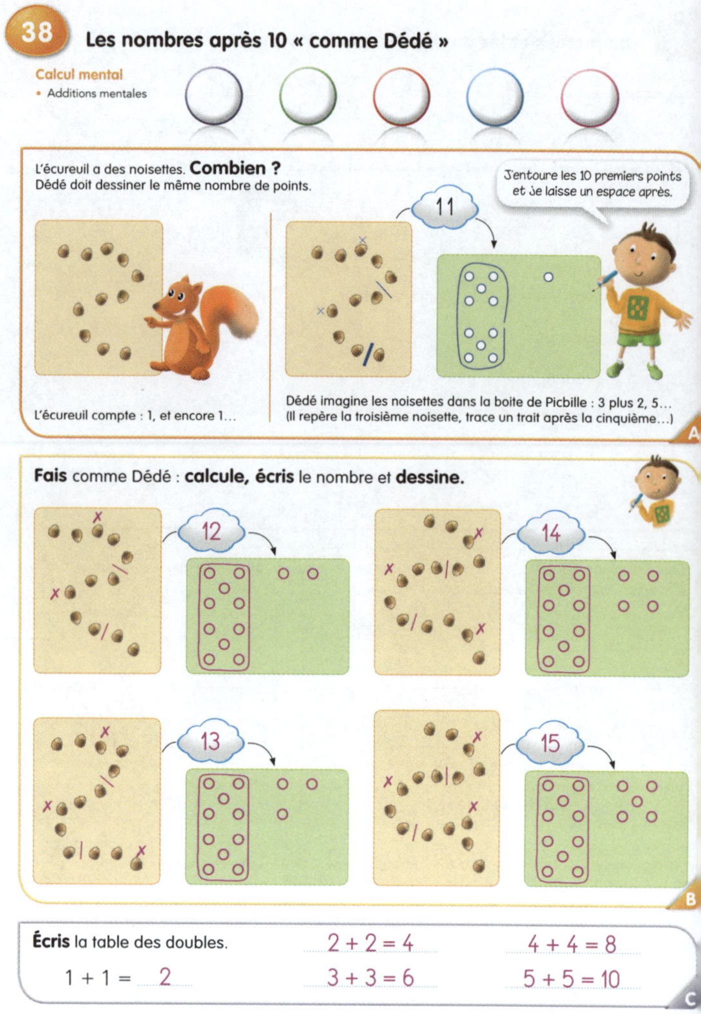

Activités Séquence 38

Calcul mental

Additions mentales

L'enseignant anime la situation d'anticipation qui favorise une simulation mentale du calcul décrite sq 34. Les valeurs numériques sont les mêmes.

A et B. Utiliser 3 et 2 pour dénombrer ; les « nombres comme Dédé » au-delà de 10

Activité préliminaire : dénombrer en utilisant les nombres 3 et 2

Avant d'ouvrir le fichier, il s'agit de favoriser la compréhension de la stratégie que Dédé adopte pour connaitre le nombre de noisettes : il imagine qu'il les met dans une boite de Picbille et il repère la 3e, puis il repère celles qui seront dans le premier compartiment en traçant un petit trait, etc. Une comparaison directe des stratégies de l'écureuil et de Dédé sur le fichier serait évidemment possible, mais en menant une activité préliminaire, la démarche est plus progressive et cela facilite la compréhension du cadre A du fichier.

L'enseignant dessine 9 ronds au tableau, il les dessine alignés et régulièrement espacés. Un élève vient au tableau et il l'interroge : « Combien y a-t-il de ronds ? » Le plus

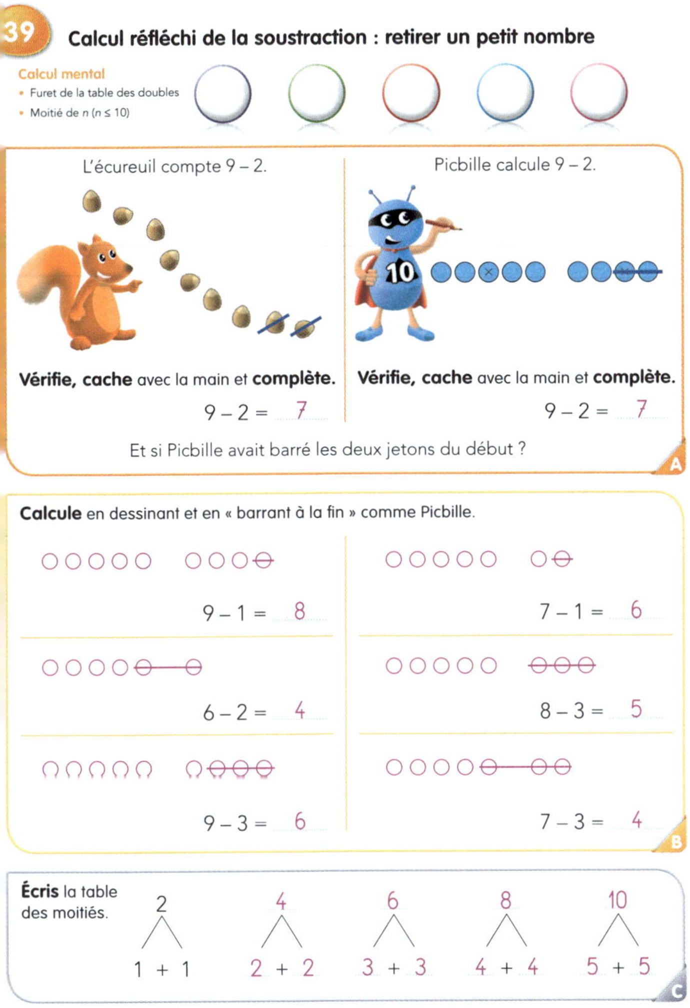

vraisemblable est que l'enfant procède à un comptage 1 à 1 (inviter au comptage-dénombrement : « 1 plus 1, 2 ; plus 1, 3 ; plus 1… »).

Pour trouver plus rapidement quel est le nombre total, l'enseignant demande aux élèves d'imaginer que les ronds sont des jetons et que Picbille va les mettre dans sa boite : « Où est le 3e jeton, celui qui sera au milieu du premier compartiment ? » On le repère par une croix au-dessus. « Où se situera le trait noir qui sépare les deux compartiments ? » On le trace au tableau. « Combien y a-t-il de ronds là ? (en parcourant du doigt les 5 premiers) » « Où est le 8e jeton, celui qui sera au milieu du deuxième compartiment ? » On le repère par une croix au-dessus.

L'activité est répétée avec d'autres élèves et avec 7, 11, 14 et 13 ronds. Pour séparer les jetons qui seront dans une première boite de ceux qui seront dans une autre boite, on trace un trait plus épais comme sur le fichier.

Activité du fichier

La situation du cadre A est explicitée : l'écureuil compte 1 à 1 ; Dédé utilise la stratégie qu'on vient de découvrir et il dessine le même nombre de points mais en les organisant. « Est-on sûr qu'il y a 11 points ? » Oui, parce qu'il y en a 10 (2 groupes de 5 ou 5 + 5, entourés) et encore 1. Avant que les élèves travaillent individuellement à réaliser les tâches demandées dans le cadre B, on peut leur demander : « Comment Dédé dessine-t-il 14 points ? ; et 16 points ? » L'exécution se fait sur ardoise et la correction au tableau.

Activités Séquence 39

Calcul mental

Furet de la table des doubles

Comme la mémorisation de ces résultats d'addition repose grandement sur de l'association verbale, il est important que les élèves disent la relation numérique dans son entier (« 4 + 4, 8 », par exemple) et non le résultat seulement (« 8 » seulement dans ce cas). Ainsi, le 1er élève interrogé dit « 1 + 1, 2 », le suivant « 2 + 2, 4 ». Après 5 + 5, on redescend.

Moitiés de n ($n \leq 10$)

On alternera la façon de poser les questions : « Quelle est la moitié de 8 ? » ; « 6 partagés en deux, c'est… » Quelques interrogations avec réponse sur ardoise puis avec réponse sur le fichier.

A et B. Calcul réfléchi de la soustraction : retirer un petit nombre

Activité préliminaire : comparaison du comptage et du calcul

L'enseignant sépare le tableau en deux zones et il écrit 9 – 2 = dans chacune d'elles en commentant : là, on va calculer cette soustraction comme l'écureuil et là, on va la calculer comme Picbille. Dans la 1re zone, l'enseignant dessine 9 noisettes alignées en les comptant-dénombrant : « Une, plus une, deux ; plus une, trois ; plus une… », puis : « Comment fait-on pour calculer 9 moins 2 ? » On barre 2 noisettes et on s'aperçoit que pour connaitre le résultat, il faut encore compter 1 à 1. Dans la 2de zone, la même activité conduit à dessiner 9 ronds « comme Picbille », avec le repère 5, et en barrant 2 ronds parmi les 4 on accède directement au résultat sous la forme 5 + 2. On pourra remarquer que Picbille n'a la possibilité de dire directement le résultat que parce qu'il a choisi de barrer les points « à la fin ». En effet, s'il les avait barrés au début, le résultat n'aurait pas eu ce caractère d'évidence :

Activité du fichier

On retrouve l'écureuil qui n'organise pas sa collection de noisettes et qui est donc obligé de compter 1 à 1 ; Picbille, lui, utilise le repère 5. Cet usage de collections organisées lui donne la possibilité de contrôler directement qu'il a bien dessiné 9 points et de dire directement le résultat après avoir barré 2 points, sans compter.

En B, les élèves sont invités à calculer diverses soustractions en dessinant les nombres comme Picbille et en adoptant la stratégie où l'on « barre à la fin ».

Objectifs

On termine la progression sur les tracés à la règle par cette activité, où il s'agit de prolonger un trait droit qui doit être interrompu sur une longueur donnée. C'est une façon d'aborder implicitement un aspect de la notion de droite : sur la portion de son parcours où le trait est interrompu, sa direction est conservée bien qu'il ne soit pas tracé.

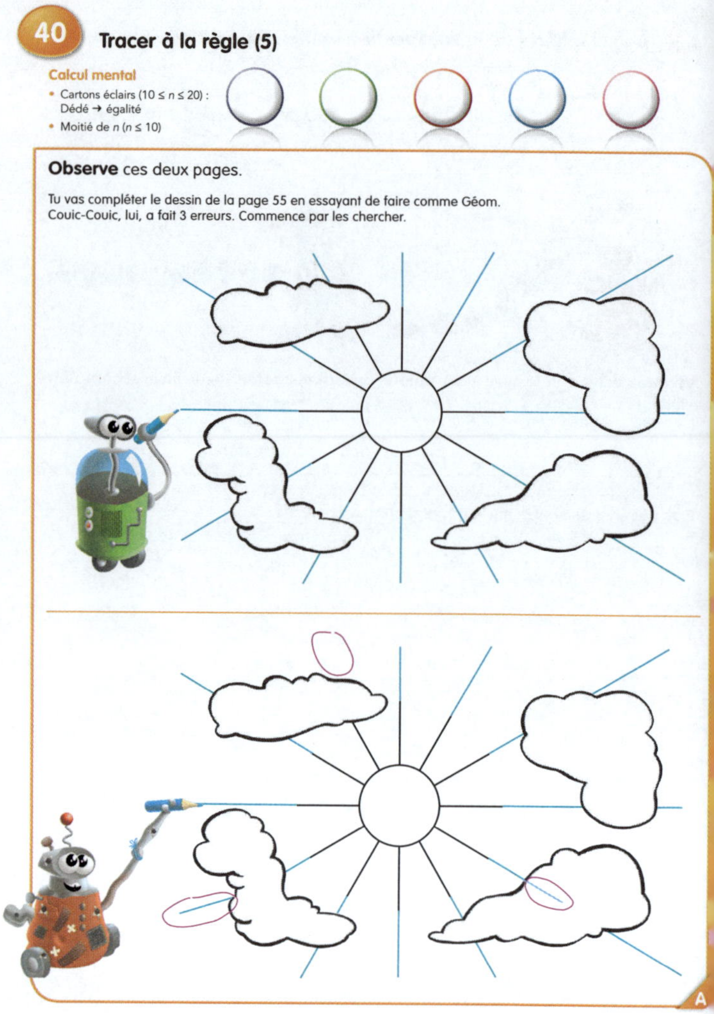
40 Tracer à la règle (5)

Calcul mental
- Cartons éclairs ($10 \leq n \leq 20$) : Dédé → égalité
- Moitié de n ($n \leq 10$)

Observe ces deux pages.

Tu vas compléter le dessin de la page 55 en essayant de faire comme Géom. Couic-Couic, lui, a fait 3 erreurs. Commence par les chercher.

Activités — Séquence 40

Calcul mental

Cartons éclairs ($10 \leq n \leq 20$) : Dédé → égalité

La présentation se fait d'abord dans l'ordre, puis dans le désordre (matériel téléchargeable). Après chaque présentation, on corrige en écrivant l'égalité au tableau.

Moitiés de n ($n \leq 10$)

Idem sq 39 ; on peut commencer par un **furet de la table des doubles**.

A et B. Tracés à la règle

Remarque préalable

Jusqu'ici, lorsque les élèves traçaient des traits, ils devaient relier deux points. Ici, ce n'est plus le cas, il faut prolonger des traits qui sont déjà amorcés. Les repères à prendre ne sont donc pas de même nature :
– il faut poser le bord de sa règle le long du trait déjà tracé, ce qui n'est pas si simple ;
– il faut la poser de telle sorte qu'elle dépasse le nuage d'une longueur suffisante et qu'on n'ait pas besoin de s'y reprendre à deux fois.

Conduite de l'activité

La conduite d'ensemble de l'activité est la même que pour les séquences précédentes de géométrie : analyse collective de la tâche et comparaison des tracés des deux robots, puis travail individuel sur la page 55.

Il faut prolonger (ou « faire grandir ») tous les rayons du soleil, mais quand il y a un nuage, le rayon passe derrière le nuage, il est caché par lui. On pourrait tracer un seul grand trait et gommer la partie qui passe sur le nuage. Mais on ne va pas gommer, on va tracer directement les deux « bouts » du trait, celui qui va du rayon jusqu'au nuage et celui qui « continue après le nuage ». Comment peut-on faire pour que ces deux « bouts » soient bien alignés, comme un seul trait qui passerait sous le nuage ?

L'enseignant a reproduit au tableau le soleil, les nuages et les amorces des rayons et demande à un enfant de venir faire le travail demandé sur un trait avec la règle à tableau (il sera nécessaire de l'aider à tenir la règle). On commente les différentes contraintes : on pose la règle pour qu'elle longe bien le début du rayon et pour qu'elle dépasse le nuage, on trace d'abord jusqu'au bord du nuage, sans le « percer », puis, sans déplacer la règle, on reprend le tracé après le nuage, à partir de l'autre bord.

Sur le fichier, les élèves sont invités à poser leur règle sur des rayons tracés par Géom, pour vérifier que les deux « bouts » d'un même rayon restent bien alignés lorsqu'ils passent derrière un nuage, que c'est bien le même rayon. Géom a-t-il bien tracé tous les rayons ?

Les élèves cherchent ensuite les erreurs de Couic-Couic :
- En haut, un trait n'a pas été prolongé. Couic-Couic l'a oublié.
- En bas à gauche, les deux « bouts » du rayon ne sont pas alignés. On fait interpréter ce qu'a fait Couic-Couic en faisant poser la règle sur le début du rayon. Il a bien tracé le premier bout, mais, pour tracer l'autre bout, il a fait bouger sa règle. L'enseignant peut simuler cette erreur au tableau.
- Enfin, pour un rayon en bas et à droite, Couic-Couic ne s'est pas arrêté au bord du nuage. Il a « dépassé ». On peut simuler cette autre erreur au tableau.

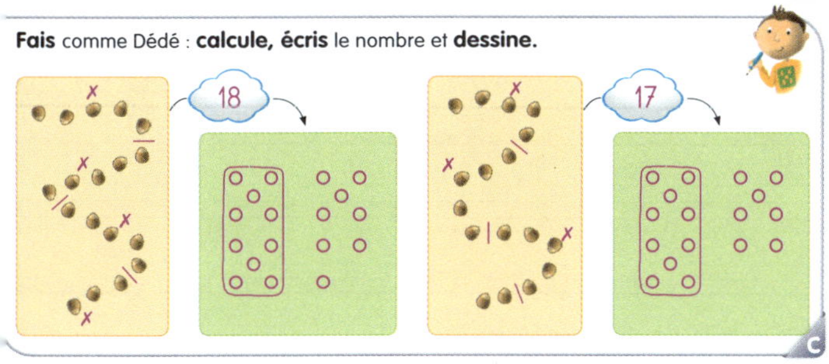

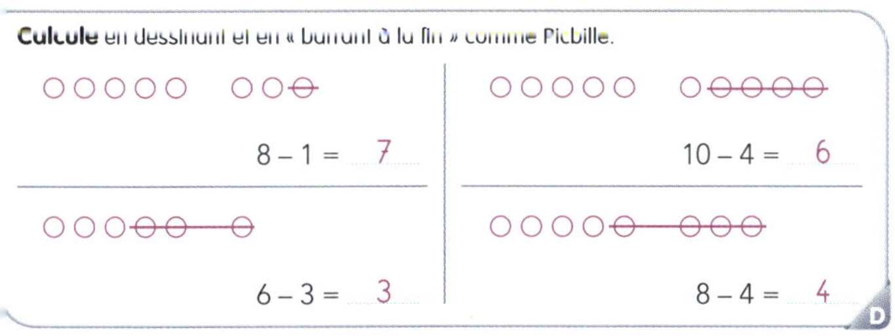

Activité complémentaire

Autres tracés à la règle

On trouve en bas de page un autre modèle pour des tracés à la règle. Rappelons que si l'on souhaite conserver le procédé de présentation de l'activité avec Couic-Couic, il suffit de reproduire 3 fois le support proposé en bas de la page. On utilise le premier pour la réalisation de Géom, le deuxième pour mettre en scène des erreurs de Couic-Couic (exemples d'erreurs possibles ci-dessous en réduction) et le troisième pour la zone de travail de l'élève. Ces trois supports peuvent être mis en page dans les feuilles préformées que l'on trouvera sur le site compagnon avant d'être photocopiés.

Objectifs

La sq 41 a pour objectif de favoriser la mentalisation des stratégies enseignées lors de la sq 39 (calcul d'une soustraction où l'on retire peu en « barrant à fin »). Le procédé pédagogique utilisé consiste à inviter les enfants à simuler mentalement un retrait que le maitre réalise de manière masquée.

Rappelons que ce procédé très général de « simulation mentale de l'action d'autrui » est utilisé tout au long de l'année pour favoriser l'apprentissage des stratégies de calcul et que, dans le fichier de l'élève, les activités correspondantes sont souvent dénommées « Soustractions mentales » plutôt que « Simulation mentale d'un retrait réalisé de manière masquée », dans un souci évident de raccourci. Rappelons également que, lorsqu'il s'agit de simuler mentalement un retrait, nous avons choisi d'utiliser les doigts plutôt que les jetons de Picbille ; les raisons de ce choix sont exposés dans la colonne « Objectifs» de la sq 20.

La sq 42 est consacrée à des Problèmes pour apprendre à chercher. Les élèves y sont confrontés à deux situations-problèmes :

– Une variante du jeu *Le compte est bon* dans laquelle le nombre cible s'obtient avec des additions seulement et alors qu'on a le droit de ne pas utiliser un ou deux des nombres proposés. Cela conduit à un travail sur les décompositions additives du nombre cible.

– Une situation-problème conduisant à dénombrer une collection sans compter 1 à 1 ses unités. Il s'agit de réinvestir le procédé découvert lors de la sq 38 : utiliser les nombres 3 et 2 pour former des groupes de 5 et 10.

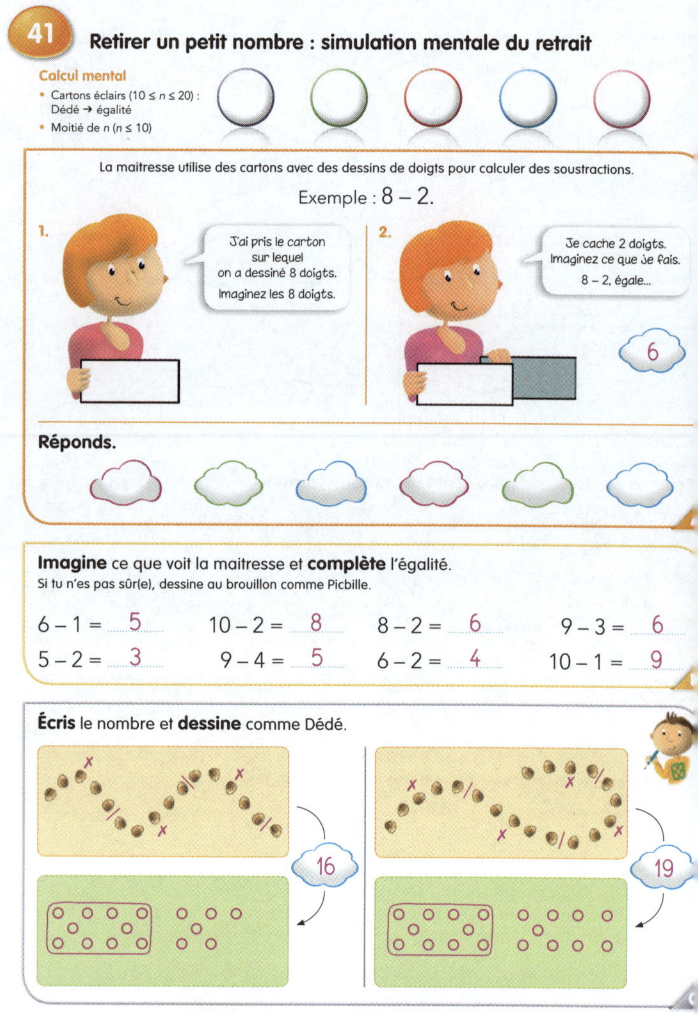

Activités Séquence 41

Calcul mental

Cartons éclairs (10 ≤ *n* ≤ 20) : Dédé → égalité

Idem sq 40.

Moitiés de *n* (*n* ≤ 10)

Idem sq 39 ; on peut commencer par un **furet de la table des doubles**.

A et B. Simulation mentale d'un retrait qui est réalisé de façon masquée

Le matériel correspondant (les traits figurant des doigts dessinés sur des cartons au format demi A4) est celui qui est utilisé depuis l'activité de haut de page de la sq 16. Les cartons sont tenus comme cela a été recommandé (voir ci-contre et dans la Présentation du fichier de l'élève).

L'activité commence sur ardoise ; c'est seulement lorsque les élèves ont bien compris le scénario qu'on leur demande de répondre dans les nuages du fichier. Pour chaque calcul, il y a 2 phases : celle de simulation du retrait et celle de vérification (ou validation) du résultat. La phase de simulation se déroule elle-même en deux temps.

Simulation (1er temps)

Voir dessin 1 du cadre A.

L'enseignant prend l'un des cartons, celui qui a 8 traits dessinés s'il veut faire calculer une soustraction du type 8 – *n*, par exemple. Il tient ce carton comme sur l'illustration.

Durant ce premier temps, avant le retrait, il s'agit de faire évoquer l'état initial, c'est-à-dire, dans l'exemple du fichier, les 8 traits figurant les doigts organisés en 5 et encore 3. L'enseignant regarde le carton et demande aux élèves d'imaginer les doigts derrière le carton (il peut parcourir la collection avec l'index dans le sens croissant, c'est-à-dire de droite à gauche ; cela aide à la représentation mentale).

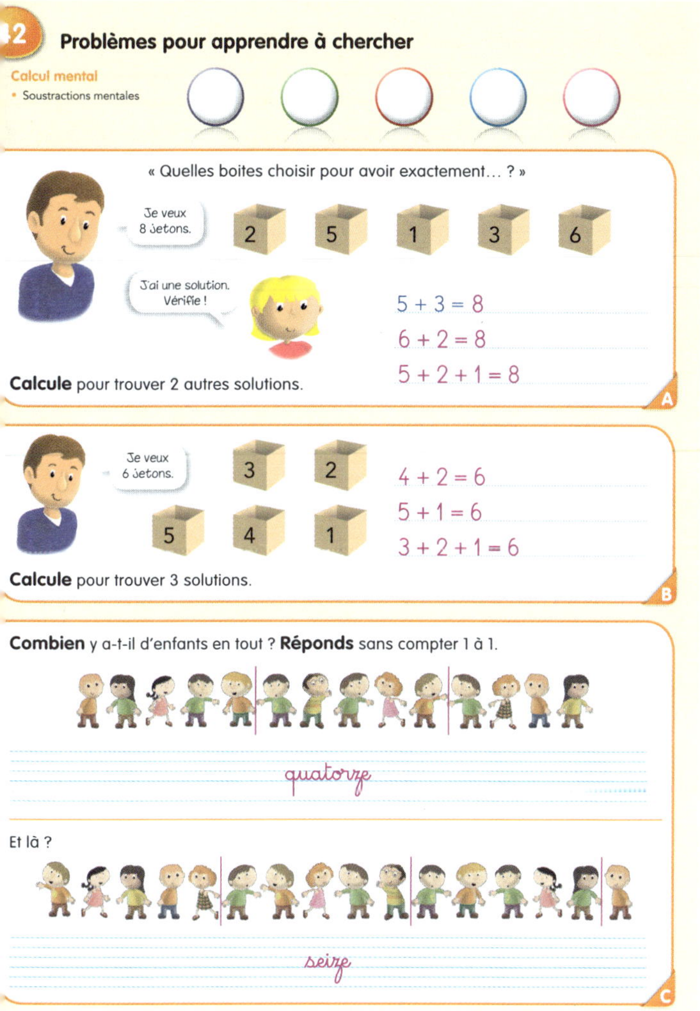

Simulation (2e temps)

Voir dessin 2 du cadre A.

L'enseignant réalise le retrait de manière masquée en cachant 2 traits parmi les 8 et en demandant aux élèves d'imaginer ce qu'il fait. Dans ce cas, il est fondamental que l'enseignant cache les traits situés à sa gauche, comme sur le dessin 2 du cadre A : pour l'enfant qui imagine les traits masqués derrière le carton, ce sont ainsi ceux de droite, les derniers, qui se trouvent « barrés ».

Validation

Avant retrait

Après retrait

On procède à la vérification en basculant le carton où figurent les traits et en exécutant le retrait sous les yeux des élèves : « Il y a 8 doigts dessinés sur le carton ; 5 et encore 3 ; je cache 2 doigts parmi les 3 pour « barrer à la fin » ; on voit maintenant 5 et encore 1 doigts, 6 doigts : 8 – 2 = 6 ».

Le commentaire dépend évidemment des valeurs numériques. S'il s'agit de calculer 7 – 3, par exemple, l'enseignant commente le calcul ainsi : « Il y a 7 doigts dessinés sur le carton ; 5 et encore 2 ; je cache 3 doigts en cachant d'abord les 2 derniers ; je n'en ai caché que 2, il faut que j'en cache 3, j'en cache donc 1 autre parmi les 5 : 7 – 3 = 4 ».

Les soustractions proposées sont celles dont le résultat est supérieur au nombre retiré (9 – 1 ; 8 – 1… ; 9 – 2 ; 8 – 2… ; 9 – 3 ; 8 – 3… 9 – 4), mais on ne s'interdira pas les cas limites que constituent 8 – 4 et 6 – 3.

Activités Séquence 42

Calcul mental

Soustractions mentales

Rappelons que, de façon générale, on appelle « additions mentales », « soustractions mentales »… des activités où l'enseignant anime une situation d'anticipation qui favorise une simulation mentale du calcul. Il s'agit ici de la situation de la sq 41. Les valeurs numériques sont les mêmes.

A et B. Décompositions additives d'un nombre donné : le « Jeu des boites »

On pourra introduire ce jeu en en reconstituant la situation à l'aide de boites, de jetons et de post-it indiquant le nombre de jetons dans chaque boite (il est facile de construire des boites à l'aide d'un pliage de type origami : un modèle de « boite japonaise » se trouve facilement sur Internet).

La règle du jeu est explicitée : il faut obtenir 8 jetons exactement (le nombre est écrit au tableau) en prélevant le contenu de 2 boites, de 3 boites, voire de 4 boites. Attention : on ne peut pas ne prélever que partiellement le contenu d'une boite : si on pioche dans une boite qui a 3 jetons, il faut que l'utilisation de ces 3 jetons ne conduise pas à dépasser le nombre cible.

Un premier temps de recherche individuelle conduit à prélever les contenus des boites contenant 5 et 3 jetons parce que 5 + 3 = 8. « Il y a d'autres façons d'obtenir 8 jetons, cherchez-les ». Les élèves produiront vraisemblablement la solution : 6 + 2 = 8. « Il y a encore une autre façon d'obtenir 8 jetons, cherchez-la ». Après un certain temps, on pourra rappeler qu'il est possible de prélever le contenu de plus de 2 boites. La dernière solution est : 5 + 2 + 1 = 8.

C. Dénombrer une collection sans compter 1 à 1

Réinvestissement de la stratégie apprise avec les « files de noisettes » de l'écureuil. Pour éviter le comptage 1 à 1, on calcule en utilisant 3 et 2 : « 3 plus 2, cinq ; plus 3, huit ; plus 2, dix… ». On peut utiliser des repères graphiques : croix, trait fin après 5, épais après 10…

Objectifs

Dans la sq 43, les élèves étudient les décompositions additives du nombre 8 en utilisant le système de notation découvert dans la sq 21 (V inversé). Ils retrouvent également la situation-problème autocorrective (« Problèmes avec cache ») dans laquelle il s'agit de déterminer différents compléments à un nombre donné, 8 ici.

Dans la sq 44, les élèves rencontrent un outil dont nous avons différé l'introduction : la file numérique des écritures chiffrées. Rappelons la principale raison de ce report (*cf.* la colonne « Objectifs » de la sq 4) : lorsqu'un enfant compte les cases d'une file numérique pour retrouver la graphie du chiffre « 5 », par exemple, il compte : 1, 2, 3, 4, 5 et il découvre comment s'écrit « le 5 », c'est-à-dire un numéro. Il n'a aucune nécessité d'évoquer mentalement le « vrai nombre 5 », c'est-à-dire une quantité. Cet usage de la file numérique ne doit pas être favorisé parce qu'il conduit à un « comptage-numérotage » et non à un « comptage-dénombrement » (*cf.* Présentation).

Depuis le début de la progression, nous avons systématiquement privilégié la signification des écritures chiffrées qui renvoie à des « vrais nombres », c'est-à-dire à des pluralités. C'est pourquoi il ne fait guère de doute qu'à ce moment de la progression les élèves savent que s'ils imaginent la suite des écritures chiffrées écrites dans une suite de cases, chacune d'elles désigne un nombre. Dans cette sq, nous les aidons à comprendre quel est ce nombre : c'est le nombre de cases depuis le début de la file jusqu'à celle-là. Pour permettre cette compréhension, nous utilisons une fois de plus le scénario du remplissage de boites de Picbille, mais elles sont disposées ici en une « file de boites ».

Comme dans le cas d'une file numérique, le numéro de chaque case, dans une file de boites, est le nombre de cases jusqu'à celle-là. Mais de plus, lorsqu'une file de boites est dépourvue de numéros, on peut s'appuyer sur les repères 3, 5 et 10 pour accéder directement au numéro d'une case, sans compter les cases depuis le début. Lorsqu'un enfant sait le faire, c'est la preuve que, pour lui, les écritures chiffrées désignent des nombres.

Activités — Séquence 43

Calcul mental

Soustractions mentales

Rappelons qu'on appelle « soustractions mentales »… une activité où l'enseignant anime une situation d'anticipation qui favorise une simulation mentale du calcul. Il s'agit ici de la situation de la sq 41. Les valeurs numériques sont les mêmes.

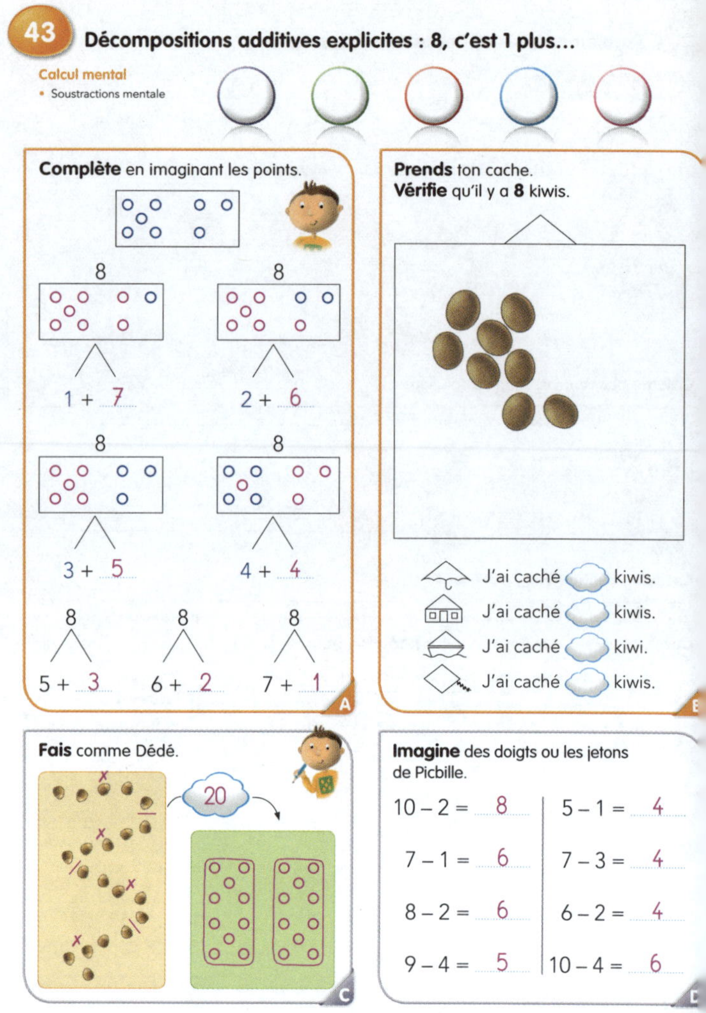

A. Décompositions additives de 8 : s'aider des nombres « comme Dédé »

Le déroulement est identique à celui de la sq 22 : on demande aux élèves d'imaginer les points qui manquent, d'écrire la solution numérique et de ne dessiner que pour vérifier leur solution.

B. Décompositions additives de 8 : situations-problèmes autocorrectives

Activité préliminaire : le « jeu du gobelet »

Les enfants jouent par deux. Ils disposent ensemble d'un gobelet et de 8 jetons. L'enfant A ferme les yeux, pendant que l'enfant B cache sous le gobelet une partie des 8 jetons en laissant les autres visibles. L'enfant A rouvre alors les yeux et doit dire combien il y a de jetons cachés sous le gobelet. On alterne les rôles constamment. Dès que le jeu est bien compris, les enfants peuvent remplir une « feuille de score » sur ardoise.

Rappelons que cette activité peut aussi se dérouler collectivement. Le maitre dispose 8 petits cubes sur un support (ou 8 aimants au tableau). Il est préférable de les aligner. À un signal donné, les élèves ferment les yeux. Quand ils les rouvrent, ils doivent écrire sur l'ardoise combien de cubes sont cachés… La situation est autocorrective : en soulevant le gobelet, on peut vérifier combien d'objets étaient cachés. Au cours de ce jeu, l'enseignant pourra intervenir auprès des enfants pour aider ceux qui ne disposeraient pas de stratégie leur permettant de traiter ce type de problème. Si, par

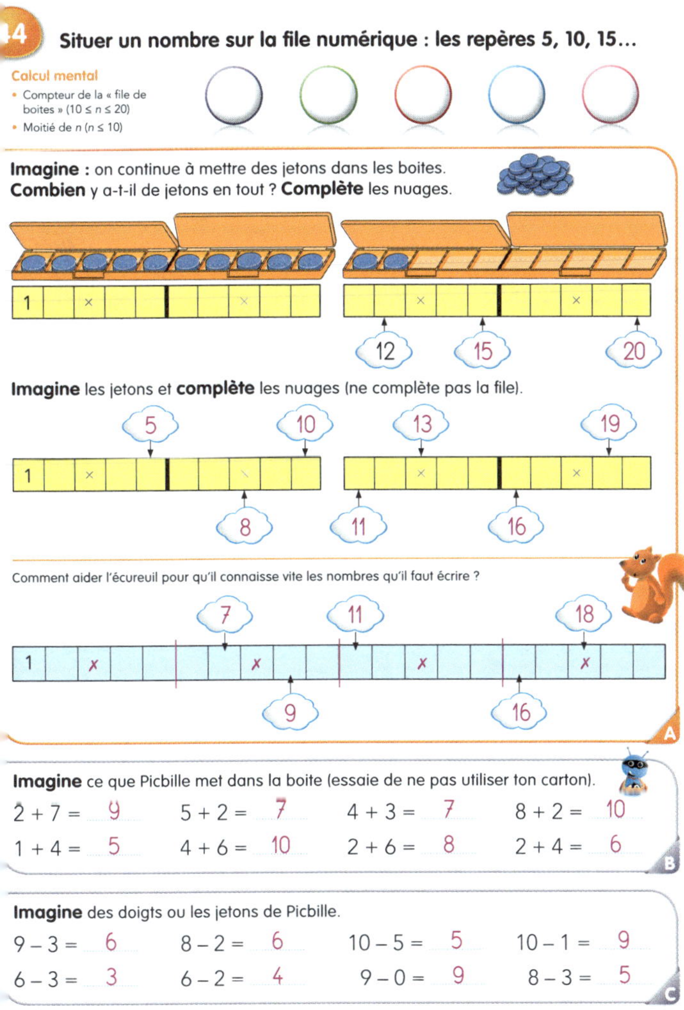

exemple, on joue avec 8 jetons et que deux seulement de ces jetons sont visibles (les autres sont sous le gobelet), on peut aider l'enfant en lui demandant d'analyser le dessin (au tableau ou sur un affichage) du nombre 8 « comme Dédé ». Le lien est fait avec l'activité A.

Activité du fichier : les problèmes avec cache

Rappelons que l'activité débute en dénombrant collectivement la collection support (ici, il y a 8 kiwis). La collection est inorganisée et il faut donc utiliser un comptage-dénombrement pour s'assurer que c'est bien le nombre annoncé : « 1 plus 1, 2 ; plus 1, 3 ; plus 1, 4… »

L'activité se poursuit comme cela a été indiqué pour les deux dernières sq similaires (sq 22 et sq 32).

Activités Séquence 44

Calcul mental

Compteur de la « file de boites » ($10 \leq n \leq 20$)

2 boites vides sont posées sur le bureau afin de former une « file » et alors qu'elles sont vues de dos.

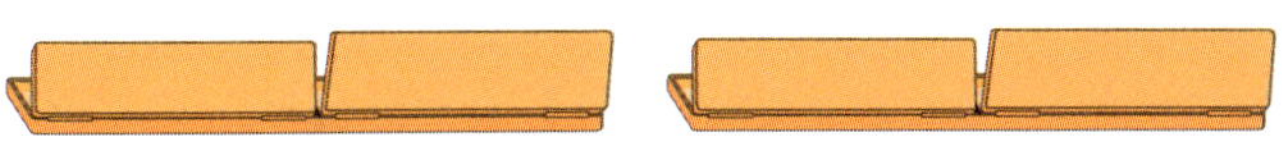

L'enseignant met 5 jetons dans le compartiment qui est sur la gauche des élèves et il ferme le couvercle ; idem pour le compartiment suivant. « Combien y a-t-il de jetons dans cette boite ? (10). J'en mets 1 dans celle-ci ; combien de jetons en tout ? » Pour valider, la 2e boite est basculée : « 10 ici plus 1 ici, 11 en tout ». « J'en mets 1 de plus ; combien de jetons en tout ? »…

Moitiés de n ($n \leq 10$)

Idem sq 39.

A. Situer un nombre sur la file numérique

L'activité de haut de page, qu'on a appelée « Compteur de la file de boites », a permis aux élèves de s'approprier la situation correspondant à une file de boites (elles sont juxtaposées bout à bout et on les remplit de gauche à droite). L'activité commence donc directement sur le fichier.

L'interrogation des élèves conduit aux questions suivantes : « Que voit-on ? Pourquoi a-t-on écrit "12" dans un des nuages ? Que faudrait-il écrire dans le nuage suivant ? Et dans le dernier nuage ? » Il s'agit de dégager l'idée que la suite des cases jaunes peut être numérotée et que pour chaque case, son numéro exprime le nombre de jetons que l'on peut mettre jusqu'à celle-là.

Les enfants remplissent de manière autonome les nuages de la file suivante et on vérifie leur travail collectivement.

On envisage enfin la dernière situation : l'écureuil, lui aussi, doit écrire le numéro des cases. Comment peut-il faire ? Il peut compter les cases 1 à 1, évidemment. Mais on peut aussi l'aider en mettant un trait noir toutes les 5 cases (pour le faire, on peut repérer la 3e case par une croix et tracer le trait 2 cases après ; puis repérer la 8e case…) ; de plus, en renforçant les traits correspondant à 10 et 20 (en épaisseur et en les prolongeant en haut et en bas), on dispose des mêmes repères qu'avec la file de boites.

Activité complémentaire

« Le Pouilleux de Picbille »

On joue à 3, 4 ou 5 joueurs.

Matériel : 3 séries de 10 cartes plus 1 « pouilleux ».

• Une série rouge : les boites de Picbille de 6 à 10 sont représentées schématiquement sur 5 cartes et les additions suivantes sur 5 autres cartes : 4 + 2, 4 + 3, 2 + 6, 3 + 6, 3 + 7.

• Une série verte : 5 cartes avec les boites de Picbille de 6 à 10 et 5 cartes avec : 3 + 3, 3 + 4, 4 + 4, 2 + 7, 6 + 4.

• Une série bleue : 5 cartes avec les boites de Picbille de 6 à 10 et 5 cartes avec : 2 + 4, 2 + 5, 1 + 7, 6 + 3, 8 + 2.

• Le pouilleux.

Il faut apparier des cartes qui représentent le même nombre (boite de Picbille et addition) et qui sont de même couleur.

Objectifs

La sq 45 a pour objectif d'enseigner l'écriture littérale des nombres jusqu'à 10. Pour les enfants les moins avancés dans l'écrit, il est important de marquer cette page par un repère ou, mieux, de reproduire le cadre A sur un support individuel, pour qu'ils puissent continuer à bénéficier d'un lexique de référence dans la suite de la progression.

Dans la sq 46, les élèves étudient les décompositions additives du nombre 10 en utilisant le système de notation découvert dans la sq 21 (V inversé). Ils retrouvent également la situation-problème autocorrective (« Problèmes avec cache ») dans laquelle il s'agit de déterminer différents compléments à un nombre donné, 10 ici.

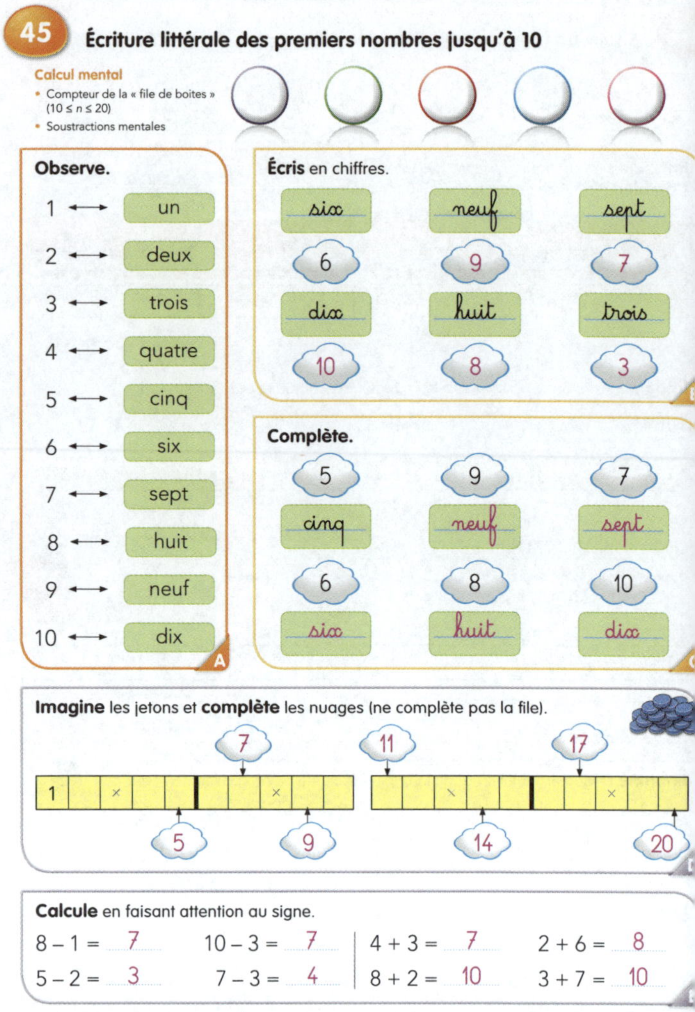

45 Écriture littérale des premiers nombres jusqu'à 10

Calcul mental
- Compteur de la « file de boites » ($10 \leq n \leq 20$)
- Soustractions mentales

Observe. (A)

1 ⟷	un
2 ⟷	deux
3 ⟷	trois
4 ⟷	quatre
5 ⟷	cinq
6 ⟷	six
7 ⟷	sept
8 ⟷	huit
9 ⟷	neuf
10 ⟷	dix

Écris en chiffres. (B)

six	neuf	sept
6	9	7
dix	huit	trois
10	8	3

Complète. (C)

5	9	7
cinq	neuf	sept
6	8	10
six	huit	dix

Imagine les jetons et **complète** les nuages (ne complète pas la file).

1 … 5, 7, 9, 11, 14, 17, 20

Calcule en faisant attention au signe.

8 − 1 = 7	10 − 3 = 7	4 + 3 = 7	2 + 6 = 8
5 − 2 = 3	7 − 3 = 4	8 + 2 = 10	3 + 7 = 10

Activités Séquence 45

Calcul mental

Compteur de la « file de boites » ($10 \leq n \leq 20$)

Idem sq 44.

Soustractions mentales

Idem sq 42.

A, B et C. Écriture littérale des premiers nombres jusqu'à dix

Pour faire comprendre que la nouveauté réside dans la partie inférieure de la liste (après « cinq »), on peut proposer l'activité suivante : on montre une étiquette sur laquelle est écrit un nombre « en lettres », en écriture cursive ; quand c'est nécessaire (après « cinq »), les élèves recherchent ce nombre dans la liste et l'écrivent en chiffre sur leur ardoise.

L'activité B est identique, alors qu'en C les élèves doivent produire l'écriture littérale.

Activités Séquence 46

Calcul mental

Cartons éclairs ($10 \leq n \leq 20$) : Dédé → égalité

Idem sq 40.

Moitiés de n ($n \leq 10$)

Idem sq 39 ; on peut commencer par un furet de la table des doubles.

A. Décompositions additives de 10 : s'aider des nombres « comme Dédé »

Le déroulement est identique à celui de la sq 22 : on demande aux élèves d'imaginer les points qui manquent, d'écrire la solution numérique et de ne dessiner que pour vérifier leur solution.

B. Décompositions additives de 10 : situations-problèmes autocorrectives

Activité préliminaire : le « jeu du gobelet »

Les enfants jouent par deux. Ils disposent ensemble d'un gobelet et de 10 jetons. L'enfant A ferme les yeux, pendant que l'enfant B cache sous le gobelet une partie des 10 jetons en laissant les autres visibles. L'enfant A rouvre alors les yeux et doit dire combien il y a de jetons cachés sous le gobelet. Rappelons que cette activité peut également être menée collectivement (voir la description des sq 22, 32 et 43).

Activité du fichier : les problèmes avec cache

Rappelons que l'activité débute en dénombrant collectivement la collection support (ici, il y a 10 fèves). La collection est inorganisée et il faut donc utiliser un comptage-dénombrement pour s'assurer que c'est bien le nombre annoncé : « 1 plus 1, 2 ; plus 1, 3 ; plus 1, 4… »

L'activité se poursuit comme cela a été indiqué pour les trois dernières sq similaires (sq 22, 32 et 43).

46 **Décompositions additives explicites : 10, c'est 1 plus…**

Calcul mental
- Cartons éclairs ($10 \leq n \leq 20$) : Dédé → égalité
- Moitié de n ($n \leq 10$)

Complète en imaginant les points.

10 → 1 + 9
10 → 2 + 8
10 → 3 + 7
10 → 4 + 6
10 → 5 + 5
10 → 6 + 4
10 → 7 + 3
10 → 8 + 2
10 → 9 + 1

A

Prends un de tes caches.
Vérifie qu'il y a **10** fèves.

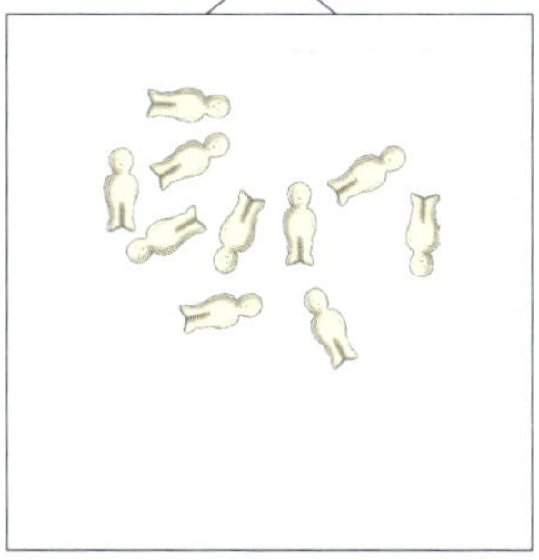

J'ai caché … fèves.
J'ai caché … fèves.
J'ai caché … fèves.
J'ai caché … fèves.

B

Imagine les jetons et **complète** les nuages (ne complète pas la file).

1 … 3 … 6 … 10 … 12 … 15 … 18

C

Calcule en faisant attention au signe.

7 – 1 = 6
10 – 5 = 5
1 + 4 = 5
3 + 3 = 6
10 – 2 = 8
8 – 4 = 4
4 + 2 = 6
1 + 9 = 10

D

Activité complémentaire

Autres tracés à la règle

On trouve en bas de page un autre modèle pour des tracés à la règle. Rappelons que si l'on souhaite conserver le procédé de présentation de l'activité avec Couic-Couic, il suffit de reproduire 3 fois le support proposé en bas de la page. On utilise le premier pour la réalisation de Géom, le deuxième pour mettre en scène des erreurs de Couic-Couic (exemples d'erreurs possibles ci-dessous en réduction) et le troisième pour la zone de travail de l'élève. Ces trois supports peuvent être mis en page dans les feuilles préformées que l'on trouvera sur le site compagnon avant d'être photocopiés.

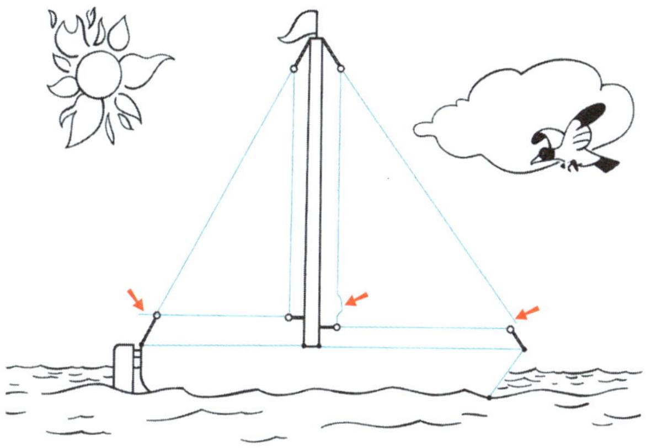

Objectifs

Au-delà d'être une approche de la multiplication, cette sq prépare la découverte de la numération à base 10. Dans *J'apprends les maths CP*, l'expression « groupes de dix » est celle qui est la plus souvent utilisée pour désigner les dizaines, qu'il s'agisse de boites de 10 jetons, d'équipes de 10 enfants, de bouquets de 10 fleurs, etc. On prépare ici cet usage en considérant des groupes de plus petite taille (2, 3, 4 et 5). On utilise aussi le mot « fois » dès cette sq parce qu'il fait partie du langage quotidien et parce que les élèves le comprennent bien ; en revanche, on ne parlera pas de multiplication avant le CE1 parce que la propriété la plus importante de cette opération, la commutativité, n'est guère accessible auparavant.

Trois sortes d'apprentissages sont en jeu dans cette séquence : comprendre que l'on peut compter des groupes de 3, par exemple, c'est-à-dire autre chose que des individualités ; comprendre les expressions langagières « *n* groupes de *p* objets » et « *n* fois *p* objets » ; et, enfin, comprendre qu'en raisonnant sur des points, on peut déterminer un nombre d'enfants, de fleurs, etc. Explicitons chacun de ces apprentissages.

Comprendre que l'on peut compter des groupes de *n* : pour dénombrer des groupes de 3 unités, par exemple, il faut dire « un » alors que l'on ne pointe pas une entité et une seule mais un groupe de 3 entités ; il faut dire « deux » alors que l'on ne pointe pas une deuxième entité, mais un deuxième groupe de 3 entités, etc. Ainsi, dans un tel cas, l'unité du comptage n'est pas une individualité, mais une pluralité. Cet apprentissage est absolument nécessaire : dans le cas de la numération à base 10, ce sont des groupes de 10 que les élèves seront conduits à compter.

Comprendre l'expression langagière « *n* groupes de *p* objets » : lorsqu'on interroge des enfants sur le nombre de gâteaux qu'il y a dans 3 paquets de 5 gâteaux, par exemple, la réponse qu'ils proposent est souvent... 5. De fait, ils répondent comme si la question portait sur le nombre de gâteaux présents dans chacun des paquets et non sur leur nombre total. D'où l'importance de poser la question en utilisant l'expression « en tout ».

Faciliter les généralisations : le choix de favoriser l'usage du mot « groupe » s'explique du fait que les équipes d'enfants, les bouquets de fleurs, les paquets de gâteaux... sont des cas particuliers de groupes. Le mot « groupe » étant plus général, ce que les enfants apprennent en l'utilisant est plus facilement disponible dans chacun de ces cas particuliers. Si on privilégiait le mot « paquet », par exemple, de nombreux enfants ne feraient aucun lien entre des équipes d'enfants et des « paquets » d'enfants. En fait, la situation la plus générale est celle des groupes de points : il suffit d'imaginer que les points sont des enfants, des gâteaux, des fleurs, pour prendre conscience de la généralité de cette situation.

47 **Groupement par 2, 3... ; *n* fois 2, *n* fois 3...**

Calcul mental
- Furet oral entre 10 et 20
- Soustractions mentales

La maitresse a dit : « Groupez-vous par 5. » **Vérifie** les groupes et **entoure**-les.

Combien y a-t-il d'enfants en tout ? **Écris** une égalité et **complète**.

5 + 5 + 5 = 15

En tout, il y a 15 enfants.

Comment appelle-t-on un groupe d'enfants qui jouent au football ?

La maman de Léa lui dit : « Dessine 4 fois 2 fleurs. »
Dessine les groupes de 2 fleurs ; **entoure**-les au fur et à mesure.

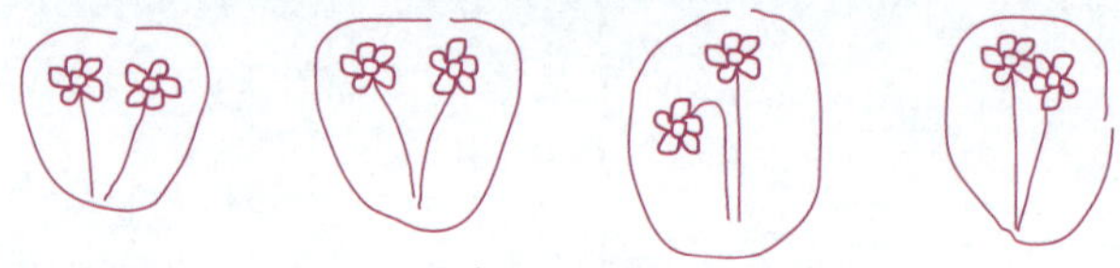

Combien y a-t-il de fleurs en tout ? **Écris** une égalité et **complète**.

2 + 2 + 2 + 2 = 8

En tout, il y a 8 fleurs.

Comment s'appelle un groupe de fleurs qu'on met dans un vase ?

Imagine les jetons et **complète** les nuages (ne complète pas la file).

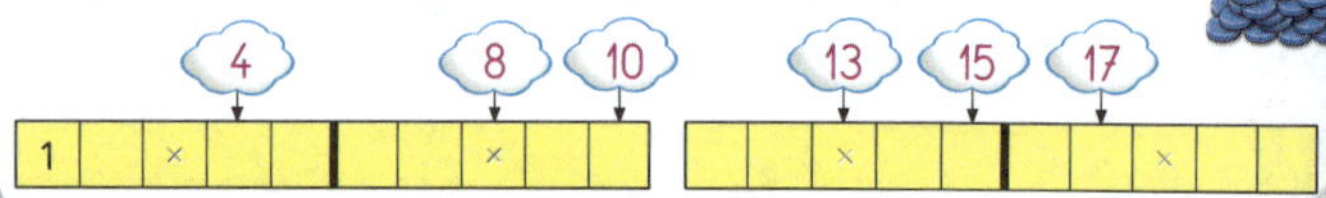

Activités Séquence 47

Calcul mental

Furet oral entre 10 et 20

On se contente maintenant d'imaginer qu'on remplit puis vide une file de boites (cela est explicitement dit aux élèves). On va de 10 à 20 (+ 1) puis de 20 à 10 (– 1). L'interrogation est rapide : « 10 + 1 ? ; Medhi ? » ; « 11 + 1 ? ; Laura ? » ; « 12 + 1 ; Julie ? » ; etc. Après 20 : « 20 – 1 ? », etc.

Soustractions mentales

Idem sq 42.

A. Dénombrer des groupes et dire le nombre total correspondant

L'activité peut commencer en explicitant ce que signifie « se grouper par 2 », par exemple, en effectuant un tel groupement avec quelques élèves. L'enseignant demande à 6 élèves de venir au tableau et il leur demande de se grouper par 2. « Combien y a-t-il de groupes ? Combien y a-t-il d'élèves en tout ? Comment s'appelle un groupe de 2 enfants quand on joue à un jeu ? »

L'activité se poursuit sur le fichier : le fait d'entourer les groupes aide à la fois à vérifier que ce sont des groupes de 5, et, surtout, à les considérer comme « 1 groupe », c'est-à-dire l'unité du dénombrement lorsqu'on cherche le nombre

Combien y a-t-il de points en tout ?

Dessine 3 fois 2 points en entourant les groupes de points.

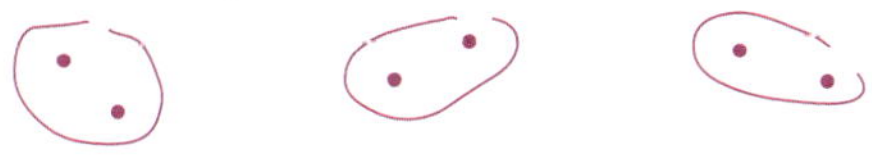

Écris une égalité et la phrase solution. (En tout, il y a…)

2 + 2 + 2 = 6

En tout, il y a 6 points

Imagine que les points sont des enfants. Combien y a-t-il d'enfants en tout dans 3 équipes de 2 enfants ?
Imagine que les points sont des fleurs. Combien y a-t-il de fleurs en tout dans 3 bouquets de 2 fleurs ?

Dessine 2 fois 5 points en entourant les groupes de points.

Écris une égalité et la phrase solution. (En tout, il y a…)

5 + 5 = 10

En tout, il y a 10 points.

Dessine 3 fois 3 points en entourant les groupes de points.

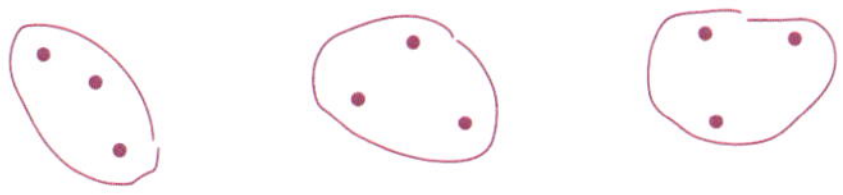

Écris une égalité et la phrase solution. (En tout, il y a…)

3 + 3 + 3 = 9

En tout, il y a 9 points.

C

Écris la table des moitiés.

2	4	6	8	10
1 + 1	2 + 2	3 + 3	4 + 4	5 + 5

E

de groupes. On répond à la question portant sur le nombre total d'enfants en écrivant l'égalité : 5 + 5 + 5 = 15.

B. Comprendre l'expression « *n* fois *p* objets »

On demande aux élèves de dessiner « 4 fois 2 fleurs » : ils doivent donc faire 4 dessins de 2 fleurs. Les élèves commencent par dessiner 1 groupe de 2, ils l'entourent : « On a dessiné 1 fois 2 fleurs » ; ils dessinent un autre groupe de 2 fleurs et l'entourent : « On a dessiné 2 fois 2 fleurs : 1 fois (en pointant le 1er groupe) et une 2e fois (en pointant le 2e groupe) » ; les élèves dessinent un autre groupe de 2 fleurs… Quand tous les groupes sont dessinés : « 4 fois 2 fleurs, c'est 1 fois 2 fleurs, 2 fois 2 fleurs, 3 fois 2 fleurs, 4 fois 2 fleurs », en pointant les groupes correspondants. L'égalité « 2 + 2 + 2 + 2 = » est écrite. Là encore, on peut vérifier sur cette écriture chiffrée qu'il y a « 4 fois 2 » du fait que le chiffre « 2 » figure 4 fois ; le résultat est calculé et la « phrase solution » complétée : « En tout, il y a 8 fleurs ». On conclut en remarquant qu'un groupe de 2 fleurs s'appelle un bouquet de 2 fleurs et qu'il y a donc 8 fleurs en tout dans 4 bouquets de 2 fleurs.

C. Groupes de points, d'enfants, de gâteaux…

Dans chacun des trois problèmes proposés, on demande aux élèves de dessiner « *n* fois *p* points » en entourant chaque nouveau groupe de *p* points, d'écrire l'égalité permettant de dire combien il y a de points en tout, de rédiger la phrase solution et, enfin, d'imaginer que les points sont des enfants, des fleurs, des timbres… Cet ensemble de tâches, fondamental, sera proposé aux élèves tout au long de l'année.

Avant que les élèves répondent à la question portant sur le nombre total en imaginant que les points sont des enfants, des fleurs, des gâteaux, des timbres…, on les interrogera sur le terme collectif utilisé pour désigner un groupe dans le cas de ces diverses unités. Cela prend la forme suivante : « Comment s'appelle un groupe de gâteaux qu'on achète au supermarché ? C'est un paquet de gâteaux » « Quand on ouvre un paquet de gâteaux, on trouve parfois à l'intérieur des petits paquets de gâteaux ; comment les appelle-t-on ? Ce sont des sachets de gâteaux. On parle aussi de sachets de bonbons, d'images, etc. » Cela peut faire l'objet d'un affichage collectif.

Le premier problème (3 fois 2 points) est résolu collectivement, les deux autres individuellement, l'interrogation portant sur le nombre total avec d'autres unités (enfants, fleurs…) s'effectuant lors de la correction.

Activité complémentaire

Commandes n *pour* 1

L'enseignant a préparé des photocopies sur lesquelles figurent par exemple des jongleurs (cet exemple est disponible sur le site compagnon). Il s'agit de commander un nombre *n* (2, 3 ou 4) de balles par jongleur. Le nombre total de balles nécessaires doit être écrit par l'élève sur cette photocopie en écrivant l'égalité correspondante. L'enseignant dispose par ailleurs de balles à découper (ou de pastilles autocollantes), qu'il distribue aux élèves au fur et à mesure de leurs commandes. Ceux-ci collent leurs balles au-dessus de chaque jongleur. Les balles en surplus doivent être collées dans un emplacement réservé, ce qui permet d'analyser leurs erreurs avec les élèves.

Chaque jongleur veut 2 balles.

Écris l'égalité et complète :

....

Il faut ( ) balles.

Si tu as commandé trop de balles, colle-les ici :

Objectifs

La sq 48 vise à faire comprendre aux élèves le système de la monnaie. Comprendre la monnaie est un objectif à part entière et cela suffirait à justifier que les élèves soient confrontés assez tôt dans l'année à cet objet social. Mais la monnaie a aussi des caractéristiques qui en font un moyen pédagogique remarquable pour l'apprentissage du calcul :

– le rôle privilégié que jouent 5 et 10 dans le système des pièces et des billets existants ;

– les nombreuses situations qui sont familières aux enfants : « Ai-je assez d'argent ? », « Qui a le plus d'argent ? », et qui conduisent à des problèmes de comparaison.

Il ne faut cependant pas se masquer la difficulté que comporte ce système et en particulier les risques de confusion entre le nombre de pièces et leur valeur. L'artifice pédagogique utilisé ici (un objet à 1 €) permet de surmonter cette difficulté dans les meilleures conditions.

La sq 49 est consacrée à des Problèmes pour apprendre à chercher. Les élèves y sont confrontés à trois situations-problèmes :

– Un réinvestissement de l'usage de la monnaie où il s'agit d'acheter un objet à 10 €.

– Une situation-problème proche des « problèmes avec cache ».

– Un problème permettant d'évaluer la compréhension de l'expression « 5 fois 2 gâteaux ».

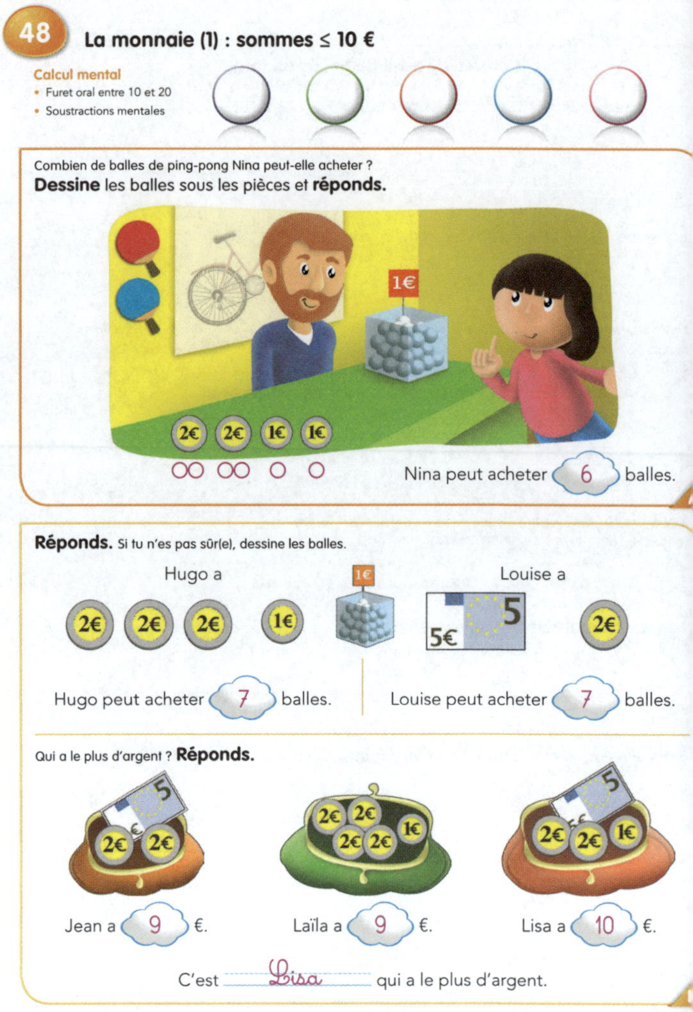

Activités Séquence 48

Calcul mental

Furet oral entre 10 et 20

Idem sq 47.

Soustractions mentales

Idem sq 42.

A et B. Introduction de la monnaie

Activités préliminaires

Il s'agit d'amener les élèves à distinguer le nombre de pièces et leur valeur en s'appuyant sur une situation où l'on ne peut acheter que des objets à 1 €.

L'enseignant choisit 2 enfants (Pierre et Julie, par exemple) et annonce que l'on va jouer au marchand. C'est l'enseignant le marchand, il vend des balles ou tout autre objet qu'on peut se procurer en nombre (il faut un stock d'une quinzaine d'objets identiques ou d'images de ces objets). Pierre et Julie sont les clients.

L'enseignant donne les pièces suivantes : à Pierre 3 pièces de 2 €, à Julie 5 pièces de 1 €. Il peut dessiner au tableau les pièces de Pierre et celles de Julie sous leur prénom respectif. Il demande : « Qui a le plus d'argent ? » Certains enfants pensent que c'est Julie qui a le plus d'argent car elle a plus de pièces que Pierre.

L'enseignant montre le stock de balles et dit : « Une balle coute 1 €. Pierre et Julie vont m'acheter le plus possible de balles. » On procède alors à l'achat pièce par pièce : « Avec une pièce de 2 €, combien de balles Pierre peut-il acheter ? » On procède à l'échange et on dessine au tableau 2 balles sous la pièce de 2 €. On poursuit ainsi avec les autres pièces de 2 € de Pierre et avec celles de Julie. Finalement, chaque enfant compte ses balles. C'est Pierre qui a le plus de balles, c'est donc lui qui avait le plus d'argent.

On peut reprendre cette situation dans le cas où l'un des enfants a un billet de 5 € et l'autre a 5 pièces de 1 €. Ils ont alors la même somme. On vient d'établir collectivement un moyen de comparer des sommes d'argent.

Avec les pièces et billets factices de la fin du fichier, l'enseignant peut alors proposer l'activité suivante : il a préparé une enveloppe de monnaie par enfant. D'un élève à l'autre, la somme contenue dans cette enveloppe varie (de 4 à 10 € par exemple). Les élèves sont par groupes de 2 à 4 et ils cherchent qui a le plus d'argent, c'est-à-dire qui peut acheter le plus de balles à 1 € (à chaque fois, un enfant a plus d'argent que chacun des autres).

On passe ensuite à l'activité du fichier.

A, B et C. Situations-problèmes variées

Rappelons qu'un des objectifs de cette sorte de sq est d'amener les enfants à rédiger eux-mêmes la solution du problème qui leur est proposé.

Dans le cas de A, par exemple, ils doivent rédiger une phrase comme « Elsa et Jules peuvent acheter les 10 balles de ping-pong ». Presque tous les mots de cette phrase figurent dans la question qui est posée : « Qui peut acheter le filet de 10 balles de ping-pong ? » Mais pour pouvoir exploiter cela, les élèves doivent être capables de lire cette dernière phrase en identifiant chacun de ses mots. On veillera donc à ce que ce soit le cas.

Pour autant, cela n'implique pas un travail de lecture du type B-A-BA. En effet, il s'agit typiquement d'une situation de lecture dans laquelle les élèves peuvent émettre des hypothèses concernant le sens des mots en s'aidant des dessins présents.

L'animation peut ainsi prendre cette forme : « Que voyez-vous ? » Des enfants qui ont de l'argent ; un paquet de balles de ping-pong qui vaut 10 € « À votre avis, quelle question peut-on se poser ? » La réponse, à savoir quel personnage a assez d'argent pour acheter les balles de ping-pong, est l'une des questions qui seront envisagées par les élèves mais ce n'est pas la seule possible. L'enseignant peut continuer ainsi : « Bien, chacun essaie de lire la question posée. » La lecture se trouvera facilitée par ce travail préalable qui, en lui-même, a un grand intérêt pédagogique (il s'agit de trouver les questions pertinentes pour un problème arithmétique).

Remarques

❶ Pour de jeunes enfants, le 5 d'un billet de 5 € (ou le 2 d'une pièce de 2 €) n'a guère de signification, parce que l'euro qui est ici l'unité ne renvoie pas à une réalité physique perceptible. Dès lors qu'ils appréhendent le billet de 5 € comme un « billet de 5 balles à 1 € », la signification de ce 5 s'éclaire : il renvoie à une quantité.

❷ C'est délibérément que nous n'abordons pas les euro-centimes au CP. Les raisons de ce choix sont développées dans l'introduction.

❸ Dans les activités de cette page, certains enfants répondent directement (ils calculent), d'autres dessinent les balles à 1 € sous les pièces correspondantes, puis recomptent le nombre total de balles.

Activités Séquence 49

Calcul mental

Furet de la table des doubles

Idem sq 39.

Moitiés de n ($n \leq 10$)

Idem sq 39 ; on peut commencer par un **furet de la table des doubles.**

Activités complémentaires

La vitrine

Sur le site compagnon, l'enseignant trouvera des illustrations pour des activités complémentaires. Les élèves doivent, pour chaque objet, réunir la somme nécessaire à son achat (ils se servent des pièces et billets en carton de la fin de leur fichier). On peut alors, pour chaque objet, comparer les différentes façons de réaliser une même somme et chercher celle qui mobilise le moins de moyens monétaires.

Compléter une somme pour avoir 10 €

L'enseignant a préparé pour chaque élève une enveloppe de monnaie factice. Tous les élèves n'ont pas la même somme. Chacun doit chercher le complément pour former 10 €. Mais il faut demander les pièces ou billets qui permettent de le réaliser. Les cas intéressants de somme initiale sont donc 1, 2, 3, 4, 6 et 7 €, car le complément ne peut se réaliser avec une seule pièce (ou billet) et cela oblige à une décomposition.

Les élèves posent la somme initiale sur leur ardoise et dessinent, à côté, les pièces (et, parfois, le billet) qui forment le complément. Pour obtenir de l'enseignant ce complément, il faut que la demande soit à la fois exacte et réalisable avec les moyens monétaires existants.

À la fin, on traite quelques cas collectivement.

Objectifs

La sq 50 a deux objectifs :

– poursuivre la progression concernant la monnaie en abordant des sommes jusqu'à 20 € ;

– calculer des additions simples parce que chacun des termes est soit 10, soit 5, soit inférieur à 5.

Une nouvelle fois, afin que les enfants ne confondent pas le nombre de pièces et de billets et leurs valeurs, on utilise un objet intermédiaire à 1 € : un billet de 10 €, c'est un billet qui permet d'acheter 10 objets à 1 €.

Les activités de la sq 51 constituent un support d'évaluation. Toutes les activités qui y sont proposées ont déjà été pratiquées par les élèves. Nous ne consacrons donc aucune page de ce Guide pédagogique à les présenter.

Activités — Séquence 50

Calcul mental

Furet oral entre 10 et 20

Idem sq 47.

Soustractions mentales

Idem sq 42.

A et B. La monnaie : calculer une somme ≤ 20 €

L'activité commence au tableau. L'enseignant pose le même problème que celui du cadre A à ceci près que l'addition n'est pas écrite. L'enseignant dessine au tableau 1 billet de 10 €, 1 billet de 5 €, 1 pièce de 2 € et 1 pièce de 1 €. « Combien de balles de ping-pong à 1 € peut-on acheter avec cet argent ? » Après une phase de recherche individuelle, on suggère à l'ensemble des élèves de dessiner des points comme Dédé pour figurer les balles.

Le fichier est ensuite ouvert : pour répondre à la même question, Dédé a écrit une addition (il cherche combien il a d'argent en tout). Les élèves achèvent son travail et ils résolvent les problèmes du cadre B.

C. Calcul de sommes ≤ 20

Les élèves ne dessinent les points que si cela leur est nécessaire.

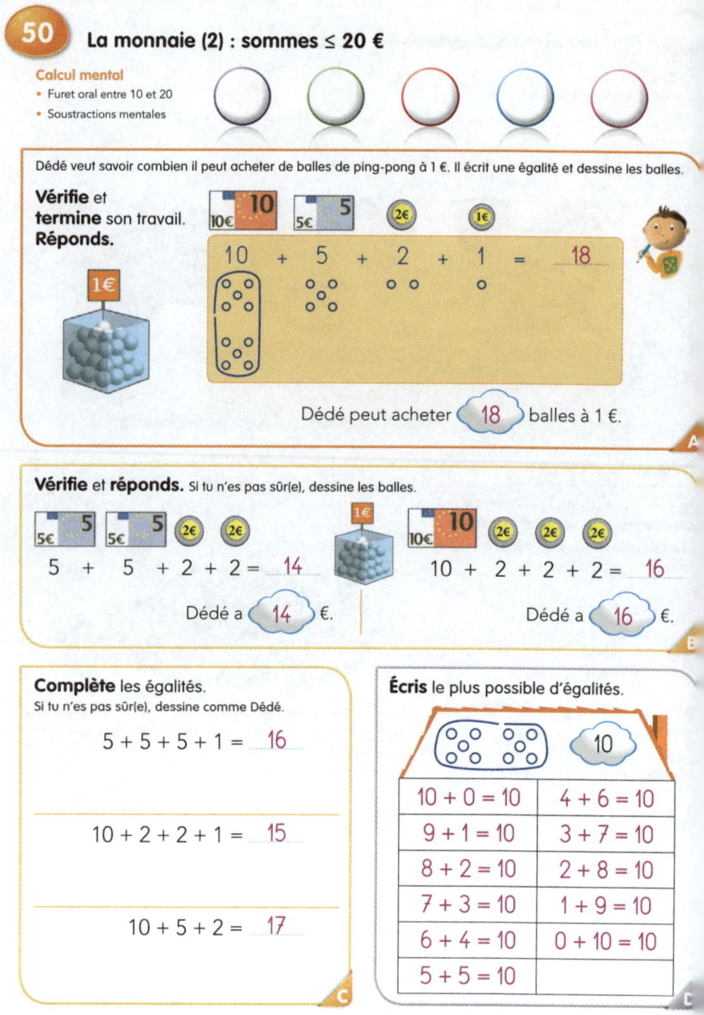
50 La monnaie (2) : sommes ≤ 20 €

Calcul mental
- Furet oral entre 10 et 20
- Soustractions mentales

A. Dédé veut savoir combien il peut acheter de balles de ping-pong à 1 €. Il écrit une égalité et dessine les balles.

Vérifie et **termine** son travail. **Réponds.**

10 + 5 + 2 + 1 = 18

Dédé peut acheter 18 balles à 1 €.

B. **Vérifie** et **réponds.** Si tu n'es pas sûr(e), dessine les balles.

5 + 5 + 2 + 2 = 14 — Dédé a 14 €.

10 + 2 + 2 + 2 = 16 — Dédé a 16 €.

C. **Complète** les égalités. Si tu n'es pas sûr(e), dessine comme Dédé.

5 + 5 + 5 + 1 = 16

10 + 2 + 2 + 1 = 15

10 + 5 + 2 = 17

D. **Écris** le plus possible d'égalités.

10 + 0 = 10	4 + 6 = 10
9 + 1 = 10	3 + 7 = 10
8 + 2 = 10	2 + 8 = 10
7 + 3 = 10	1 + 9 = 10
6 + 4 = 10	0 + 10 = 10
5 + 5 = 10	

Activités complémentaires

Le nombre mystérieux

L'enseignant a préparé une photocopie sur laquelle figure un quadrillage de 3 cases x 3 cases. Y figurent 9 nombres ≤ 10 et tous différents. On trouve par ailleurs dans la page une liste de 8 opérations à compléter (il faut toujours une opération de moins que le nombre de cases du quadrillage).

Le but de l'activité est de rechercher le nombre mystérieux. C'est celui qui restera quand on aura barré tous ceux qui sont le résultat d'une des opérations de la liste. Ces opérations peuvent être soit des additions, soit des soustractions, soit un mélange des deux.

L'exemple suivant est donné à titre indicatif :

5	2	7
4	3	8
0	6	1

2 + 5 = …	6 – 2 = …
3 – 2 = …	0 + 6 = …
4 – 2 = …	2 – 2 = …
2 + 3 = …	2 + 6 = …

Le nombre mystérieux est…

Les cas sont adaptés aux types de calculs déjà abordés en classe, tant pour les additions que pour les soustractions.

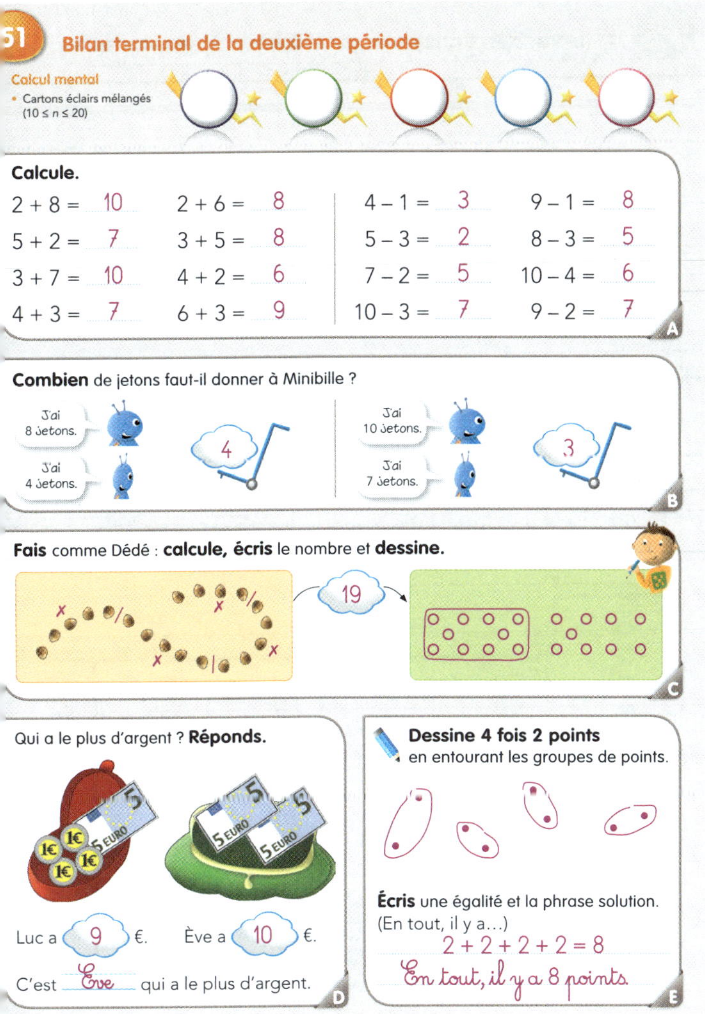

51 Bilan terminal de la deuxième période

Calcul mental
• Cartons éclairs mélangés (10 ≤ n ≤ 20)

Calcule.

2 + 8 = 10	2 + 6 = 8	4 – 1 = 3	9 – 1 = 8
5 + 2 = 7	3 + 5 = 8	5 – 3 = 2	8 – 3 = 5
3 + 7 = 10	4 + 2 = 6	7 – 2 = 5	10 – 4 = 6
4 + 3 = 7	6 + 3 = 9	10 – 3 = 7	9 – 2 = 7

A

Combien de jetons faut-il donner à Minibille ?

J'ai 8 jetons. J'ai 4 jetons. 4

J'ai 10 jetons. J'ai 7 jetons. 3

B

Fais comme Dédé : **calcule, écris** le nombre et **dessine.**

19

C

Qui a le plus d'argent ? **Réponds.**

Luc a 9 €. Ève a 10 €.

C'est Ève qui a le plus d'argent.

D

Dessine 4 fois 2 points en entourant les groupes de points.

Écris une égalité et la phrase solution. (En tout, il y a…)

2 + 2 + 2 + 2 = 8

En tout, il y a 8 points.

E

Activités complémentaires (suite)

Le calcul solitaire

L'enseignant a préparé une photocopie sur laquelle figure un quadrillage de 3 cases x 3 cases, par exemple. Dans chaque case, il y a une addition. Il s'agit d'entourer (ou de colorier d'une même couleur) les couples d'additions qui ont le même résultat en respectant la contrainte suivante : les 2 opérations doivent être dans 2 cases juxtaposées (ici, 1 + 7 reste isolé).

L'exemple ci-contre est donné à titre indicatif :

4 + 3	5 + 2	1 + 7
6 + 2	1 + 5	3 + 3
4 + 4	4 + 5	6 + 3

On pourra ensuite insérer dans le quadrillage des soustractions, puis un mélange d'additions et de soustractions.

D'autres problèmes avec caches

Dans la sq 46, les problèmes avec caches proposés travaillent les décompositions de 10 utilisant les couples (6, 4) et (8, 2). On trouve ci-dessous deux ensembles de problèmes avec cache utilisant les couples (9, 1) et (7,3) pour le 1er et les couples (5,5) et (6,4) pour le 2d.

Sur le site compagnon, on trouve d'autres problèmes avec caches utilisant des décompositions différentes de celles que l'on trouve dans le fichier des élèves.

Vérifie qu'il y a **10** feuilles.

J'ai caché feuilles.

J'ai caché feuilles.

J'ai caché feuilles.

J'ai caché feuille.

Vérifie qu'il y a **10** prunes.

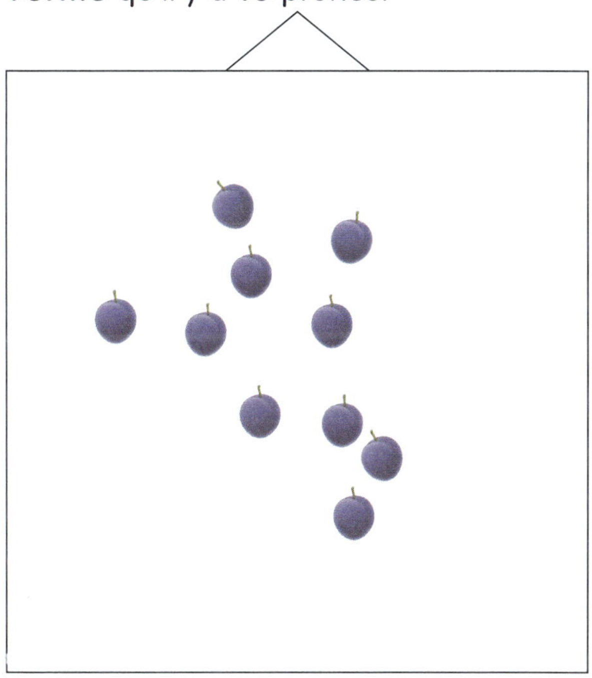

J'ai caché prunes.

J'ai caché prunes.

J'ai caché prunes.

J'ai caché prunes.

Objectifs

C'est dans cette sq 52 que, à strictement parler, on commence la progression sur la numération décimale. Les élèves ont préalablement été conduits à écrire les nombres jusqu'à vingt, mais « 12 », par exemple, a été principalement interprété comme l'écriture de 10 + 2 et non comme celle de 1 groupe de dix plus 2. Or, comprendre l'écriture « 12 » (ou « 32 »), par exemple, c'est être capable de donner deux interprétations au chiffre « 1 » (respectivement au chiffre « 3 ») : il renvoie à dix unités (respectivement à trente unités) mais aussi à 1 groupe de 10 (respectivement à 3 groupes de 10).

C'est dans la coordination de ces deux points de vue que se joue la compréhension de la numération. Or, l'usage de la boite de Picbille, c'est-à-dire le masquage des unités qui sont groupées par 10, crée une situation pédagogique particulièrement intéressante. En effet, comme les unités sont masquées, la situation privilégie le point de vue du groupement par dix : quand trois boites sont remplies et leurs couvercles fermés, c'est 3 boites que l'on voit. Mais dans le même temps, les unités restent présentes derrière les couvercles et, donc, les élèves peuvent se représenter mentalement les trente jetons derrière les couvercles. Donnons un exemple de dialogue pédagogique qui utilise cela, en considérant une collection de 32 jetons organisés comme Picbille (l'élève doit écrire combien il y a de jetons en tout) :

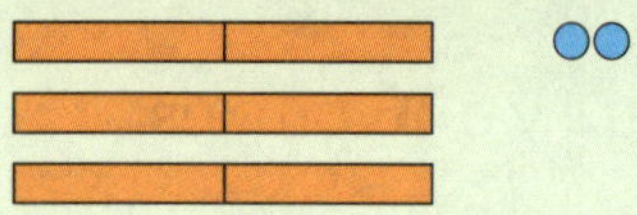

Le fait qu'un élève écrive qu'il y a 32 unités ne prouve pas qu'il a compris la numération : certains élèves, en effet, apprennent mécaniquement qu'il faut dénombrer les dizaines (ici les boites : « 3 »), dénombrer les unités isolées (« 2 ») et juxtaposer les deux chiffres (« 32 »). Ils donnent la bonne réponse sans être capables d'évoquer la quantité correspondante. Les boites de Picbille permettent de prévenir cela car l'enseignant peut interroger ainsi : « Tu me dis qu'il y a trente-deux jetons, mais je n'en vois que 2 ! » Il force ainsi l'élève à prendre en compte tous les jetons, ceux que l'on voit et ceux que l'on ne voit pas, et il l'aide à comprendre que le « 3 » de « 32 » signifie trente (« Il y a 10 jetons là, 10 là et 10 là ; 3 fois 10 ou 3 groupes de 10, trente »).

Dans cette sq, qui utilise 4 pages du fichier (68-69 et 70-71), la suite des écritures chiffrées est ainsi mise en relation avec les nombres « comme Picbille » après 10. Ceux-ci sont formés de la manière suivante :

– les jetons ne sont mis dans une boite que quand il est possible de la remplir, c'est-à-dire quand il y en a dix ;

– Picbille aligne les jetons isolés comme il le fait habituellement, c'est-à-dire en mettant en évidence le repère 5.

Pages 68-69, la situation conserve un certain réalisme (les élèves collent les couvercles). Pages 70-71, on passe à une schématisation afin de considérer de plus grands nombres.

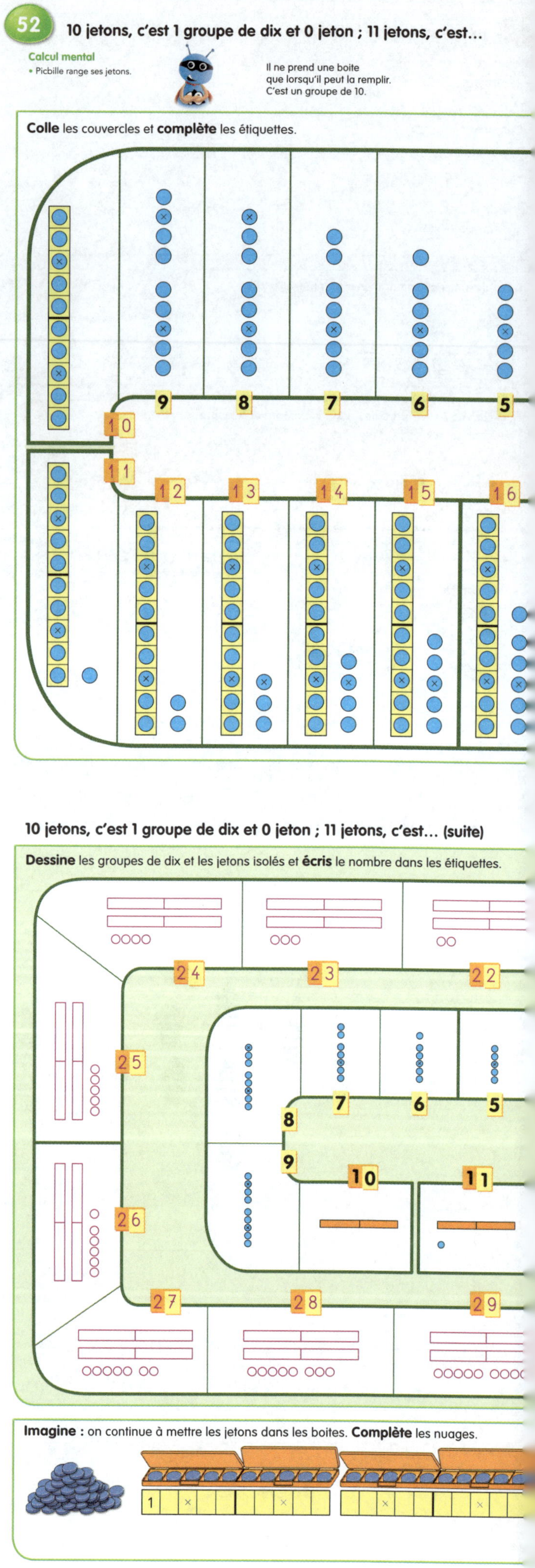

3e période

- **Nombres et calculs** : calcul jusqu'à 10 : décompositions, soustractions ; numération décimale jusqu'à 59 ; groupes de 2, de 5 et de 10 ; calcul jusqu'à 20 : additions (retour aux 5 ; les doubles) ; tableaux cartésiens.
- **Espace et géométrie** : tracés sur quadrillage.

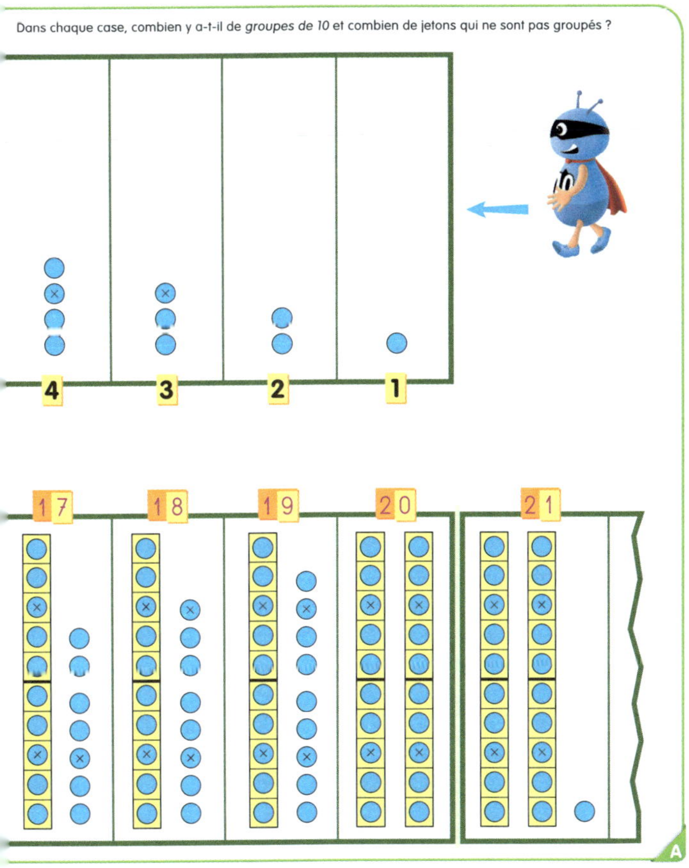

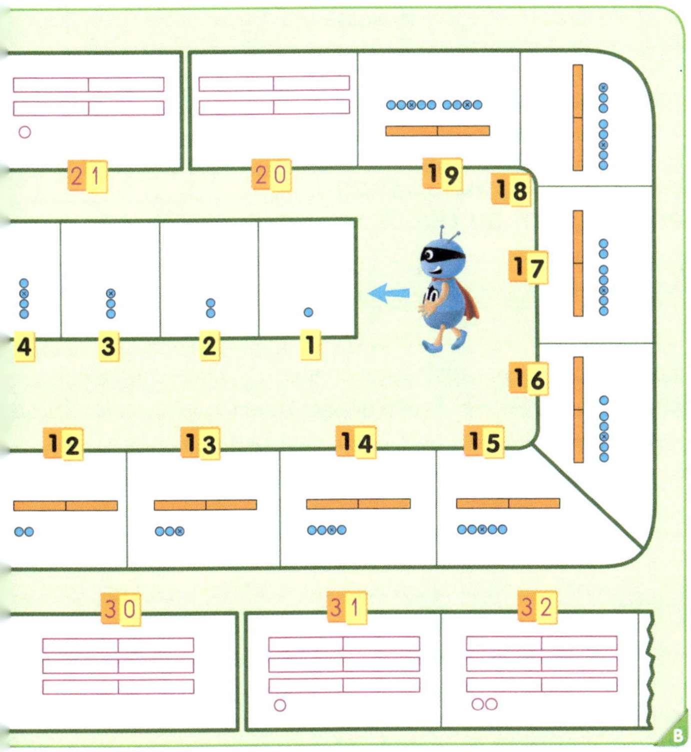

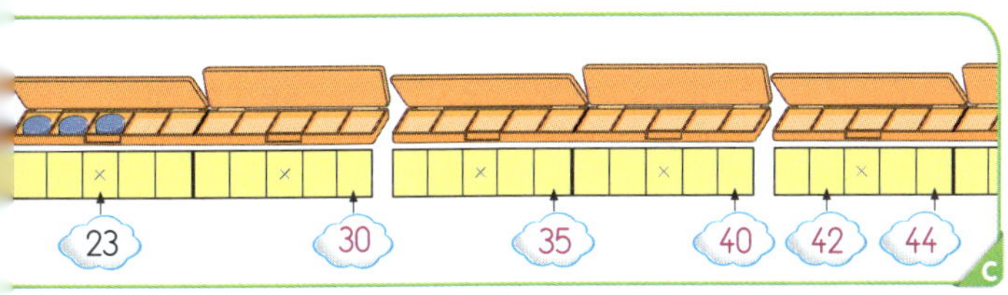

Activités — Séquence 52

Calcul mental

Il n'y a pas d'activité de haut de page spécifiée dans le fichier des élèves. L'emplacement correspondant est occupé par la règle de formation des « nombres comme Picbille » dans l'activité qui suivra : « Picbille ne prend une boite que quand il peut la remplir. C'est un groupe de 10. ». On peut également utiliser le mot « dizaine » dont on dira aux élèves qu'il signifie « 1 groupe de 10 », c'est-à-dire : « 10 exactement », alors que dans le langage quotidien, une dizaine signifie souvent : « 10, approximativement ».

Pages 68-69. La file numérique de Picbille (1)

L'objectif principal est de comprendre le fonctionnement d'une file numérique des nombres « comme Picbille » : on fait décrire l'illustration de cette double page en parcourant la « piste » de case en case. Dans les premières cases, on voit des jetons dessinés comme Picbille : 1 jeton, 2 jetons, 3 jetons, etc. On constate aussi que le nombre correspondant est écrit dans carré jaune jusqu'à 9 (on vérifie cette correspondance pour toutes ces cases). Pour 10, les jetons sont dans une boite qui n'est pas encore fermée.

Pour la suite de la sq, une animation possible consiste à alterner des phases indiduelles durant lesquelles les élèves collent les couvercles et remplissent la file de leur fichier et des phases de reprise collective au tableau. Durant ces dernières, l'enseignant dessine la suite des collections en ajoutant 1 jeton à la collection précédente, l'écriture correspondante étant affichée avec les feuilles de papier colorées orange et jaune qui contiennent des écritures chiffrées. Cette alternance peut être la suivante :

Phase individuelle (travail sur fichier) : on demande aux élèves de coller les couvercles et d'écrire le nombre total pour 10, 11, 12 et 13.

Phase collective : on procède alors à une synthèse en faisant le schéma d'une boite fermée au tableau et en utilisant les feuilles de papier colorées : dix s'écrit **10** parce que c'est 1 boite pleine et 0 jeton isolé.

Pour l'instant, il suffit de dire aux élèves que le mot « isolé » signifie « en dehors de la boite ». Plus loin dans la sq, dès qu'il y aura 2 groupes de 10, on s'exprimera de manière plus générale en disant aux élèves qu'on appelle « unités isolées » celles qui n'entrent pas dans la composition d'un groupe de 10. On poursuit ainsi au tableau : un nouveau jeton est dessiné en dehors de la boite ; en remplaçant la feuille jaune contenant « 0 » par celle qui contient « 1 », on obtient l'écriture « 11 » ; on l'explique du fait que c'est 10 + 1, c'est-à-dire : 1 boite pleine et 1 jeton isolé. Un jeton de plus est dessiné au tableau : « 12 » s'explique du fait du fait que c'est 10 + 2, c'est-à-dire : 1 boite pleine et 2 jetons isolés ; « 13 » du fait que c'est 10 + 3, c'est-à-dire : 1 boite pleine et 3 jetons isolés.

Suite page 85 ☛

Objectifs

Les élèves ont déjà appris en sq 39 à calculer des soustractions du type 9 – 2, celles qui correspondent à des cas où l'on retire un petit nombre. Ils apprennent en sq 53 que les soustractions du type 9 – 7 ne se calculent pas de la même manière (cas où l'on retire un grand nombre). Lorsque des nombres sont organisés « comme Picbille », les soustractions du type 9 – 2 se calculent en « barrant à la fin » alors que celles du type 9 – 7 se calculent en « barrant au début ».

Ainsi, dès le CP, les élèves apprennent avec 9 – 2 et 9 – 7 les deux grandes stratégies de calcul d'une soustraction qu'un adulte utiliserait respectivement pour calculer 102 – 6 (on « barre à la fin » au sens où l'on calcule par retraits successifs : 102 – 2 – 4) et pour calculer 102 – 94 (on « barre au début » au sens où l'on calcule par complément : « 94 pour aller à 100, il faut 6 de plus et encore 2 pour aller à 102 »).

Encore une fois, la stratégie pédagogique adoptée consiste à contraster deux façons d'obtenir le résultat : le comptage, incarné par l'écureuil, et le calcul, incarné par Picbille.

Dans la sq 54, les élèves étudient les décompositions additives du nombre 7 en utilisant le système de notation découvert dans la sq 21 (V inversé). Ils retrouvent également la situation-problème autocorrective (« Problèmes avec cache ») dans laquelle il s'agit de déterminer différents compléments à un nombre donné, 7 ici.

Activités — Séquence 53

Calcul mental

Picbille → égalité (10 ≤ *n* ≤ 30)

L'enseignant montre 2 cartons : l'un avec 1, 2 ou 3 boites dessinées, l'autre vide ou avec des points « comme Picbille » ; « Combien y a-t-il de jetons en tout, ceux qu'on voit et ceux qu'on ne voit pas ? » Pour 2 boites et 7 points, par ex., les élèves écrivent 10 + 10 + 7 = 27 sur leur ardoise.

Dictée de nombres (10 ≤ *n* ≤ 39)

L'enseignant dicte un nombre, les élèves l'écrivent en chiffres. Les résultats sont justifiés ainsi : « vingt-quatre » s'écrit « 24 » parce que « vingt », c'est 2 groupes de dix.

A. Calcul réfléchi de la soustraction : retirer un grand nombre

La séquence peut commencer fichier fermé en demandant aux élèves de calculer 9 – 7. Un temps de recherche individuelle est suivi d'un échange sur les différentes stratégies. Il s'agit de mettre en évidence le fait que lorsqu'on dessine 9 points « comme Picbille » et lorsqu'on barre 7 points à la fin, on est obligé de les compter 1 à 1. En revanche, il est très facile de les barrer au début sous la forme 5 et encore 2.

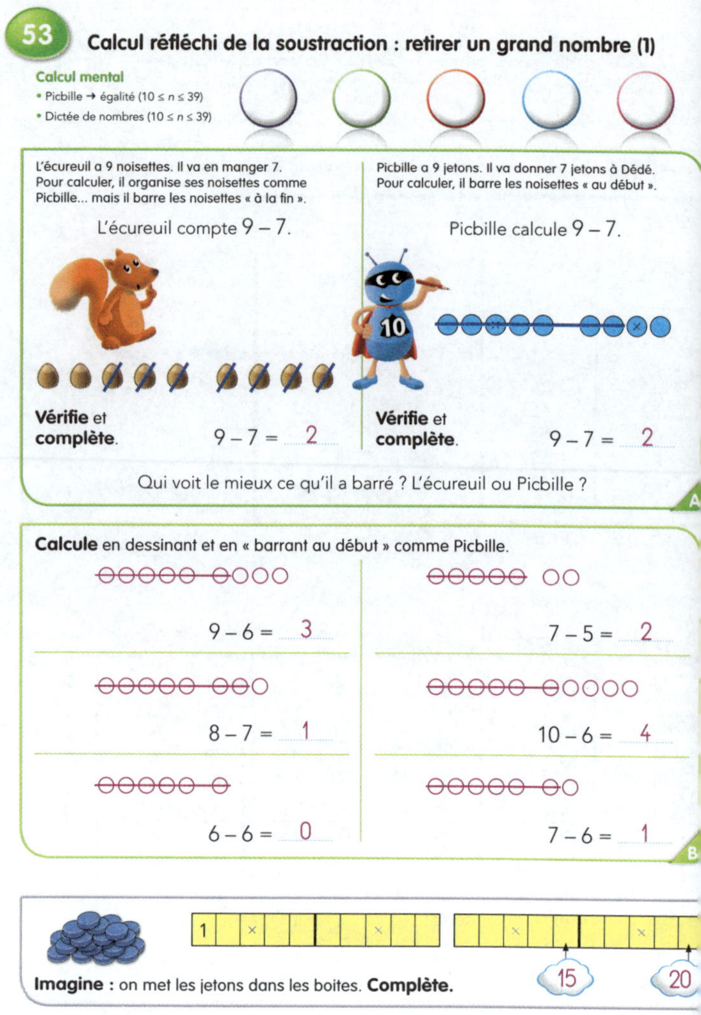
53 Calcul réfléchi de la soustraction : retirer un grand nombre (1)

Calcul mental
• Picbille → égalité (10 ≤ n ≤ 39)
• Dictée de nombres (10 ≤ n ≤ 39)

L'écureuil a 9 noisettes. Il va en manger 7. Pour calculer, il organise ses noisettes comme Picbille... mais il barre les noisettes « à la fin ».

L'écureuil compte 9 – 7.

Vérifie et complète. 9 – 7 = 2

Picbille a 9 jetons. Il va donner 7 jetons à Dédé. Pour calculer, il barre les noisettes « au début ».

Picbille calcule 9 – 7.

Vérifie et complète. 9 – 7 = 2

Qui voit le mieux ce qu'il a barré ? L'écureuil ou Picbille ?

A

Calcule en dessinant et en « barrant au début » comme Picbille.

9 – 6 = 3

7 – 5 = 2

8 – 7 = 1

10 – 6 = 4

6 – 6 = 0

7 – 6 = 1

B

Imagine : on met les jetons dans les boites. Complète.

1 … 15 … 20

Lorsqu'on ouvre le fichier, on s'aperçoit que pour calculer 9 – 7, l'écureuil, cette fois-ci, a essayé d'organiser ses noisettes « comme Picbille » ! Malheureusement, il a barré les 7 noisettes à la fin alors que s'il les avait barrées au début, comme Picbille, il aurait immédiatement trouvé le résultat.

B. Calcul de soustraction en « barrant au début »

En B, les élèves sont invités à calculer diverses soustractions en dessinant les nombres « comme Picbille » et en adoptant la stratégie où l'on « barre au début ». Certains élèves seraient vraisemblablement capables de donner la solution directement sans dessiner. En fait, cela leur sera demandé dès la sq 55. En demandant à tous les élèves de calculer ainsi quelques soustractions, on se met dans les meilleures conditions pour qu'ils profitent de l'activité de simulation mentale de divers retraits que l'enseignant effectuera de manière masquée lors de cette sq 55 : on simule mieux une action qui est familière.

Activités — Séquence 54

Cartons éclairs (11 ≤ *n* ≤ 30) : Picbille → égalité

Idem sq 53 mais en présentant les cartons brièvement.

Dictée de nombres (*n* ≤ 39)

Idem sq 53. On est attentif à proposer quelques cas entre 11 et 16 (cas où le nombre d'unités ne s'entend pas).

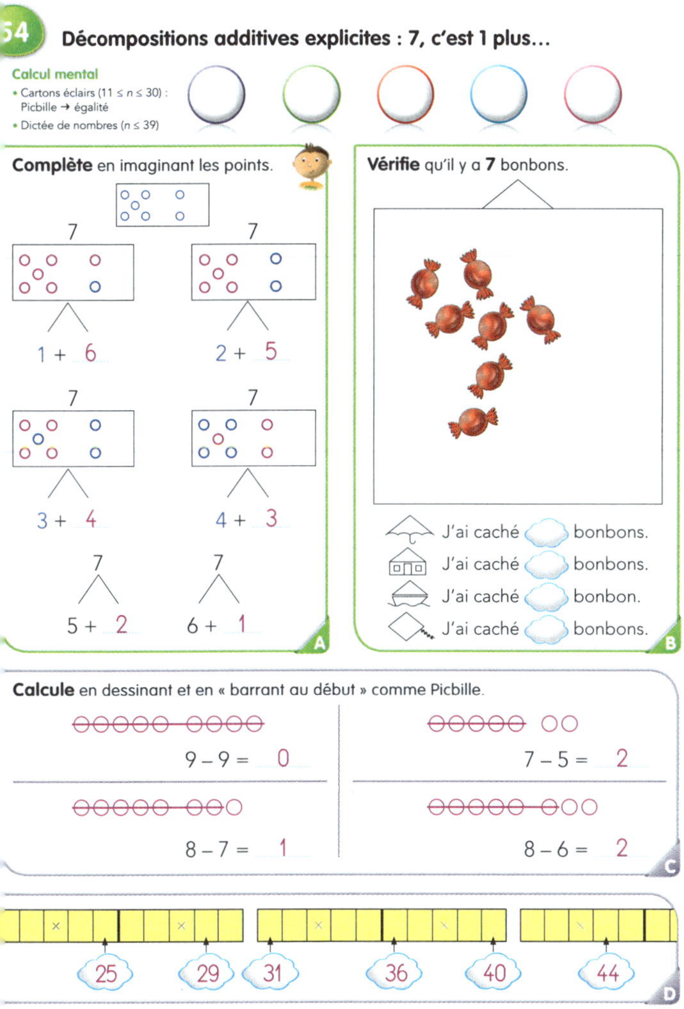

A. Décompositions additives de 7 : s'aider des nombres « comme Dédé »

Le déroulement est identique à celui de la sq 22 : on demande aux élèves d'imaginer les points qui manquent, d'écrire la solution numérique et de ne dessiner que pour vérifier leur solution.

B. Décompositions additives de 7 : situations-problèmes autocorrectives

Activité préliminaire : le « jeu du gobelet »

Les enfants jouent par deux. Ils disposent ensemble d'un gobelet et de 7 jetons. L'enfant A ferme les yeux, pendant que l'enfant B cache sous le gobelet une partie des 7 jetons en laissant les autres visibles. L'enfant A rouvre alors les yeux et doit dire combien il y a de jetons cachés sous le gobelet. Rappelons que cette activité peut également être menée collectivement (voir la description des sq 22, 32 et 43).

Activité du fichier : les problèmes avec cache

L'activité se déroule comme cela a été indiqué pour les quatre dernières sq similaires (sq 22, 32, 43 et 46).

D. Entretien : file numérique → 46

Rappelons que lorsqu'une file est sur 2 pages, il faut considérer que c'est la même file qui se remplit sur la page de droite.

☛ *Suite de la présentation de la sq 52*

Phase individuelle : on demande aux élèves de coller les couvercles et d'écrire le nombre total pour 14, 15… 19.

Phase collective : on fait de même au tableau en dessinant les jetons ajoutés et en déroulant le compteur des écritures en remplaçant une feuille jaune par la suivante.

Le « passage du 20 » peut lui aussi s'effectuer collectivement : lorsqu'on ajoute un jeton au tableau, il y en a dix en dehors de la première boite et l'enseignant les efface pour les remplacer par le schéma d'une seconde boite. Le nombre est affiché au tableau en plaçant le chiffre « 0 », écrit sur une feuille jaune, sur celui qui figure dans le « 20 », écrit sur une feuille orange : vingt s'écrit **20** parce que c'est 2 boites pleines et 0 jeton isolé.

On remarquera que le chiffre « 2 » est écrit sur un fond orange, ce qui est la couleur des boites de Picbille. Les élèves complètent leur fichier.

Pages 70-71. La file numérique... (2)

En B, la partie de la file numérique déjà explorée (jusqu'à 19) est remplie : les écritures chiffrées et les schémas de boites et de jetons sont déjà présents. D'où la consigne : la compléter jusqu'à la dernière case en dessinant les groupes de dix et les jetons isolés et en complétant les étiquettes. Les cases 20 à 23 peuvent être complétées collectivement : pour chacune on commente de la même façon que dans les pages 68-69. Les élèves continuent individuellement et, pendant leur travail, l'enseignant s'adresse à divers enfants, prioritairement les plus fragiles, en leur demandant, par exemple : « Tu écris qu'il y a 24 jetons, mais je n'en vois que 4 ! ».

On organisera une synthèse collective en se concentrant sur le changement de dizaines : 29, 30 et 31. Pour 30, un problème se pose : doit-on se contenter de dessiner 2 boites pleines et 10 jetons à côté ? On rappelle la règle : dès qu'on a 10 jetons, on les range dans un groupe de dix de Picbille, c'est-à-dire une boite. On commente l'écriture chiffrée correspondante : il y a 3 groupes de dix et 0 jeton isolé. La formation de 40 et de 50 sont envisagées au tableau, en faisant des schémas de boites et en utilisant des feuilles colorées.

En C, Les élèves rencontrent une « file de boites » comme celle de la sq 44, mais qui est bien plus longue. Dans la suite du fichier, lorsqu'une file est sur 2 pages, il faut considérer que c'est la même file qui se remplit sur la page de droite. L'activité peut commencer en demandant aux élèves pourquoi on a écrit 23 dans le premier nuage. C'est évidemment parce qu'il y a 23 jetons dans les boites au-dessus de la file. Cependant, pour mieux installer l'analogie, il est essentiel de dire aux élèves que la file numérique elle-même peut être considérée comme une file de boites vues du dessus. On écrit 23 parce que si on mettait 23 jetons dans les cases en commençant au début de la file, cette case serait la dernière à avoir un jeton. L'interrogation se poursuit ainsi : « Si on mettait 1 jeton par case, jusqu'au nuage suivant, combien faudrait-il mettre de jetons ? » Etc.

Objectifs

La sq 55 a pour objectif de favoriser la mentalisation de la stratégie enseignée lors de la sq 53 (calcul d'une soustraction où l'on retire beaucoup en « barrant au début »). Le procédé pédagogique utilisé consiste à inviter les enfants à simuler mentalement un retrait que le maitre réalise de manière masquée.

Rappelons que ce procédé très général de « simulation mentale de l'action d'autrui » est utilisé tout au long de l'année pour favoriser l'apprentissage des stratégies de calcul et que, dans le fichier de l'élève, les activités correspondantes sont souvent dénommées « Soustractions mentales » plutôt que « Simulation mentale d'un retrait réalisé de manière masquée », dans un souci évident de raccourci.

La sq 56 est consacrée à des Problèmes pour apprendre à chercher. Les élèves y sont confrontés à deux sortes de situations-problèmes :

– Une situation permettant d'approcher la notion de tableau à double entrée. Ce mode de représentation permet de repérer une zone ou un point dans le plan par 2 coordonnées qui sont habituellement désignées par une lettre et un chiffre. Il est introduit ici par analogie avec la structure des habitations collectives (colonnes d'escaliers numérotées par des lettres, chiffre de l'étage : escalier B, 7e étage, par exemple). Ce travail sera prolongé, dans le prochain PAC, par le repérage similaire des cases d'un échiquier : la case (B , 7), par exemple.

– Des situations-problèmes conduisant à se représenter n fois p unités pour calculer combien il y en a en tout.

55 Soustractions (retirer un grand nombre) : calculer mentalement

Calcul mental
- Cartons éclairs ($11 \leq n \leq 30$) : Picbille → égalité
- Dictée de nombres ($10 \leq n \leq 39$)

La maitresse utilise des cartons avec des dessins de doigts pour calculer des soustractions.

Exemple : 8 – 6.

1.

2.

Réponds.

Imagine ce que voit la maitresse et **complète** l'égalité.
Si tu n'es pas sûr(e), dessine au brouillon et barre comme Picbille.

6 – 5 = 1	8 – 5 = 3	9 – 8 = 1	9 – 9 = 0
9 – 6 = 3	5 – 4 = 1	7 – 4 = 3	10 – 9 = 1

Complète les égalités. Si tu n'es pas sûr(e), dessine au brouillon comme Dédé.

5 + 5 + 5 + 3 = 18	10 + 4 = 14
10 + 5 + 1 = 16	5 + 5 + 7 = 17
10 + 5 + 2 + 2 = 19	10 + 10 = 20

Imagine : on met les jetons dans les boites. **Complète.**

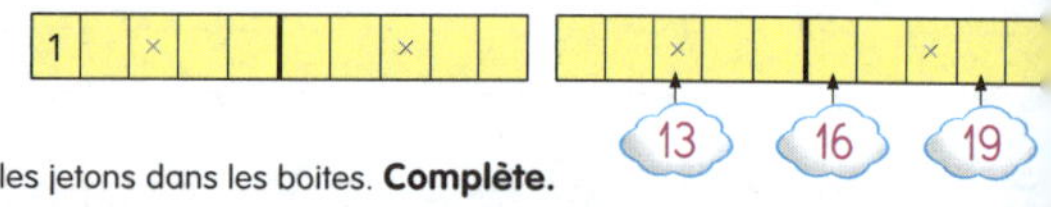

L'activité commence sur ardoise ; c'est seulement lorsque les élèves ont bien compris le scénario qu'on leur demande de répondre dans les nuages du fichier. Pour chaque calcul, il y a 2 phases : celle de simulation du retrait et celle de vérification (ou validation) du résultat. La phase de simulation se déroule elle-même en deux temps.

Activités Séquence 55

Calcul mental

Cartons éclairs ($11 \leq n \leq 30$) : Picbille → égalité

Idem sq 53 mais en présentant les cartons brièvement.

Dictée de nombres ($10 \leq n \leq 39$)

Idem sq 53. On est attentif à proposer quelques cas entre 11 et 16 (cas où le nombre d'unités ne s'entend pas).

A et B. Simulation mentale d'un retrait qui est réalisé de façon masquée

Le matériel utilisé (les traits figurant des doigts dessinés sur des cartons au format demi-A4) est celui qui est utilisé depuis l'activité de haut de page de la sq 16. Les cartons sont tenus comme cela a été recommandé (voir ci-contre et dans la Présentation du fichier de l'élève).

Simulation (1er temps)

Voir dessin 1 du cadre A.

L'enseignant prend l'un des cartons, celui qui a 8 traits dessinés s'il veut faire calculer une soustraction du type $8 - n$, par exemple. Il tient ce carton comme cela vient d'être rappelé.

Durant ce premier temps, avant le retrait, il s'agit de faire évoquer l'état initial, c'est-à-dire, dans l'exemple du fichier, les 8 traits figurant les doigts organisés en 5 et encore 3. L'enseignant regarde le carton et demande aux élèves d'imaginer les doigts derrière le carton (il peut parcourir la collection avec l'index dans le sens croissant, c'est-à-dire de droite à gauche ; cela aide à la représentation mentale).

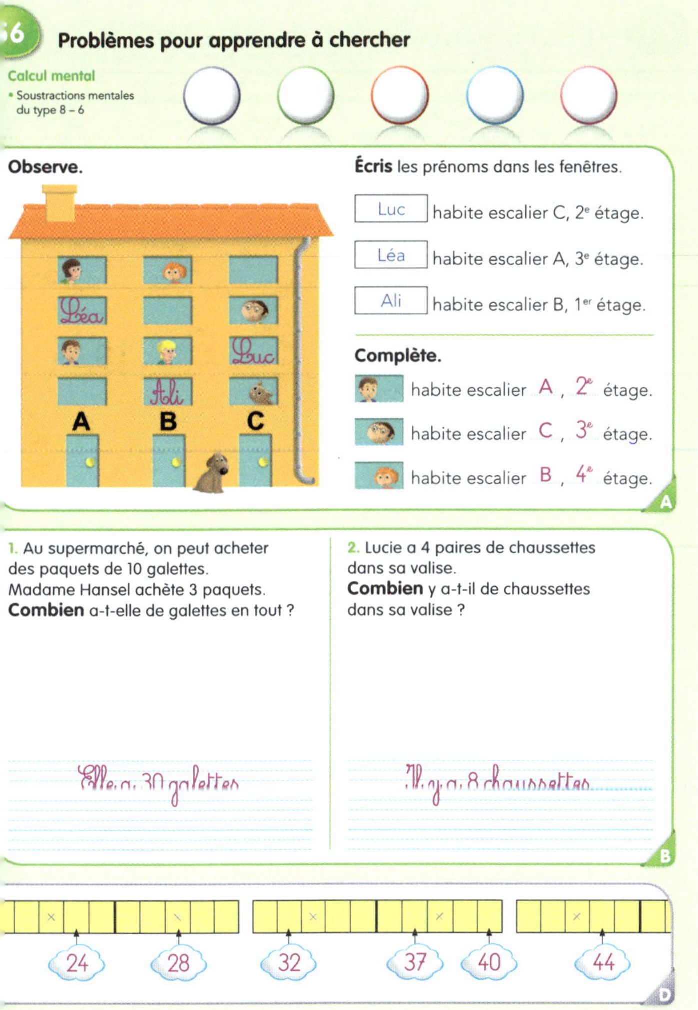

56 Problèmes pour apprendre à chercher

Calcul mental
• Soustractions mentales du type 8 – 6

Observe.

Écris les prénoms dans les fenêtres.

Luc habite escalier C, 2e étage.
Léa habite escalier A, 3e étage.
Ali habite escalier B, 1er étage.

Complète.

habite escalier A, 2e étage.
habite escalier C, 3e étage.
habite escalier B, 4e étage.

1. Au supermarché, on peut acheter des paquets de 10 galettes. Madame Hansel achète 3 paquets. **Combien** a-t-elle de galettes en tout ?

Elle a 30 galettes

2. Lucie a 4 paires de chaussettes dans sa valise. **Combien** y a-t-il de chaussettes dans sa valise ?

Il y a 8 chaussettes

24 28 32 37 40 44

Simulation (2e temps)

Voir dessin 2 du cadre A.

L'enseignant réalise le retrait de manière masquée en cachant 6 traits (les 5 premiers et encore 1) et en demandant aux élèves d'imaginer ce qu'il fait. Dans ce cas, il est fondamental que l'enseignant cache les traits situés à sa droite, comme sur le dessin 2 du cadre A : pour l'enfant qui imagine les traits masqués derrière le carton, ce sont ainsi ceux de gauche, les premiers, qui se trouvent « barrés ».

Validation

Avant retrait

Après retrait

On procède à la vérification en basculant le carton où figurent les traits et en exécutant le retrait sous les yeux des élèves : « Il y a 8 doigts dessinés sur le carton ; 5 et encore 3 ; je cache 6 doigts en les " barrant au début " : je cache 5 et encore 1 ; on voit maintenant 2 doigts : 8 – 6 = 2 ».

Le commentaire dépend évidemment des valeurs numériques. S'il s'agit de calculer 7 – 4, par exemple, l'enseignant commente le calcul ainsi : « Il y a 7 doigts dessinés sur le carton ; 5 et encore 2 ; je cache 4 doigts parmi les 5 premiers ; il en reste 1 et encore 2, 3 : 7 – 4 = 3 ».

Les soustractions proposées sont celles dont le résultat est inférieur au nombre retiré (9 – 8, 9 – 7, 9 – 6, 9 – 5 ; 8 – 7, 8 – 6, 8 – 5 ; 7 – 6, 7 – 5, 7 – 4…), mais on ne s'interdira pas les cas limites que constituent 8 – 4 et 6 – 3.

Activités Séquence 56

Calcul mental

Soustractions mentales du type 8 – 6

Rappelons que, de façon générale, on appelle « additions mentales », « soustractions mentales »… des activités où l'enseignant anime une situation d'anticipation qui favorise une simulation mentale du calcul. Il s'agit ici de la situation de la sq 55. Les valeurs numériques sont les mêmes.

A. Repérer une case par un couple lettre / chiffre : situation familière

1. Découverte de l'image

Les élèves observent : l'immeuble comporte 3 escaliers numérotés de A à C et 4 étages. L'enseignant questionne d'emblée : « Où est le chat ? quel escalier, quel étage ? » Il écrit au tableau : « Le chat, escalier C, 1er étage ». Même chose avec la dame blonde et la dame brune.

2. Travail sur le fichier

La première tâche demandée est d'écrire dans la bonne fenêtre le nom de 3 enfants (Luc, Léa et Ali) qui habitent cet immeuble. Le cas du 1er enfant (Luc) peut être traité collectivement, les deux autres le sont individuellement ainsi que la tâche suivante (elle a déjà été travaillée lors de la découverte de l'image).

B. Résolution de problèmes (*n* fois *p* ?)

Deux problèmes sont proposés. Pour chacun d'eux, l'énoncé est donné sous forme écrite. L'animation dépendra donc du niveau d'autonomie des élèves avec l'écrit. Un grand nombre de possibilités d'animation sont offertes : lecture individuelle puis lecture collective ; on peut aussi choisir de mettre les élèves les plus avancés d'emblée en autonomie, etc.

On remarquera dans les deux cas la présence d'une zone blanche permettant de faire un schéma. Concernant le premier problème (3 fois 10), les enfants peuvent dessiner 3 groupes de 10 points « comme Dédé » (on anticipe ainsi l'activité menée dans la sq 57). La zone de réponse contient 2 lignes : l'une pour écrire une égalité telle que 10 + 10 + 10 = 30, l'autre pour rédiger une « phrase-solution » : « Madame Hansel a 30 galettes en tout ».

Objectifs

Le principal objectif de la sq 57 est d'asseoir la notion de dizaine et le rôle qui est le sien dans l'écriture des nombres en considérant d'autres groupes de 10 que les boites pleines de Picbille : les groupes de 10 de Dédé et ceux correspondant à tous les doigts de plusieurs personnes.

L'activité qui permet le mieux de comprendre le rôle du groupement par dix dans notre façon de penser, de dire et d'écrire les nombres est certainement celle du « compteur des nombres » : l'enseignant engendre une suite de collections-témoins de points en ajoutant successivement une nouvelle unité et les élèves doivent produire la suite des écritures et des désignations orales correspondantes.

Dans un tel contexte, le fait que vingt-trois corresponde à 2 groupes de dix et encore 3, par exemple, apparait explicitement sur le dessin de la collection-témoin et cela conduit à réfléchir l'écriture, « 23 », de ce nombre : le premier chiffre dit combien il y a de groupes de dix, le second combien il y a de points « isolés ». Cela permet également de réfléchir à la prononciation des nombres : « vingt » signifie 2 groupes de dix, « trente » 3 groupes de dix... Dans la sq 52, les élèves ont rencontré cette activité avec « les nombres comme Picbille ». Dans cette sq, le « compteur des nombres » est maintenant mené alors qu'on utilise des groupes de dix « comme Dédé » et des doigts successivement levés.

Par ailleurs, dans cette sq et les suivantes, les nombres sont étudiés jusqu'à 59. C'est plus tard, et au cours d'une même sq (sq 85), que les élèves rencontreront les nombres comme soixante-deux et soixante-douze ($60 \leq n \leq 79$). En retardant l'étude de ces nombres et en les étudiant en même temps, que leur écriture commence par « 6... » ou par « 7... », on évite d'installer dans la tête des élèves l'idée fausse qu'un nombre dont le nom commence par « soixante... » s'écrit nécessairement sous la forme « 6... ».

La dictée de nombres du cadre B présente la particularité d'être une dictée de « groupes de dix et d'unités isolées ». En effet, l'enseignant dicte : « 3 groupes de dix et 4 points isolés » et les élèves écrivent le nombre correspondant. Ensuite, l'enseignant interroge un élève qui doit dire ce nombre « comme nous » s'il en connait déjà le nom (il est normal que certains élèves connaissent encore mal les noms des nombres après 29). Ce choix a deux avantages :

- on met l'accent sur le fait que l'écriture des nombres reflète leur organisation décimale ;
- lorsque le maitre dicte : « 5 groupes de dix et 7 points isolés », par exemple, tous les élèves peuvent écrire 57, même ceux qui ne connaissent pas encore le nom de ce nombre (cinquante-sept).

Dans la suite de la progression, la notion de dizaine se trouvera encore renforcée du fait qu'on envisagera des paquets de 10 gâteaux, des équipes de 10 enfants...

57 **43, c'est 4 groupes de dix et 3 unités isolées ; 57, c'est...**

Calcul mental
- Soustractions mentales du type 8 – 6

Le compteur des nombres comme Dédé « en avançant ».

Réponds. Dictée de groupes de dix et de « uns » isolés ($n \leq 59$).

Réponds.

On a colorié 29 doigts.

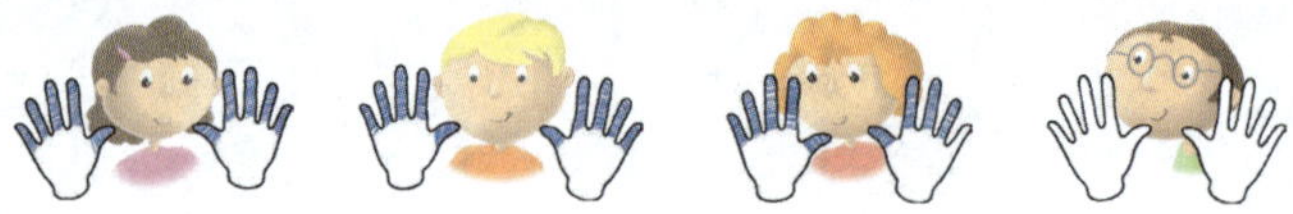

On a colorié 37 doigts.

Activités Séquence 57

Calcul mental

Soustractions mentales du type 8 – 6

L'enseignant anime la situation d'anticipation qui favorise une simulation mentale du calcul d'une soustraction du type 8 – 6 (retirer beaucoup).

A. Compteur des nombres « comme Dédé » « en avançant »

L'activité se déroule alors que le fichier est fermé. Elle consiste en un « compteur des nombres comme Dédé » que l'enseignant déroule au tableau alors que les élèves écrivent sur leur ardoise les écritures chiffrées correspondantes.

L'enseignant dessine 10 points « comme Dédé » sur le tableau et il rappelle aux élèves que c'est un groupe de dix « comme Dédé » (cela a déjà été vu lors de la sq 38). Il dessine un point de plus à côté et il décrit la collection de la manière suivante : « C'est 1 groupe de dix et 1 point isolé », en rappelant que le mot « isolé » signifie « qui n'est pas groupé par dix » : cette expression, utilisée dans un autre contexte que celui de la boite de Picbille, voit ainsi sa signification précisée. Les élèves doivent écrire ce nombre sur leur ardoise et l'enseignant interroge un élève pour qu'il dise comment se dit ce nombre (onze). L'enseignant dessine « un point de plus » et il

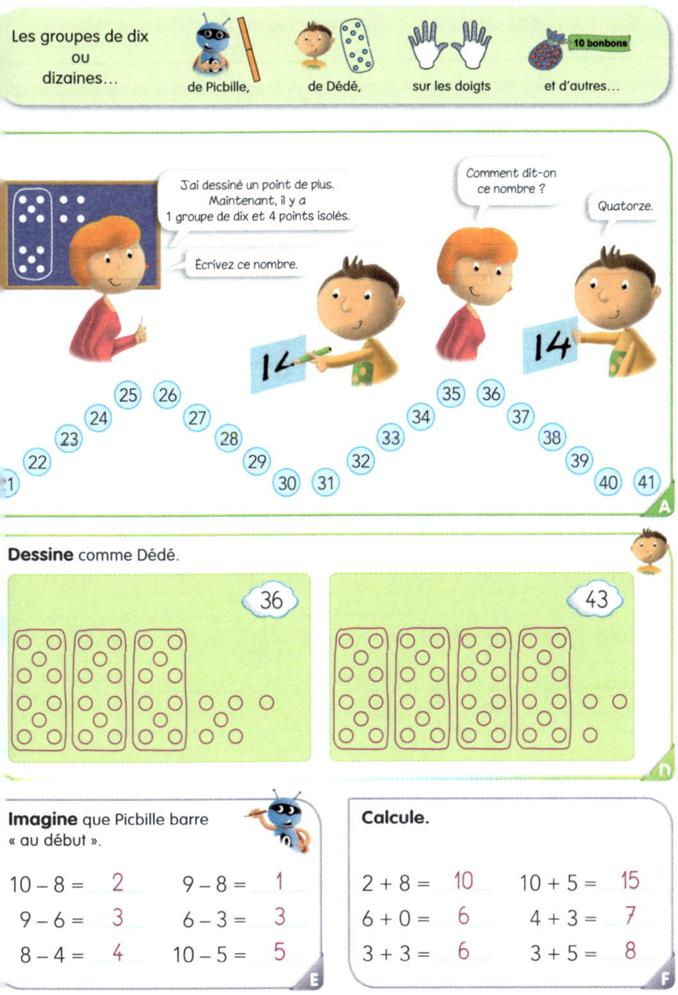

décrit ce qu'il obtient comme « 1 dizaine et 2 points isolés » ; il rappelle que le mot « dizaine » signifie « groupe de 10 », qu'une dizaine de jetons, c'est le contenu d'une boite de Picbille pleine et que, de même, 1 dizaine de points dessinés « comme Dédé », c'est ce qui est entouré. Il interroge de même sur l'écriture de ce nombre (réponse sur ardoise) et sur son nom. Assez rapidement, la description « *n* groupes de dix et *x* points isolés » ou « *n* dizaines et *x* points isolés » est laissée à la charge des élèves, l'enfant interrogé devant la produire avant de donner la désignation habituelle. En utilisant en alternance les expressions « dizaine » et « groupe de 10 », celles-ci vont acquérir la même signification.

Un premier moment crucial est évidemment le cas de 2 groupes de dix et 0 point isolé : ce nombre s'écrit avec « 2 » (les groupes de dix) et « 0 » (les points isolés) ; on rappelle qu'il se dit « vingt ». Pour gagner du temps, l'enseignant peut, après 24, 34 et 44, dessiner d'emblée 4 ou 5 points de plus pour arriver plus rapidement aux cas où il y a 3, 4 ou 5 groupes de dix et 0 point isolé. On va jusqu'à 59 (*cf.* la colonne « Objectifs »).

L'activité peut se terminer en explorant la structure de la file numérique qui figure en bas du cadre A : « Où sont les nombres du 1er groupe de 10 ? » ; « On dit aussi que ce sont les nombres de la 1re dizaine » ; « Et ceux du 2d groupe de 10 ? »... On s'aperçoit ainsi que les écritures chiffrées sont organisées en une suite de « vagues » qui, chacune, correspond à une dizaine (on peut tracer des traits) ; au sommet de chaque vague les nombres se terminent par « 5 » (fin de la partie montante) ; ils sont suivis d'un nombre se terminant par « 6 » (début de la partie descendante) ; « Où sont les nombres 3, 13, 23, 33, 43 ? » ; « Et 8, 18, 28, 38, 48 ? » Ils sont au milieu de la partie montante (respectivement descendante) des vagues.

B. Dictée de groupes de dix et de « uns » isolés

L'activité peut commencer sur ardoise. L'enseignant dicte : « 3 groupes de dix et 4 points isolés » (ou : « 3 dizaines et 4 unités isolées »), et les élèves écrivent le nombre correspondant. C'est la première fois qu'on utilise le mot « unité » et, dans ce cas, c'est le mot « isolé » qui permet que les élèves commencent à lui donner du sens parce que l'expression « unités isolées » évoque pour eux les jetons isolés de Picbille et les points isolés de Dédé.
Les élèves montrent ce qu'ils ont écrit et l'enseignant interroge un élève sur la façon dont se dit habituellement ce nombre. L'interrogation portera également sur des nombres compris entre 10 et 20, voire sur des nombres inférieurs à 10 : « 0 groupes de dix et 7 points isolés ». Dans ce dernier cas, on découvre qu'on n'écrit généralement pas le « 0 » qui indique l'absence de groupes de dix, mais que sur une horloge digitale, par exemple, 7 minutes s'écrit « 07 ».

C. Compteur des nombres sur les doigts « en avançant »

L'activité peut commencer fichier fermé par un « compteur des nombres sur les doigts ». Six élèves viennent au tableau et ils font face à leurs camarades. Deux élèves lèvent leurs 10 doigts (ceux qui sont sur la gauche des élèves restés assis). L'enseignant demande combien de doigts sont levés en tout (réponse sur ardoise). Ce nombre se dit « vingt » et s'écrit « 20 » parce que c'est 2 dizaines et 0 doigt isolé. Mais qu'est-ce qu'une dizaine ici : ce sont tous les doigts de Laura (1re dizaine) et tous ceux de Karim (2e dizaine) ; ainsi, un groupe de dix, une dizaine, c'est l'ensemble des doigts d'une personne. L'enseignant dit : « 1 doigt de plus ». L'enfant qui est immédiatement à côté lève 1 doigt... L'activité se poursuit comme avec les points de Dédé : on demande notamment de lever 5 doigts de plus pour aller plus vite et, surtout, on se rappelle régulièrement ce qu'est un groupe de dix dans ce cas.

Dans l'activité sur le fichier, les élèves sont interrogés alors que, respectivement, 29 et 37 doigts sont levés.

D. Dessiner des nombres ≥ 20 « comme Dédé »

Les élèves ont appris à dessiner les nombres « comme Dédé » jusqu'à 20. L'activité A, dont ils voient une trace sur le fichier dans le cadre correspondant, le leur rappelle.

En fin de sq, on pourra attirer l'attention des élèves sur le bandeau en haut de la page 77 : il y est rappelé que les groupes de dix ou dizaines prennent des formes différentes selon les contextes : il peut s'agir du contenu d'une boite pleine de Picbille, de 10 points entourés, de 10 doigts levés ou encore d'un paquet de 10 bonbons, d'un bouquet de 10 fleurs, d'une équipe de 10 enfants, etc.

Objectifs

Avec les activités de la sq 58, il s'agit d'apprendre à calculer la somme de deux nombres quand l'un est 5 et l'autre compris entre 6 et 9. La stratégie qui est privilégiée est le « retour aux 5 », c'est-à-dire la stratégie de décomposition-recomposition qui amène à calculer 7 + 5 sous la forme :

7 + 5 = 5 + 2 + 5

7 + 5 = 10 + 2

On l'enseigne à l'aide d'images des collections organisées « comme Dédé », qui sont familières aux enfants à ce stade de la progression. Dans la suite de la progression, on étendra cette stratégie aux « grands doubles » : 6 + 6, 7 + 7, etc. (voir sq 63).

La sq 59 est une suite directe de la première sq de cette période verte : les élèves utilisent la *Planche des nombres comme Picbille*, support dont ils disposent dans leur fichier (pages 158-159). Il s'agit d'une file numérique de 1 à 100, découpée en 10 bandes de 10 cases. Elle est analogue à celle qui était enroulée en escargot dans la sq 52 : dans chaque case, on retrouve une collection organisée avec le groupement de 10 (boites et jetons) et l'écriture chiffrée. Le jeu qui utilise ce support permet d'approfondir l'apprentissage de la numération décimale. Encore une fois, lorsqu'un élève a dessiné 3 boites et 7 jetons alors qu'on lui a dicté « 37 », une façon de s'assurer qu'il comprend vraiment la situation consiste à l'interroger : « Tu me dis qu'il y a 37 jetons, mais je n'en vois que 7 ! »

Par ailleurs, l'organisation des nombres dans cette planche favorisera l'étude de l'ajout et du retrait d'une dizaine (+ 10 et – 10) : cela revient à se déplacer d'un rang au sein d'une même colonne et, donc, à ajouter ou retrancher 1 au chiffre des dizaines.

Enfin, dans le fichier des élèves, cette planche est suivie d'une *Planche des nombres écrits en lettres* qui a la même structure. Avec cette sq et les activités de calcul mental qui utilisent la *Planche*, les élèves s'approprient cette structure, ce qui leur permettra ultérieurement de réfléchir sur les régularités / irrégularités de notre façon de dire et d'écrire en lettres les nombres.

Activités Séquence 58

Calcul mental

Compteur (– 1) : Dédé → chiffres

L'enseignant dessine 53 points « comme Dédé » au tableau. Les élèves écrivent le nombre sur ardoise et l'élève interrogé le commente : « 5 groupes de dix et 3 points isolés, cinquante-trois ». L'enseignant efface un point en disant « moins un », les élèves écrivent le nombre sur ardoise et l'élève interrogé le commente : « 5 dizaines et 2 points isolés, cinquante-deux ». etc. Pour gagner du temps, entre 48 et 44, entre 38 et 34, par ex., c'est l'enseignant lui-même qui dit les nombres au fur et à mesure qu'il efface des points. La séquence entre 20 et 10 n'est pas raccourcie.

Soustractions mentales du type 8 – 6

L'enseignant anime la situation d'anticipation qui favorise une simulation mentale du calcul d'une soustraction du type 8 – 6 (retirer beaucoup).

A. Le retour aux 5 : comparaison du comptage et du calcul

Activité préliminaire

L'enseignant a écrit au tableau 8 + 5 = … Il a dessiné une collection inorganisée de 8 noisettes et une autre de 5. Il demande aux élèves de chercher le résultat… Puis il dessine 8 et 5 « comme Dédé » et demande ce qui se passerait si on avait une boite de Picbille vide. On peut formuler la réorganisation ainsi : « On pourrait mettre ces cinq-ci (il montre ceux de la constellation de 8) dans un compartiment et ces cinq-là (ceux de la constellation de 5) dans un autre. » Cette réorganisation est représentée en entourant les 10 jetons formés par les deux 5. On obtiendrait une boite pleine et 3 jetons, c'est-à-dire 10 plus 3, 13.

9 La *Planche des nombres comme Picbille* (cf. pages 158-159)

Calcul mental
• Compteur (+ 1) : Picbille → chiffres
• Soustractions mentales du type 8 – 6

Jeu avec la *Planche des nombres comme Picbille* (jusqu'à 59).

Dessine les groupes de dix et les points isolés comme sur la *Planche des nombres*, **calcule** et **vérifie** avec la planche.

10 + 10 + 6 = 26
10 + 10 + 10 + 2 = 32
10 + 10 + 10 + 10 + 9 = 49
10 + 10 + 10 + 10 + 10 = 50

B

Imagine que Picbille barre « au début ». Si tu n'es pas sûr(e), dessine au brouillon.

9 – 7 = 2	9 – 5 = 4	10 – 6 = 4	6 – 4 = 2
8 – 8 = 0	7 – 6 = 1	7 – 5 = 2	8 – 6 = 2

C

On conclut : dans un cas, pour trouver le résultat, on a compté 1 à 1, dans l'autre, on a calculé.

Activités sur le fichier

À gauche, l'écureuil compte 7 + 5. Les enfants doivent vérifier qu'il y a bien 7 noisettes et 5 noisettes et chercher le nombre total. Faute d'organisation, on est obligé de les recompter une à une (ou de surcompter après 7). À droite, les élèves vérifient qu'il y a bien 7 jetons et 5 jetons, ce qui, à ce moment de l'année, est évident.

Picbille pense : « Ça va dépasser 10. Ça fera 10 et ... ». Pourquoi peut-il dire cela ? Où sont les 10 ? De combien le résultat va-t-il dépasser 10 ? Les enfants entourent les deux 5 pour former un 10.

B. Simuler mentalement le regroupement des 5

Il s'agit d'aider les élèves à évoquer mentalement les nombres « comme Dédé » et à simuler mentalement le regroupement des 5. Pour mettre en œuvre cette activité, l'enseignant utilise les cartons employés lors de l'activité « cartons-éclairs comme Dédé » (sur le site compagnon).

1re phase

L'enseignant prend le carton de 9 avec la main droite (il conserve l'orientation habituelle avec les 5 en bas). Les élèves n'en voient que le verso. Il interroge comme ci-contre.

Puis il prend le carton de 5 avec la main gauche :

NB : Ces deux moments se déroulent en continu. La 1re consigne ne demande pas de réponse verbale ; elle vise à susciter une évocation. On ne fait donc pas décrire explicitement la configuration de 9, sauf si des élèves ont du mal à l'évoquer.

2e phase

Pour la vérification, on rend visibles les deux cartons et on fait décrire la réorganisation induite par le regroupement des 5. Pour certains élèves, c'est aussi un moment d'apprentissage.

Dans l'interrogation du fichier, on peut proposer à nouveau les cas déjà rencontrés (7 + 5 et 9 + 5) en les mélangeant aux autres cas (5 + 5, 6 + 5, 8 + 5 et 10 + 5).

Activités Séquence 59

Calcul mental

Compteur (+ 1) : Picbille → chiffres

Il s'agit de découvrir les nombres « comme Picbille » entre 40 et 59. L'activité est identique à celle décrite avec les nombres « comme Dédé » sauf qu'ici le nombre est représenté soit avec du matériel sur le bureau, soit dessiné au tableau (boites schématisées et jetons). On commence à 27, par exemple.

Soustractions mentales du type 8 – 6

L'enseignant anime la situation d'anticipation qui favorise une simulation mentale du calcul d'une soustraction du type 8 – 6 (retirer beaucoup).

A. Jeu avec la *Planche des nombres...*

La présentation détaillée de la *Planche* et du jeu se trouve page 157 du fichier des élèves. Nous y renvoyons l'enseignant, tant pour la découverte de la *Planche* que pour l'introduction du jeu.

Objectifs

La sq 60 a un double objectif :

1°) Enseigner aux élèves à dénombrer une collection en utilisant les petits nombres 3 et 2 et, donc, sans compter 1 à 1 (rappelons que 3 est la limite supérieure de ce qu'on appelle le *subitizing*). Cette sq se situe donc dans le prolongement de la sq 38, qui avait le même objectif dans le cas où la collection est organisée linéairement.

2°) Comparer des nombres alors que l'un est représenté « comme Dédé » et l'autre « comme Picbille ».

Dans cette sq, les enfants sont d'abord conduits à utiliser les groupes de 3 et 2 pour former des dizaines, puis à écrire le nombre en chiffres et, enfin, à dessiner une collection correspondante « comme Dédé » et « comme Picbille ». Les propriétés différentes de chaque sorte de groupe de dix (masquage des 10 unités dans un cas et non dans l'autre) présentent un intérêt pédagogique, notamment dans le contexte où il s'agit de comparer deux nombres représentés l'un « comme Dédé » et l'autre « comme Picbille » (cadre B). En effet, ce n'est pas nécessairement la collection dont on voit le plus d'unités qui est la plus nombreuse. S'il s'agit de comparer 26 points dessinés « comme Dédé » et 30 points dessinés « comme Picbille », par exemple, on voit bien plus de points dans le cas de Dédé puisqu'on n'en voit aucun dans le cas de Picbille (3 boites pleines). Et pourtant, 30 est le plus grand des deux nombres. Ainsi, la comparaison de nombres représentés sous chacune de ces deux formes contraint les élèves à concevoir chacun de ces nombres au-delà de ce qu'ils voient.

Activités Séquence 60

Calcul mental

Compteur (– 1) : Dédé → chiffres

Idem sq 58.

Additions mentales ($n + 5$; $5 + n$)

L'enseignant anime la situation d'anticipation de la sq 58 (regrouper les 5).

A. Utiliser 3 et 2 pour dénombrer

Activité préliminaire

L'enseignant a dessiné au tableau un ensemble de 36 ronds, par exemple, organisés, comme dans le cadre A du fichier, en groupes de 3 et 2 tels qu'il est facile d'apparier un groupe de 3 avec un autre de 2 pour former 5 (il peut y avoir aussi, proches l'un de l'autre, un groupe de 4 et une unité isolée). La consigne est donnée : « On veut savoir combien il y a

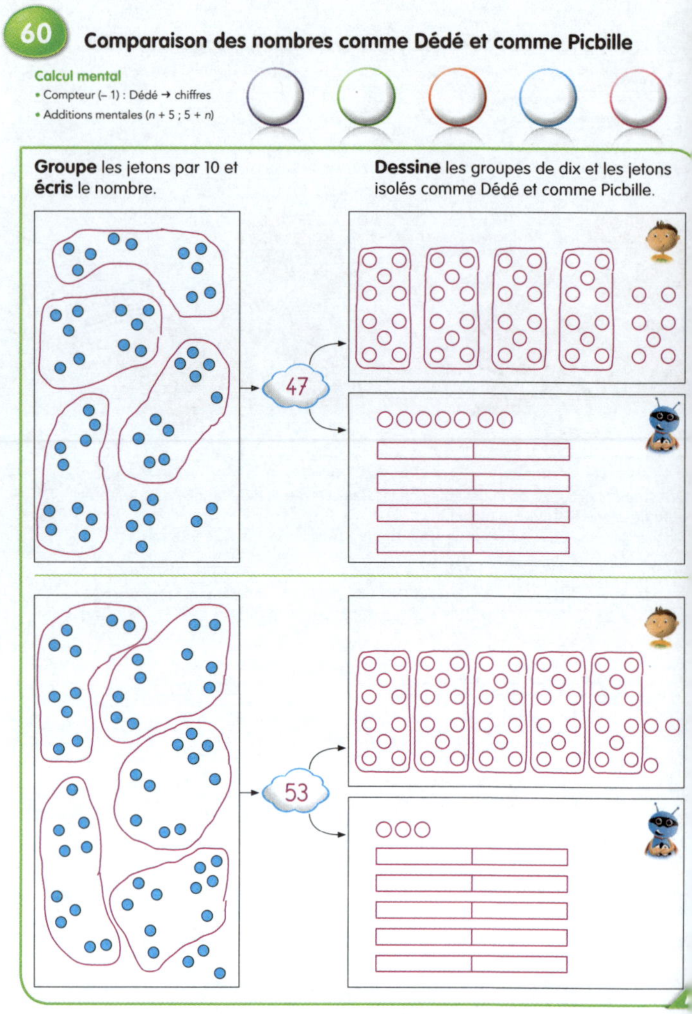

de ronds en tout, mais sans les compter 1 à 1 ». On débat sur la stratégie à adopter : former des groupes de 10 et, pour cela, former auparavant des groupes de 5. Un élève vient au tableau et le fait. Plutôt que d'entourer ensuite les dizaines, on pourra choisir de relier entre eux les groupes de 5 précédemment formés :

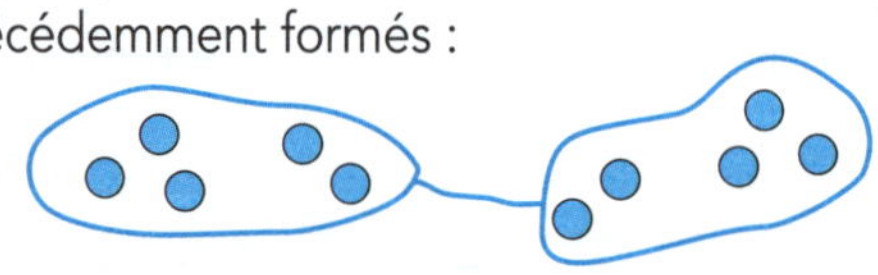

Activité sur le fichier

Les élèves voient un ensemble de points bleus, un nuage et deux cadres à droite : après avoir formé des groupes de dix, il faudra écrire en chiffres combien il y a de jetons en tout, représenter ce nombre, d'une part « comme Dédé », d'autre part « comme Picbille ».

Pendant que les autres élèves réalisent l'activité, l'enseignant peut intervenir de manière spécifique auprès de ceux qui ont le plus de difficulté à comprendre la numération décimale en leur demandant, après qu'ils aient formé les groupes de dix, de dire comment ils peuvent faire pour trouver le nombre total. Il s'agit de leur faire expliciter :

– Que le comptage de 10 en 10 est un résumé d'un comptage de 1 en 1. Dire : « dix, vingt, trente » va plus vite que de dire : « un, deux… neuf, dix, onze, douze… dix-neuf, vingt, vingt-et-un… vingt-neuf, trente ». Dans ce type d'intervention, le geste doit évidemment être coordonné avec la parole. Lorsqu'on dit « dix » en comptant de 10 en 10, il faut que

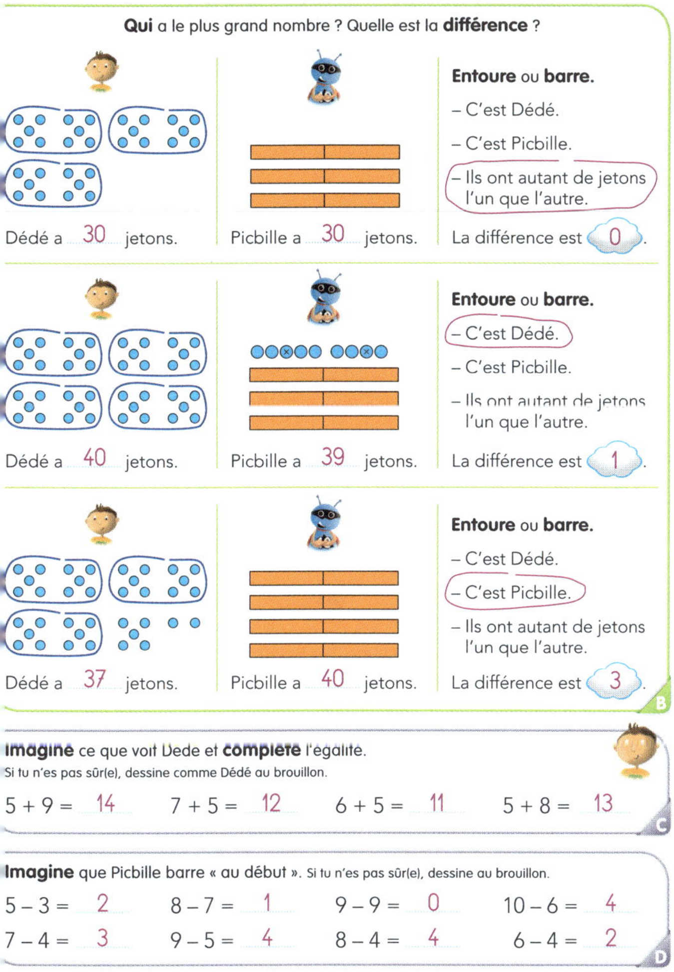

Qui a le plus grand nombre ? Quelle est la **différence** ?

Dédé	Picbille	Entoure ou barre.
Dédé a 30 jetons.	Picbille a 30 jetons.	– C'est Dédé. – C'est Picbille. – Ils ont autant de jetons l'un que l'autre. La différence est 0.
Dédé a 40 jetons.	Picbille a 39 jetons.	– C'est Dédé. – C'est Picbille. – Ils ont autant de jetons l'un que l'autre. La différence est 1.
Dédé a 37 jetons.	Picbille a 40 jetons.	– C'est Dédé. – C'est Picbille. – Ils ont autant de jetons l'un que l'autre. La différence est 3.

Imagine ce que voit Dédé et **complète** l'égalité.
Si tu n'es pas sûr(e), dessine comme Dédé au brouillon.

5 + 9 = 14 7 + 5 = 12 6 + 5 = 11 5 + 8 = 13

Imagine que Picbille barre « au début ». Si tu n'es pas sûr(e), dessine au brouillon.

5 – 3 = 2 8 – 7 = 1 9 – 9 = 0 10 – 6 = 4
7 – 4 = 3 9 – 5 = 4 8 – 4 = 4 6 – 4 = 2

le doigt parcoure l'ensemble des dix points correspondants, et lorsqu'on compte ces mêmes points 1 à 1, il faut insister sur le fait que le mot « dix » est prononcé en pointant le dernier point du groupe. Idem pour « vingt » et pour « trente ».
– Que le comptage des groupes de dix (1 groupe de dix ; plus 1, 2 groupes de dix ; plus 1, 3 groupes de dix…) conduit au même résultat que le comptage de 10 en 10 (dix, vingt, trente…).

B. Comparaison de nombres dessinés « comme Dédé » et « comme Picbille »

Dédé a des jetons, Picbille aussi. Qui a le plus grand nombre de jetons ? On explorera le format de réponse qu'il convient d'adopter : il faut entourer le mot « Dédé » ou « Picbille » si l'un d'eux a plus que l'autre et le mot « autant » sinon (on rappellera que « autant » signifie « le même nombre »). Il faut de plus écrire la différence dans le nuage. Deux stratégies permettent de trouver la différence :
– mettre en correspondance les groupes de dix qui « sont pareils » et isoler ce qui n'a pas pu être mis en correspondance ;
– chercher ce qu'il faudrait ajouter à l'un des deux personnages pour qu'ils aient « pareil ».

Activités complémentaires

Voici deux autres exercices de comparaison.

Qui a le plus grand nombre ? Quelle est la **différence** ?

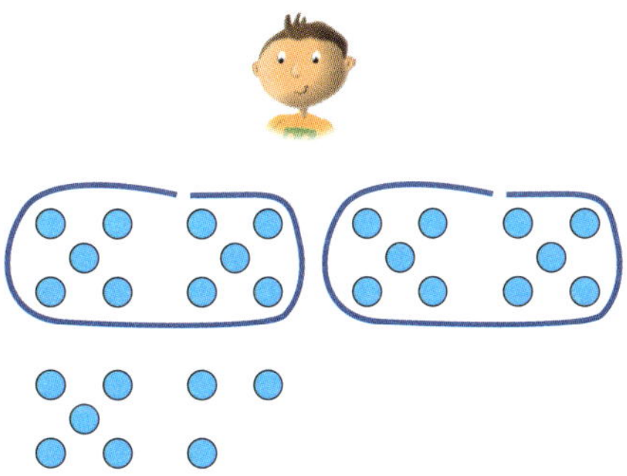

Dédé a .... jetons.

Picbille a .... jetons.

Entoure ou **barre.**

– C'est Dédé.

– C'est Picbille.

– Ils ont autant de jetons l'un que l'autre.

La différence est ☁.

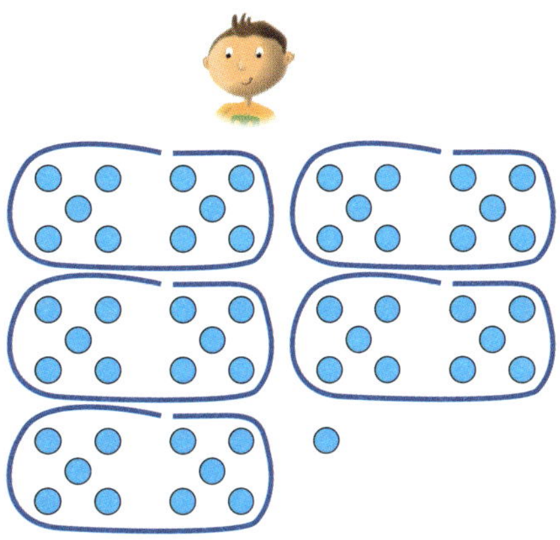

Dédé a .... jetons.

Picbille a .... jetons.

Entoure ou **barre.**

– C'est Dédé.

– C'est Picbille.

– Ils ont autant de jetons l'un que l'autre.

La différence est ☁.

Objectifs

Dans la sq 61, on aborde les écritures littérales des nombres au-delà de « dix ». On se limite ici aux cas des nombres entre onze et dix-neuf. Les 6 premiers de ces nombres (onze, douze…) ne sont pas les plus faciles à écrire parce que les élèves ne peuvent pas, comme dans le cas de *dix-sept*, *dix-huit* ou *dix-neuf*, utiliser des écritures déjà connues. Dans les éditions précédentes de *J'apprends les maths*, nous avions choisi d'enseigner en premier l'écriture des nombres qui sont formés de manière régulière (*dix-sept*, *dix-huit*, *dix-neuf*, *vingt*, *vingt-et-un**, *vingt-deux*, etc.). Dans cette nouvelle édition, nous abordons plus précocement l'écriture des nombres irréguliers. Ce choix présente évidemment l'avantage de donner plus de temps aux élèves pour s'approprier ces écritures irrégulières. Il donne aussi l'occasion aux élèves les plus fragiles d'apprendre l'ordre de ces nombres.

Pour atteindre cet objectif, les élèves disposent d'un nouvel outil : la *Planche des nombres écrits en lettres*, support qu'ils trouvent pages 156-157 du fichier. Cette planche a la même structure que celle des *nombres comme Picbille* : elle comporte 10 bandes de 10 cases, depuis *un* jusqu'à *cent* ; la jonction entre les deux pages matérialise le repère 5 et, quand on se déplace verticalement, les nombres vont de 10 en 10. Enfin, un espace plus important sépare les 5 premières lignes (nombres de *un* à *cinquante*) des 5 lignes suivantes (de *cinquante-et-un* à *cent*).

Cet outil permet un travail autonome des élèves. Celui qui veut écrire en lettres le nombre 15, par exemple, peut retrouver cette écriture en raisonnant ainsi : quinze, c'est dix plus cinq, le nombre 15 est donc écrit dans la case en dessous de *cinq*. Pour autant, une analyse des correspondances grapho-phonologiques dans chacun de ces mots ne peut que renforcer l'apprentissage de leur écriture : on remarquera notamment qu'ils se terminent tous par « *ze* ».

Dans la sq 62, les élèves apprennent à sélectionner eux-mêmes la stratégie qui permet de calculer une soustraction élémentaire : lorsqu'on retire un petit nombre, on « barre à la fin » et lorsqu'on retire un grand nombre, on « barre au début ». Une telle formulation est évidemment approximative parce que deux soustractions où l'on retire le même nombre, 4, par exemple, peuvent se calculer différemment : 9 – 4 se calcule en « barrant à la fin » alors que 6 – 4 se calcule en « barrant au début », par exemple. Une formulation correcte devrait utiliser les tailles relatives des deux nombres en jeu dans la soustraction, mais elle serait inaccessible à des enfants de cet âge ; en fait, la formulation approximative, lorsqu'elle s'accompagne de l'évocation mentale de collections organisées, suffit pour donner l'intuition de la stratégie la meilleure.

* Rappelons que nous utilisons la nouvelle orthographe.

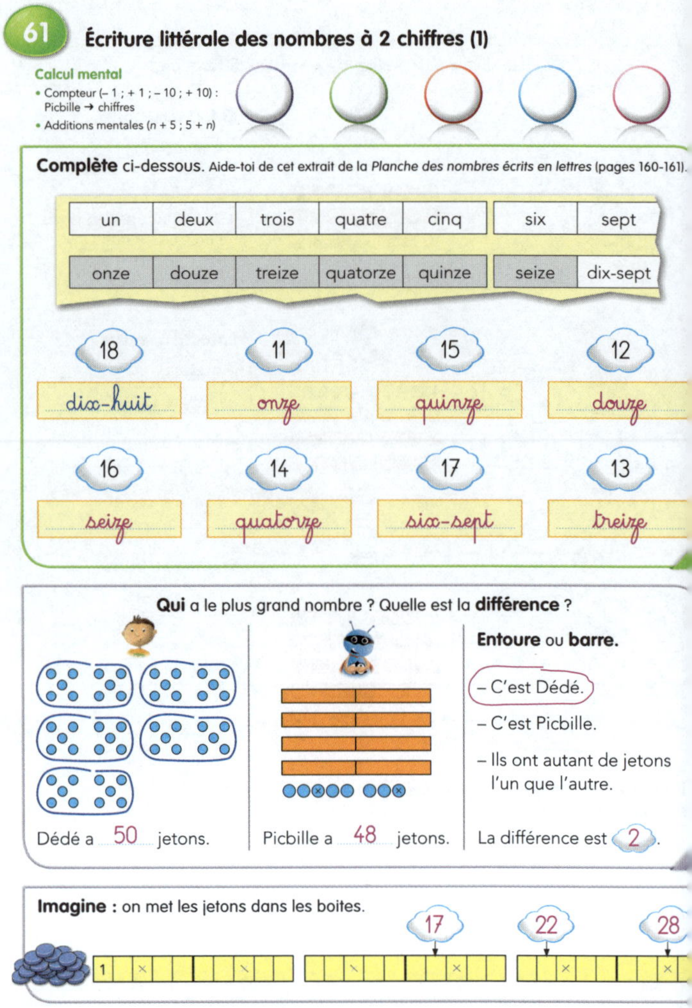
61 Écriture littérale des nombres à 2 chiffres (1)

Calcul mental
• Compteur (– 1 ; + 1 ; – 10 ; + 10) : Picbille → chiffres
• Additions mentales (*n* + 5 ; 5 + *n*)

Complète ci-dessous. Aide-toi de cet extrait de la *Planche des nombres écrits en lettres* (pages 160-161).

un	deux	trois	quatre	cinq	six	sept
onze	douze	treize	quatorze	quinze	seize	dix-sept

18 dix-huit — 11 onze — 15 quinze — 12 douze
16 seize — 14 quatorze — 17 dix-sept — 13 treize

Qui a le plus grand nombre ? Quelle est la **différence** ?

Dédé a 50 jetons. Picbille a 48 jetons.

Entoure ou **barre**.
– C'est Dédé.
– C'est Picbille.
– Ils ont autant de jetons l'un que l'autre.
La différence est 2.

Imagine : on met les jetons dans les boites.
17 22 28

Activités Séquence 61

Calcul mental

Compteur (– 1 ; + 1 ; – 10 ; + 10) : Picbille → chiffres

Idem sq 59 mais la suite des nombres parcourus résulte maintenant de l'ajout ou du retrait d'une boite tout autant que celui d'un jeton. La suite parcourue peut être : 53, 43, 33, 32, 31, 30, 29, 19, 18, 28, 38, 48, 49, 50, etc.

Additions mentales (*n* + 5 ; 5 + *n*)

L'enseignant anime la situation d'anticipation de la sq 58 (regrouper les 5).

A. Écriture littérale des nombres à 2 chiffres : de *onze* à *seize*

L'activité commence collectivement alors que les élèves ont leur fichier ouvert à la double page qui suit immédiatement celle de la *Planche des nombres comme Picbille*. La découverte de cette nouvelle planche va permettre de la « lire » comme un décalque de celle de Picbille, puis de faire fonctionner l'identité de structure.

Cette découverte s'effectue case après case de « un » à « vingt-six », les élèves mettant leur doigt sur le nombre qui est en cours d'examen et l'enseignant écrivant les mots au tableau afin d'y reproduire les premières lignes de la planche. On sait lire et écrire les premiers mots (un, deux…) ; on commente

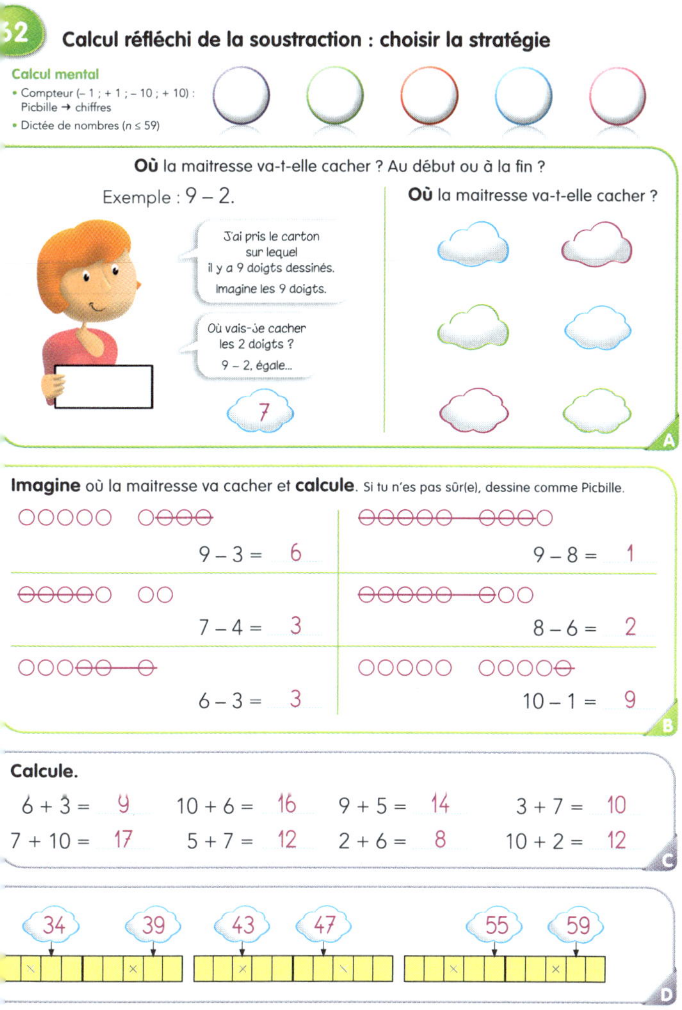

cependant le passage de cinq à six (changement de page). On note le retour à la ligne après dix et on observe qu'en se comportant par analogie avec la *Planche de Picbille*, on peut dire ce qui est écrit, même si on ne sait pas encore lire les mots : après dix, c'est onze (le mot est écrit et ses correspondances grapho-phonologiques analysées), puis douze (idem)… On remarque que onze, c'est dix plus un et que le mot « onze » est écrit immédiatement en dessous du mot « un » ; de même, douze, c'est dix plus deux et le mot « douze » est écrit immédiatement en dessous du mot « deux », etc. ; on remarque qu'il est facile de lire et écrire dix-sept, dix-huit et dix-neuf.

Bien que sur le fichier l'interrogation porte sur l'écriture des nombres jusqu'à vingt, il est préférable de continuer l'exploration de la planche jusqu'à vingt-six, par exemple, afin de mieux en comprendre la structure. Au passage de vingt-cinq à vingt-six, on remarque que le changement de page correspond au repère cinq. « Entre quels nombres change-t-on de page sur la 2e ligne ?»

B. Comparaison de nombres dessinés « comme Dédé » et « comme Picbille »

Il s'agit d'un entretien de l'activité découverte lors de la sq 60. Il est possible de proposer les activités complémentaires du même type qui sont décrites dans la double page de droite précédente de ce *Guide pédagogique* (page 93).

Activités Séquence 62

Calcul mental

Compteur (– 1 ; + 1 ; – 10 ; + 10) : Picbille → chiffres

Idem sq 61.

Dictée de nombres ($n \leq 59$)

L'enseignant dicte un nombre, les élèves l'écrivent en chiffres. Les résultats sont justifiés ainsi : « cinquante-quatre » s'écrit « 54 » parce que « cinquante », c'est 5 groupes de dix. On est attentif à proposer quelques cas entre 11 et 16 (cas où le nombre d'unités ne s'entend pas).

A et B. Calcul réfléchi de la soustraction

Activité préliminaire

L'enseignant écrit deux soustractions au tableau, qui, de manière évidente, se calculent par des stratégies différentes : « 8 – 2 = » et « 8 – 7 = », par exemple. Il dessine 8 traits « comme Patti » sous chacune de ces soustractions et demande à un élève de venir barrer les traits pour chacune d'elles. La stratégie est explicitée : quand on retire un petit nombre, on « barre à la fin », et quand on retire un grand nombre, on « barre au début ».

L'enseignant anime ensuite une activité de simulation mentale d'un retrait qui est réalisé de manière masquée (réponse sur ardoise) ; celle-ci diffère de celles qui ont été décrites pour les sq 41 et 55 sur deux points :

1°) l'enseignant propose des cas variés où l'on cache soit au début, soit à la fin ;

2°) il se contente d'évoquer le fait qu'il va cacher des traits, il ne le fait pas encore à ce moment de l'activité, il le fera seulement pour valider les réponses des élèves.

S'il s'agit de calculer 9 – 2, par exemple, ce calcul est écrit au tableau et l'activité se déroule ensuite en deux phases :

Évocation de la collection organisée de traits et du masquage

Validation

On procède à la vérification en basculant le carton où figurent les traits et en exécutant le retrait sous les yeux des élèves : « Il y a 9 traits sur le carton ; 9, c'est 5 et encore 4. Il faut cacher 2 traits, c'est un petit nombre, je les cache à la fin ;

Suite page 97 ☛

Objectifs

On aborde sq 63 le calcul des « grands doubles », de 6 + 6 à 9 + 9. Ces cas sont faciles : comme les nombres sont identiques, leur composition l'est aussi. Pour 7 + 7 par exemple, si l'on effectue un retour aux 5, cela revient à calculer 5 + 2 + 5 + 2, c'est-à-dire 10 + 4. Les deux nombres qui ne sont pas 5 forment un « petit double » (ici 2 + 2), c'est-à-dire une addition bien connue à ce moment.

Là encore, l'enseignant proposera les premiers calculs en incitant les élèves à évoquer les constellations de Dédé correspondantes et en les amenant à chercher de combien le résultat dépasse 10 (simulation mentale de l'action de regrouper les deux 5 que l'enseignant dit réaliser mentalement).

Pour mémoriser les doubles, il est également utile d'en organiser les résultats au sein d'une table. Une activité complémentaire correspondante est décrite p. 109 de ce guide pédagogique.

La sq 64 est consacrée à des Problèmes pour apprendre à chercher. Les élèves y sont confrontés à deux sortes de situations-problèmes :

– Une situation qui, pour la première fois, les conduit à calculer une addition de 4 nombres dont le résultat est supérieur à 20.

– Une situation conduisant à repérer les cases d'un tableau à double entrée sous la forme d'un couple (lettre, chiffre).

Activités — Séquence 63

Calcul mental

Compteur (– 1 ; + 1 ; – 10 ; + 10) : Picbille → chiffres

Idem sq 61.

Dictée de nombres ($n \leq 59$)

Idem sq 62.

A. Les « grands doubles » : comparaison comptage / calcul

La séquence peut commencer fichier fermé en demandant aux élèves de calculer 7 + 7. Un temps de recherche individuelle est suivi d'un échange sur les différentes stratégies. Il s'agit de mettre en évidence le fait que lorsqu'on dessine deux fois 7 points « comme Picbille » ou « comme Dédé » (c'est-à-dire avec le repère 5), il est facile d'obtenir le résultat : on regroupe les deux 5 d'une part et les deux 2 de l'autre, et le résultat apparait comme celui de 10 + 4.

En A, on retrouve le calcul de 7 + 7. À gauche, l'écureuil compte 7 + 7. Il convient de vérifier en comptant 1 à 1 qu'il y a bien 7 noisettes à l'extérieur du charriot et 7 à l'intérieur.

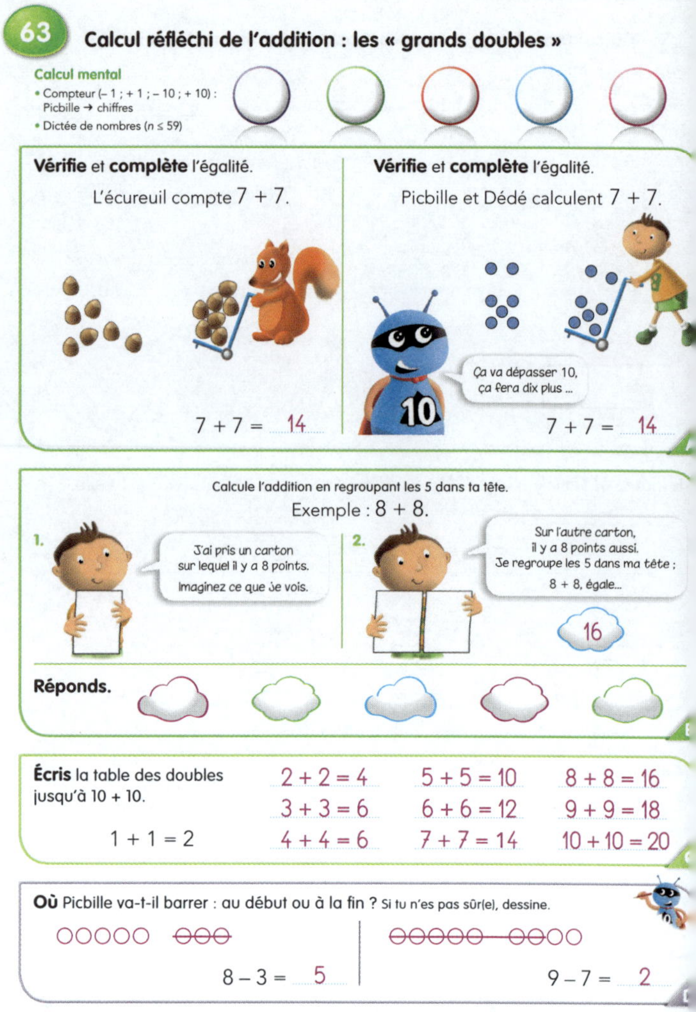

Le résultat de l'addition s'obtient soit en comptant l'ensemble des noisettes, soit en surcomptant au-dessus de 7.

À droite, on voit d'emblée les nombres correspondants et Picbille dit « Ça va dépasser 10, ça fera dix et encore… ». Pourquoi ? Il imagine que les deux 5 remplissent une boite et il y a encore 2 et 2… Picbille et Dédé calculent 7 + 7.

On peut traiter un autre exemple tel que 9 + 9 au tableau de la même façon. On résume les caractéristiques de ces deux cas : ce sont des « doubles », on les calcule comme 5 + 7 et 5 + 9, en cherchant d'abord à faire 10 avec les deux 5 ; on cherche de combien le résultat dépasse 10.

B. Simulation mentale de l'action de regrouper les deux 5

À partir des exemples numériques 8 + 8 et 6 + 6, l'enseignant anime le scénario pédagogique déjà utilisé pour le retour aux 5 (activité B de la page 58). L'enseignant dit par exemple : « Je regroupe les deux 5 dans ma tête ; 8 plus 8, c'est plus grand que 10, c'est… ». Il est essentiel d'évoquer l'action de regrouper les 5. Au moment de la validation, il entoure les 5 avec le doigt. L'enseignant n'hésite pas à aborder à nouveau les cas 7 + 7 et 9 + 9 de cette façon (il faut 2 cartons de 6 points, 2 de 7, etc.).

C. Écriture d'une table des doubles

Quand la table des doubles a été écrite par les élèves, l'enseignant fait d'abord remarquer que les résultats vont de 2 en 2.

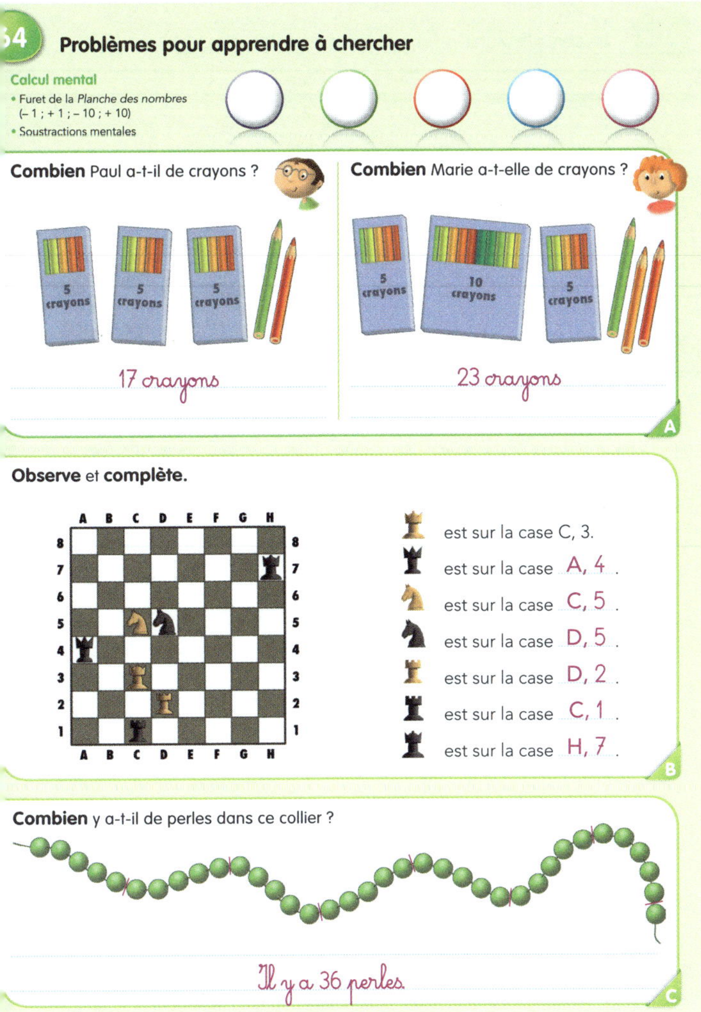

Il peut animer ensuite un jeu du furet des doubles. Il interroge un élève qui doit dire : « un plus un, deux », un autre élève : « deux plus deux, quatre », etc. Il est essentiel que l'enfant interrogé dise la phrase « six plus six, douze », par exemple, en entier plutôt que de donner seulement le résultat de l'addition parce que la mémorisation de ce type de relations a une forte composante verbale.

Activités Séquence 64

Calcul mental

Furet de la *Planche des nombres* (– 1 ; + 1 ; – 10 ; + 10)

Les élèves ont leur planche des nombres ouverte. L'enseignant demande de pointer avec le doigt la case « cinquante-huit » ; ce nombre est écrit au tableau. « 58 – 10 ? » Tous les élèves posent le doigt sur la case réponse. « Mathilde ? » La réponse est écrite au tableau. On remarque que le résultat figure dans la case juste au-dessus. « 48 – 10 ? », etc. Voici un exemple de parcours : 48, 38, 28, 18, 19, 20, 21, 31, 41, 51, 52, etc.

L'enseignant fera progressivement dégager les règles de déplacement : + 1 conduit à se déplacer d'une case vers la droite ou, après 10, 20, 30… à effectuer un « retour au début de la ligne suivante » ; + 10 à se déplacer d'une case vers le bas ; les actions correspondant à – 1 et – 10 se décrivent de manière similaire.

☛ Suite de la présentation de la sq 62

on en voit maintenant 5 et encore 2, c'est 7. » L'enseignant peut écrire au tableau l'égalité : 9 – 2 = 7.

La validation s'effectue immédiatement après chaque problème posé, ce qui facilite l'appropriation de la stratégie.

Remarques

Lorsque le choix de la stratégie est moins évident, on peut comparer les deux façons de faire, ce qui permet de s'assurer qu'on obtient le même résultat. Dans certains cas (8 – 4, 6 – 3, par exemple), les deux stratégies sont équivalentes. L'enseignant n'oubliera pas également de proposer quelques cas comme 8 – 8.

Activités sur le fichier

L'enseignant anime la même activité, les réponses sont écrites dans les nuages. En B, les élèves sont autonomes, ils ne dessinent les collections qu'en cas de doute.

Soustractions mentales

L'enseignant anime la situation d'anticipation de la sq 62.

A. Calcul de sommes

Deux lignes de réponse permettent d'écrire à la fois une égalité et une « phrase-solution ».

B. Repérer une case par un couple lettre / chiffre : situation familière

1. Découverte de l'image

« Qu'est-ce qui est dessiné ? » L'enseignant fait une présentation sommaire du jeu d'échec : l'échiquier et l'alternance de cases noires et blanches, les pièces noires ou blanches dont le déplacement varie : les tours, les chevaux (des schémas analogues à ceux du fichier sont faits au tableau), les rois et les reines dont la couronne diffère. « Où est le roi blanc sur l'échiquier ? ; comment cela est-il indiqué sur le fichier ? »

2. Travail sur le fichier

C. Dénombrer une collection sans compter 1 à 1

Réinvestissement de la stratégie apprise avec les « files de noisettes » de l'écureuil. Pour éviter le comptage 1 à 1, on calcule en utilisant 3 et 2 : « 3 plus 2, cinq ; plus 3, huit ; plus 2, dix… ». On peut utiliser des repères graphiques : croix, trait fin après 5, épais après 10…

Objectifs

Dans la sq 65, les élèves étudient les décompositions additives du nombre 9 en utilisant le système de notation découvert dans la sq 21 (V inversé). Ils retrouvent également la situation-problème autocorrective (« Problèmes avec cache ») dans laquelle il s'agit de déterminer différents compléments à un nombre donné, 9 ici.

Sq 66, la notion de longueur est introduite dans une situation où il faut comparer les longueurs de plusieurs objets. Puis on passe à des comparaisons 2 à 2. Pour traiter le cas où les longueurs sont voisines, les élèves sont conduits à l'usage d'une bande de papier sur laquelle ils reportent les deux longueurs afin de les comparer. Ce procédé permet d'effectuer une comparaison sans recourir à une mesure.

Activités — Séquence 65

Calcul mental

Furet de la *Planche des nombres* (– 1 ; + 1 ; – 10 ; + 10)

Idem sq 64. Voici un exemple de parcours : 48, 49, 50, 51, 41, 31, 21, 11, 12, 13, 23, etc.

Additions mentales (6 + 6 , 7 + 7, etc.)

L'enseignant anime la situation d'anticipation de la sq 63 (les doubles sont abordés dans l'ordre puis dans le désordre).

A. Décompositions additives de 9 : s'aider des nombres « comme Dédé »

Le déroulement est identique à celui de la sq 22 : on demande aux élèves d'imaginer les points qui manquent, d'écrire la solution numérique et de ne dessiner que pour vérifier leur solution.

B. Décompositions additives de 9 : situations-problèmes autocorrectives

Activité préliminaire : le « jeu du gobelet »

Rappelons que cette activité peut également être menée soit collectivement, soit par groupes de 2 élèves.

Activité du fichier : les problèmes avec cache

L'activité se déroule comme cela a été indiqué pour les sq similaires.

D. Entretien : file numérique → 59

Rappelons que lorsqu'une file est sur 2 pages, il faut considérer que c'est la même file qui se remplit sur la page de droite.

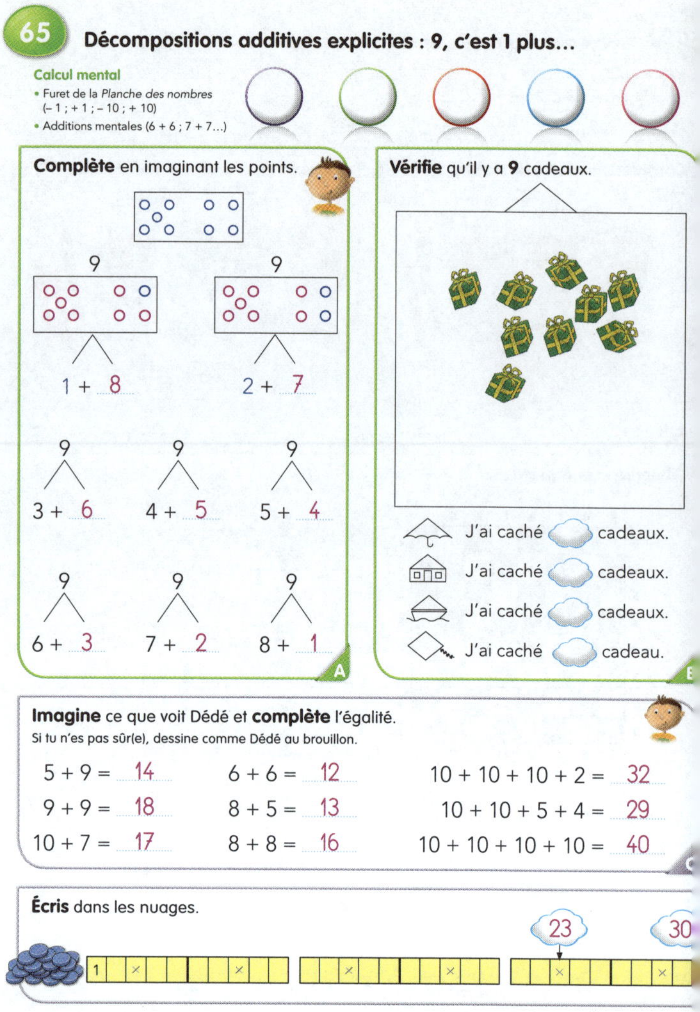

Activités — Séquence 66

Calcul mental

Furet de la *Planche des nombres* (– 1 ; + 1 ; – 5 ; + 5 ; – 10 ; + 10)

Idem sq 64 mais l'ajout et le retrait de 5 sont des nouveautés. Celles-ci ne sont proposées que dans des cas qui ne conduisent pas à changer de dizaine (34 + 5, par exemple).

Soustractions mentales (choisir la stratégie)

L'enseignant anime la situation d'anticipation de la sq 62.

A. Comparaison de longueurs : approche intuitive

Activité préliminaire

1°) Rangement croissant de longueurs

À travers une tâche de rangement d'objets selon leur longueur, les élèves seront conduits à établir les procédés qui facilitent les comparaisons :

– pour chercher le moins long de deux objets, on peut les juxtaposer ;

– il faut faire coïncider l'une de leurs extrémités ;

– pour rendre lisible un rangement d'objets selon leur longueur, il est bon d'aligner les extrémités de l'ensemble de ces objets (s'il s'agit de baguettes par exemple, on forme une sorte d'escalier).

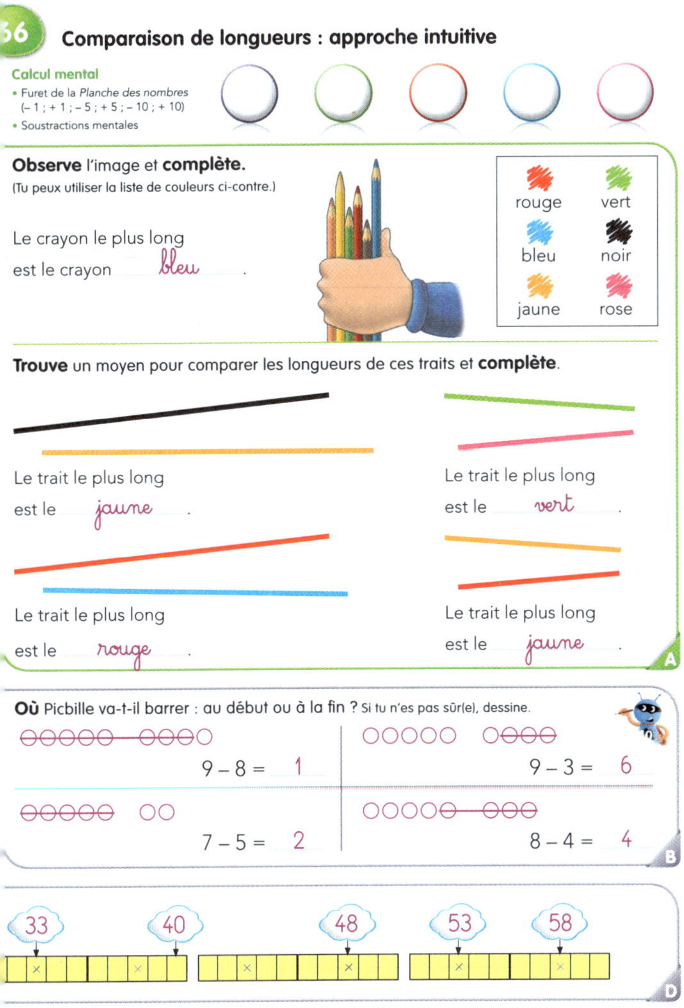

On a préparé 8 bandes de papier de diverses longueurs, par exemple : 50 cm, 70 cm, 80 cm, 82 cm, 1 m, 1,05 m pour deux bandes et 1,20 m. Deux longueurs sont voisines (ici, 80 cm et 82 cm). Leur comparaison conduira à les juxtaposer. Une diversité de couleurs facilitera les échanges. Mais on peut aussi nommer les bandes « A, B, C… ».

Ces bandes sont fixées en vrac sur une partie du tableau, à gauche par exemple (avec de la gomme adhésive). L'enseignant demande de les ranger de la moins longue à la plus longue sur l'autre partie du tableau (d'une bande à l'autre, un élève différent effectue la tâche). Le cas des bandes de longueurs voisines, qui fait débat, conduit à les juxtaposer en étant attentif à ce que les bandes coïncident par l'un de leurs bords.

C'est cette situation qui peut aussi conduire à décider l'alignement de l'ensemble des bandes, en les « posant » sur un grand trait tracé en bas du tableau. Si on veut savoir de quelle longueur une bande dépasse une autre, on le voit ainsi directement. L'enseignant interroge sur ces différences de longueurs, entre des bandes contigües et entre la plus longue et la moins longue, etc. On poursuit le rangement. On remarque le cas d'égalité : ces bandes ont « la même longueur », « leurs longueurs sont égales ». Le rangement terminé, on peut alors questionner ainsi en choisissant par exemple la bande de 82 cm : « Combien de bandes sont plus longues que celle-ci ?… moins longues ? », puis : « Deux bandes ont des longueurs égales, lesquelles ? Deux bandes ont des longueurs presque égales, lesquelles ? » Etc.

2°) Comparaison de deux longueurs par report

Il s'agit maintenant de faire découvrir l'usage d'une bande de papier sur laquelle on reporte une longueur pour la comparer à une autre. L'enseignant a tracé au tableau deux traits de couleurs différentes, de longueurs voisines (par exemple 87 cm et 90 cm) et de directions différentes, de sorte que la comparaison soit difficile. Quel est le trait le plus long ? Comme on ne peut pas les juxtaposer, la comparaison semble impossible.

On laisse les élèves chercher un procédé. Si certains enfants proposaient de mesurer, on ferait expliciter en quoi consiste cette technique, mais on demanderait de chercher un autre moyen. Une façon de les mettre sur la voie est de reprendre une des bandes de papier utilisées dans l'activité précédente et de la montrer… Finalement, si aucun élève ne trouve le procédé, l'enseignant le montre. Il est préférable de fixer provisoirement la bande le long du premier trait pour marquer le repère, puis pour interroger : « J'ai reporté la longueur du trait vert sur la bande. Où est-elle, cette longueur du trait vert ? » Un enfant vient la montrer en la parcourant du doigt jusqu'au repère (ce repère doit donc être très visible). « Que peut-on faire maintenant ? »…

Activités du fichier

En A, on fait énumérer les couleurs des crayons et on demande lequel est le plus long, lequel le moins long. On peut même demander un rangement dans l'ordre croissant. Les élèves complètent ensuite par écrit les zones de réponse (on leur signale le « dictionnaire des couleurs » à droite).

Pour la 2de partie de l'activité A, l'enseignant aura préparé des petites bandes de papier. Il amène d'abord les élèves à comprendre la tâche. Puis il leur fait constater que, pour décider quel trait est le plus long, il n'est pas toujours possible de se fier à ses yeux… Comment peut-on faire ? De là l'usage des bandes quand la comparaison le nécessite.

Activité complémentaire

Rangement de nombres

L'enseignant a préparé une photocopie avec des exercices de ce type :

20 16 ~~11~~ 35 42 ~~3~~ 68 50 47 28 13

3, 11, ...

Il s'agit de réécrire sur la ligne du bas, dans l'ordre croissant, les nombres qui sont en désordre au-dessus. Il faut donc chercher le plus petit nombre de ceux qui restent, en cherchant d'abord celui ou ceux qui ont le moins de « dix », puis le moins de « uns ». On le barre, on le réécrit, puis on cherche le plus petit des nombres qui restent …

Objectifs

Dans la sq 67 les élèves utilisent les nombres 3 et 2 pour former des groupes de dix afin de dénombrer une collection. Cette sq prolonge donc la sq 60 (utiliser les repères 2 et 3 pour dénombrer des points et représenter le même nombre de points comme Dédé et comme Picbille). Dans cette sq 67, la nouveauté réside principalement dans le fait qu'on y fait le lien avec les problèmes énoncés verbalement sous la forme : « 2 groupes de 10 unités, c'est ... unités en tout », « 3 groupes de 10 unités, c'est ... unités en tout ». Ce travail est effectué alors que les groupes de 10 unités sont des équipes d'enfants, des bouquets de fleurs, des paquets de gâteaux, etc.

Activités — Séquence 67

Calcul mental

Additions mentales ($n + 5$, doubles)

L'enseignant anime alternativement les situations d'anticipation des sq 58 (cas du type $n + 5$) et 63 (les doubles) en utilisant les cartons des nombres comme Dédé.

Dictée de nombres ($n \leq 59$)

Idem sq 62. On n'oubliera pas de proposer quelques nombres entre 11 et 16.

A et B. Utiliser 3 et 2 pour former des dizaines et dénombrer ainsi des collections

L'activité commence directement sur le fichier. On observe la première image et la question est posée : « Combien y a-t-il d'enfants en tout ? » L'enseignant laisse un moment de recherche individuelle. Les enfants qui le souhaitent peuvent écrire sur leur fichier au crayon noir.

Il est possible que des élèves se mettent à compter les enfants de l'image 1 à 1 ; certains, pour ne pas en oublier et pour ne pas en recompter un une deuxième fois, adoptent une stratégie de marquage : ils font une marque sous chaque enfant qu'ils viennent de compter.

L'enseignant essaiera de repérer ces élèves parce que lors d'une synthèse collective, il s'adressera prioritairement à eux afin de mettre en évidence qu'ils ont des réponses différentes (surtout ceux qui n'ont pas adopté une stratégie de marquage) : 36, mais aussi 35, 37 ou d'autres nombres encore.

Si l'idée de former des groupes de 10 enfants n'émerge pas, l'enseignant la suggère, il suggère même d'utiliser le fait que les enfants sont souvent par 2 ou par 3. Les élèves forment les groupes de dix et remplissent leur fichier (le mot « groupe » est écrit au tableau).

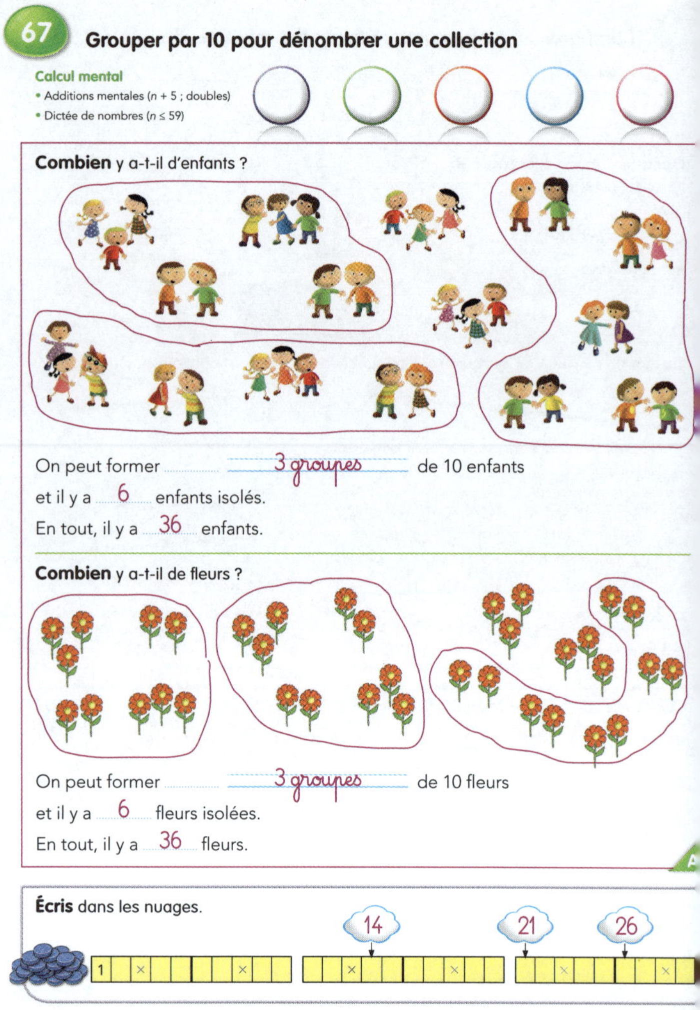

Comme dans la sq 60, on suggèrera de mettre en évidence les dizaines en reliant entre eux deux groupes de 5 :

La seconde activité (groupes de fleurs) se déroule comme la première, à ceci près que les enfants penseront d'emblée à former des dizaines de fleurs. On observe qu'il y a aussi 3 groupes de 10 fleurs et 6 fleurs isolées ; il y a aussi 36 fleurs. Certains enfants, se souvenant des leçons précédentes, pourront penser au fait qu'un groupe d'enfants s'appelle souvent une équipe et un groupe de fleurs, un bouquet.

Dans la dernière activité (cadre B), les points sont déjà organisés par 10 « comme Dédé » (ici, on fera directement entourer les groupes de 10). Il y a 36 points en tout : 3 groupes de 10 et encore 6. On remarque que, dans ce cas, l'accès au nombre est beaucoup plus facile : quand les groupes de 10 sont déjà formés, on sait directement combien il y a d'unités en tout.

On demandera enfin aux enfants d'imaginer que les points sont des gâteaux groupés en paquets de 10 gâteaux : « Combien y a-t-il de gâteaux en tout dans 3 paquets de 10 gâteaux et 6 gâteaux isolés ? » La réponse est écrite sur le fichier. Et si les points étaient des bonbons groupés dans des sacs de 10 bonbons ? Etc.

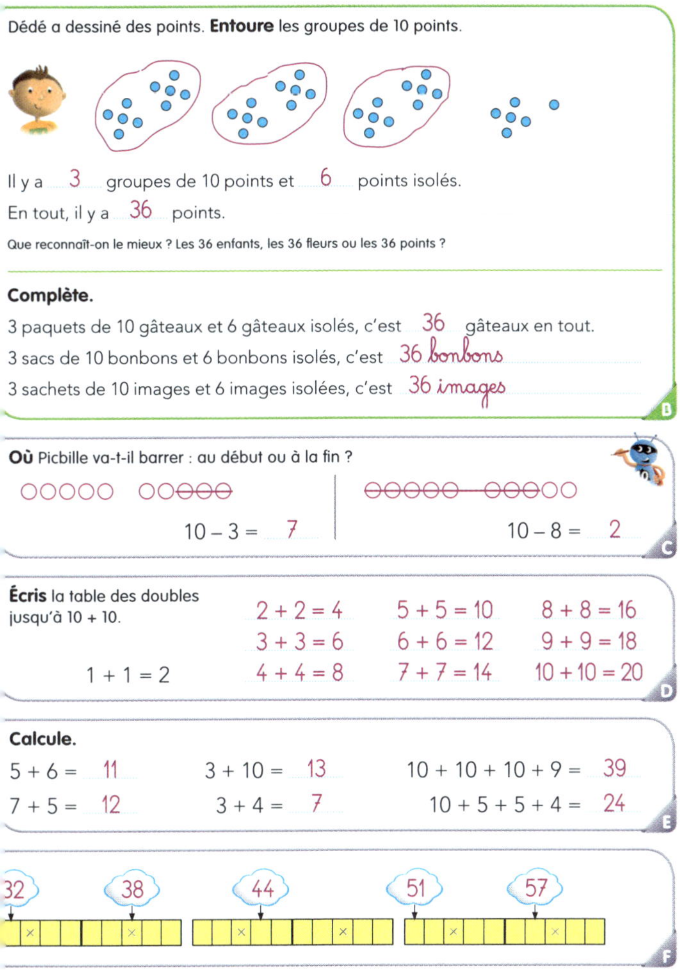
Dédé a dessiné des points. **Entoure** les groupes de 10 points.

Il y a 3 groupes de 10 points et 6 points isolés.
En tout, il y a 36 points.
Que reconnaît-on le mieux ? Les 36 enfants, les 36 fleurs ou les 36 points ?

Complète.
3 paquets de 10 gâteaux et 6 gâteaux isolés, c'est 36 gâteaux en tout.
3 sacs de 10 bonbons et 6 bonbons isolés, c'est 36 bonbons
3 sachets de 10 images et 6 images isolées, c'est 36 images

Où Picbille va-t-il barrer : au début ou à la fin ?
10 – 3 = 7
10 – 8 = 2

Écris la table des doubles jusqu'à 10 + 10.
1 + 1 = 2
2 + 2 = 4
3 + 3 = 6
4 + 4 = 8
5 + 5 = 10
6 + 6 = 12
7 + 7 = 14
8 + 8 = 16
9 + 9 = 18
10 + 10 = 20

Calcule.
5 + 6 = 11
7 + 5 = 12
3 + 10 = 13
3 + 4 = 7
10 + 10 + 10 + 9 = 39
10 + 5 + 5 + 4 = 24

32 38 44 51 57

Activités complémentaires

Le jeu de l'escargot

Ce jeu permet d'exercer le calcul de la somme de deux nombres, mais aussi d'explorer les compléments à la dizaine, à la vingtaine et à la trentaine.

Chaque élève utilise un pion et la double page de la sq 52 (p. 70-71 du fichier de l'élève) comme piste pour un jeu numérique.

On peut jouer à 2, 3 ou 4, chaque joueur utilisant son fichier.

On utilise deux dés ordinaires. Le principe de ce jeu est le même que celui du jeu de l'oie. Mais il faut obligatoirement s'arrêter sur les cases 10, 20 et 30. À chaque jet de dés, le joueur peut avancer, au choix, soit du nombre de cases indiqué par la somme des deux dés, soit du nombre de cases indiqué par l'un des deux dés. Si le joueur ne peut avancer sans dépasser la dizaine supérieure, il passe son tour. Le gagnant est le premier arrivé sur la case 30.

Pour amener les enfants à explorer les compléments à la dizaine supérieure, l'enseignant les incite à comparer leurs progressions :
– « Où en es-tu ? »
– « À la case 17. »
– « Combien te faut-il pour arriver à 20 ? »

D'autres problèmes avec caches

Ils conduisent à d'autres décompositions des nombres 8 et 9 que celles qui ont été étudiées dans les sq 43 et 65.

Vérifie qu'il y a **8** billes.

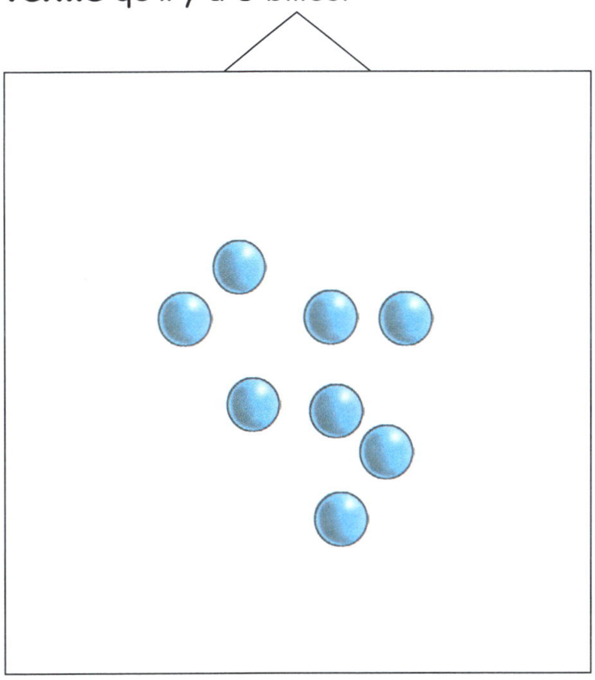

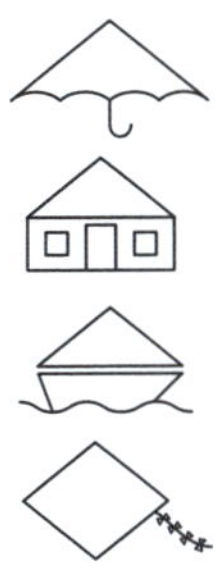

J'ai caché billes.
J'ai caché billes.
J'ai caché billes.
J'ai caché billes.

Vérifie qu'il y a **9** citrons.

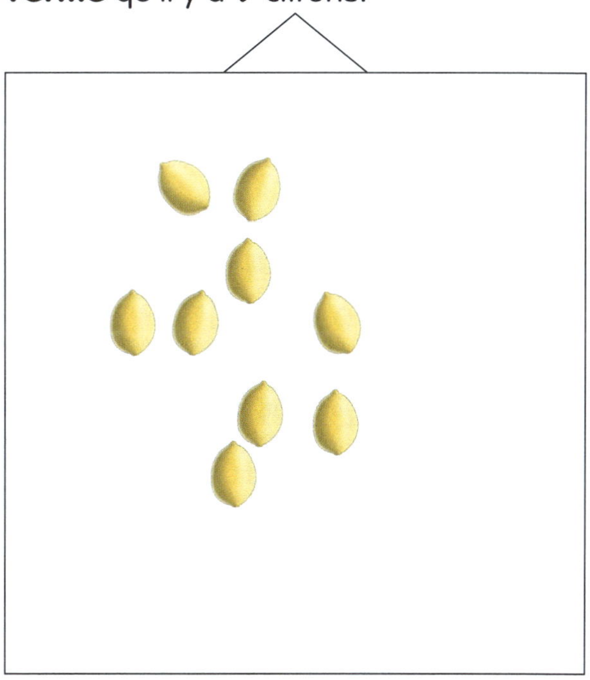

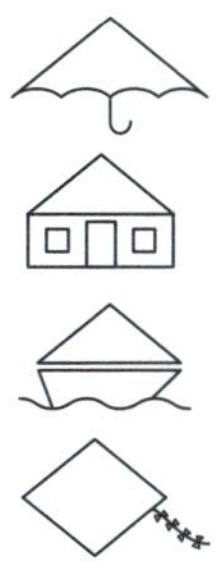

J'ai caché citrons.
J'ai caché citrons.
J'ai caché citrons.
J'ai caché citrons.

Objectifs

La sq 68 a un double objectif :

– Après avoir travaillé sur la notion de groupement en général lors de la sq 47, on amorce ici la mémorisation des premiers multiples de 2 et 5 : 2 groupes de 2 (ou 2 fois 2), c'est 4 ; 3 groupes de 2 (ou 3 fois 2), c'est 6 ; 2 groupes de 5, c'est 10 et 3 groupes de 5, c'est 15 (rappelons qu'on alterne avec les élèves les formulations utilisant le mot « groupe » et celles utilisant le mot « fois »). Ce travail est fait ici dans le contexte des paquets de gâteaux ; il sera généralisé à d'autres contextes lors de la sq 71.

– De plus, dans cette sq, les élèves travaillent à la fois sur les groupes de 2 et 5 et sur les groupes de 10. Il est clair que l'enfant qui prend conscience des facilités de calcul résultant d'un groupement par 10 progresse dans la compréhension de la numération décimale. Or, à ce moment de la progression, il apparait clairement aux élèves qu'ils connaissent mieux 3 fois 10 que 3 fois 2.

Un prolongement (sq 100) consistera à mémoriser les valeurs de 4, 5 et 6 groupes de 2, 5 ou 10 unités. Cela permettra que les enfants s'approprient de nouvelles relations numériques et que les facilités de calcul résultant du groupement par 10 leur apparaissent plus évidentes encore : il est plus facile de connaitre le nombre total dans 6 groupes de 10 que dans 6 groupes de 2 alors que le premier nombre est beaucoup plus grand.

Pour aider les enfants à mémoriser ces relations multiplicatives, on met à leur disposition l'outil que constitue un tableau avec la suite des multiples d'un même nombre (1 groupe de 2, 2 groupes de 2, 3 groupes de 2) dans chaque colonne. Lors des premières séances, les enfants écrivent les nombres correspondants dans un nuage, mais, progressivement, au cours de l'année, ils seront incités à utiliser l'outil qui figure en fin de fichier : un tableau de points où les résultats ne sont plus consignés. Les élèves seront alors obligés soit de les reconstruire rapidement, soit, mieux, d'utiliser le dessin des groupes comme indice de récupération du résultat. Ainsi, toute une stratégie pédagogique visant à favoriser la mémorisation des premiers multiples de 2 et 5 est mise en place.

Dans la sq 69, les élèves retrouvent des activités sur la monnaie. Pour que les élèves développent une intuition de ce que signifie une somme d'argent donnée, on n'utilise plus dans cette séquence la balle de ping-pong à 1 €. Celle-ci est remplacée par la pièce de 1 €, c'est-à-dire par une entité plus abstraite.

De plus, pour approfondir la connaissance de la numération décimale, on fait jouer au billet de 10 € un rôle privilégié. Les élèves utilisent au début leur monnaie factice (incluse dans le matériel individuel). Celle-ci comporte des billets de 20 € et de 50 € mais ils ne seront utilisés qu'ultérieurement.

68 Groupes de 2, 5 et 10 (paquets de gâteaux)

Calcul mental
- Furet de la *Planche des nombres* (– 1 ; + 1 ; – 5 ; + 5 ; – 10 ; + 10)
- Additions mentales (*n* + 5 ; doubles)

On a dessiné des paquets de 2 gâteaux, des paquets de 5 gâteaux et des paquets de 10 gâteaux. Où sont les paquets de 2 gâteaux ? Et ceux de 5 gâteaux ? Et ceux de 10 gâteaux ?

Dans quelle case y a-t-il 3 paquets de 2 gâteaux ?

Et 2 fois 10 gâteaux ? Et...

Écris dans les nuages le nombre de gâteaux en tout.

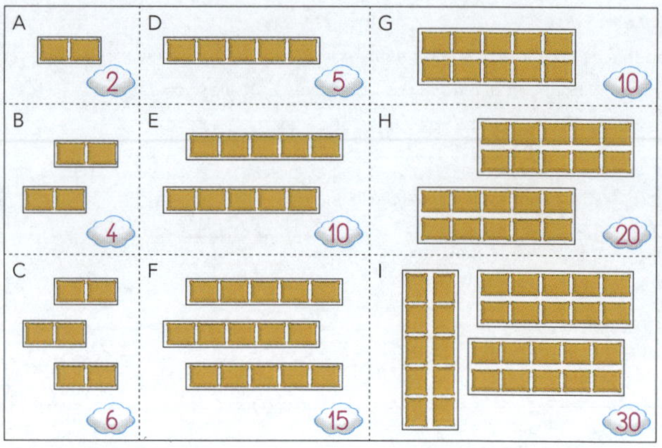

Combien y a-t-il de gâteaux en tout dans 3 paquets de 2 gâteaux ? Et dans 2 fois 10 gâteaux ? Et dans...

Calcule.

9 + 5 = 14 5 + 8 = 13
2 + 8 = 10 7 + 7 = 14

Où Picbille va-t-il barrer : au début ou à la fin ?

9 – 7 = 2 8 – 2 = 6
7 – 1 = 6 6 – 3 = 3

Activités Séquence 68

Calcul mental

Furet de la *Planche des nombres* (– 1 ; + 1 ; – 5 ; + 5 ; – 10 ; + 10)

Idem sq 66.

Additions mentales (*n* + 5 , doubles)

L'enseignant anime la situation d'anticipation des sq 58 (cas du type *n* + 5) et 63 (les doubles) en utilisant les cartons des nombres « comme Dédé ».

A. Combien y a-t-il de gâteaux en tout dans *n* groupes de *p* gâteaux (ou : *n* fois *p* gâteaux) ?

L'activité commence directement sur le fichier. Les élèves découvrent le tableau avec des cases repérées par des lettres. Afin que tous les élèves s'approprient bien sa structure, l'enseignant peut le reproduire sur le tableau de la classe en faisant figurer les lettres en haut à gauche des cases (il n'est pas nécessaire de reproduire les gâteaux). On peut également utiliser une photocopie agrandie.

« Qu'est-ce qui est dessiné sur votre fichier dans la case avec la lettre F ? » 3 paquets de 5 gâteaux ou : 3 fois 5 gâteaux. « Dans la case E ? » 2 paquets de 5 gâteaux. « Dans la case D ? » 1 paquet de 5 gâteaux. Il est préférable de commencer par interroger sur les 2e et 3e colonnes (paquets de 5 et de 10)

parce que le nombre de paquets y est toujours différent du nombre de gâteaux par paquet (il n'y a pas le cas de 2 paquets de 2 gâteaux). Par ailleurs, il est préférable de commencer à interroger concernant 2 ou 3 paquets plutôt qu'un seul. Il peut d'ailleurs paraitre étonnant d'interroger les élèves sur le nombre de gâteaux dans un paquet de 5 gâteaux, mais la polysémie du mot « un » en français justifie une telle interrogation (c'est à la fois un adjectif numéral et un article indéfini). En effet, interroger sur la case D, par exemple, aide à comprendre que lorsqu'on dit : « Il y a un paquet de 5 gâteaux dans la case D », cela signifie « 1 paquet » (ni 2, ni 3) et non « un paquet quelconque ».

On s'assure ensuite de la compréhension des élèves en les interrogeant sur la lettre de la case où figurent *n* paquets de *p* gâteaux (on traite d'abord un ou deux cas sur ardoise puis l'interrogation s'effectue sur le fichier).

L'enseignant demande alors aux élèves d'écrire au crayon noir dans les différents nuages le nombre total de gâteaux dans la case. S'il est effectué individuellement, ce travail est ensuite corrigé en explicitant à chaque fois que « 3 paquets de 2 gâteaux, c'est 6 gâteaux en tout », par exemple.

Enfin, l'enseignant interroge : « Combien y a-t-il de gâteaux en tout dans 2 fois 10 gâteaux ? », par exemple. Quelques exemples traités sur ardoise permettent d'expliciter une stratégie permettant de retrouver le résultat lorsqu'on n'y a pas accès directement dans sa tête : on cherche la case correspondante et le nombre total de gâteaux est écrit dans le nuage.

Activités Séquence 69

Calcul mental

Différence mentale (nombres → 10)

L'activité est la même que celle qui a été présentée dans la sq 9 et que nous avons appelée : *différence mentale*. Il s'agit donc d'anticiper le résultat d'une correspondance terme à terme que l'enseignant réalise dans sa tête, mais maintenant l'enseignant utilise les cartons sur lesquels Maxibille a entre 6 et 10 jetons (ce matériel figure dans le *Guide pédagogique*, il est également téléchargeable sur le site compagnon). Rappelons qu'il faut mettre ces cartons sous plastique lisse pour pouvoir utiliser un feutre effaçable.

Alors que les élèves ne voient que le dos du carton, l'enseignant leur décrit la situation : « En haut, Maxibille a 10 jetons et en bas, Minibille a 6 jetons ; je relie dans ma tête ce qui est pareil et je regarde la différence ; écrivez ce nombre sur votre ardoise. » La validation se fait en retournant le carton, en réalisant la correspondance terme à terme avec un feutre, et en entourant effectivement la différence. Il y a sept cartons ; les couples de nombres sont : (5, 8) ; (6, 9) ; (6, 10) ; (7, 9) ; (7, 10) ; (8, 9) ; (6, 8).

Groupes de 2, 5 et 10 (contexte des gâteaux)

Bien que les élèves commencent par répondre sur ardoise, ils ont leur fichier ouvert pour pouvoir utiliser le tableau de la sq 68 (si nécessaire), et l'enseignant se livre au même type d'interrogation que dans cette sq 68 : « Combien y a-t-il de gâteaux en tout dans 2 paquets de 10 gâteaux ? ; combien y a-t-il de gâteaux en tout dans 3 fois 10 gâteaux ? ». L'interrogation se fait ensuite sur fichier.

A. Diverses façons de réaliser une même somme d'argent

L'activité commence directement sur le fichier. On s'interroge pour savoir si Mme Justin peut acheter la robe et l'enseignant laisse un moment de recherche individuelle aux élèves. Ils sont donc conduits à dénombrer une collection de pièces de 1 € ; lors de l'échange collectif, on insistera sur l'idée que cela peut se faire autrement qu'en comptant 1 à 1 : on fait une croix au-dessus de la 3e pièce, un trait léger après la 5e, une croix au-dessus de la 8e, un trait plus fort après la 10e, etc. Concernant Mme Thomas, on se rappelle qu'un billet de 10 € remplace 10 pièces de 1 € ; on produit au tableau l'égalité 10 + 8 = 18. Concernant les autres personnages, on produit les égalités : 5 + 5 + 5 + 3 = 18 et 10 + 5 + 3 = 18.

On conclut : chacune peut acheter la robe, mais elles ne paient pas du tout de la même manière ; il y a de nombreuses façons de réunir une somme de 18 € ; le faire avec des pièces de 1 € seulement donne un accès malaisé à la somme ; c'est la dernière façon de payer qui utilise le moins de pièces et de billets.

Suite page 105

Objectifs

On poursuit la progression en géométrie avec les tracés sur quadrillage. Plus précisément, les élèves apprennent dans cette sq 70 une procédure pour reproduire une figure sur un quadrillage quand l'un des points de cette figure est déjà donné. C'est la comparaison des tracés de Géom et de Couic-Couic qui va permettre de dégager la procédure : il faut reproduire la figure trait après trait (et non globalement) en partant du point déjà donné et, avant de tracer chaque trait, il faut déterminer sa longueur en carreaux.

Le fait que la même figure doit être reproduite 3 fois est un facteur d'apprentissage : si l'enfant a fait une erreur lors du premier essai et qu'il en a pris conscience, il peut l'éviter ensuite.

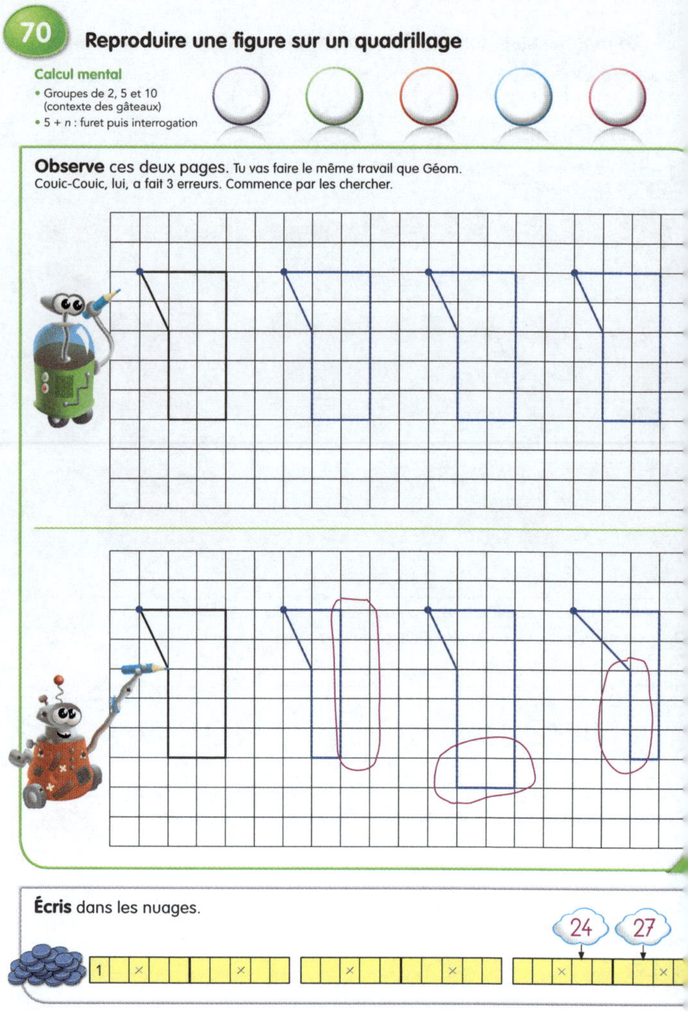

Activités Séquence 70

Calcul mental

Groupes de 2, 5 et 10 (contexte des gâteaux)

Idem sq 69 (comme la réponse se fait sur ardoise, les élèves qui en ont besoin peuvent garder le tableau de la sq 68 sous les yeux ; il est évidemment préférable de s'en passer).

5 + *n* : furet puis interrogation

Il s'agit, par une interrogation rapide, de favoriser l'automatisation du calcul. Le 1er élève du furet dit : « 5 + 1, 6 », le 2e : « 5 + 2, 7 »... jusqu'à « 5 + 10, 15 ». Le furet se poursuit en redescendant (5 + 9, etc.). Le fait de dire la relation numérique dans son entier (« 5 + 1, 6 ») favorise l'association verbale. L'interrogation qui suit s'effectue avec réponses sur le fichier, de manière continue, la correction se faisant à la fin.

A et B. Reproduire une figure sur quadrillage

L'activité commence directement sur le fichier. Comme lors des sq précédentes de géométrie, on amène tout d'abord les élèves à observer les deux pages. L'analyse du support de travail sur la page 93 du fichier de l'élève et de la réalisation de Géom permet de comprendre ce qu'il faudra faire : une figure est déjà dessinée, il faudra la reproduire exactement trois fois en commençant par le point bleu et en utilisant la règle. C'est le commentaire du travail de Couic-Couic qui va permettre de dégager une procédure pour réussir ce tracé.

Le fait que Couic-Couic se soit trompé parait évident : aucune des trois figures n'est la reproduction exacte du modèle. On peut dire qu'il s'est trompé trois fois, puisque les trois figures sont différentes du modèle. L'enseignant amène les élèves à dépasser cette perception globale et à entrer dans l'analyse des tracés de Couic-Couic, figure après figure et, pour chaque figure, trait après trait :

- La 1re figure est trop étroite (trop « maigre »).

On reconstitue comment Couic-Couic l'a tracée en commençant par le trait du haut, celui qui part du « point de départ ». Ce trait n'est pas assez long : il est long comme 2 carreaux au lieu de 3. Les élèves sont invités à tracer le trait correct sur leur fichier (au crayon noir par exemple) en prolongeant le trait trop court. On fait aussi tracer les traits suivants (celui qui descend, puis le trait du bas, etc.). On comprend pourquoi une seule erreur, sur le premier trait, change l'allure de toute la figure, même si tous les autres traits ont la bonne longueur.

- La même méthode d'analyse est appliquée à la figure suivante : le premier trait est correct. C'est le suivant (celui qui descend) qui est trop long. Il est long comme 6 carreaux au lieu de 5. Là encore, le tracé est rectifié par les élèves en barrant ce qui est trop long.
- Quant à la 3e figure, si on l'analyse aussi trait après trait depuis le point de départ, une erreur apparait sur le troisième trait, celui du bas, qui est trop court.

Au terme de cette analyse, on formule une méthode pour réussir : on part du point bleu et l'on commence par tracer le trait de la ligne la plus haute ; pour chaque trait, il faut compter le nombre de carreaux qu'il longe sur le modèle et respecter cette longueur en le traçant.

Cependant, une contrainte reste ici implicite : il faut bien suivre les lignes du quadrillage. On la fait expliciter avant de passer au tracé sur la page 93 du fichier de l'élève, au besoin à partir d'un exemple de trait sur un quadrillage tracé au tableau.

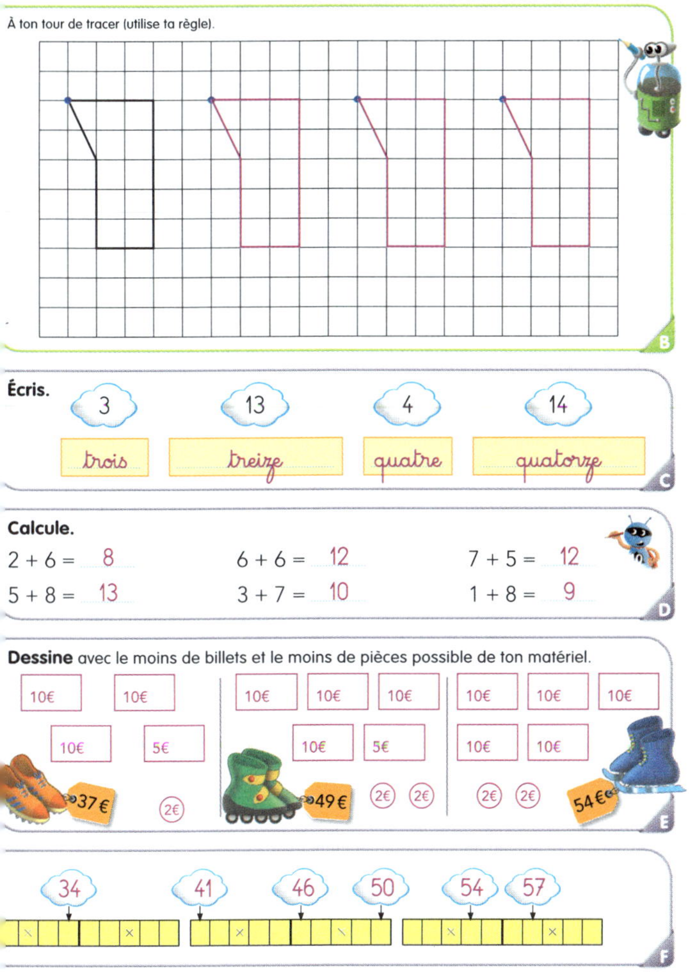

L'enseignant trouvera un exercice supplémentaire dans la double page suivante de ce *Guide pédagogique*. Sur le site compagnon, on trouvera un quadrillage vide pour en concevoir et en proposer d'autres.

Remarques

• Dans de telles tâches, les élèves sont d'abord sensibles à l'allure globale des figures. Pour eux, « reproduire exactement le modèle » n'a pas le sens de la construction d'un dessin superposable partie par partie au modèle, mais plutôt de quelque chose dont l'allure est similaire. La présence du quadrillage n'est pas conçue comme représentant une contrainte métrique, mais comme un support semblable à la page d'un cahier, finalement peu différent d'une feuille blanche. C'est donc en reconstituant les actions qui ont conduit au tracé de Couic-Couic que beaucoup d'enfants prennent conscience du rôle du quadrillage et, par là même, des exigences d'une reproduction exacte.

• Il se peut que certains enfants soient tentés d'adopter une autre méthode pour réaliser les tracés demandés : placer tous les points qui constituent les sommets de la figure et les relier. Cette méthode est bien évidemment valide, même si elle est plus difficile. Mais elle ne conduit pas aux mêmes analyses des erreurs de Couic-Couic : dans ce cas, il a mal placé 2 points par figure.

Suite de la présentation de la sq 69

B et C. Réaliser une même somme avec le moins de billets et de pièces possible

En B, si les élèves ne l'ont pas découvert lors des premières utilisations de la monnaie factice (voir par exemple les activités complémentaires de la sq 48 page 77), il est indispensable de les amener à prendre conscience qu'il n'existe pas de pièce de 3 € et de 4 €, ni de billet ou de pièce de 6 € à 9 €.

On peut le faire de la façon suivante. Les élèves disposent de la monnaie factice qui se trouve à la fin de leur fichier (on n'utilisera les billets de 20 € et de 50 € qu'à partir de la sq 87). L'enseignant demande comment former successivement toutes les sommes de 2 € à 9 € avec le moins de pièces possible. Quand 2 pièces (ou plus) sont nécessaires, on interroge : « Et avec 1 seule pièce ? » Pour 3 € par exemple, on constate qu'il n'y a pas de pièce de 3 € et que la décomposition la plus courte est 2 € + 1 €. Même démarche pour toutes les sommes jusqu'à 9 €. Au fur et à mesure, on peut ainsi construire un affichage collectif des moyens monétaires, qui servira de référence pour les activités ultérieures.

Arrivé à 20 €, on dit aux élèves qu'il existe un billet correspondant à cette somme mais qu'on leur demande de considérer qu'ils n'ont pas un tel billet et qu'ils ne disposent que des pièces et billets du matériel qui est le leur pour le moment (l'objectif est évidemment de faire utiliser le billet de 10 € comme nouvelle représentation de la dizaine).

Les élèves réalisent ensuite la somme demandée et apprennent à dessiner billets et pièces : on écrit d'abord les nombres puis on les entoure pour former le contour des pièces ou des billets. Cette technique permet en effet à l'élève de focaliser d'abord son attention sur les décompositions plutôt que sur la forme et le nombre des pièces.

En C, les élèves travaillent individuellement. Avant de dessiner, s'ils en ont besoin, ils peuvent utiliser la monnaie factice.

Si des enfants proposaient cette méthode (et l'analyse qui en découle), on ne la rejetterait évidemment pas, mais on en ferait concevoir la difficulté.

• Dans la perception d'un quadrillage, le plus souvent, les jeunes enfants ne voient pas des lignes qui se croisent, mais des carreaux juxtaposés. En effet, si on leur demande de reproduire un quadrillage, plutôt que de tracer des lignes horizontales et verticales, ils dessinent des carreaux, souvent ainsi :

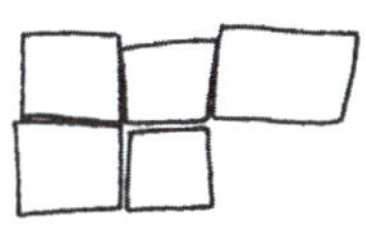

Il est donc d'autant plus important de souligner que les tracés doivent se faire à la règle sur les lignes du quadrillage (on peut demander aux enfants de montrer ces lignes du doigt).

Objectifs

La sq 64 a pour objectif de généraliser à d'autres contextes le travail effectué dans celui des paquets de gâteaux lors de la sq 68. Les enfants utilisent le même outil favorisant la mémorisation des premiers multiples de 2, 5 et 10 : un tableau où ces multiples sont organisés en colonnes et dont les cases sont repérées par des lettres pour favoriser la communication en classe.

Encore une fois, les enfants apprennent que s'il y a 15 points en tout dans 3 groupes de 5 points, il y a 15 fleurs en tout dans 3 bouquets de 5 fleurs, il y a 15 arbres en tout dans 3 rangées de 5 arbres, etc.

Les activités de la sq 72 constituent un support d'évaluation. Toutes les activités qui y sont proposées ont déjà été pratiquées par les élèves. Nous ne consacrons donc aucune page de ce *Guide pédagogique* à les présenter.

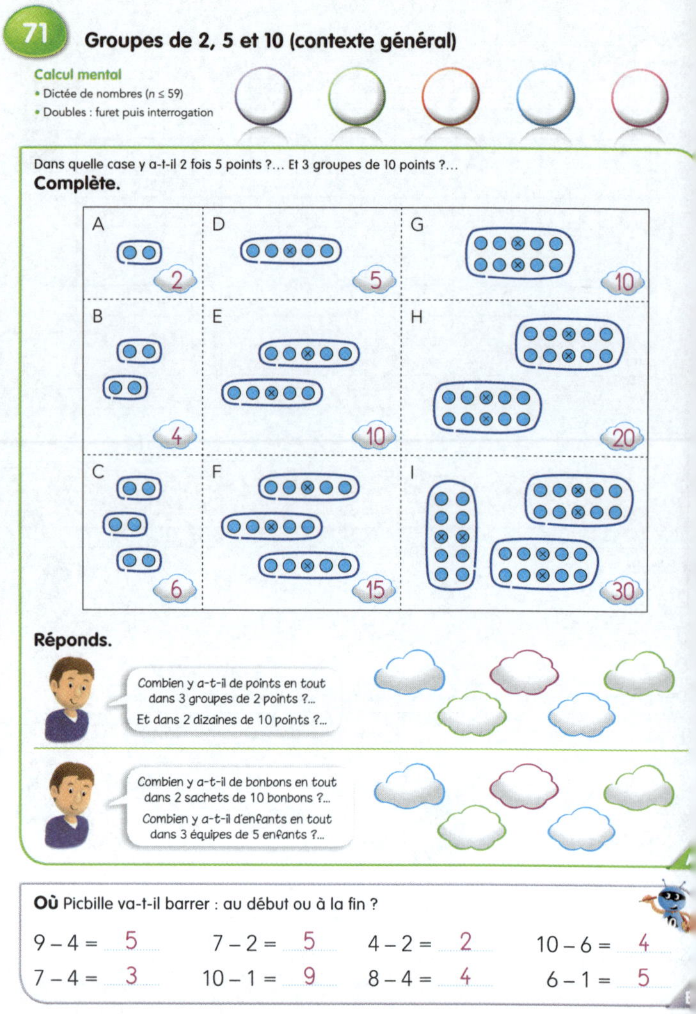

Activités Séquence 71

Calcul mental

Dictée de nombres ($n \leq 59$)

Idem sq 62. On n'oubliera pas de proposer quelques nombres entre 11 et 16.

Doubles : furet puis interrogation

Il s'agit, par une interrogation rapide, de favoriser l'automatisation du calcul. Le 1er élève du furet dit : « 1 + 1, 2 », le 2e : « 2 + 2, 4 »... jusqu'à « 10 + 10, 20 ». Le furet se poursuit en redescendant (9 + 9, etc.). Le fait de dire la relation numérique dans son entier (« 9 + 9, 18 ») favorise l'association verbale. L'interrogation sur le fichier qui suit s'effectue de manière continue, avec correction à la fin.

A. Des groupes de 2, 5 ou 10 points aux groupes d'objets quelconques

L'activité commence directement sur le fichier. L'enseignant demande ce qu'il y a dans la case E, par exemple : 2 groupes de 5 points ou 2 fois 5 points. Il interroge sur d'autres cases. Puis : « Dans quelle case y a-t-il 3 groupes de 2 points ? », « Dans quelle case y a-t-il 2 fois 10 points ? », etc.

Il y a des nuages dans les cases du tableau mais l'enseignant demande aux élèves de ne pas les remplir (il ne le fera faire que par les élèves qui en ont absolument besoin). En revanche, c'est facile de connaitre le nombre qui devrait y figurer parce que, dans la première colonne, les résultats vont de 2 en 2 : c'est 2, 4 et 6. Et dans la deuxième colonne, ils vont de 5 en 5 : c'est 5, 10 et 15. Et dans la troisième colonne... On peut procéder à un jeu du furet où l'enseignant interroge successivement sur les cases A, B, C, D, E, F, G, H, I puis : H, G, F, E, D, C, B, A, B... et l'enfant interrogé doit dire le plus rapidement possible le nombre total de points.

L'enseignant procède ensuite à la première interrogation du fichier, celle qui porte sur des groupes de points. « Combien y a-t-il de points en tout dans 2 groupes de 2 points ? », par exemple.

Puis, quand les différents cas ont été examinés, on change de contexte : « Combien y a-t-il de fleurs dans 3 bouquets de 5 fleurs ? » La stratégie est explicitée : on imagine que les points sont des fleurs, il y en a le même nombre, 15. On reformule : « 3 bouquets de 5 fleurs, c'est comme 3 groupes de 5 fleurs ou 3 fois 5 fleurs. »

Activités complémentaires

L'animal caché

Il s'agit d'un jeu de lecture où il faut repérer des cases sur un quadrillage. Une lettre figure dans chaque case d'un quadrillage donné aux élèves ; on peut retrouver l'animal caché en récupérant successivement les lettres qui composent son nom grâce à une suite de consignes du type :

– 1re ligne, 5e carreau ;
– 2e ligne, 7e carreau ;
– 3e ligne, 1er carreau,
– 4e ligne, 6e carreau, etc.

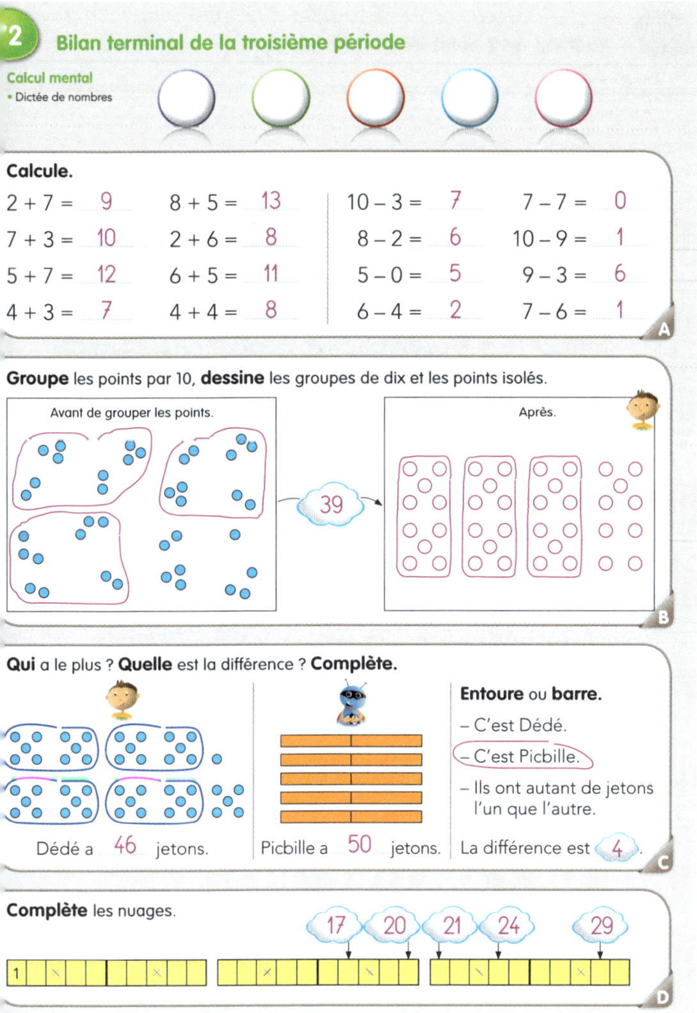
2 Bilan terminal de la troisième période

Calcul mental
• Dictée de nombres

Calcule.

2 + 7 = 9	8 + 5 = 13	10 – 3 = 7	7 – 7 = 0
7 + 3 = 10	2 + 6 = 8	8 – 2 = 6	10 – 9 = 1
5 + 7 = 12	6 + 5 = 11	5 – 0 = 5	9 – 3 = 6
4 + 3 = 7	4 + 4 = 8	6 – 4 = 2	7 – 6 = 1

A

Groupe les points par 10, **dessine** les groupes de dix et les points isolés.

Avant de grouper les points. — 39 — Après.

B

Qui a le plus ? **Quelle** est la différence ? **Complète.**

Dédé a 46 jetons. Picbille a 50 jetons.

Entoure ou **barre.**
– C'est Dédé.
– C'est Picbille.
– Ils ont autant de jetons l'un que l'autre.

La différence est 4.

C

Complète les nuages.

17 20 21 24 29

1

D

Activités complémentaires (suite)

Ces indications sont données oralement ou par écrit et en progressant de la première à la dernière ligne.

Chaque lettre récupérée est notée dans la grille en dessous. Il faut ensuite entourer, sur une planche où figurent plusieurs animaux, celui dont le nom a été ainsi reconstitué (ce qui suppose d'avoir lu le mot écrit dans la grille du bas).

T	S	E	P	G	M	O	A
F	Q	L	U	N	R	I	D
R	B	E	J	V	S	Y	C
G	K	T	B	F	A	P	H
O	D	H	N	L	W	T	F
K	I	E	G	A	S	Q	M

G	I	R	A		

Une autre reproduction sur quadrillage

Voici un autre support pour des tracés sur quadrillage. La difficulté est un peu plus grande que dans celui du fichier. L'enseignant peut utiliser le quadrillage vide que l'on trouvera sur le site compagnon pour présenter cette activité en mettant en scène 3 erreurs.

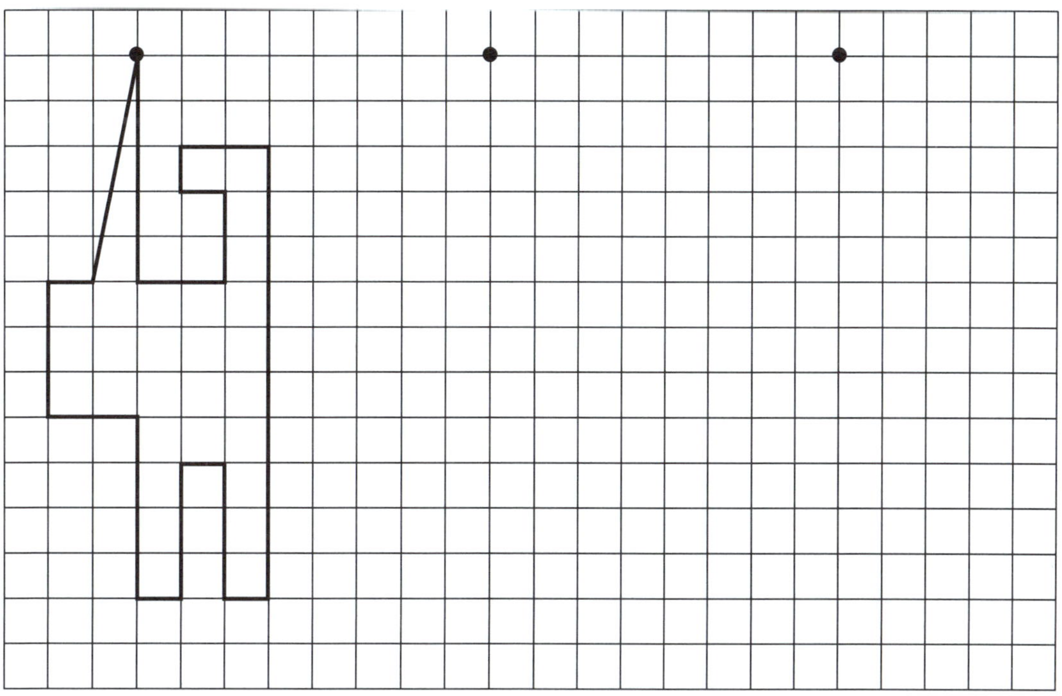

Objectifs

Pour être certain que tous les élèves comprennent notre système d'écriture des nombres, il est crucial d'enseigner le calcul mental de l'addition de deux nombres à deux chiffres avant d'enseigner l'addition en colonnes. On ne soulignera jamais assez la difficulté résultant du fait que dans les écritures 38 et 23, par exemple, on voit deux fois un même dessin, « 3 », alors qu'il n'a pas les deux fois la même signification : la première fois il signifie « trente » et la seconde fois « trois ». Le principe expliquant cela est celui de la numération décimale de position et c'est le même principe qui explique le phénomène de la retenue dans une addition en colonnes. On pourrait donc penser que l'apprentissage de l'addition en colonnes va permettre à tous les élèves de comprendre la numération décimale. Ce n'est malheureusement pas le cas : à force d'entrainement à l'usage de la « règle de la retenue », il serait possible d'amener certains élèves à savoir calculer 38 + 23 en colonnes alors qu'ils n'ont pas encore compris que les deux chiffres « 3 » qu'ils voient n'ont pas la même valeur. Avec suffisamment de répétition, on sait en effet que même des élèves très faibles sont susceptibles d'obtenir ainsi le résultat d'une telle addition. Dans ce cas, ils l'obtiennent indépendamment des quantités en jeu dans le calcul et, pour certains, l'algorithme de l'addition en colonnes restera une règle portant sur des écritures chiffrées dont ils n'apprendront jamais à se représenter mentalement les quantités correspondantes. De tels élèves calculent sur des chiffres plutôt que sur des nombres. Et, quand ils devront apprendre les règles de calcul correspondant aux autres opérations, ils échoueront parce qu'ils se mettront à confondre les différentes règles : apprendre sans comprendre conduit plus ou moins rapidement à l'échec.

C'est pourquoi, dans *J'apprends les maths CP*, nous avons fait le choix d'enseigner d'abord les stratégies de calcul mental. Dans le cas de « trente-huit + vingt-trois », par exemple, les recherches montrent que la stratégie la plus performante est celle qui conduit à mener ce calcul de la manière suivante : « trente-huit + vingt-trois égale trente-huit + vingt, cinquante-huit... », puis : « plus trois, soixante-et-un ». Cette stratégie, où le 2e nombre est décomposé en dizaines et unités qui sont ajoutées en commençant par les dizaines, s'appelle l'« addition naturelle ». En effet, il est naturel de commencer par ajouter ce qui influence le plus le résultat, c'est-à-dire les groupes de dix et, en ne décomposant pas le 1er nombre, la mémoire se trouve considérablement soulagée. C'est exprès que dans le calcul précédent, nous avons choisi d'écrire les nombres en lettres : cela montre que le calcul porte bien sur les nombres et non sur les chiffres seulement. On ne peut pas progresser en calcul mental sans comprendre la numération décimale, c'est ce qui en fait la valeur pédagogique.

Donnons un aperçu de la progression qui sera suivie. Dans cette sq, les élèves apprennent à déterminer le résultat des additions en dessinant des représentations analogiques et organisées en groupes de 10 : les nombres « comme Dédé » et ceux « comme Picbille ». Ils forment les éventuels nouveaux groupes de 10 avec les points qu'ils ont dessinés. En explicitant ainsi les quantités représentées par les écritures chiffrées et en gérant par le dessin la formation éventuelle d'un nouveau groupe de 10, les élèves les plus faibles continuent à progresser dans la compréhension de la numération décimale.

À partir de la sq 86, les élèves apprennent à donner le résultat d'additions telles que « trente + vingt » et « trente-huit + vingt » sans dessiner : ils imaginent les groupes de 10 qu'ils dessinaient auparavant. La période suivante (violette) s'ouvrira par un apprentissage de l'addition naturelle.

73 **Addition de 2 nombres à 2 chiffres (1)**

Calcul mental
- Différence mentale (nombres → 10)
- Groupes de 2, 5 et 10

Dans la cour, il y a 28 enfants. 15 autres enfants vont entrer dans la cour.
Combien y aura-t-il d'enfants dans la cour ?

Dédé calcule 28 + 15.

Il imagine que ses points sont des enfants.
Calcule.

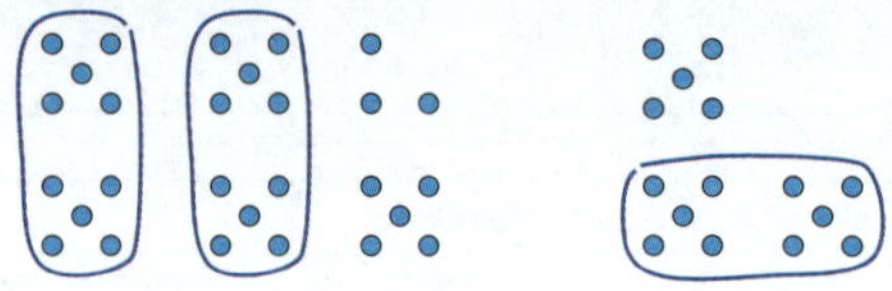

28 + 15 = 43

Picbille calcule 28 + 15.

Il imagine que ses jetons sont des enfants.
Calcule.

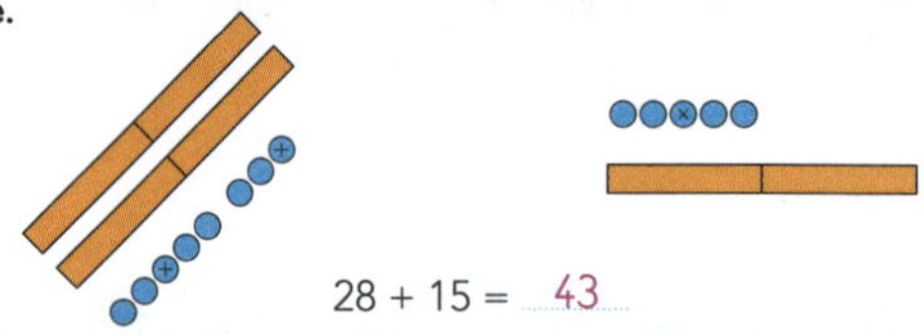

28 + 15 = 43

Activités Séquence 73

Calcul mental

Groupes de 2, 5 et 10 (contextes divers)

On procède au même type d'interrogation que celle du cadre A de la sq 71. (Par exemple : « Combien y a-t-il d'enfants en tout dans 3 équipes de 2 enfants ? », « 2 fois 10 bonbons, c'est combien de bonbons en tout ? »...) Les enfants qui en ont besoin ont

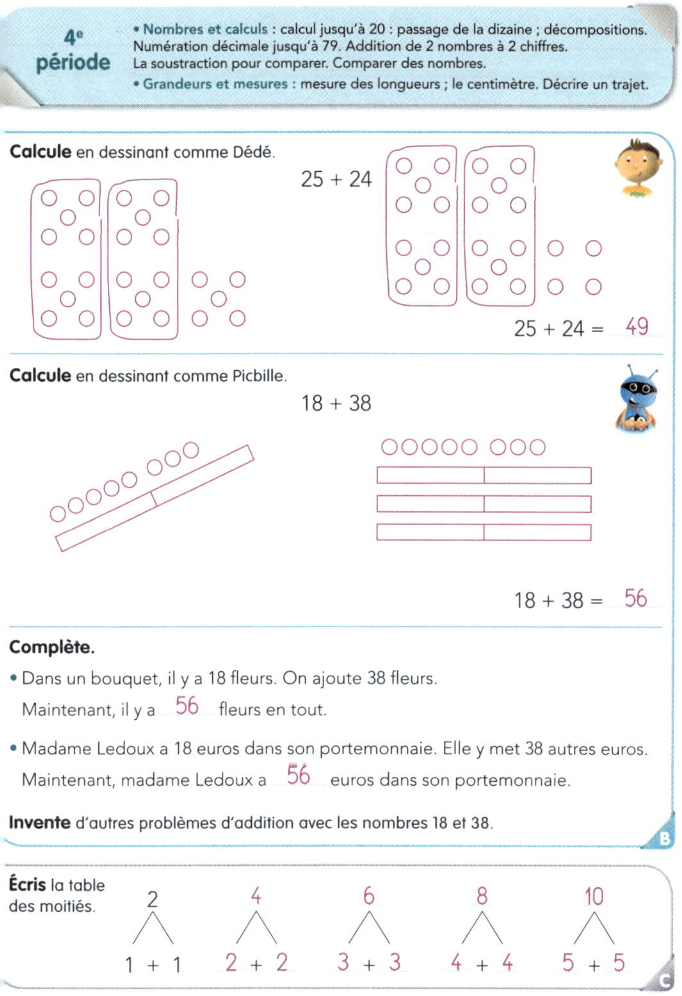

4e période
- Nombres et calculs : calcul jusqu'à 20 : passage de la dizaine ; décompositions. Numération décimale jusqu'à 79. Addition de 2 nombres à 2 chiffres. La soustraction pour comparer. Comparer des nombres.
- Grandeurs et mesures : mesure des longueurs ; le centimètre. Décrire un trajet.

Calcule en dessinant comme Dédé.

25 + 24

25 + 24 = 49

Calcule en dessinant comme Picbille.

18 + 38

18 + 38 = 56

Complète.

- Dans un bouquet, il y a 18 fleurs. On ajoute 38 fleurs.
  Maintenant, il y a 56 fleurs en tout.
- Madame Ledoux a 18 euros dans son portemonnaie. Elle y met 38 autres euros.
  Maintenant, madame Ledoux a 56 euros dans son portemonnaie.

Invente d'autres problèmes d'addition avec les nombres 18 et 38.

B

Écris la table des moitiés.

2 = 1 + 1 ; 4 = 2 + 2 ; 6 = 3 + 3 ; 8 = 4 + 4 ; 10 = 5 + 5

C

le tableau sous les yeux (ils peuvent utiliser le carton qui figure à la fin de leur fichier, et sur lequel le tableau est reproduit). Dès qu'ils le peuvent, ils essaient de ne plus utiliser ce carton.

Différence mentale (nombres → 10)

Idem sq 69.

A et B. L'addition de nombres à 2 chiffres : raisonner sur des représentations analogiques

Tentative de résolution du problème sur l'image

L'activité A commence sur le fichier en commentant l'image : on voit la cour d'une école, des enfants qui sont déjà dans la cour et d'autres qui arrivent à l'école et qui s'apprêtent à y rentrer. La question posée est : « Combien y aura-t-il d'enfants dans la cour quand tous y seront entrés ? » ou encore : « Combien y a-t-il d'enfants en tout dans l'image ? »

On commence par demander aux élèves de vérifier qu'il y a bien 28 enfants dans la cour : il est bien entendu possible de les compter 1 à 1 mais il est préférable de former 2 groupes de 10 (encore une fois, il est possible d'utiliser le fait que les élèves sont souvent regroupés par 2 ou 3). On procède de même avec les 15 enfants qui s'apprêtent à rentrer à l'école : cela correspond à 1 groupe de 10 et encore 5 élèves. Combien y a-t-il d'enfants en tout ? Il est naturel de commencer par prendre en compte les 3 groupes de 10 enfants qui sont déjà formés puis de s'intéresser aux 8 enfants dans la cour et aux 5 à l'extérieur de celle-ci qui ne sont pas encore groupés par 10. Certains enfants surcompteront au-dessus de 30, d'autres compteront les 13 enfants qui ne sont pas encore pris en compte. Aucune stratégie n'est vraiment simple ! C'est pourquoi l'enseignant demande aux élèves de s'intéresser à ce que Dédé et Picbille ont fait : « Pourquoi ont-ils écrit l'addition 28 + 15 et comment l'ont-ils calculée ? »

Résolutions utilisant des représentations analogiques

En A, Dédé imagine que ses points sont des enfants : il a dessiné 28 points d'un côté (ce sont ceux qui sont dans la cour de l'école) et 15 points de l'autre ; il les a dessinés de manière organisée. Les élèves continuent son travail en formant un nouveau groupe de 10 avant de compléter l'égalité. Picbille a fait de même, mais il utilise la boite pleine comme groupe de 10. Picbille et Dédé obtiennent le même résultat. « Combien y a-t-il d'enfants en tout sur l'image ? »

Calcul d'additions avec des représentations analogiques

En B, à partir de l'écriture 25 + 24, l'enseignant commence par demander aux élèves d'inventer un problème d'enfants qui arrivent à l'école (25 enfants sont déjà dans la cour…). Ils le résolvent comme Dédé. Idem avec 18 + 38 et Picbille.

Il s'agit enfin de comprendre la portée générale d'un tel calcul. C'est pourquoi l'activité B se termine par deux énoncés de problèmes conduisant à calculer 18 + 38. C'est évident pour un adulte mais c'est loin de l'être pour tous les élèves et cela pourra faire l'objet d'une découverte collective : le premier énoncé (un bouquet de 18 fleurs auquel on ajoute 38 autres fleurs) est lu, la question est posée et les élèves disposent d'un petit temps individuel pour trouver la réponse. Une synthèse fait émerger qu'il faut calculer 18 + 38 et que, donc, on connait déjà la solution. Idem avec le problème des euros.

Activité complémentaire

Une table pour mémoriser les doubles

L'enseignant affiche une table des doubles dont l'organisation générale est verticale : les égalités sont écrites l'une en dessous de l'autre, dans l'ordre, avec un espace plus important entre les 5 premiers doubles (petits doubles) et les 5 suivants (grands doubles). De plus, les égalités correspondant à 5 + 5 et à 10 + 10 sont soit écrites en couleur, soit repérées par une couleur. L'enseignant anime une analyse collective de cette table : les résultats vont de 2 en 2 ; on reconnait les petits doubles et les grands doubles.

Comment retrouver rapidement 6 + 6 ? Dans la table des doubles, l'égalité correspondante est juste après 5 + 5 = 10, le résultat est donc 12 (2 après 10). De même, s'il s'agit de retrouver directement 9 + 9, on peut remarquer que dans la table des doubles, l'égalité correspondante est juste avant 10 + 10 = 20, le résultat est donc 18 (2 avant 20). Il n'y a plus que deux résultats à mémoriser : 7 + 7 = 14 et 8 + 8 = 16.

La table est affichée au fond de la classe. Une interrogation a lieu, les élèves essaient de ne pas se retourner pour consulter la table.

Objectifs

Rappelons que dans *J'apprends les maths CP avec Picbille*, les enfants travaillent longtemps la comparaison et la soustraction en parallèle, sans faire de lien entre les deux types de situations. Les élèves ont découvert la notion de différence dès la sq 7 et celle de soustraction, avec son signe « — », dans la sq 18 ; mais, jusqu'à cette sq 74, les deux notions n'ont pas été mises en relation et c'est l'objectif de cette sq de le faire.

C'est difficile de faire le lien entre ces deux types de situations parce qu'elles apparaissent très différentes. En effet, dans le premier type de situation (comparaison de 5 lapins et de 8 carottes, par exemple), deux collections sont d'emblée en jeu dans l'énoncé du problème (des lapins et des carottes), alors que dans le second type (retrait) on s'intéresse le plus souvent à la transformation d'une seule collection dont la taille diminue. De plus, lorsqu'on interprète la différence dans les termes d'une soustraction, on semble, dans l'exemple précédent, retrancher un nombre de lapins à un nombre de carottes. Or, rappelons-nous ce conseil méthodologique fréquent : « On ne peut pas additionner des lapins et des carottes ». On comprend mal pourquoi on pourrait *retrancher* un nombre de lapins à un nombre de carottes !

Il existe cependant un type de problèmes qui facilite grandement le traitement d'une situation de comparaison à l'aide d'une soustraction : ce sont celles qui évoquent un manque. Celles, par exemple, où il y a plus de lapins que de carottes, plus d'enfants que de crayons, plus de bouteilles que de bouchons, etc. Dans le premier de ces cas, en effet, la correspondance terme à terme permet d'interpréter le nombre de carottes comme exprimant aussi le nombre de lapins qui seront satisfaits parce qu'ils peuvent avoir une carotte ; dans le second exemple, le nombre de crayons comme exprimant aussi le nombre d'enfants qui peuvent avoir un crayon, etc. Et la soustraction conduit alors à un calcul qui a du sens : en calculant le nombre total de lapins moins le nombre de lapins satisfaits parce qu'ils auront une carotte, on obtient le nombre de lapins en manque de carotte ; de même, en calculant le nombre total d'enfants moins le nombre d'enfants qui auront un crayon, on obtient le nombre d'enfants en manque de crayon. Ainsi, la notion de manque, d'une part, suscite la correspondance terme à terme et, d'autre part, permet d'interpréter la soustraction : elle est grandement facilitatrice.

C'est pourquoi, au CP, nous avons choisi de nous appuyer sur les situations de manque pour que les élèves amorcent la construction du lien entre la comparaison et la soustraction, réservant donc au CE1 la généralisation de ce qui aura été ainsi appris aux autres situations de comparaisons.

C'est intentionnellement que dans les situations de manque proposées (lapins-carottes, enfants-crayons, oiseaux-vers de terre), la question correspondant au problème posé n'est pas formulée ; par exemple, il n'est pas écrit : « Combien manque-t-il de carottes ? » En effet, pour découvrir la question, il faut traiter les informations données et le seul fait que les élèves aient découvert la question atteste d'un travail de compréhension de la situation.

À chaque fois, donc, la résolution du problème commencera par la découverte de la question, elle se poursuivra par l'écriture de la soustraction, l'interprétation des différents termes de cette soustraction (le nombre total des éléments moins le nombre de ceux qui sont satisfaits est égal au nombre des éléments en état de manque) et le calcul de cette soustraction. Elle se terminera enfin par la vérification du fait que l'on a ainsi calculé la différence : on relie les éléments satisfaits à l'objet de leur satisfaction et on entoure ce qui est différent.

Remarquons enfin que c'est seulement dans les cadres B et C que la tâche visant à permettre aux élèves de faire le lien entre la comparaison et la soustraction prend sa forme définitive, celle que l'on retrouvera régulièrement jusqu'à la fin de l'année dans le fichier (sq 75, 77, 90, 93), ainsi que dans des activités complémentaires proposées dans ce *Guide pédagogique* (pages 113, 114 et 115).

74 La soustraction pour calculer une différence

Calcul mental
- Groupes de 2, 5 et 10
- Différence mentale (nombres → 10)

a. Complète. Il y a 7 lapins mais il n'y a que 3 carottes.

b. Complète et **calcule** la soustraction.

7 – 3 = 4

Nombre total de lapins. / Nombre de lapins qui auront une carotte. / Nombre de lapins qui n'auront pas de carottes.

c. Vérifie que tu as calculé la différence (**relie** et **entoure**) et **écris** une « phrase solution ».

Quatre lapins n'auront pas de carotte.

a. Complète. Il y a 9 enfants mais il n'y a que 5 crayons.

b. Écris, interprète et **calcule** la soustraction. 9 – 5 = 4

c. Vérifie (**relie** et **entoure**) et **écris** une « phrase solution ».

Quatre enfants n'auront pas de crayon.

a. **Complète.** Il y a 8 oiseaux mais il n'y a que 6 vers.

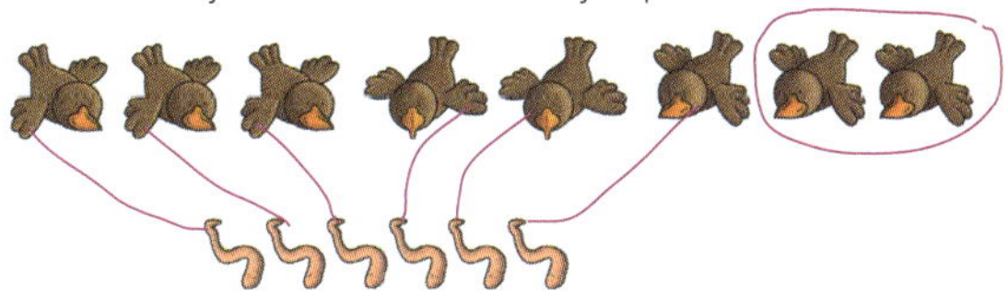

b. **Écris, interprète** et **calcule** la soustraction. 8 – 6 = 2

c. **Vérifie** (**relie** et **entoure**) et **écris** une « phrase solution ».

Deux oiseaux n'auront pas de vers.

C

Calcule en dessinant comme Dédé ou comme Picbille.

15 + 39

15 + 39 = 54

D

Complète.

4	6	7	6	7	7
1 + 3	1 + 5	1 + 5	2 + 4	2 + 5	3 + 4

E

Calcule.

5 + 6 = 11 3 + 5 = 8 7 + 7 = 14 5 + 8 = 13

9 + 9 = 18 8 + 8 = 16 7 + 5 = 12 9 + 5 = 14

F

Compare les longueurs de ces traits.

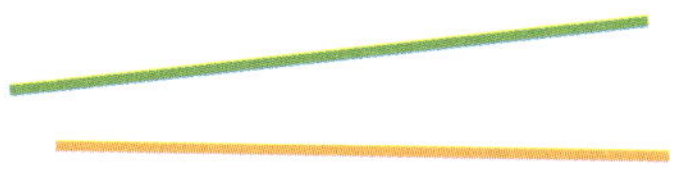

Le trait le plus long est le vert.

G

Activités Séquence 74

Calcul mental

Groupes de 2, 5 et 10 (contextes divers)

Idem sq 73.

Différence mentale (nombres → 10)

Idem sq 69.

A, B et C. Faire le lien entre la soustraction et la comparaison

L'activité commence directement sur le fichier. Les élèves doivent compléter la phrase : « Il y a … lapins mais il n'y a que … carottes. » L'enseignant interroge les élèves : « Que va-t-il se passer ?» Les lapins aiment les carottes mais il n'y a pas assez de carottes ; « Combien en manque-t-il ?» On remarquera que la formulation adoptée (il n'y a…) favorise l'interprétation en termes de manque. Un temps de recherche individuel peut être laissé.

Certains élèves donneront la solution numérique : 4, mais il leur sera difficile d'expliquer comment ils l'ont obtenue (ils auront vraisemblablement fait une correspondance terme à terme et ils auront dénombré la différence). C'est pourquoi l'enseignant propose de compléter la soustraction proposée en b : il y a 7 lapins en tout ; si je retire les 3 lapins qui peuvent avoir une carotte, j'obtiens… On vérifie que le nombre obtenu est bien celui des lapins qui n'auront pas de carotte en reliant chaque lapin à une carotte et en entourant ceux qui n'en auront pas.

On remarque qu'en entourant ainsi ce qui n'a pas pu être mis en correspondance 1 à 1, on a entouré la différence (le mot *différence* peut être prononcé).

En B et C, les élèves rencontrent la tâche telle qu'elle leur sera proposée tout au long de l'année. Suivant le niveau de compréhension de l'activité A, le problème du cadre B sera résolu de manière plus ou moins collective. Celui du cadre C sera résolu de manière autonome.

Activité complémentaire

Le « Mémomoins » (1)

Au début de cette période bleue, les élèves disposent des stratégies leur permettant de calculer les soustractions telles que 9 – 3 (barrer à la fin) et 9 – 6 (barrer au début). C'est dans la période suivante (la violette) qu'ils apprendront à calculer les soustractions mettant en jeu des nombres à 2 chiffres (12 – 3 et 12 – 9, par exemple). Aussi est-il important, durant la période bleue, d'entretenir les soustractions comportant des nombres à 1 chiffre seulement. Le jeu qui suit permet de le faire. Il se joue à 3 avec 25 cartons sur lesquels, au recto, figure une soustraction, et au verso, son résultat (voir ci-après).

Au début de la partie, les 25 cartons sont battus et disposés sur la table de jeu en 5 rangées de 5, rectos visibles. On tire au sort qui jouera le premier. Ce joueur désigne alors du doigt un carton qu'il choisit (8 – 3 par exemple) et énonce le résultat (ou ce qu'il croit être le résultat). Il retourne ensuite ce carton : tous les joueurs peuvent ainsi vérifier s'il ne s'est pas trompé. S'il a énoncé le nombre qui figure au verso, il prend ce carton. Sinon, il le remet dans le jeu, recto visible. Dans les deux cas, c'est au tour du joueur suivant. Celui-ci, s'il le désire, peut désigner le carton d'un joueur qui vient d'échouer (il a vu le résultat !) Quand il ne reste aucun carton, c'est le joueur qui en a obtenu le plus qui a gagné. Il est bien sûr préférable de faire jouer ensemble des élèves de niveau comparable en calcul.

Nous proposons ci-dessous une série de 25 cartons.

10 – 8	10 – 7	10 – 6	10 – 5	10 – 4
10 – 3	10 – 2	9 – 7	9 – 6	9 – 5
9 – 4	9 – 3	9 – 2	8 – 6	8 – 5
8 – 4	8 – 3	8 – 2	7 – 5	7 – 4
7 – 3	7 – 2	6 – 4	6 – 3	6 – 2

Objectifs

Dans la sq 75, on introduit un nouveau jeu : « *N, c'est 1 et encore...* ». Pourquoi ce jeu, avec une décomposition qui, de cas en cas, sera toujours « ...1 et encore » ? Par-delà la situation, qui est par elle-même intéressante, il s'agit de préparer les élèves à l'apprentissage du passage de la dizaine pour les cas de la forme 9 + *n* (stratégie de calcul qui est enseignée sq 76).

Lorsqu'on calcule 9 + *n*, en effet, pour compléter la dizaine, il faut décomposer *n* en « 1 et encore... ». Le scénario du jeu « N, c'est 1 et encore... » favorise la mémorisation de ces décompositions. De plus, comme il est proche du contexte dans lequel le passage de la dizaine sera enseigné (dans les deux cas, on prélève 1 jeton dans une main et on le met dans un contenant), cela favorisera aussi la mobilisation de ces connaissances pour déterminer de combien 9 + *n* dépassera 10.

Remarque : une progression similaire sera suivie afin d'enseigner la stratégie de passage de la dizaine dans les cas du type 8 + *n*. Les élèves joueront d'abord au jeu « N, c'est 2 et encore... » avant que la stratégie de calcul elle-même leur soit enseignée.

Sq 76, on enseigne la stratégie de calcul dite du « passage de la dizaine » dans les cas de la forme 9 + *n*. Cette stratégie facilite le calcul des additions de deux nombres quand l'un est très proche de 10 : on complète ce nombre à la dizaine en « empruntant » le complément à l'autre nombre. On se ramène alors à un calcul de la forme 10 + ..., qui est plus facile.

On a choisi d'enseigner cette stratégie à partir du cadre imagé de 10, la « boite de Picbille ». Quand elle contient 9 jetons, la dernière case est vide. Cette structure « appelle » en quelque sorte le complément à 10. Il s'agit là d'un outil pédagogique particulièrement adapté à cet enseignement.

Là encore, dans un deuxième temps (sq 83), on s'efforcera de favoriser l'appropriation de cette stratégie en recourant à une tâche de simulation mentale d'un passage de la dizaine que l'enseignant réalisera de manière masquée.

Activités — Séquence 75

Calcul mental

Furet de la *Planche des nombres* (– 1 ; + 1 ; – 5 ; + 5 ; – 10 ; + 10) : Picbille → chiffres

Idem sq 66.

5 + *n* : furet puis interrogation

Idem sq 70.

75 Vers les passages de la dizaine du type 9 + *n*

Calcul mental
- Furet de de la planche (– 1 ; + 1 ; – 5 ; + 5 ; – 10 ; +10)
- 5 + *n* : furet puis interrogation

Jeu : « C'est 1 et encore... »

Réponds.

a. Complète. Il y a 9 enfants mais il n'y a que 3 livres.

b. Écris, interprète et **calcule** la soustraction. 9 – 3 = 6

c. Vérifie (**relie** et **entoure**) et **écris** une « phrase solution ».
Six enfants n'auront pas de livre

Écris la table des doubles jusqu'à 10 + 10.

	2 + 2 = 4	5 + 5 = 10	8 + 8 = 16
	3 + 3 = 6	6 + 6 = 12	9 + 9 = 18
1 + 1 = 2	4 + 4 = 8	7 + 7 = 14	10 + 10 = 20

A. « N, c'est 1 et encore... »

Le scénario est représenté par les 3 illustrations du fichier de l'élève : l'enseignant dispose d'une tasse et de jetons. Il annonce par exemple : « J'ai 7 jetons (ils sont dans sa main gauche et il ne les montre pas), j'en mets 1 dans la tasse » (celle-ci se trouve à sa droite et on entend le jeton tomber), « 7, c'est 1 (en montrant la tasse) et encore... (en regardant sa main). Écrivez ce nombre. » Pour la vérification, l'enseignant montre le contenu de sa main et dénombre les jetons.

Il est important de conserver la disposition représentée dans les illustrations : les jetons de départ sont dans la main gauche de l'enseignant, la tasse sur sa droite. En effet, lorsqu'on abordera le passage de la dizaine avec une boite de Picbille, celle-ci se retrouvera à la gauche des élèves, et donc à la droite de l'enseignant. En anticipant sur cette répartition spatiale, lors de l'apprentissage de 9 + *n*, les élèves mobiliseront plus aisément les savoir-faire construits ici.

Les cas sont proposés dans le désordre, par exemple dans l'ordre suivant : 3, 6, 5, 4, 8, 7, 9 (les décompositions les plus faciles sont au début). Après quelques cas, on fera remarquer aux élèves que c'est toujours le nombre juste avant. On reprendra ce jeu dès la séance suivante (*cf.* activité de haut de page de la sq 76), juste avant d'enseigner le passage de la dizaine dans les cas du type 9 + *n*.

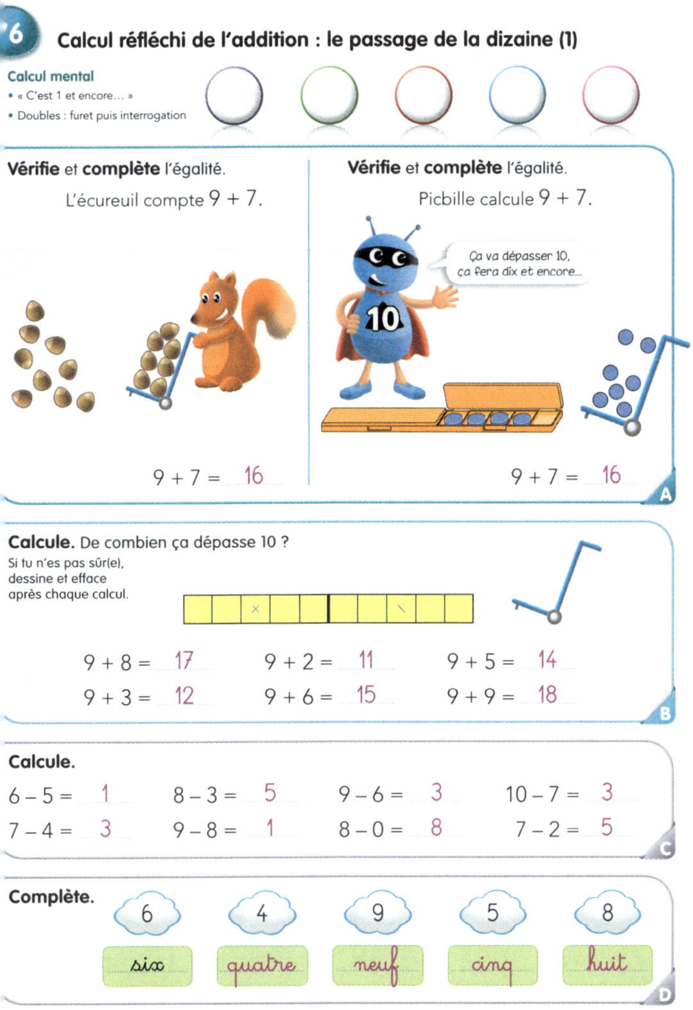

6 **Calcul réfléchi de l'addition : le passage de la dizaine (1)**

Calcul mental
• « C'est 1 et encore... »
• Doubles : furet puis interrogation

Vérifie et **complète** l'égalité.
L'écureuil compte 9 + 7.
9 + 7 = 16

Vérifie et **complète** l'égalité.
Picbille calcule 9 + 7.

9 + 7 = 16

A

Calcule. De combien ça dépasse 10 ?
Si tu n'es pas sûr(e), dessine et efface après chaque calcul.

9 + 8 = 17	9 + 2 = 11	9 + 5 = 14
9 + 3 = 12	9 + 6 = 15	9 + 9 = 18

B

Calcule.

6 – 5 = 1	8 – 3 = 5	9 – 6 = 3	10 – 7 = 3
7 – 4 = 3	9 – 8 = 1	8 – 0 = 8	7 – 2 = 5

C

Complète.

6	4	9	5	8
six	quatre	neuf	cinq	huit

D

Activités Séquence 76

Calcul mental

« C'est 1 et encore... »

L'enseignant anime la situation d'anticipation décrite dans le cadre A de la sq 75.

Doubles : furet puis interrogation

Idem sq 71.

A. Comparaison comptage/calcul pour déterminer 9 + *n*

L'activité commence directement sur le fichier. Les élèves observent : l'écureuil et Picbille déterminent tous deux la somme 9 + 7. À gauche, on commence par vérifier que l'écureuil a bien 9 noisettes, d'une part, 7 noisettes, d'autre part. L'enseignant invite alors les élèves à compléter l'égalité : beaucoup recomptent toutes les noisettes, certains surcomptent au-dessus de 9 et il peut arriver que quelques élèves... utilisent déjà la stratégie du « passage de la dizaine ».

À droite, on observe que Picbille a 9 jetons dans sa boite et qu'il y a 7 billes « comme Dédé » dans le charriot. On n'a pas besoin de recompter ces deux collections. Picbille dit : « ça va dépasser dix, ça fera dix et encore... ». Pourquoi dit-il que ça va dépasser dix ?... Dix et encore quoi ?... On imagine qu'il prélève un jeton dans le charriot pour compléter sa boite. Dans la boite, il y aura 10 jetons. Mais dans le charriot, il y aura 1 jeton de moins, il y aura 6 jetons. L'enseignant mime cela avec une boite, de façon visible pour les élèves.

On complète l'égalité et on compare les deux procédés. Avec l'écureuil, il faut tout recompter. Avec Picbille, si on se demande « de combien ça dépassera dix », c'est un calcul facile.

B. Évoquer le contenu de la boite pour calculer

Les élèves ne sont pas invités à dessiner. Cependant, le seul fait d'imaginer les 9 jetons dans la boite et les autres dans le charriot est une aide à la mise en œuvre de la stratégie. Si certains élèves ont absolument besoin de dessiner, ils peuvent se servir du cadre, ils peuvent même s'en servir plusieurs fois s'ils gomment leurs dessins au fur et à mesure. L'enseignant peut aussi utiliser la planche que l'on trouvera sur le site compagnon.

Activité complémentaire

Voici un autre exercice visant à faire le lien entre la soustraction et la comparaison (voir page 109 comment l'utiliser).

a. Complète. Il y a .... bols mais il n'y a que .... cuillères.

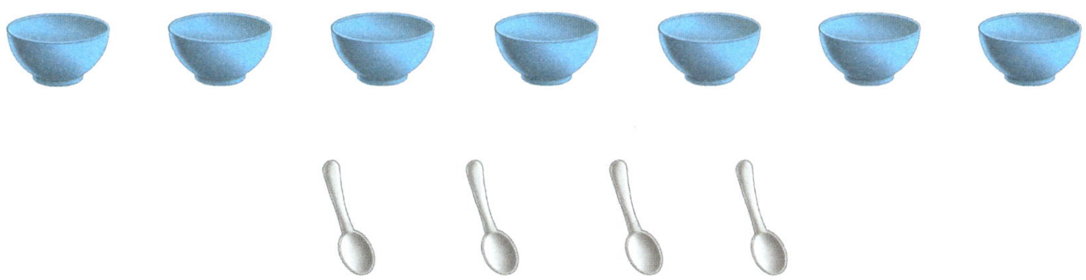

b. Écris, interprète et **calcule** la soustraction. ....

c. Vérifie (**relie** et **entoure**) et **écris** une « phrase solution ».

....

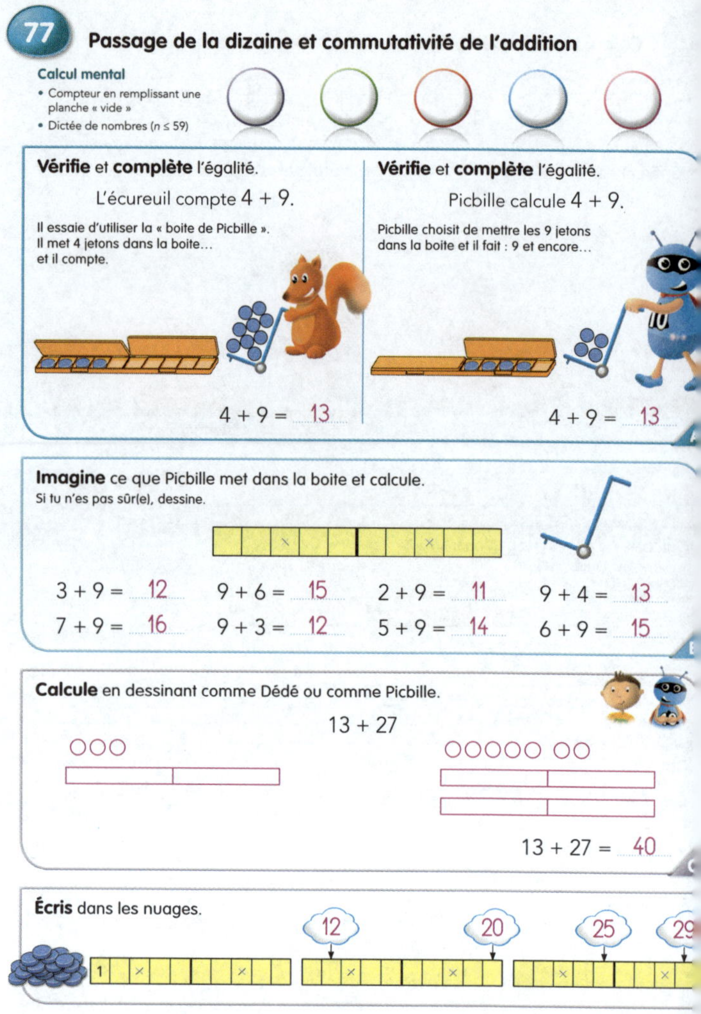

Objectifs

Les élèves ont déjà étudié la commutativité de l'addition dans la sq 31 (période jaune) ; dans la sq 77, on enseigne à nouveau cette propriété dans le cas où l'un des deux nombres est 9. C'est intéressant pour deux raisons :

1°) Parce que 9 et 4, par exemple, sont des nombres qui ont une grande différence ; or, de façon générale, plus l'écart entre les nombres est grand, plus il est économique d'utiliser la commutativité.

2°) Parce que, de manière plus spécifique, l'usage d'un passage de la dizaine rend facile le calcul d'une addition du type $9 + n$ et nettement plus difficile celui de $n + 9$. Par exemple : $9 + 7 = 9 + 1 + 6$ est facile ; $7 + 9 = 7 + 3 + \dots$ est plus difficile.

Activités Séquence 77

Calcul mental

Compteur en remplissant une planche « vide »

L'enseignant écrit 1, 2, 3… 10 en ligne en haut du tableau (en laissant un espace entre 5 et 6) ; il écrit 11, 21, 31, 41 et 51 en colonne sous le « 1 » (il a donc écrit les nombres de la 1re ligne et de la 1re colonne de la *Planche des nombres*). Si le furet commence à 36, par ex., ce nombre est écrit à son emplacement dans la planche « vide » (intersection de la 4e ligne et de la 6e colonne).
L'enseignant dit : « 36 moins 10, écrivez sur votre ardoise ». Après que les élèves aient montré leur ardoise, la correction se fait immédiatement : on retire une dizaine, il reste donc 2 dizaines et 6 unités, 26. Ce nombre est écrit à son emplacement en remarquant qu'il est juste au-dessus de 36.
L'enseignant continue : « 26 + 1 », etc. Il s'agit d'un compteur où l'on ajoute ou retranche 1, 5 ou 10 (dans des cas simples pour 5). On pense à interroger sur les cas du type : 20 + 1 et 51 – 1 (changement de ligne).

---

a. Complète. Il y a .... œufs mais il n'y a que .... coquetiers.

b. Écris, interprète et **calcule** la soustraction. ....

c. Vérifie (**relie** et **entoure**) et **écris** une « phrase solution ».

....

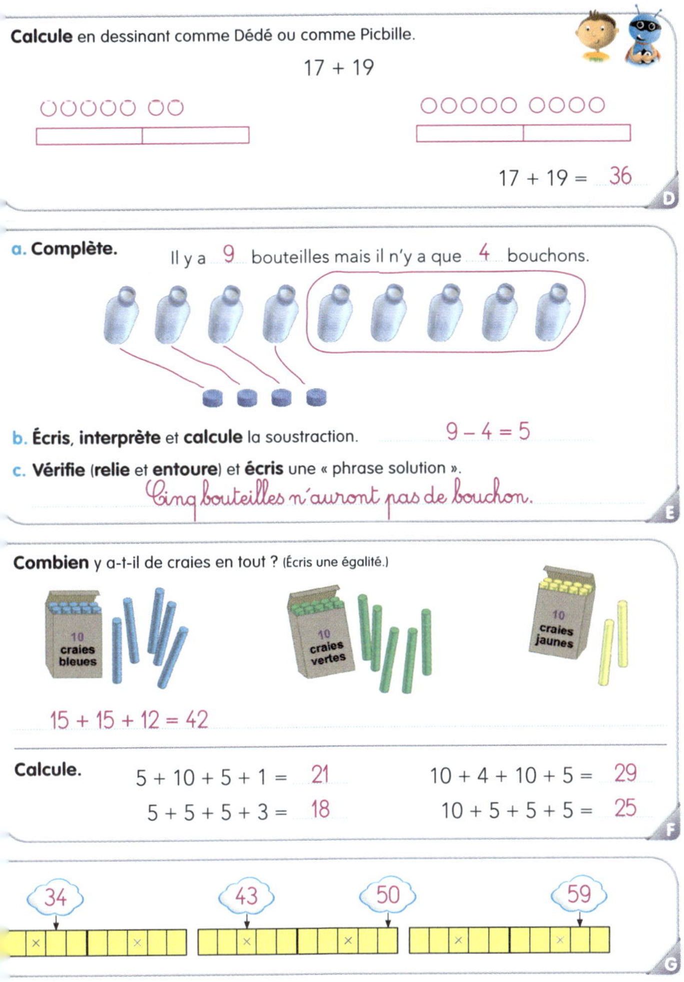
Calcule en dessinant comme Dédé ou comme Picbille.

17 + 19

17 + 19 = 36

D

a. **Complète.** Il y a 9 bouteilles mais il n'y a que 4 bouchons.

b. **Écris, interprète** et **calcule** la soustraction. 9 – 4 = 5

c. **Vérifie** (**relie** et **entoure**) et **écris** une « phrase solution ». Cinq bouteilles n'auront pas de bouchon.

E

Combien y a-t-il de craies en tout ? (Écris une égalité.)

10 craies bleues — 10 craies vertes — 10 craies jaunes

15 + 15 + 12 = 42

Calcule.

5 + 10 + 5 + 1 = 21

5 + 5 + 5 + 3 = 18

10 + 4 + 10 + 5 = 29

10 + 5 + 5 + 5 = 25

F

34 — 43 — 50 — 59

G

Encore une fois, il a emprunté une boite de Picbille pour essayer de calculer mais, comme c'était déjà le cas lors de la sq 31, il n'a pas mis le plus grand nombre dans la boite.

On remarquera qu'il est quand même possible de faire un passage de la dizaine en complétant la boite : il faut prélever 6 jetons dans les 9 du charriot. Cependant, un grand nombre d'élèves seront incapables d'anticiper combien il restera de jetons dans le charriot après un tel prélèvement ; ils auront besoin de compter 6 jetons au sein des 9. C'est ce qu'il faut souligner pour prendre conscience de la facilité du calcul effectué par Picbille.

B. Cas mélangés

Les cas proposés sont mélangés : tantôt de la forme $n + 9$, tantôt directement sous la forme $9 + n$, celle qui favorise l'usage d'un passage de la dizaine. Encore une fois, bien qu'on mette à disposition un schéma de boite et de charriot, les élèves sont invités à ne pas dessiner. Si certains élèves ont absolument besoin de le faire, ils peuvent s'en servir plusieurs fois s'ils gomment leurs dessins au fur et à mesure. L'enseignant peut aussi utiliser la planche que l'on trouvera sur le site compagnon.

Dictée de nombres ($n \leq 59$)

Idem sq 62. On n'oubliera pas de proposer quelques nombres entre 11 et 16.

A. Calcul d'une addition du type $n + 9$

On commence par vérifier chacune des valeurs numériques : l'écureuil a bien 4 jetons dans la boite et 9 dans son charriot.

Activités complémentaires

Voici deux autres exercices visant à faire le lien entre la soustraction et la comparaison. Pour utiliser ces propositions d'exercices ainsi que celle de la double page précédente, l'enseignant peut regrouper les 3 exercices sur une seule feuille A4 en les photocopiant et en les collant sur cette feuille, avant de la reproduire en autant d'exemplaires qu'il a d'élèves.

a. Complète. Il y a .... verres mais il n'y a que .... pailles.

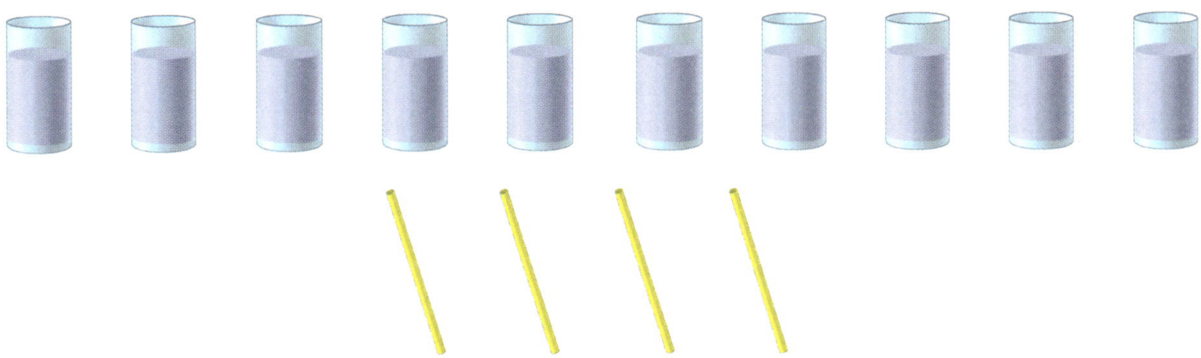

b. Écris, interprète et **calcule** la soustraction. ....

c. Vérifie (**relie** et **entoure**) et **écris** une « phrase solution ».

....

Objectifs

Les activités des sq 78 à 81 demandant peu de commentaires, ces dernières ont été regroupées dans une même double page.

Sq 78, les élèves utilisent à nouveau la *Planche des nombres écrits en lettres*, mais pour, cette fois, étudier l'écriture littérale des nombres jusqu'à 59.

La sq 79 est consacrée à des Problèmes pour apprendre à chercher. Les élèves y sont confrontés au dénombrement d'une grande collection, à un problème d'addition avec 2 nombres de 2 chiffres et un problème de comparaison dans le cas particulier où l'on compare le prix d'un objet et une somme d'argent disponible.

Les sq 80 et 81 prolongent les sq 75 et 76 : dans la sq 80, les élèves jouent au jeu : « C'est 2 et encore... » et dans la sq 81, on étend la stratégie du « passage de la dizaine » aux cas où l'un des 2 nombres est 8 (ainsi qu'à 7 + 4 et 7 + 6).

Activités — Séquence 78

Calcul mental

5 + *n* : furet puis interrogation

Idem sq 70.

Soustractions mentales

L'enseignant anime la situation d'anticipation de la sq 62.

A et B. Écriture littérale des nombres à 2 chiffres (jusqu'à 59)

L'activité commence avec le fichier ouvert à la double page de la *Planche des nombres écrits en lettres* (pages 158-159) ; les élèves ont leur ardoise à disposition. L'affichage au tableau d'une planche similaire, obtenue en juxtaposant 4 feuilles au format A3, facilite l'animation de l'activité (matériel téléchargeable sur le site compagnon). En effet, quand l'enseignant a demandé aux élèves de poser leur doigt sur la case « vingt-sept », par exemple, il leur offre ensuite la possibilité de contrôler leur travail en posant lui-même son doigt sur cette case au tableau. Pour trouver la case 27, par exemple, on peut s'appuyer soit sur le fait que tous les mots depuis le début de la 3e ligne commencent par « vingt » : « Là, c'est vingt-et-un ; là, vingt-deux... Et là vingt-sept », soit sur le fait que tous les mots depuis le début de la 7e colonne se terminent par « sept » : « Là, c'est sept ; là, dix-sept ; et là, vingt-sept ».

Au début du jeu, on demandera aux élèves d'écrire en chiffres ce nombre sur leur ardoise et de faire le schéma des boites et des jetons ; puis on remplacera le schéma par la décomposition additive canonique : 10 + 10 + 7 pour 27, par exemple.

---

78 Écriture littérale des nombres à 2 chiffres (2)

Calcul mental
- 5 + *n* : furet puis interrogation
- Soustractions mentales

Jeu avec la *Planche des nombres écrits en lettres* (pages 156-157).

Complète ces lignes comme dans l'exemple.

25	vingt-cinq	10 + 10 + 5
36	trente-six	10 + 10 + 10 + 6
41	quarante-et-un	10 + 10 + 10 + 10 + 1
57	cinquante-sept	10 + 10 + 10 + 10 + 10 + 7
59	cinquante-neuf	10 + 10 + 10 + 10 + 10 + 9

Calcule en dessinant comme Dédé ou comme Picbille.

29 + 24

29 + 24 = 53

80 Vers les passages de la dizaine du type 8 + *n*

Calcul mental
- Compteur en remplissant une planche « vide »
- Groupes de 2, 5 et 10

Jeu : « C'est 2 et encore... »

Réponds.

Calcule.

5 + 6 = 11	7 + 7 = 14	9 + 3 = 12	9 + 6 = 15
8 + 5 = 13	7 + 5 = 12	2 + 9 = 11	9 + 5 = 14
8 + 8 = 16	6 + 6 = 12	9 + 4 = 13	4 + 9 = 13

Dessine 5 fois 5 points en entourant les groupes de points.

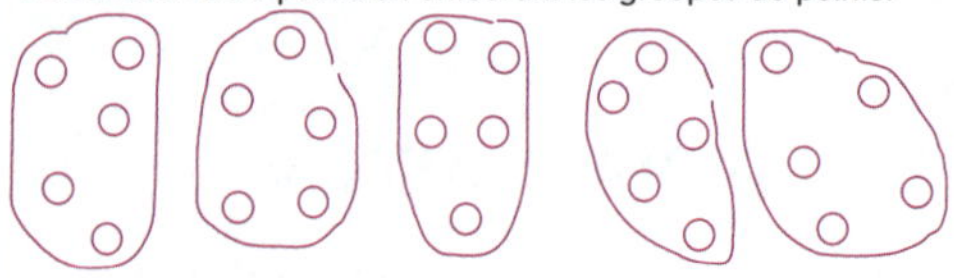

Combien y a-t-il de points en tout ?
Écris une égalité et une phrase.

5 + 5 + 5 + 5 + 5 = 25
Il y a 25 points en tout.

Calcule.

10 − 9 = 1
8 − 1 = 7
9 − 4 = 5
6 − 2 = 4
10 − 4 = 6
8 − 6 = 2

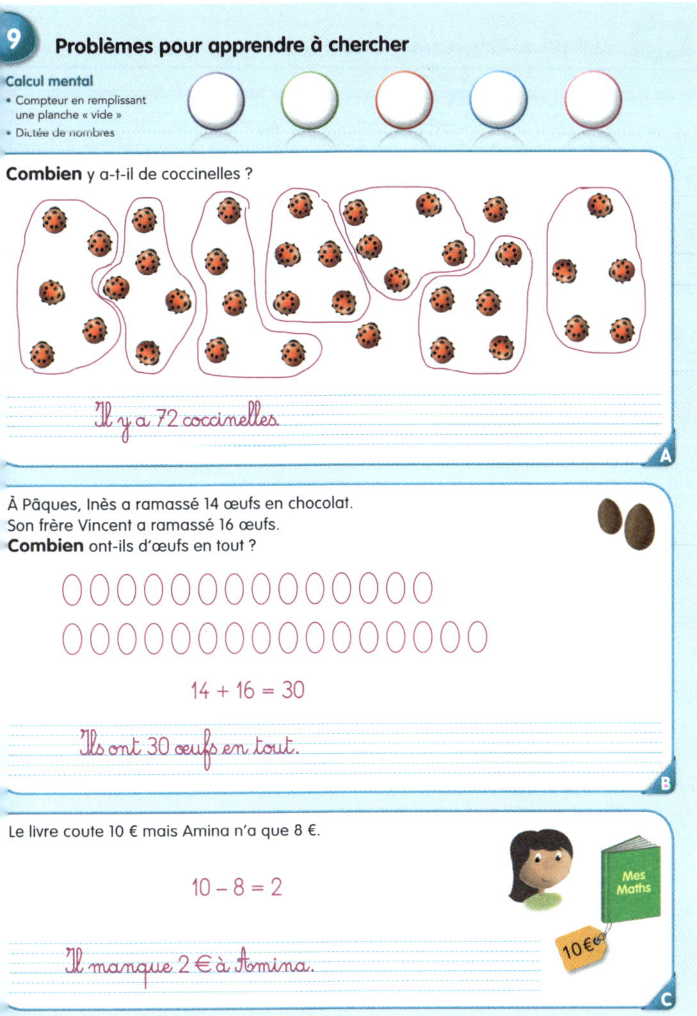

Activités Séquence 79

Calcul mental

Compteur en remplissant une planche « vide »

Idem sq 77.

Dictée de nombres ($11 \leq n \leq 59$)

Idem sq 62. On n'oubliera pas de proposer quelques nombres entre 11 et 16.

A, B et C. Problèmes pour apprendre à chercher

En A, aucun groupe de 3 ou de 2 n'apparait clairement : ils doivent donc être construits mentalement pour former 5.
En B, les élèves seront conduits à dessiner des points comme Dédé, par exemple, et à raisonner sur ces points comme s'il s'agissait d'œufs au chocolat.
Dans le cas du problème C, la question n'est pas formulée. En explicitant cette question, les élèves comprennent la situation : Amina manque d'argent. Il est possible de faire un schéma en dessinant:
– sur une ligne : 10 pièces de 1 € (c'est ce qu'il faut) ; on pourra les dessiner comme Picbille ;
– sur la ligne du dessous : 8 pièces de 1 € (c'est l'argent dont Amina dispose).
Cela permettra de conclure en écrivant l'égalité 10 – 8 = 2 et en interprétant chaque terme de cette égalité.

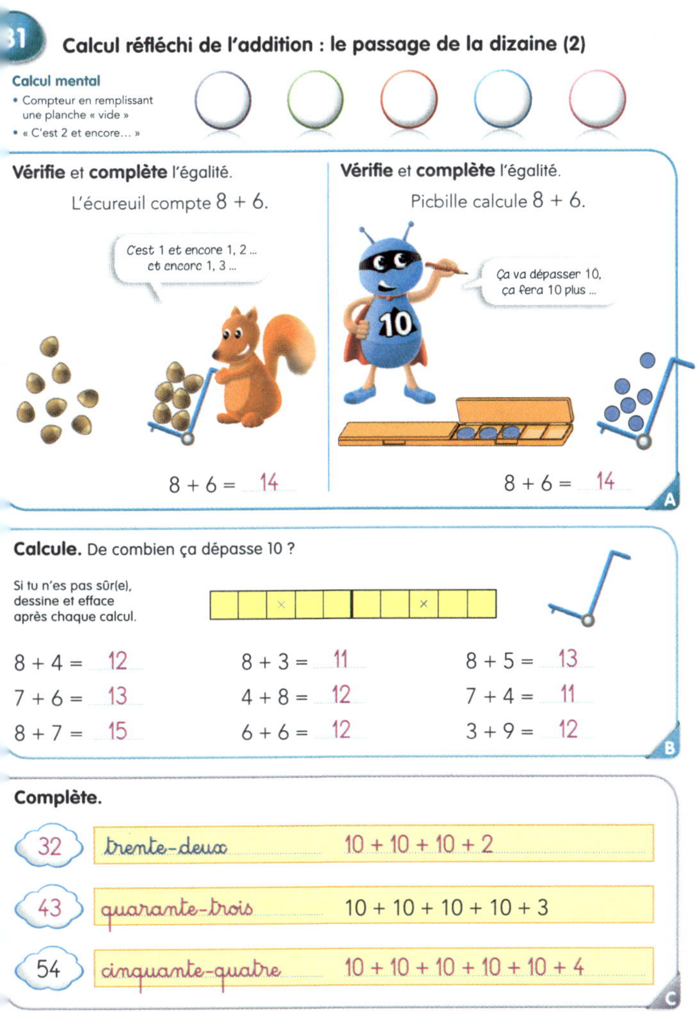

Activités Séquence 80

Calcul mental

Compteur en remplissant une planche « vide »

Idem sq 77.

Groupes de 2, 5 et 10

Idem sq 73.

A. « N, c'est 2 et encore... »

L'animation est identique à celle de l'activité A de la sq 75.

Activités Séquence 81

Calcul mental

Compteur en remplissant une planche « vide »

Idem sq 77.

« C'est 2 et encore... »

L'enseignant anime la situation d'anticipation de la sq 80.

A et B. Passage de la dizaine (2)

L'animation est identique à celle des activités correspondantes de la sq 76.

Objectifs

Dans la sq 82, il s'agit toujours de comparer des longueurs. Mais ici, on aborde l'autre procédé, à savoir la mesure. Mesurer une longueur L, c'est chercher combien de fois elle « contient » une autre petite longueur l, considérée alors comme « unité de longueur ». Ici, l'unité est l'allumette. Les élèves vont utiliser une règle graduée en allumettes. Mesurer une longueur avec cette règle revient à la comparer avec celle de plusieurs allumettes mises bout à bout. Les élèves comprennent alors facilement ce que veut dire : « ce trait est long comme (ou mesure) 3 allumettes » ; ils appréhendent aisément cette même longueur sur la règle où ils voient ces allumettes mises bout à bout.

L'objectif est que, par analogie, ils comprennent ce que veut dire « ce trait est long comme (ou mesure) 3 centimètres » et qu'ils appréhendent la règle graduée en centimètres comme un ensemble de petites longueurs de 1 cm « mises bout à bout ». C'est ce que l'on visera lors de la sq 91.

Dans la sq 83, on s'efforce de favoriser l'appropriation de la stratégie étudiée lors des sq 76 et 81 en recourant à une tâche de simulation mentale d'un passage de la dizaine que l'enseignant effectue de manière masquée. Le principe de ce type d'activité est maintenant bien connu : l'enseignant effectue avec le matériel un passage de la dizaine qu'il est seul à voir et il demande aux élèves d'imaginer ce qu'il fait et de calculer mentalement les conséquences de ses actions : pour compléter la boite, combien faut-il qu'il prélève de jetons dans sa main ? Et quand il les a prélevés, combien en a-t-il encore dans la main ? Etc.

Activités — Séquence 82

Calcul mental

Compteur (le résultat est le seul support visuel)

L'enseignant écrit 56 au tableau, par ex., et il demande : « moins 10 ». Quand les élèves ont montré leur résultat, le nombre écrit au tableau est actualisé en remplaçant le « 5 » de 56 par un « 4 ». Il s'agit d'un compteur où l'on ajoute ou retranche 1, 5 ou 10 (dans des cas simples pour 5) ; la tâche est plus complexe que lorsque l'enseignant remplit une planche des nombres « vide » parce que les élèves ne peuvent plus s'appuyer sur la structure en lignes et colonnes.

Soustractions mentales

L'enseignant anime la situation d'anticipation de la sq 62.

82 Mesure de longueurs (1) : reporter un étalon quelconque

Calcul mental
- Compteur (le résultat est le seul support visuel)
- Soustractions mentales

Observé.

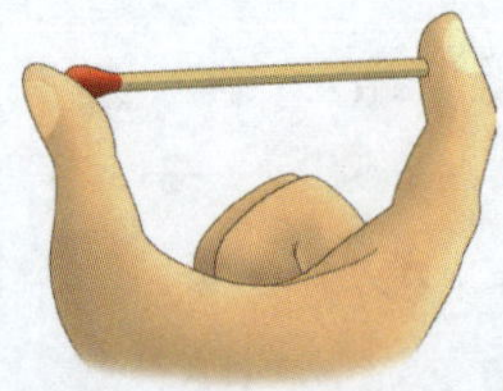

La longueur entre ces deux doigts est de 1 allumette.

A

Détache la règle graduée en allumettes qui se trouve à la fin de ton fichier.

Montre entre tes doigts des longueurs de :
1 allumette ;
2 allumettes ;
3 allumettes ;
4 allumettes.

Avec ta règle graduée en allumettes, **mesure** les longueurs des traits suivants et **complète** les phrases (tu peux utiliser la liste des couleurs page 87).

Le trait *vert* est long comme 1 allumette.
Le trait *violet* est plus long que 1 allumette et moins long que 2 allumettes.
Le trait *jaune* est long comme 2 allumettes.
Le trait *bleu* est plus long que 2 allumettes et moins long que 3 allumettes.
Le trait *rouge* est long comme 3 allumettes.

Calcule. De combien ça dépasse 10 ?

Si tu n'es pas sûr(e), dessine et efface après chaque calcul.

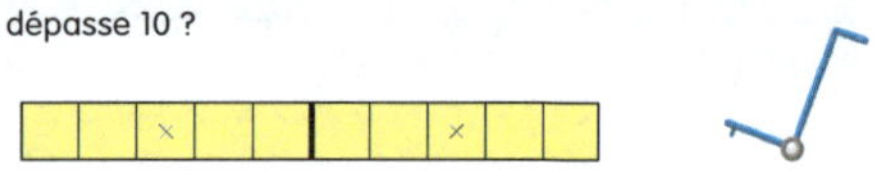

8 + 3 = 11	8 + 6 = 14	7 + 4 = 11
7 + 6 = 13	4 + 9 = 13	8 + 5 = 13
5 + 9 = 14	9 + 7 = 16	8 + 4 = 12

A et B. L'unité de longueur « allumette »

On commente l'image du cadre A : ces doigts montrent une longueur de 1 allumette. Les élèves sont invités à montrer eux aussi cette longueur de 1 allumette entre leurs doigts. Mais comme ils ne disposent pas de l'objet, ils doivent la matérialiser par un écartement entre le pouce et l'index (l'enseignant montre comment faire). On observera des variations entre élèves. On les incitera donc à se reporter à l'allumette du fichier (qui est à l'échelle 1).

L'enseignant distribue ensuite les règles graduées en allumettes (extraites du matériel individuel). Cette règle permet de « mesurer » les longueurs ; avec elle, on peut dire si un crayon, par exemple, est long comme 2 allumettes, 3 allumettes, 4 allumettes… « C'est long comment 1 allumette ? 2 allumettes, etc. ? » Les élèves montrent là encore ces longueurs entre leurs doigts (à partir de 3 allumettes, ils doivent utiliser les index des 2 mains).

C. Mesurer en « allumettes »

Activité préliminaire

L'enseignant demande d'exprimer en allumettes la longueur de divers objets : un crayon, un tube de colle, une trousse, un côté du fichier de maths… « C'est long comme combien d'allumettes ? » On aboutit à des expressions du type : « C'est presque 3 allumettes. C'est plus long que 2 allumettes et plus petit que 3… ». On emploie le mot « mesure » comme synonyme de l'expression « est long comme ».

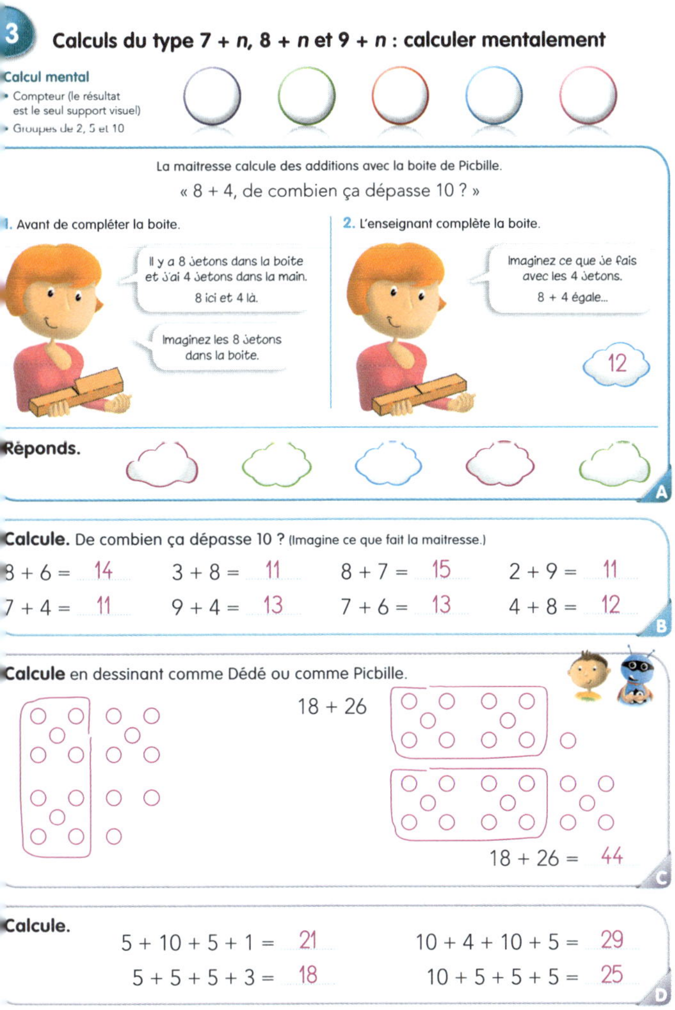
3 Calculs du type 7 + *n*, 8 + *n* et 9 + *n* : calculer mentalement

Calcul mental
- Compteur (le résultat est le seul support visuel)
- Groupes de 2, 5 et 10

La maitresse calcule des additions avec la boite de Picbille.
« 8 + 4, de combien ça dépasse 10 ? »

1. Avant de compléter la boite.

Il y a 8 jetons dans la boite et j'ai 4 jetons dans la main. 8 ici et 4 là.

Imaginez les 8 jetons dans la boite.

2. L'enseignant complète la boite.

Imaginez ce que je fais avec les 4 jetons. 8 + 4 égale...

12

Réponds.

Calcule. De combien ça dépasse 10 ? (Imagine ce que fait la maitresse.)

8 + 6 = 14	3 + 8 = 11	8 + 7 = 15	2 + 9 = 11
7 + 4 = 11	9 + 4 = 13	7 + 6 = 13	4 + 8 = 12

Calcule en dessinant comme Dédé ou comme Picbille.

18 + 26

18 + 26 = 44

Calcule.

5 + 10 + 5 + 1 = 21	10 + 4 + 10 + 5 = 29
5 + 5 + 5 + 3 = 18	10 + 5 + 5 + 5 = 25

Activité du fichier

Les deux premiers cas sont traités collectivement :

– on vérifie la mesure du trait vert (on introduit l'expression équivalente « mesure 1 allumette ») ;

– on cherche le trait qui est « plus long que 1 et moins long que 2 allumettes » (qui « mesure entre 1 et 2 allumettes »).

Les 3 autres cas sont traités individuellement.

Activités Séquence 83

Calcul mental

Compteur (le résultat est le seul support visuel)

Idem sq 82.

Groupes de 2, 5 et 10

Idem sq 73.

A. Simulation mentale d'un passage de la dizaine que l'enseignant exécute de façon masquée

L'activité commence sur ardoise ; c'est seulement lorsque les élèves ont compris le scénario qu'on leur demande de répondre dans les nuages du fichier. Pour chaque calcul, il y a 2 phases : celle de simulation et celle de vérification (ou validation) du résultat. La phase de simulation se déroule elle-même en deux temps.

Simulation (1er temps)

Voir dessin 1 du cadre A.

Les élèves ne voient ni l'intérieur de la boite, ni les 4 jetons car les doigts étant à demi repliés, seul l'enseignant peut les voir. On ne fait pas expliciter qu'il y a 2 cases vides (cela sera fait lors de la validation).

Simulation (2e temps)

Voir dessin 2 du cadre A.

L'enseignant réalise l'ajout de manière masquée. Pour 8 + 4, il met 2 jetons dans la boite en demandant aux élèves d'imaginer ce qu'il fait. Après avoir fermé le couvercle, il dit « 8 + 4, c'est 10…», en regardant la boite puis : «…et encore…», en regardant le contenu de sa main.

Validation

On procède à la vérification en basculant la boite, en reprenant l'ensemble de la manipulation sous les yeux des élèves et en commentant les changements dans les contenus respectifs de la boite et de la main.

Avant l'ajout : « Il y a 8 jetons dans la boite ; pour avoir 10, il faut prendre 2 jetons dans la main. »

L'enseignant continue en aidant les élèves à réinvestir ici ce qu'ils ont appris avec le jeu « N, c'est 2 et encore… » ; il réalise l'ajout en disant : « J'avais 4 jetons dans la main ; 4, c'est 2 que je mets dans la boite et encore… 2 ; 8 + 4 égale 10 et encore 2, 12. »

Avant ajout

Après ajout

Les cas proposés sont, dans le désordre : 7 + 4, 7 + 6, 8 + *n* et 9 + *n*.

B. Cas mélangés

On passe aux calculs proposés par écrit sur le fichier. Les élèves sont incités à évoquer le scénario de l'activité A.

Objectifs

Dans la sq 84, les élèves retrouvent le « *Jeu des boites* » qu'ils ont déjà rencontré lors de la sq 42, mais il s'agit maintenant de décomposer les nombres 11, 12, 13, etc.. Rappelons que ce jeu est une variante du jeu « *Le compte est bon* » dans laquelle le nombre cible s'obtient avec des additions seulement et alors qu'on a le droit de ne pas utiliser un ou deux des nombres proposés. Cela conduit à un travail sur les décompositions additives du nombre cible.

Avec les activités de la sq 85, les élèves découvrent les nombres de 60 à 79 : leur décomposition en dizaines et unités, leur écriture et la façon dont on les dit. On sait que ces nombres engendrent beaucoup d'erreurs dans les situations de dictée. Pour « soixante-quinze » par exemple, on observe : « 65 » ou « 615 ». Comme l'enfant entend « soixante... », il pense que le chiffre 6 figure nécessairement dans l'écriture du nombre. On s'efforce de dégager une méthode qui permette d'éviter ces erreurs : pour savoir comment s'écrit un nombre qui commence par « soixante... », il faut d'abord s'interroger sur le nombre de groupes de dix qu'il contient : est-ce 6 ou 7 ? Ainsi, lorsque l'enseignant dicte un nombre et lorsque l'élève entend « soixante... », celui-ci doit s'abstenir d'écrire tout de suite, il doit attendre et être attentif à ce qui est dit après « soixante ». Si c'est un nombre jusqu'à 9, il y a 6 groupes de dix et le nombre dicté s'écrit : « 6... » ; si c'est un nombre au-delà de 9 (dix, onze...), il y a 7 groupes de dix et le nombre dicté s'écrit : « 7... ».

Les choix pédagogiques de *J'apprends les maths CP* permettent la compréhension et l'appropriation de cette règle. Ils sont au nombre de trois :

1°) Comme les élèves n'ont, jusqu'à présent, étudié que les nombres jusqu'à 59, ils découvrent au cours de la même sq l'écriture des nombres de 60 à 79. Avant cette sq, ils n'ont donc pas pris l'habitude d'écrire « 6... » dès qu'ils entendaient « soixante... ». Avec les progressions classiques, les élèves doivent perdre cette habitude.

2°) À partir d'une activité du compteur des nombres comme Dédé après 59, ils découvrent que les nombres suivants, ceux qui contiennent 6 groupes de 10, commencent par « soixante » et on leur dit qu'en toute logique, les nombres après 69, ceux qui contiennent 7 groupes de 10, auraient dû commencer par « septante » : l'irrégularité langagière est donc explicitée.

3°) À partir du calcul de 60 + 10 (septante), 60 + 11 (septante-un), 60 + 12 (septante-deux)..., ils découvrent que notre façon de dire les nombres, si elle est irrégulière, n'est pas injustifiée : « soixante-treize », par exemple, c'est « soixante et encore treize », c'est-à-dire 7 groupes de dix (les 6 de soixante et le dix de treize) et 3 unités isolées.

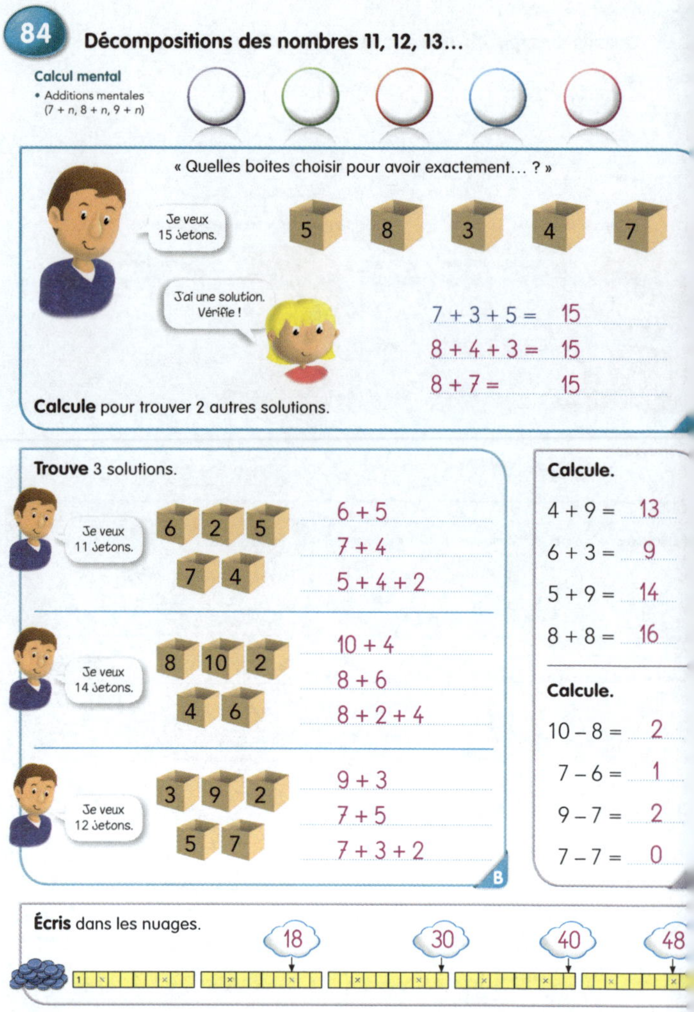
84 Décompositions des nombres 11, 12, 13...

Calcul mental
• Additions mentales (7 + n, 8 + n, 9 + n)

« Quelles boites choisir pour avoir exactement... ? »

Je veux 15 jetons.
5 8 3 4 7
J'ai une solution. Vérifie !
7 + 3 + 5 = 15
8 + 4 + 3 = 15
8 + 7 = 15

Calcule pour trouver 2 autres solutions.

Trouve 3 solutions.

Je veux 11 jetons. 6 2 5 7 4
6 + 5
7 + 4
5 + 4 + 2

Je veux 14 jetons. 8 10 2 4 6
10 + 4
8 + 6
8 + 2 + 4

Je veux 12 jetons. 3 9 2 5 7
9 + 3
7 + 5
7 + 3 + 2

Calcule.
4 + 9 = 13
6 + 3 = 9
5 + 9 = 14
8 + 8 = 16

Calcule.
10 – 8 = 2
7 – 6 = 1
9 – 7 = 2
7 – 7 = 0

Écris dans les nuages.
18 30 40 48

Activités Séquence 84

Calcul mental

Additions mentales (7 + *n* ; 8 + *n* ; 9 + *n*)

L'enseignant anime la situation d'anticipation décrite dans le cadre A de la sq 83.

A. Décompositions du nombre 15

Comme les élèves n'ont pas été confrontés à ce jeu depuis un long moment, on pourra reconstituer la situation à l'aide de boites en papier, de jetons et de post-it indiquant le nombre de jetons dans chaque boite (rappelons qu'il est facile de construire des boites à l'aide d'un pliage de type origami). L'usage de jetons de Picbille permettra de vérifier les propositions des élèves : s'ils proposent que telle somme est égale à 15, il suffira de sortir les jetons correspondants et de vérifier qu'ils remplissent une boite et demie de Picbille.

La règle du jeu est rappelée : il faut obtenir 15 jetons exactement (le nombre est écrit au tableau) en prélevant le contenu de 2 boites, de 3 boites, de 4 boites, voire de 5 boites. À chaque fois, le contenu de la boite doit être entièrement utilisé.

Un premier temps de recherche individuelle conduit à prélever les contenus des boites contenant 7, 3 et 5 jetons parce que 7 + 3 + 5 = 15. Cette stratégie, qui consiste à se ramener au calcul de 10 + 5 est en effet la plus simple. On peut vérifier

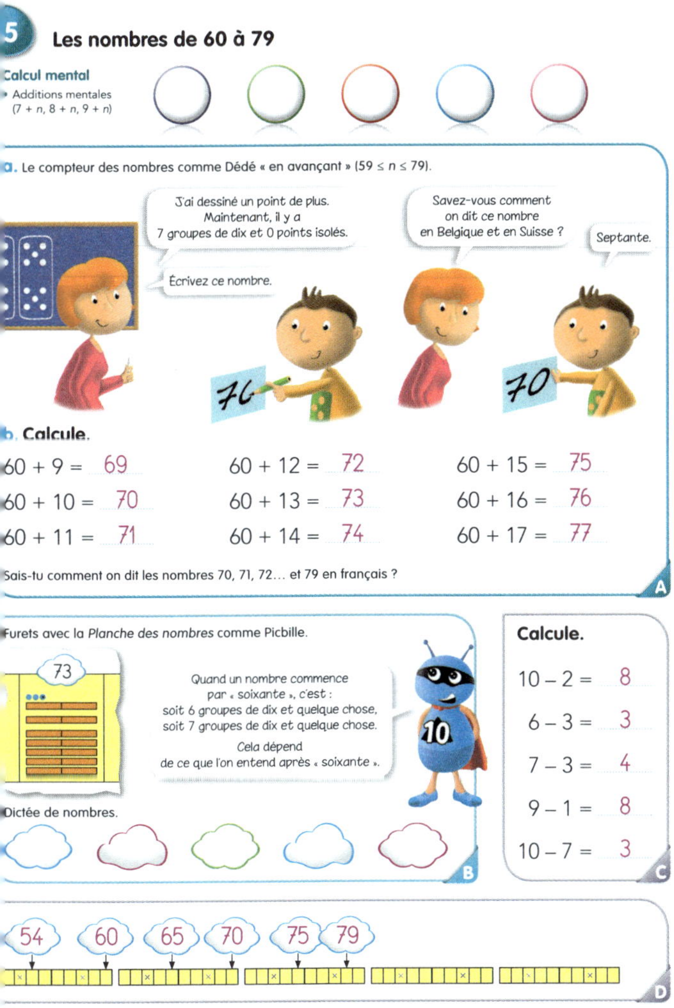

cette solution en sortant les jetons et en remplissant une file de boites de Picbille en commentant le calcul : « 7 plus 3, c'est 10, une boite pleine ; plus 5, c'est 15 en tout. »

L'enseignant poursuit : « Je remets les jetons à leur place ; il y a deux autres façons d'obtenir 15 jetons, cherchez-les ». Les autres solutions sont : 7 + 8 = 15 et 4 + 3 + 8 = 15.

B. Décompositions des nombres 11, 12, 14…

Pour 11, les solutions sont : 7 + 4 = 11 ; 5 + 2 + 4 = 11 et 6 + 5 = 11.

Pour 14, les solutions sont : 10 + 4 = 14 ; 8 + 2 + 4 = 14 et 8 + 6 = 14.

Pour 12, les solutions sont : 5 + 7 = 12 ; 3 + 2 + 7 = 12 et 9 + 3 = 12.

Activités Séquence 85

Calcul mental

Additions mentales (7 + *n* ; 8 + *n* ; 9 + *n*)

L'enseignant anime la situation d'anticipation décrite dans le cadre A de la sq 83.

A. Les nombres de 60 à 79 « comme Dédé »

L'activité commence par un compteur des nombres « comme Dédé » entre 59 et 79 (en fait, on reprend l'activité du cadre A de la sq 57 là où on l'avait arrêtée). L'enseignant dessine 5 groupes de dix et 9 points comme Dédé et l'activité se déroule comme dans la sq 57 : les élèves écrivent tous le nombre correspondant en chiffre sur leur ardoise (59) ; cette écriture est justifiée (il y a 5 groupes de dix et 9 unités isolées), un élève est interrogé sur la façon dont on dit ce nombre (cinquante-neuf).

L'enseignant dessine un point de plus et entoure la nouvelle dizaine ainsi formée. On poursuit de même : écriture chiffrée de ce nombre sur ardoise, justification de cette écriture. « Comment dit-on le nombre correspondant à 6 groupes de dix et 0 unité isolée ? » De nombreux élèves connaissent le mot « soixante » qui se mémorise facilement dans le prolongement des mots « quarante, cinquante… ».

Arrivé au dessin de 7 groupes de 10 et 0 unité isolée, on sait écrire ce nombre (70) et les suivants mais on ne sait pas les dire. Dans un premier temps (temps a sur le fichier), on les dit de manière régulière, c'est-à-dire comme en Belgique et en Suisse : septante, septante-un, septante-deux, etc. À chaque fois, l'enseignant précise bien : « En Belgique, on dit ce nombre… ».

Dans un second temps (temps b sur le fichier), le calcul de 60 + 10, 60 + 11… permet de comprendre notre façon de les dire : soixante-dix, soixante-et-onze, etc. À chaque fois, on précise que soixante-dix (60 + 10) c'est 7 groupes de dix : les 6 groupes de dix de 60 et encore dix ; que soixante-et-onze s'écrit « 7… » parce qu'il contient 7 groupes de dix : les 6 groupes de dix de 60 et le groupe de dix de 11 ; que soixante-douze s'écrit « 7… » parce qu'il contient 7 groupes de dix : les 6 groupes de dix de 60 et le groupe de dix de 12, etc.

B. Les nombres de 60 à 79 « comme Picbille »

L'enseignant demande aux élèves d'ouvrir leur fichier à la double page de la *Planche des nombres comme Picbille* (p. 158-159) et il anime un furet. Il demande à tous les élèves de mettre le doigt sur la case cinquante-neuf, puis il désigne l'un après l'autre des élèves au hasard. Par exemple :

– *Un de plus. Lucas, quel est le nouveau nombre ?*
– *Soixante, c'est 6 groupes de dix et 0 unité isolée.*
– *Un de plus. Amélie , quel est le nouveau nombre ?*

On pourra remarquer que sur la *Planche des nombres comme Picbille*, pour 73 par exemple, on voit 60 jetons (6 groupes de dix), un espacement plus grand que l'espacement habituel et 13 jetons (1 groupe de dix et 3 jetons isolés). L'enseignant peut reproduire ce dessin au tableau en le commentant.

L'activité se poursuit par une dictée de nombres entre 60 et 79. Rappelons que la difficulté provient du fait que lorsqu'on entend « soixante… », on est tenté d'écrire d'emblée un « 6 ». En fait, il faut avoir entendu la suite pour savoir si c'est « 6 » ou « 7 ». De temps en temps, l'enseignant pourra suspendre sa dictée après avoir dit : « soixante… » et observer : tous les élèves qui commencent à écrire n'ont pas compris la règle. Il convient de la rappeler : si, après « soixante », on entend de un à neuf…

Objectifs

Dans la sq 86, on poursuit la progression vers le calcul mental de l'addition de 2 nombres à 2 chiffres dans deux directions :

1°) On vise la mémorisation des calculs du type « vingt + trente » ; le résultat s'obtient facilement lorsqu'on sait qu'il faut sommer les groupes de dix correspondants (2 + 3). Mais paradoxalement, un tel calcul est plus difficile que « deux cents + trois cents » : dans ce dernier cas, en effet, les nombres en jeu sont plus grands mais on entend combien il y a de groupes de cent. On n'entend rien de tel avec « vingt + trente ». Un entrainement à l'évocation des nombres de groupes de dix est donc nécessaire ; c'est d'ailleurs la raison pour laquelle on utilise l'écriture littérale des nombres pour proposer ce type de calculs par écrit : en effet, l'écriture chiffrée, 20 + 30, donnerait directement les nombres 2 et 3 qu'il faut additionner, il n'y aurait plus besoin de les évoquer à partir des mots « vingt » et « trente ».

2°) On vise à ce que les élèves s'approprient la stratégie de calcul des additions du type : « vingt-cinq + trente ». Ces calculs sont évidemment proches des précédents mais il faut de plus ajouter cinq au résultat de « vingt + trente ». Les calculs de ce type sont proposés sous forme chiffrée : en effet, la présence d'un chiffre des unités non nul (5) empêche les réponses basées sur l'application de la règle : « il faut additionner les chiffres différents de 0 » et les élèves sont donc obligés d'évoquer les quantités correspondantes, ce qui est notre objectif.

La sq 87 est consacrée à des Problèmes pour apprendre à chercher. Les élèves y sont confrontés à quatre sortes de situations-problèmes :
– Une situation où, pour la première fois, ils utilisent leurs billets de 20 € et de 50 € pour réaliser une somme d'argent avec le moins de billets et de pièces possible.
– Une situation conduisant à partager équitablement en 2 une collection de 15 objets.
– Des « *Jeu des boites* » conduisant à travailler les décompositions de 11 et de 13.
– Une activité dans laquelle il s'agit de colorier un nombre donné de cases d'un damier 10 x 10.

Activités Séquence 86

Calcul mental

Dictée de nombres (60 ≤ *n* ≤ 79)

Un nombre est dicté (soixante-douze, par exemple) ; la réponse est écrite sur ardoise ; la validation se fait immédiatement après de la manière suivante : « Dans soixante-douze, après

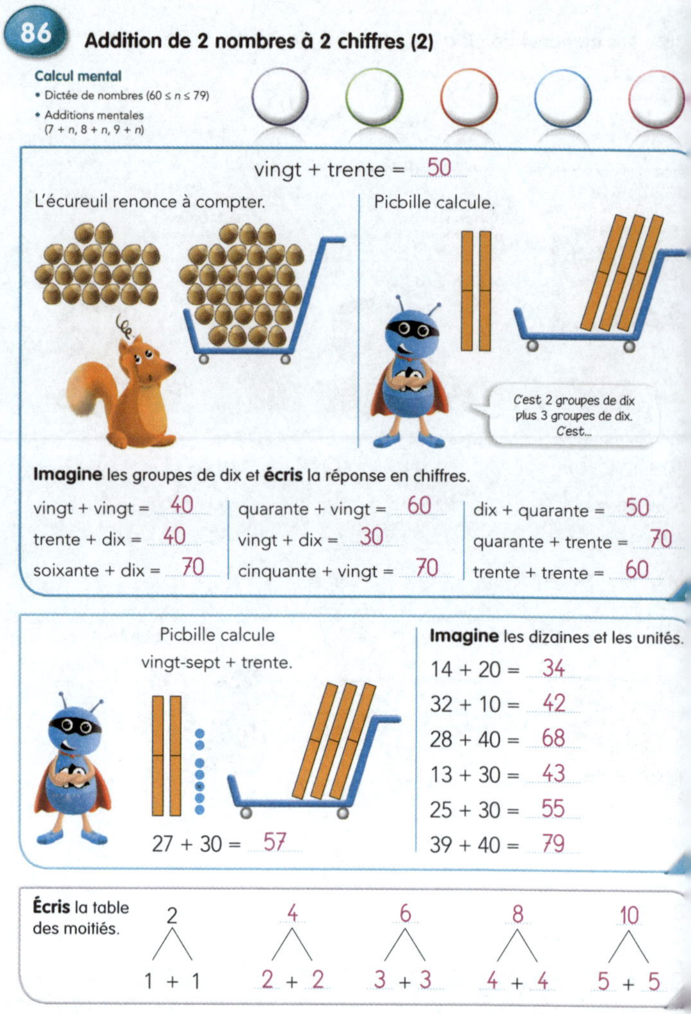
86 Addition de 2 nombres à 2 chiffres (2)

Calcul mental
• Dictée de nombres (60 ≤ n ≤ 79)
• Additions mentales (7 + n, 8 + n, 9 + n)

vingt + trente = 50

L'écureuil renonce à compter. | Picbille calcule.

Imagine les groupes de dix et **écris** la réponse en chiffres.

vingt + vingt = 40	quarante + vingt = 60	dix + quarante = 50
trente + dix = 40	vingt + dix = 30	quarante + trente = 70
soixante + dix = 70	cinquante + vingt = 70	trente + trente = 60

Picbille calcule vingt-sept + trente.

27 + 30 = 57

Imagine les dizaines et les unités.

14 + 20 = 34
32 + 10 = 42
28 + 40 = 68
13 + 30 = 43
25 + 30 = 55
39 + 40 = 79

Écris la table des moitiés.

2 = 1 + 1 ; 4 = 2 + 2 ; 6 = 3 + 3 ; 8 = 4 + 4 ; 10 = 5 + 5

soixante, on entend *douze* qui est plus grand que dix ; il y a donc 7 groupes de dix et, comme 12 c'est 10 plus 2, on écrit 72 ». Ainsi, la réponse est validée en s'appuyant sur la règle : « Quand le nom d'un nombre commence par *soixante*, si le nombre qui suit est ≤ 9, c'est 6 groupes de dix et ce nombre ; si le nombre qui suit est 10 ou au-delà… » Cela pourra s'accompagner au tableau du dessin du nombre « comme Picbille » : on laisse un grand espace entre la 5e et la 6e boite et un espace « moyen » entre la 6e et la 7e quand cette dernière existe. D'une dictée à l'autre, on pourra conserver le dessin de 6 boites et compléter ce dessin au moment de la validation.

Additions mentales (7 + *n* ; 8 + *n* ; 9 + *n*)

Idem sq 84.

A. Calculs du type : « vingt + trente »

L'activité commence directement sur le fichier. L'écureuil a-t-il 20 noisettes d'une part et 30 de l'autre ? Une moitié de la classe peut tenter de vérifier le nombre de noisettes dans le tas de gauche, l'autre moitié dans le tas de droite. Comment fait l'écureuil pour savoir combien il y a de noisettes en tout ? Il a l'air submergé. Pourquoi ? Picbille, lui, sait que vingt c'est 2 groupes de dix, que trente c'est 3 groupes de dix. Il somme les groupes de dix et trouve facilement la solution. La méthode est explicitée : pour calculer ce type d'addition, il faut chercher combien de groupes de dix il y a dans chaque nombre.

Des calculs analogues sont ensuite proposés sur le fichier ; les élèves qui en ont besoin peuvent utiliser leur *Planche des nombres écrits en lettres*.

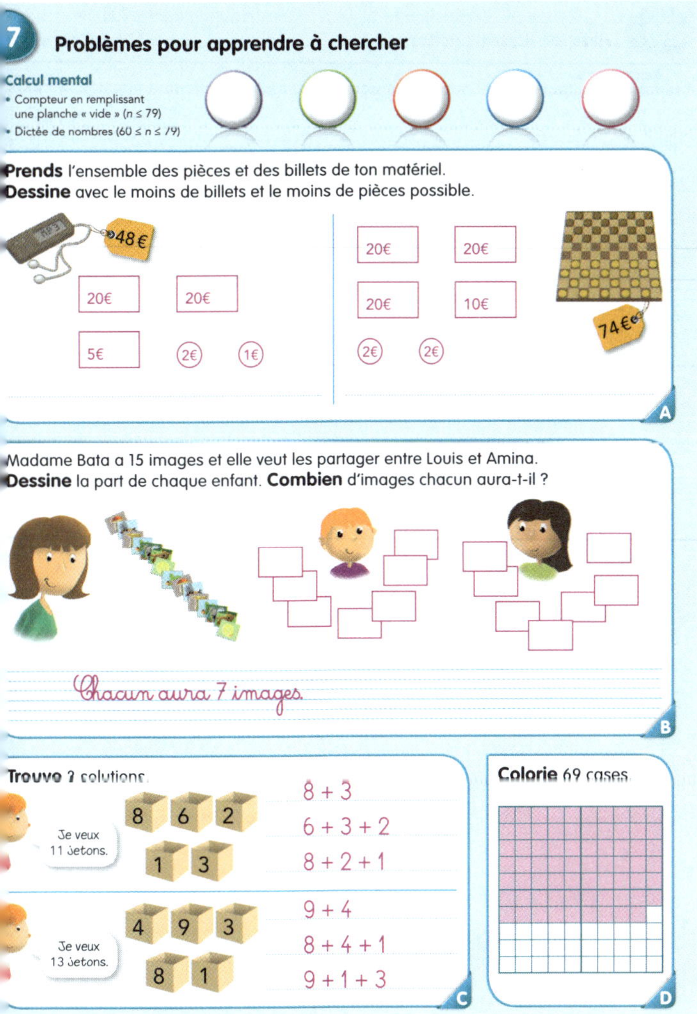

7 Problèmes pour apprendre à chercher

Calcul mental
• Compteur en remplissant une planche « vide » (n ≤ 79)
• Dictée de nombres (60 ≤ n ≤ 79)

Prends l'ensemble des pièces et des billets de ton matériel.
Dessine avec le moins de billets et le moins de pièces possible.

48 € — 20€ 20€ 5€ 2€ 1€

74 € — 20€ 20€ 20€ 10€ 2€ 2€

A

Madame Bata a 15 images et elle veut les partager entre Louis et Amina.
Dessine la part de chaque enfant. **Combien** d'images chacun aura-t-il ?

Chacun aura 7 images.

B

Trouve 3 solutions.

Je veux 11 jetons. — 8 6 2 1 3 — 8 + 3 ; 6 + 3 + 2 ; 8 + 2 + 1

Je veux 13 jetons. — 4 9 3 8 1 — 9 + 4 ; 8 + 4 + 1 ; 9 + 1 + 3

C

Colorie 69 cases.

D

B. Calculs du type : « 27 + 30 »

L'activité peut là encore commencer directement sur le fichier. On remarque que le calcul « vingt-sept + trente » est écrit en chiffres (27 + 30) et que chacun des nombres est représenté comme Picbille ; d'où le résultat : « vingt plus trente, c'est 5 groupes de dix, 50 ; et encore 7 : 57 ».

Deux autres calculs peuvent être traités collectivement (35 + 30 et 14 + 20, par exemple) avec résultat sur ardoise ; c'est seulement au moment de la validation qu'on effectue le dessin des boites et des jetons au tableau.

Les élèves font ensuite les calculs demandés ; ils ne dessinent les boites et les jetons sur leur ardoise qu'en cas de nécessité.

Activités Séquence 87

Calcul mental

Compteur en remplissant une planche « vide »

Idem sq 77 mais la planche « vide » est formatée en remplissant la 1re colonne jusqu'à 71 (on laisse un espace entre 51 et 61). On insiste sur les nombres entre 60 et 79.

Dictée de nombres (60 ≤ *n* ≤ 79)

Idem sq 86.

A. Sommes avec des billets de 20 € et de 50 €

Les élèves disposent de la monnaie factice qui se trouve à la fin de leur fichier, y compris les billets de 20 € et de 50 €. L'enseignant demande comment former la somme de 48 €, celle qui permet d'acheter le lecteur MP3. Les différentes propositions des élèves sont reproduites au tableau et comparées. Celle qui permet d'utiliser le moins de billets et de pièces possible utilise 2 billets de 20 €.

Les élèves travaillent individuellement pour former la somme de 74 €. Avant de dessiner, s'ils en ont besoin, ils peuvent utiliser la monnaie factice.

B. Partage de 15 objets en 2 parts équitables

Une maitresse dispose de 15 images et elle veut les partager équitablement entre 2 enfants. Ce problème prépare la sq 90 dans laquelle les élèves apprendront les moitiés des nombres 12, 14, 16, 18 et 20. On peut proposer aux élèves de dessiner la part de chacun. Comme on ne déchire pas une image, il y aura une image restante. Ainsi, la « phrase solution » peut être : « Chaque enfant a 7 images et il reste 1 image ».

C. Décompositions des nombres 11 et 13

Pour 11, les solutions sont : 8 + 2 + 1 = 11 ; 8 + 3 = 11 et 6 + 3 + 2 = 11.

Pour 13, les solutions sont : 9 + 1 + 3 = 13 ; 9 + 4 = 13 et 8 + 1 + 4 = 13.

D. Colorier 69 cases d'un damier 10 x 10

Il existe plusieurs façons de le faire. La plus simple est de colorier 6 lignes (5 + 1) et toutes les cases de la 7e moins une.

Activité complémentaire

Les nombres après 50 sur les doigts

L'enseignant fait venir 8 élèves qui se mettent l'un à côté de l'autre, face aux autres. Il dit à l'oreille de chacun un nombre de doigts qu'il devra lever. Par exemple : 10, 10, 7, 0, 0, 0 et 0 (les groupes de 10 devront évidemment apparaitre à gauche). À un signal donné, ces élèves montrent tous ensemble ce que l'enseignant a demandé. Assez vite, à un second signal, les élèves baissent leurs mains et les autres élèves écrivent le nombre. Pour vérifier, on fait relever les mains : « 2 groupes de dix et 7, c'est vingt-sept ».

On commence par interroger jusqu'à 40, ce qui permet aux élèves de dénombrer facilement les groupes de dix parce qu'il y en a 3 au plus. Après quelques interrogations, l'enseignant dit à l'oreille des élèves debout : 10, 10, 10, 10, 10, 8. Si le temps d'exposition est assez bref, il y aura des erreurs. Comment faire pour reconnaitre plus facilement combien d'élèves ont levé leurs dix doigts ? La discussion conduira à créer un espace entre les 5 premiers élèves et les 2 suivants. L'analogie peut être faite avec la façon dont les 6 boites de Picbille sont dessinées sur la *Planche des nombres comme Picbille*. L'interrogation reprend avec cette disposition. Après la sq 102, cette activité pourra être reprise en représentant des nombres jusqu'à 100.

Objectifs

Dans la sq 88, la principale nouveauté est l'écriture en lettres des nombres jusqu'à 79. En fait, les élèves ayant appris à écrire les nombres jusqu'à 59, un seul mot est nouveau : soixante.

Dans la sq 89 les élèves apprennent à additionner un nombre à 2 chiffres avec un nombre à 1 chiffre sans dessiner les collections correspondantes. La stratégie proposée consiste à s'intéresser d'abord aux unités en vue d'apprécier si leur nombre total formera ou non une nouvelle dizaine. On s'appuie sur les nombres « comme Picbille ». Pour 25 + 7 par exemple, cela revient alors à imaginer qu'on remplit une nouvelle boite avec les 5 jetons isolés et 5 autres qui sont prélevés parmi les 7 du charriot : il y aura 1 groupe de dix de plus, soit 30 et encore 2 jetons, soit 32 jetons en tout.

Dans le cas d'un calcul tel que 24 + 9 par exemple, il vaut mieux imaginer un passage de la dizaine où c'est en prélevant 1 jeton parmi les 4 de 24 que la dizaine est complétée. Dans ce cas, le calcul effectué est en fait celui de 29 + 4 et cela correspond donc à un usage implicite de la commutativité de l'addition.

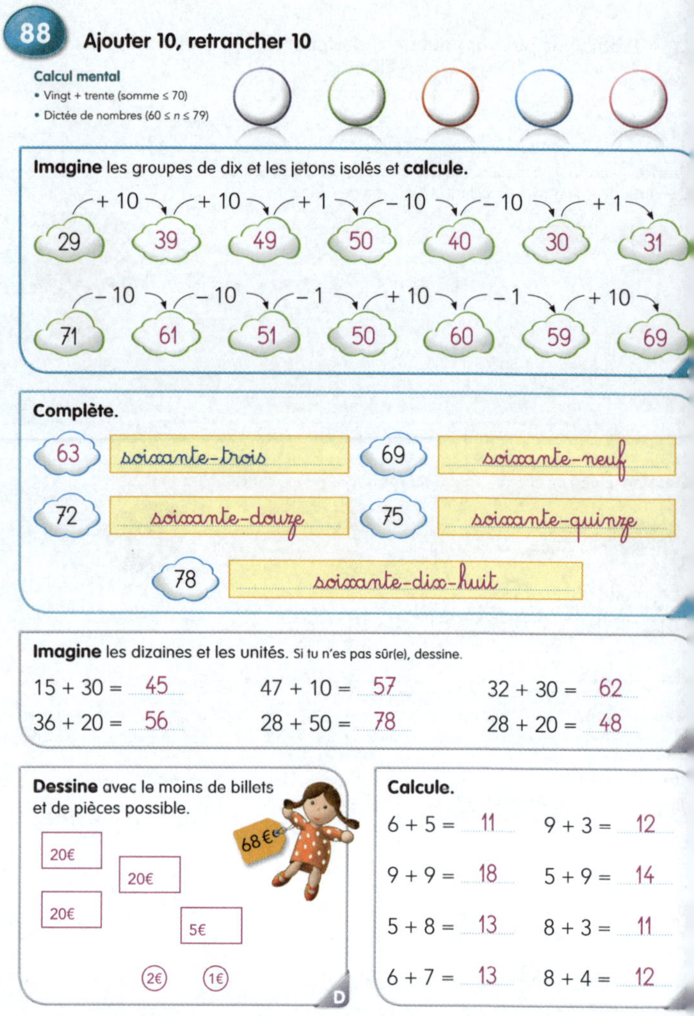

88 **Ajouter 10, retrancher 10**

Calcul mental
- Vingt + trente (somme ≤ 70)
- Dictée de nombres (60 ≤ n ≤ 79)

Imagine les groupes de dix et les jetons isolés et **calcule.**

29 (+ 10) 39 (+ 10) 49 (+ 1) 50 (− 10) 40 (− 10) 30 (+ 1) 31

71 (− 10) 61 (− 10) 51 (− 1) 50 (+ 10) 60 (− 1) 59 (+ 10) 69

Complète.

63 soixante-trois | 69 soixante-neuf
72 soixante-douze | 75 soixante-quinze
78 soixante-dix-huit

Imagine les dizaines et les unités. Si tu n'es pas sûr(e), dessine.

15 + 30 = 45 | 47 + 10 = 57 | 32 + 30 = 62
36 + 20 = 56 | 28 + 50 = 78 | 28 + 20 = 48

Dessine avec le moins de billets et de pièces possible.

68 €

20€ 20€ 20€ 5€ 2€ 1€

D

Calcule.

6 + 5 = 11 | 9 + 3 = 12
9 + 9 = 18 | 5 + 9 = 14
5 + 8 = 13 | 8 + 3 = 11
6 + 7 = 13 | 8 + 4 = 12

Activités Séquence 88

Calcul mental

Vingt + trente (sommes ≤ 70)

L'interrogation est orale, la réponse donnée en chiffres ; le calcul n'est écrit au tableau qu'au moment de la validation, afin de pouvoir commenter : « 2 dizaines plus 3 dizaines… ». Penser aux cas du type : « Dix + quarante ».

Dictée de nombres (60 ≤ *n* ≤ 79)

Idem sq 86.

A. Ajouter 10, retrancher 10

La seule nouveauté réside dans le format de l'interrogation : jusqu'ici les élèves ont le plus souvent rencontré cette tâche dans le contexte de la *Planche des nombres*, et, en cas d'ajout ou de retrait de 10, l'on se déplaçait alors à l'intérieur d'une colonne de cette planche ; dans la tâche proposée ici, les résultats sont écrits sur la même ligne.

B. Écrire en lettres les nombres jusqu'à 79

On ouvre le fichier à la *Planche des nombres écrits en lettres* et on cherche les écritures littérales de 60 puis 61, 62… 70, 71, 72… 79. Les élèves sont amenés à prendre conscience de la façon dont tous ces mots-nombres s'écrivent :

– ils commencent tous par « *soixante* » ;
– après « *soixante-dix* », dans chaque case, le deuxième mot est celui qu'on trouve sur la ligne « onze » à « vingt », excepté celui-ci.

On passe ensuite à l'activité B du fichier. Le seul mot dont l'écriture est nouvelle étant « soixante », cette écriture est donnée dans le premier rectangle de réponse (« *soixante-trois* ») : on lit collectivement cette écriture et le nuage correspondant est complété ; il faut ensuite produire les écritures en lettres des nombres figurant dans les nuages. En fin d'activité, les élèves peuvent vérifier leur travail en utilisant la *Planche des nombres écrits en lettres*.

Activités Séquence 89

Calcul mental

Compteur (le résultat est le seul support visuel)

Idem sq 82 mais on inclut les nombres entre 60 et 79.

Vingt + trente (sommes ≤ 70)

Idem sq 88.

A. Addition d'un nombre à 2 chiffres avec un nombre à 1 chiffre : découverte

L'enseignant met en scène les 3 additions successivement

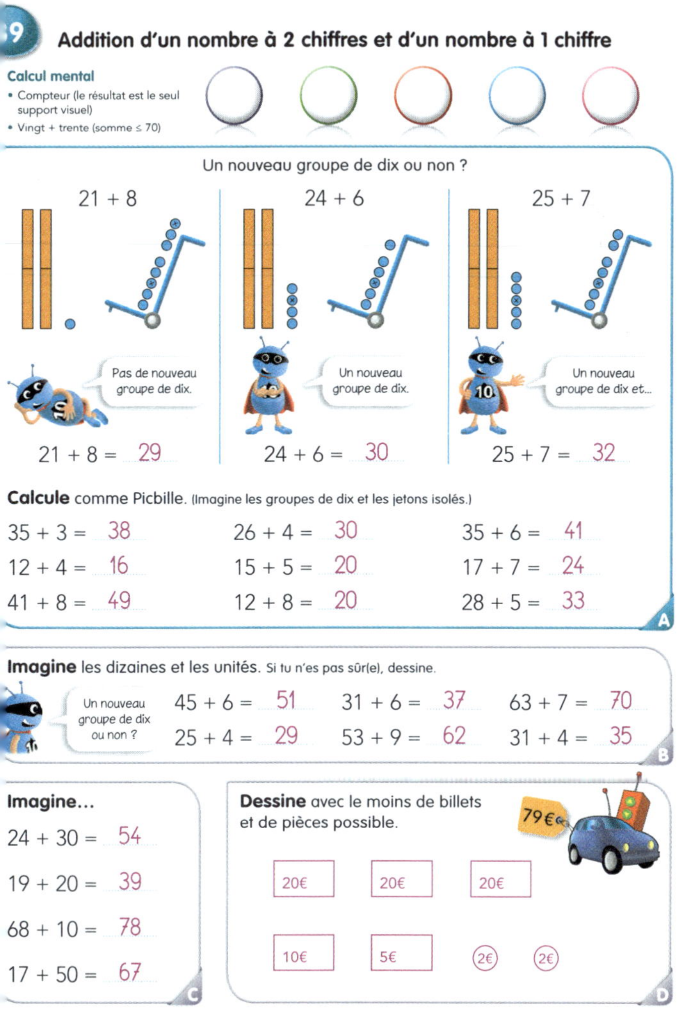
89 Addition d'un nombre à 2 chiffres et d'un nombre à 1 chiffre

Calcul mental
• Compteur (le résultat est le seul support visuel)
• Vingt + trente (somme ≤ 70)

Un nouveau groupe de dix ou non ?

21 + 8	24 + 6	25 + 7
Pas de nouveau groupe de dix.	Un nouveau groupe de dix.	Un nouveau groupe de dix et...
21 + 8 = 29	24 + 6 = 30	25 + 7 = 32

Calcule comme Picbille. (Imagine les groupes de dix et les jetons isolés.)

35 + 3 = 38	26 + 4 = 30	35 + 6 = 41
12 + 4 = 16	15 + 5 = 20	17 + 7 = 24
41 + 8 = 49	12 + 8 = 20	28 + 5 = 33

A

Imagine les dizaines et les unités. Si tu n'es pas sûr(e), dessine.

Un nouveau groupe de dix ou non ?

45 + 6 = 51	31 + 6 = 37	63 + 7 = 70
25 + 4 = 29	53 + 9 = 62	31 + 4 = 35

B

Imagine...

24 + 30 = 54

19 + 20 = 39

68 + 10 = 78

17 + 50 = 67

C

Dessine avec le moins de billets et de pièces possible.

79 €

20€ 20€ 20€

10€ 5€ 2€ 2€

D

proposées sur le fichier, soit en dessinant au tableau, soit avec du matériel qu'il manipule de manière visible, soit en combinant les deux approches (c'est ainsi que l'activité sera décrite ci-dessous). Comme on traite les mêmes cas que sur le fichier, les élèves peuvent s'y référer et y noter directement les résultats de chaque addition.

1er cas : L'enseignant a reproduit à gauche du tableau la première situation (21 jetons d'un côté et 8 de l'autre, dans un charriot) sous l'addition 21 + 8 =…

Il fait décrire cette situation, par exemple : « Picbille a déjà 21 jetons et il en apporte 8 de plus dans le charriot », et il fait anticiper le résultat de l'ajout : « Picbille devra-t-il aller chercher une nouvelle boite ? Y a-t-il assez de jetons pour former un nouveau dix ? »… On ne s'occupe alors que des unités : 8 dans le charriot et 1 parmi les 21, cela fait 9. « Il y aura 2 groupes de dix et 9. Il n'y aura donc pas de nouveau groupe de dix ». En conclusion, l'enseignant fait lire ce que dit Picbille sur le fichier et écrire le résultat.

2e cas : L'enseignant reproduit au tableau (au milieu) la 2e situation sous l'addition 24 + 6 =… Même questionnement. Un nouveau groupe de dix va apparaitre : les 6 jetons du charriot et les 4 qui sont déjà là, cela fera 10 jetons. Les jetons seront tous dans des boites, il n'y aura plus de jetons isolés. Ce raisonnement peut être illustré avec le matériel : pour ranger les 10 jetons, on a besoin d'une nouvelle boite, on la remplit. Il y a bien 3 groupes de dix ou 30 jetons. Sur le fichier on fait lire ce que dit Picbille et écrire le résultat.

3e cas : Même démarche et même questionnement. On prend soin d'expliciter comment le résultat peut être anticipé de deux façons différentes :

– en prélevant 5 jetons parmi les 7 du charriot, on forme un nouveau groupe de dix. Il y aura encore 2 jetons isolés ;

– avec les 7 jetons du charriot et 3 jetons qu'on prend parmi les 5 des 25, on formera un nouveau dix. Là encore, il y aura 2 jetons isolés. On conclut sur le fichier.

Comparaison des 3 cas

L'enseignant questionne sur ce qui est commun à ces 3 cas : on ajoute un nombre à 1 chiffre à un nombre à 2 chiffres. Qu'avons-nous cherché à savoir dans chaque cas ?… Quels sont donc ces 3 cas ? L'enseignant n'efface pas le tableau. Ce qui y figure sera utile pour l'activité B.

Autres calculs : les 3 cas sont classés

Avant de commencer leurs calculs, les élèves sont amenés à s'intéresser à la structure de l'exercice. L'enseignant questionne : « Peut-on savoir avant de calculer s'il y aura une nouvelle dizaine ou non ? » On observe alors les unités de la première série d'additions : « Un nouveau dix ou non ? » Même chose pour les deux autres séries. Pour la 2e série, on anticipe qu'il n'y aura pas de « un » isolé : les trois résultats s'écriront avec un zéro comme deuxième chiffre. Au total donc, ces cas sont « rangés » comme les précédents.

B. Les cas ne sont plus ordonnés

Certains enfants seront en mesure de réinvestir, dès cet exercice, la stratégie qui vient d'être enseignée : ils s'intéressent d'abord aux unités pour savoir s'il y aura une nouvelle dizaine ou non et anticipent son apparition éventuelle. Mais certains enfants, lorsqu'ils s'intéressent aux unités, peuvent perdre de vue le travail sur les dizaines. Pour eux, le dessin est encore utile. Ils peuvent dessiner au brouillon ou sur l'ardoise les boites et jetons qui sont hors du charriot et les jetons qui sont dedans.

Remarque

Dans les exercices ultérieurs, les exemples choisis seront plus souvent du type 32 + 9 que du type 39 + 2. En effet, 39 + 2 s'obtient facilement par un surcomptage (39, 40, 41), tandis que 32 + 9 se prête mieux à l'usage de la décomposition en dix et « uns » : 30 + 9 + 2.

Objectifs

Les élèves ont étudié les moitiés des nombres pairs jusqu'à 10 dans la sq 37. L'objectif de cette sq est d'étudier les moitiés des nombres pairs jusqu'à 20.

La notion de moitié renvoie d'abord à l'idée d'un partage en 2 parts égales. Cependant, la façon typique de réaliser un tel partage, à savoir une distribution 1 à 1, est une procédure longue et pénible dès que la taille des nombres augmente. Or, une autre façon de partager 14 jetons en 2, par exemple, sans les distribuer tous 1 à 1 consiste à partager successivement 10 jetons (5 à chacun) puis 4 jetons (2 à chacun).

Mais la notion de moitié renvoie aussi à celle de double : la moitié de 14, par exemple, c'est 7 parce que 7 + 7 = 14. Ainsi, en s'appuyant sur la connaissance des doubles, on peut accéder rapidement à la valeur d'une part, sans procéder à une distribution 1 à 1 des éléments de la collection à partager : de façon générale, la moitié d'un nombre est le nombre qui a pour double le nombre de départ.

La stratégie pédagogique adoptée dans *J'apprends les maths CP* est la suivante :

1°) Faire découvrir aux élèves le moyen rapide de trouver la moitié d'un nombre tel que 14 que constituent les partages successifs de 10 et de 4.

2°) Faire découvrir que le double du nombre trouvé est aussi le nombre de départ.

Lors de cette sq, les seuls problèmes de partage proposés sur le fichier concernent des jetons : pour partager équitablement 16 jetons entre deux personnes, par exemple, on en donne 8 à chacune. Dans ce *Guide pédagogique*, des activités sont proposées permettant aux élèves de généraliser : pour partager 16 fleurs entre 2 personnes, il faut en donner 8 à chacune, etc.

Remarque : il est préférable de ne pas utiliser le mot « division », parce qu'à strictement parler ce qu'on appelle la division est une notion bien plus complexe que le simple partage. De même que la soustraction ne se réduit pas à la recherche du résultat d'un retrait (elle permet aussi de résoudre les problèmes de comparaison, par exemple), la division de *a* par *b* ne se réduit pas aux partages équitables de *a* unités en *b* parts égales car cette opération arithmétique permet aussi de traiter les situations où l'on cherche : « Avec *a* unités, combien peut-on faire de groupes de *b* unités ? » De même qu'associer étroitement, et sur une longue durée, l'enseignement de la soustraction à la seule idée de retrait risquerait de faire obstacle à une compréhension approfondie de cette opération, associer étroitement, et sur une longue durée, l'usage du mot « division » à la seule idée de partage risquerait de faire obstacle à une compréhension approfondie de la division.

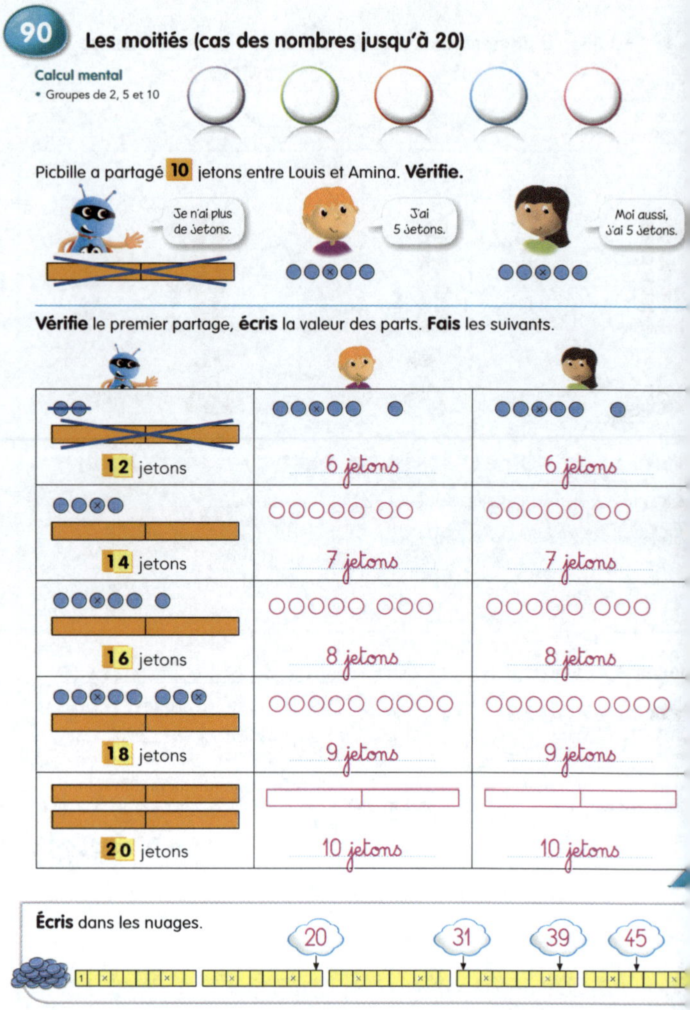

Activités Séquence 90

Calcul mental

Groupes de 2, 5 et 10

Idem sq 73 mais, concernant les groupes de 10, on peut interroger : « Combien y a-t-il d'enfants en tout dans 4 équipes de 10 enfants ? » ; « Et 7 bouquets de 10 fleurs ? ».

A. Partager en deux parts égales

Activité préliminaire

L'enseignant dispose une collection de 14 jetons sur le bureau et il demande à un élève de dénombrer cette collection puis de la partager équitablement entre deux autres élèves. Il est probable que l'enfant procédant au partage effectue une distribution 1 à 1 (il peut également donner 2 ou 3 à l'un directement et le même nombre à l'autre). En dénombrant chaque part (7), on vérifie qu'elles sont égales.

Le même problème est posé avec une collection de 10 jetons, mais qui sont dans une boite de Picbille et l'enseignant modifie le problème pour le transformer en une situation d'anticipation : on n'effectue pas une distribution 1 à 1 parce qu'il s'agit d'en anticiper le résultat. Combien chacun recevra-t-il de jetons lorsqu'on les aura partagés équitablement ? La solution est évidente (c'est la moitié de 10 ; c'est le contenu d'un compartiment) ; l'égalité 5 + 5 = 10 est écrite au tableau.

Écris la table des moitiés.

2	4	6	8	10
1 + 1	2 + 2	3 + 3	4 + 4	5 + 5
12	14	16	18	20
6 + 6	7 + 7	8 + 8	9 + 9	10 + 10

B

Imagine les dizaines et les unités. Si tu n'es pas sûr(e), dessine.

34 + 30 = 64 25 + 10 = 35 13 + 40 = 53
26 + 20 = 46 19 + 50 = 69 32 + 40 = 72

C

Imagine les dizaines et les unités. Si tu n'es pas sûr(e), dessine.

Un nouveau groupe de dix ou non ?

15 + 5 = 20 32 + 7 = 39 52 + 8 = 60
36 + 9 = 45 43 + 8 = 51 73 + 5 = 78

D

a. **Complète.** Il y a 8 pots mais il n'y a que 5 couvercles.

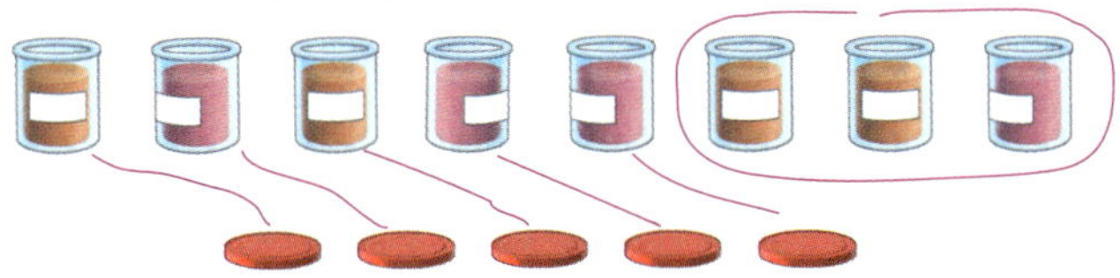

b. **Écris**, **interprète** et **calcule** la soustraction. 8 – 5 = 3

c. **Vérifie** (**relie** et **entoure**) et **écris** une « phrase solution ».
3 pots n'auront pas de couvercle.

E

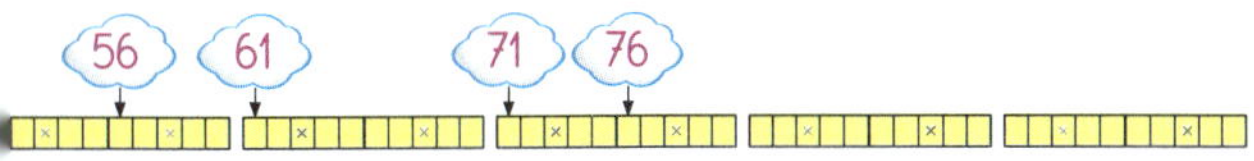

F

La même démarche est adoptée avec 12 jetons puis 14. Dans le cas de 12, soit la solution provient directement de la connaissance de 6 + 6 = 12, soit elle provient d'un partage successif de 10 jetons (5 chacun) et encore 2 (1 chacun). Dès cette activité préliminaire, on peut poser les mêmes problèmes avec des fleurs, des enfants… : on partage équitablement 10 fleurs entre 2 personnes… on partage équitablement 10 enfants pour avoir 2 équipes égales… Mêmes problèmes avec 12 et 14.

Activité sur le fichier

Il est demandé aux élèves de dessiner les collections correspondant à chacune des parts, mais il faut les inciter à raisonner comme dans l'activité préliminaire, c'est-à-dire à trouver la valeur numérique d'une part avant de la dessiner. Il est vraisemblable que certains élèves ne s'y prendront pas ainsi ; l'enseignant pourra travailler de façon plus individuelle avec ceux-ci de sorte qu'ils évoluent vers cette procédure. En fin d'activité, l'enseignant peut procéder à une interrogation collective sur ardoise alors que les élèves ont leur fichier ouvert : « On partage équitablement 18 fleurs entre 2 personnes ; combien de fleurs aura chaque personne ? » ; on partage des gâteaux entre des personnes, des enfants en équipes égales, etc.

B. Table des moitiés

On prolonge la table des moitiés que l'on connaissait déjà jusqu'à 10.

Activité complémentaire

Le jeu des « opéminos »

Ce jeu permet de consolider les acquis en calcul. C'est la règle classique des dominos qui est utilisée ici, mais les points sont remplacés par des opérations. Nous donnons ci-dessous un exemple de jeu. Sur le côté d'un opémino, il y a une addition, sur l'autre une soustraction :

2 + 2	5 – 1	5 + 2	9 – 4	1 + 7	9 – 1	6 + 4	4 – 0
2 + 3	6 – 2	2 + 5	10 – 4	5 + 4	10 – 6	3 + 7	10 – 5
3 + 2	6 – 1	1 + 6	9 – 2	6 + 3	0 – 3	2 + 0	0 – 2
3 + 3	7 – 3	4 + 4	9 – 5	3 + 6	9 – 3	5 + 5	7 – 0
1 + 5	10 – 5	5 + 3	7 – 2	1 + 0	0 – 1	7 + 3	0 – 0
2 + 4	7 – 1	3 + 5	0 – 2	2 + 7	10 – 2	0 + 2	9 – 0
3 + 4	0 – 4	6 + 2	10 – 3	4 + 6	10 – 1	1 + 9	10 – 0

Comment préparer un jeu d'opéminos ?

En fait, on part du jeu classique des dominos. Dans le jeu ci-dessus, on a transformé les dominos classiques ainsi (exemple avec les premiers éléments de chaque série) :

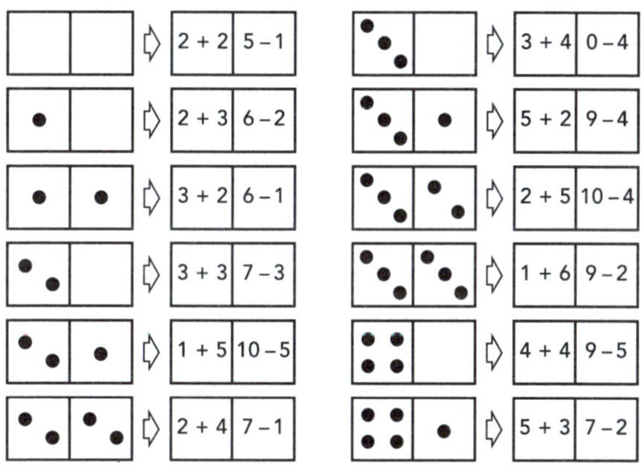

On remarque que les résultats des opérations croissent de 1 en 1 lorsque les collections de points croissent aussi de 1 en 1. Sur le domino classique, la collection minimum est 0 point, sur l'opémino correspondant le résultat minimum est 4. En fait, chaque résultat R d'une opération est le nombre de points de la face correspondante du domino classique augmenté de 4.

Avec un principe de transformation similaire, on peut construire un autre jeu pour entrainer les calculs du type 10 + *n*, 5 + *n*, grands doubles, 9 + *n*, 8 + *n*, 7 + 4 et 7 + 6 pour *n* < 10. Dans ce cas, les dominos ne comportent que des additions.

La règle de transformation est alors la suivante :

0 point R = 12 ;
1 point R = 13 ;
2 points R = 14 ; etc.
jusqu'à 6 points R = 18.

Objectifs

Dans l'édition précédente de *J'apprends les maths*, les signes « > » (plus grand que) et « < » (plus petit que) étaient introduits au CE1 seulement. La compétence nécessaire à leur emploi, la comparaison de nombres, était évidemment travaillée dès le CP mais nous avions choisi de retarder l'usage de ces signes parce que certains élèves, ceux qui écrivent fréquemment les chiffres en miroir, les confondent. Or, un élève qui écrit le signe < en miroir est susceptible de se tromper dans ce qu'il écrit alors que son raisonnement est correct. Et l'inverse se produit également : un écrit correct peut résulter d'un raisonnement erroné. Il est très difficile pour un pédagogue de gérer ce genre de phénomène. Alors, pourquoi introduire ces signes dès le CP dans cette nouvelle édition ?

Une première raison est que le moyen mnémotechnique employé au CE1 pour éviter les confusions s'est révélé à l'usage extrêmement efficace et il ne fait guère de doute qu'il le sera tout autant à ce moment de l'année au CP. Par ailleurs, cette introduction permet de proposer plus précocement des exercices dans lesquels les élèves doivent chercher le signe qui convient : =, > ou < ? Dans le cas de la comparaison 38 … 10 + 10 + 10 + 8, par exemple, on propose ainsi un usage du signe = où le résultat n'est pas systématiquement placé à droite. Cela conduit à une meilleure compréhension du signe = et prépare à l'usage de ce type d'écriture pour le calcul en ligne d'une addition de deux nombres à 2 chiffres.

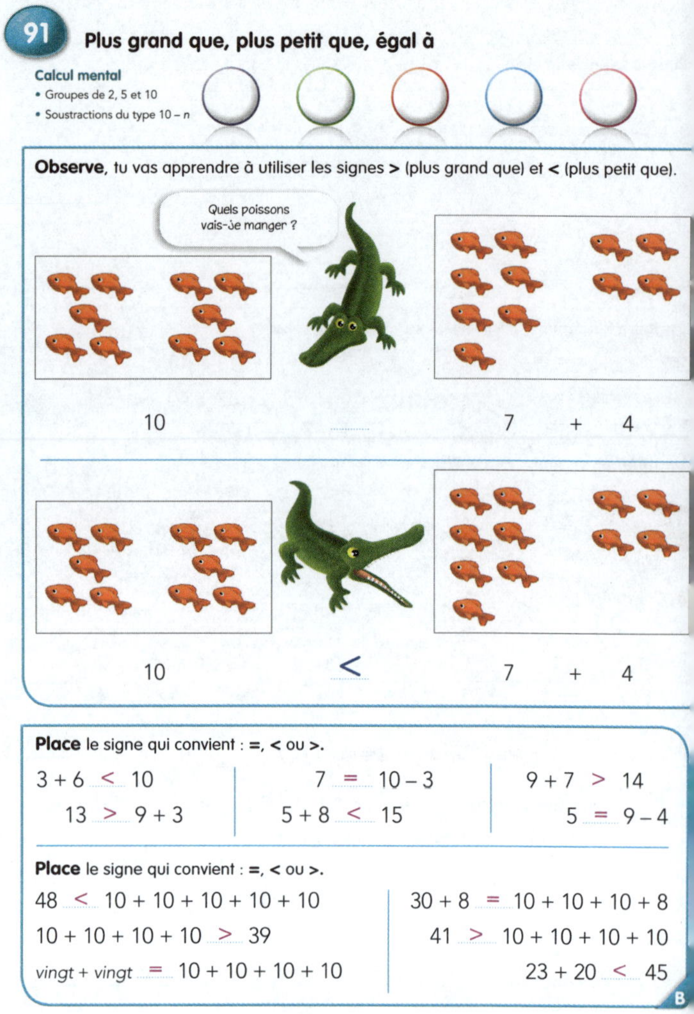

91 **Plus grand que, plus petit que, égal à**

Calcul mental
• Groupes de 2, 5 et 10
• Soustractions du type 10 – n

Observe, tu vas apprendre à utiliser les signes > (plus grand que) et < (plus petit que).

10 ...... 7 + 4

10 < 7 + 4

Place le signe qui convient : =, < ou >.

3 + 6 < 10	7 = 10 – 3	9 + 7 > 14
13 > 9 + 3	5 + 8 < 15	5 = 9 – 4

Place le signe qui convient : =, < ou >.

48 < 10 + 10 + 10 + 10 + 10	30 + 8 = 10 + 10 + 10 + 8
10 + 10 + 10 + 10 > 39	41 > 10 + 10 + 10 + 10
vingt + vingt = 10 + 10 + 10 + 10	23 + 20 < 45

B

Activités Séquence 91

Calcul mental

Groupes de 2, 5 et 10

Idem sq 73 mais, concernant les groupes de 10, on peut interroger : « Combien y a-t-il d'enfants en tout dans 4 équipes de 10 enfants ? » ; « Et dans 7 bouquets de 10 fleurs ? »

Soustractions du type 10 – *n*

Les soustractions du type 12 – 3 et 12 – 8 seront abordées successivement lors des séquences 97 et 105. On s'assure ici que les soustractions du type 10 – 3 et 10 – 8 sont maitrisées. La validation peut se faire en utilisant un carton avec 10 traits dessinés comme Patti et un cache.

A. Présentation des signes > et <

L'activité commence en observant la partie du cadre A qui est située page de gauche (on peut inciter les enfants à recouvrir celle de droite d'une feuille pour mieux appréhender la situation). La situation est explicitée : le crocodile a 10 poissons d'un côté et 7 + 4 de l'autre. Il souhaite évidemment manger le plus grand nombre possible de poissons ; lesquels va-t-il manger ? La comparaison est aisée mais il s'agit ici d'apprendre à exprimer le résultat de cette comparaison : on utilise l'un des deux signes suivants (ils sont reproduits au tableau et respectivement lus) ; pour connaitre celui qu'il convient d'utiliser, il suffit d'imaginer qu'il s'agit de la gueule d'un crocodile ouverte vers le nombre le plus grand. On écrit donc 10 < 7 + 4. L'exemple de la page de droite du cadre A est traité de manière similaire.

B. Quel est le signe qui convient : =, < ou > ?

On commence par traiter des exemples similaires à ceux qui ont servi pour la présentation des signes < et >, mais en mélangeant avec des cas d'égalité. Ce type d'exercice est ensuite utilisé pour comparer l'écriture chiffrée canonique d'un nombre (48, par exemple) à une somme de dizaines (10 + 10 + 10 + 10 + 10), ce qui conduit à comparer, dans ce cas, 4 dizaines et 8 unités avec 5 dizaines. Les élèves ont ainsi la possibilité d'affiner leur compréhension de l'écriture décimale des nombres.

Un exercice d'entretien est proposé dans le cadre D de la séquence 92. On en propose un autre ci-contre que l'enseignant peut photocopier et proposer à titre d'activité complémentaire.

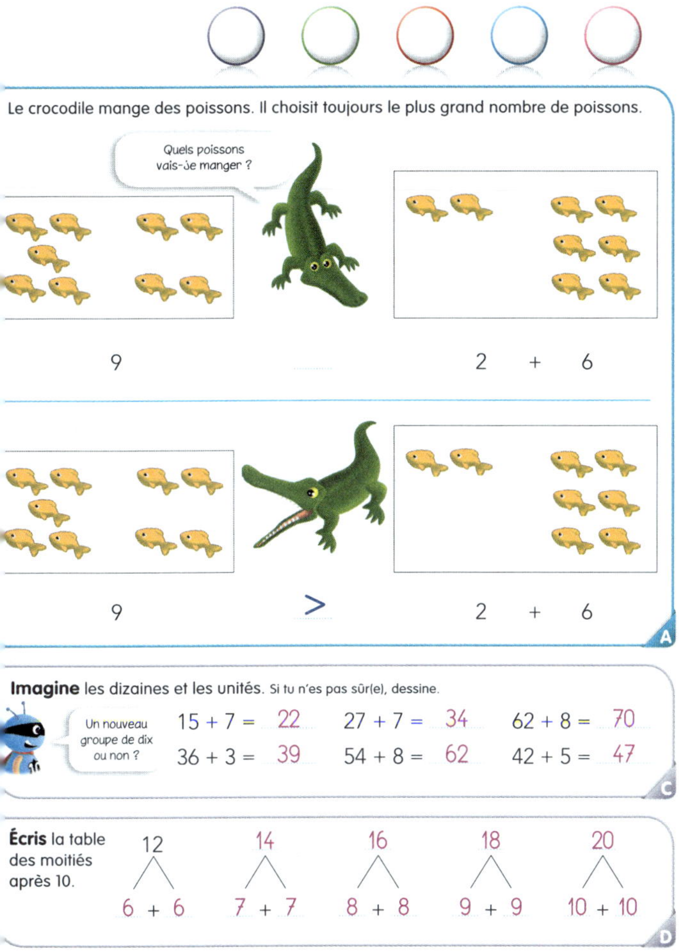
Le crocodile mange des poissons. Il choisit toujours le plus grand nombre de poissons.

Imagine les dizaines et les unités. Si tu n'es pas sûr(e), dessine.

15 + 7 = 22 27 + 7 = 34 62 + 8 = 70

36 + 3 = 39 54 + 8 = 62 42 + 5 = 47

C

Écris la table des moitiés après 10.

12 : 6 + 6 14 : 7 + 7 16 : 8 + 8 18 : 9 + 9 20 : 10 + 10

D

Activité complémentaire

« Retourner, c'est gagner »

On utilise 2 dés reconfigurés avec les chiffres 4, 5, 6, 7, 8 et 9. On utilise également, pour ce jeu autocorrectif, une série de 11 cartons par joueur. Au recto figurent les sommes qu'il est possible d'avoir en lançant les 2 dés (de 8 jusqu'à 18). Au verso il y a toutes les façons possibles d'obtenir cette somme. Voici des exemples de cartons :

8	4 + 4		12	8 + 4 7 + 5 6 + 6

Au début du jeu, chaque joueur a ses cartons dans la position recto. Après chaque jet des 2 dés, le joueur a le droit de retourner un carton-chiffre correspondant à la somme de ces 2 dés (quand c'est possible). Le verso est autocorrectif : si les deux nombres figurant sur les dés ne sont pas dans une des additions, il y a erreur de calcul, le carton est remis dans sa position initiale et le joueur ne peut ni retourner un autre carton, ni relancer les dés. À un signal donné par l'enseignant, le jeu s'arrête. Les joueurs qui ont le plus de cartons retournés ont gagné.

Activité complémentaire

Prénom : **Date :**

Place le signe qui convient : **=**, **<** ou **>**

13 .... 8 + 5
10 – 7 2
3 .... 6 – 3

9 + 7 17
14 .... 8 + 7
6 .... 10 – 5

8 + 8 15
12 .... 6 + 6
13 .... 5 + 7

10 + 10 + 10 + 10 39
40 + 5 .... 10 + 10 +10 + 10 + 5
48 .... 10 + 10 + 10 + 10 + 10

40 + 10 + 8 60
50 .... 10 + 10 + 10 + 10 + 10
64 + 5 70

Objectifs

Dans les activités de la sq 92, on amène les élèves à appréhender le cm et à mesurer des longueurs en utilisant une règle graduée avec cette unité. Cette règle a exactement la même structure que la règle graduée en allumettes déjà utilisée (*cf.* sq 82). On cherche à ce que les élèves considèrent ces deux règles comme des outils semblables, à la seule différence que l'étalon reporté sur la règle graduée en cm est plus petit. On vise à ce qu'ils comprennent l'expression « ce trait est long comme *n* cm » sur le modèle de : « ce trait est long comme *n* allumettes », à la différence que, des deux longueurs ainsi exprimées, la première est bien plus petite que la deuxième. Bref, on cherche à ce que la compréhension de la mesure des longueurs en allumettes se transfère, par l'analogie des situations et des outils, à la mesure en cm.

Activités — Séquence 92

Calcul mental

Furet de la table des doubles

Le 1er élève interrogé dit « 1 + 1, 2 », le suivant « 2 + 2, 4 ». Après 10 + 10, on redescend.

Moitiés de *n* ($n \leq 20$)

« Quelle est la moitié de 12 ? » ; « 18 partagés en deux, c'est… » ; « On partage un paquet de 14 gâteaux en 2 parts égales. Combien y a-t-il de gâteaux dans une part ? »…

A et B. Mesure de longueurs : le cm

Activités préliminaires

1. Mesurer en allumettes

L'enseignant a préparé une photocopie avec 4 ou 5 traits dont la mesure est presque toujours un nombre exact de cm. Sous chaque trait, il y a une zone de réponse : « Ce trait mesure…». S'il utilise une feuille A4 dans le format paysage, il peut tracer des traits longs de 1 à 5 allumettes. Il demande aux élèves de les mesurer avec la règle graduée en allumettes (le mot « mesurer » est toujours associé à la question : « C'est long comme combien d'allumettes ? »). Quand la mesure est comprise entre deux nombres entiers d'allumettes, on donne au tableau un exemple de réponse écrite : « Ce trait mesure entre 2 et 3 allumettes ».

2. Comparaison des deux règles

L'enseignant distribue aux élèves la règle graduée en cm. Il demande de la comparer avec la règle graduée en allumettes. Au lieu des allumettes, on voit beaucoup de petites bandes vertes (claires et foncées). L'enseignant fait remarquer ce qui est écrit sous les deux premières bandes (« 1 cm ») et indique que c'est l'abréviation de « 1 centimètre » (le mot complet et

92 Mesure de longueurs (2) : le cm

Calcul mental
- Furet de la table des doubles
- Moitié de n ($n \leq 20$)

Détache ta règle graduée en centimètres et **observe**.

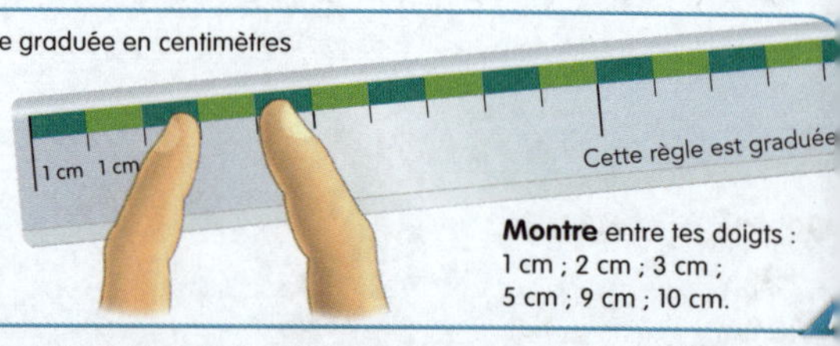

La longueur entre ces deux doigts est de 1 centimètre (1 cm).

Montre entre tes doigts : 1 cm ; 2 cm ; 3 cm ; 5 cm ; 9 cm ; 10 cm.

Tous ces traits mesurent un nombre exact de cm.
Avec ta règle graduée en cm, **mesure**-les et **complète**.

Ce trait mesure 4 cm.
Ce trait mesure 6 cm.
Ce trait mesure 9 cm.
Ce trait mesure 11 cm.
Ce trait mesure 10 cm.
Le trait le plus long est le vert. (Tu peux te servir de la liste page 87.)

Place le signe qui convient : =, < ou >.

11 < 5 + 7	9 + 8 > 16	7 + 7 < 15
10 – 4 = 6	14 < 9 + 6	18 = 9 + 9
5 > 10 – 6	4 < 10 – 5	16 > 8 + 7

10 + 10 + 10 + 10 + 10 > 47	53 > 10 + 10 + 10 + 10 + 10
30 + 2 < 10 + 10 +10 + 5	20 + 20 + 20 = 60

l'abréviation sont écrits au tableau). Il trace un trait de 1 cm au tableau : vu de loin, cela parait très petit. Puis il questionne : « C'est long comment, 1 cm ? ». Les élèves sont invités à montrer cette longueur d'abord sur la règle, à différents endroits, puis entre leurs doigts. De même pour 2 cm, 3 cm, 5 cm (on observe le trait de graduation plus long sur la règle), 9 cm, 10 cm (on observe cet autre repère). Il fait également lire les deux phrases (« Cette règle est graduée… »). À quoi peut servir cette règle ? De là l'idée de mesurer la longueur de divers objets : crayon, tube de colle, trousse, côtés du fichier de maths, etc.

Enfin, on fait mesurer les traits de la photocopie, puis on résume : « Le cm est plus petit que l'allumette » ; « Ce trait est long comme *x* allumettes ou comme *y* cm » ; « Pour le même trait, il y a moins d'allumettes, il y a plus de cm ». On remarque un ou deux cas de mesures « qui ne tombent pas juste ». On s'exprime de la même manière que lors de la mesure en allumettes : « Ce trait est plus long que 7 cm et moins long que 8 cm ».

Activités du fichier

L'illustration du cadre A est commentée : on voit la règle graduée en cm. Est-ce la même que celle qui vient d'être utilisée ? On superpose la règle et son image pour comparer. Quelle longueur voit-on entre les deux doigts ? Quelle longueur y a-t-il entre les deux traits de graduation les plus longs ?

L'activité B est similaire à la première phase de l'activité préliminaire. Ici, pour des raisons de commodité, toutes les mesures

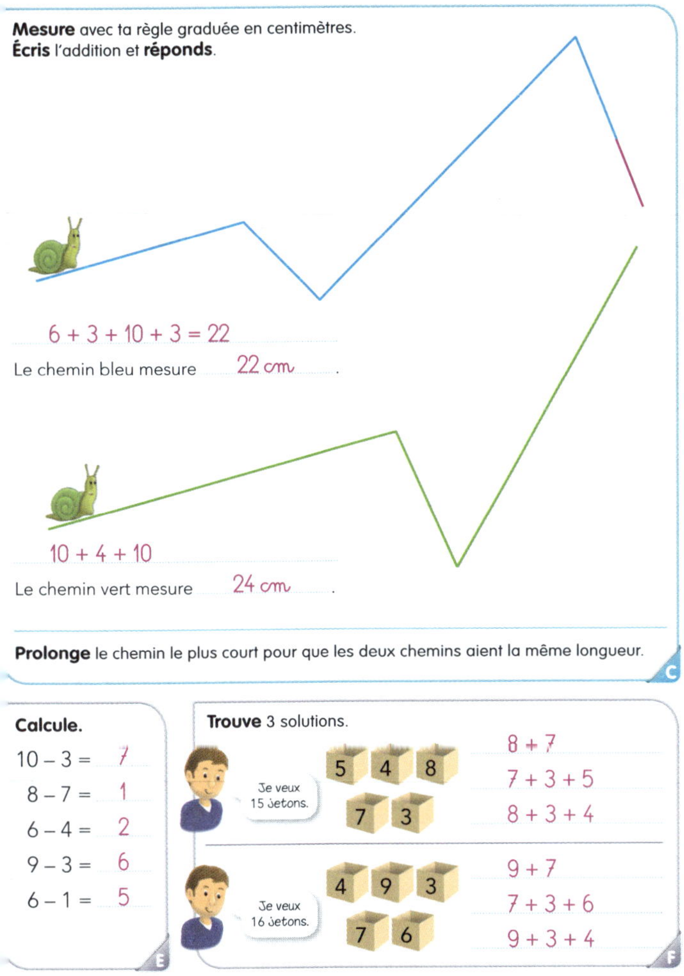

« tombent juste ». La tâche des élèves est double : mesurer chaque trait, puis, finalement, interpréter ces mesures pour désigner le trait le plus long. Comme les deux traits du bas sont de longueurs voisines (10 cm et 11 cm), le recours à la mesure pour répondre à cette question a du sens en lui-même.

Remarque

Il est très important d'utiliser alternativement les deux expressions « est long comme n cm » et « mesure *n* cm ». La première expression est plus transparente que la seconde et l'emploi redondant des deux favorise la compréhension du mot « mesure ».

C. Utiliser l'addition pour mesurer des lignes brisées

On imagine que l'escargot parcourt le chemin bleu : combien de cm va-t-il parcourir ? Idem avec le chemin vert.

G. Décompositions de 15 et de 16

5 + 3 + 7 = 15 ; 7 + 8 = 15 et 8 + 4 + 3 = 15

9 + 7 = 16 ; 9 + 4 + 3 = 16 et 6 + 3 + 7 = 16

Activité complémentaire

Cette activité est différente de celle du cadre B : il faut chercher un trait ayant une longueur donnée. On trouve page 135 un moule permettant d'en créer d'autres sur le même modèle.

Prénom : ....   **Date :** ....

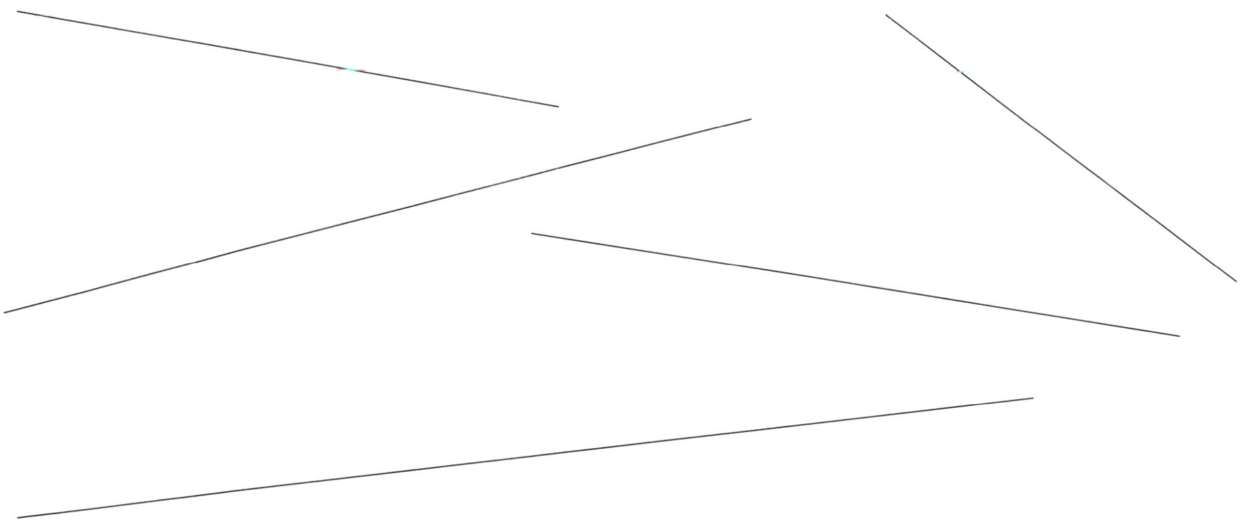

Repasse en vert le trait qui est long comme 9 centimètres (cm).

Repasse en bleu le trait qui est plus long que 7 cm et moins long que 8 cm.

Repasse en rouge le trait qui est long comme 6 cm.

Repasse en marron le trait qui est plus long que 10 cm et moins long que 11 cm.

Repasse en violet le trait qui est long comme 14 cm.

Objectifs

Dans la sq 93, les élèves découvrent un nouveau mode d'organisation du répertoire additif. Seuls les résultats ≥ 10 sont consignés dans cette table et son organisation générale est celle des décompositions : on trouve sur la première ligne les décompositions de 10, sur la deuxième celles de 11, sur la troisième celles de 12… (on remarquera cependant que 9 + 4 figure dans la table mais pas 4 + 9). Il est demandé aux élèves de compléter cette table afin qu'ils découvrent qu'un nombre sur deux peut être décomposé en un double (les nombres pairs : 10, 12, etc.) et un sur deux en un « double + 1 » (les nombres impairs : 11, 13, 15, etc.).
La même table est par ailleurs reproduite, en plus grand, en fin de fichier. En cachant la colonne de gauche avec la main, l'élève a la possibilité de s'interroger sur les différentes additions : il pointe une case au hasard et il a ensuite la possibilité de trouver le résultat de 2 manières différentes :
– En utilisant la stratégie apprise depuis le début de l'année (retour aux 5 ou passage de la dizaine).
– En regardant la case jaune qui est à droite de la même ligne, ce qui lui permet de savoir si le résultat est un double ou un « double + 1 ».
Diverses recherches montrent que lorsqu'un élève dispose de deux stratégies pour le même calcul, cela favorise la mémorisation.

Les activités de la sq 94 constituent un support d'évaluation. Toutes les activités qui y sont proposées ont déjà été pratiquées par les élèves. Nous ne consacrons donc aucune page de ce Guide pédagogique à les présenter.

Activités — Séquence 93

Calcul mental

Compteur (le résultat est le seul support visuel)

Idem sq 82 mais on inclut les nombres entre 60 et 79. L'enseignant écrit 56 au tableau, par ex., et il demande : « moins 10 ». Quand les élèves ont montré leur résultat, le nombre écrit au tableau est actualisé en remplaçant le « 5 » de 56 par un « 4 ». Il s'agit d'un compteur où l'on ajoute ou retranche 1, 5 ou 10 (dans des cas simples pour 5).

Moitiés de n ($n \leq 20$)

Idem sq 92 (on pourra commencer par un furet de la table des doubles).

A. Organiser le répertoire additif

L'activité se déroule comme indiqué dans le cadre A. Les élèves commencent par compléter les cases qui ne le sont

93 Organiser le répertoire additif

Calcul mental
- Compteur (le résultat est le seul support visuel)
- Moitié de n ($n \leq 20$)

Observe cette table d'additions. **Complète**-la ligne par ligne.

10, c'est…	9 + 1	8 + 2	7 + 3	6 + 4	5 + 5
11, c'est…	9 + 2	8 + 3	7 + 4	6 + 5	
12, c'est…	9 + 3	8 + 4	7 + 5	6 + 6	
13, c'est…	9 + 4	8 + 5	7 + 6		
14, c'est…	9 + 5	8 + 6	7 + 7		
15, c'est…	9 + 6	8 + 7			
16, c'est…	9 + 7	8 + 8			
17, c'est…	9 + 8				
18, c'est…	9 + 9				

Maintenant qu'elle est complète, cette table donne la liste des additions qui font 10, 11…

a. 4 + 8 ne figure pas dans ce tableau, mais un calcul proche y figure.
Lequel ?

b. On a colorié en jaune la case 5 + 5.
Colorie en jaune les autres cases des doubles, ainsi que celles qui sont au-dessus des doubles.

Imagine les dizaines et les unités. Si tu n'es pas sûr(e), dessine.

17 + 20 = 37 29 + 30 = 59 31 + 30 = 61
68 + 10 = 78 13 + 50 = 63 27 + 20 = 47

Imagine les dizaines et les unités. Si tu n'es pas sûr(e), dessine.

Un nouveau groupe de dix ou non ?

45 + 8 = 53 39 + 9 = 48 73 + 4 = 77
12 + 7 = 19 28 + 4 = 32 51 + 9 = 60

pas. L'enseignant interroge ensuite : « Est-ce qu'on peut connaitre 4 + 7 avec cette table ? » La réponse est affirmative à condition de chercher 7 + 4 dans la table dans la colonne des additions qui commencent par « 7 + … ». D'autres exemples sont traités.

Après avoir colorié en jaune les doubles (6 + 6, 7 + 7…), les élèves colorient de la même couleur les cases qui sont juste au-dessus. L'enseignant demande alors aux élèves de masquer la colonne verte de gauche, celle où figurent les résultats d'additions, avec une feuille ou leur ardoise. Et il interroge : « 7 + 8 ? » Seule l'addition 8 + 7 figure dans la table ; c'est l'une de celles qui sont coloriées en jaune ; elle est entre 7 + 7 et 8 + 8, le résultat est lui aussi entre ces 2 nombres, c'est le nombre entre 14 et 16 : c'est 15. On peut également écrire : 7 + 8 = 7 + 7 + 1.

En fin d'activité, il est très important d'indiquer aux élèves comment ils peuvent utiliser la table de la page 162 pour continuer à mémoriser les résultats. L'élève cache la colonne de gauche avec la main, ce qui lui donne la possibilité de s'interroger sur les différentes additions en pointant une case au hasard. Rappelons l'intérêt de déterminer le résultat de 2 manières différentes :
– En utilisant la stratégie apprise depuis le début de l'année (retour aux 5 ou passage de la dizaine).
– En regardant la case jaune qui est à droite de la même ligne, ce qui permet de savoir si le résultat est un double ou un « double + 1 ».

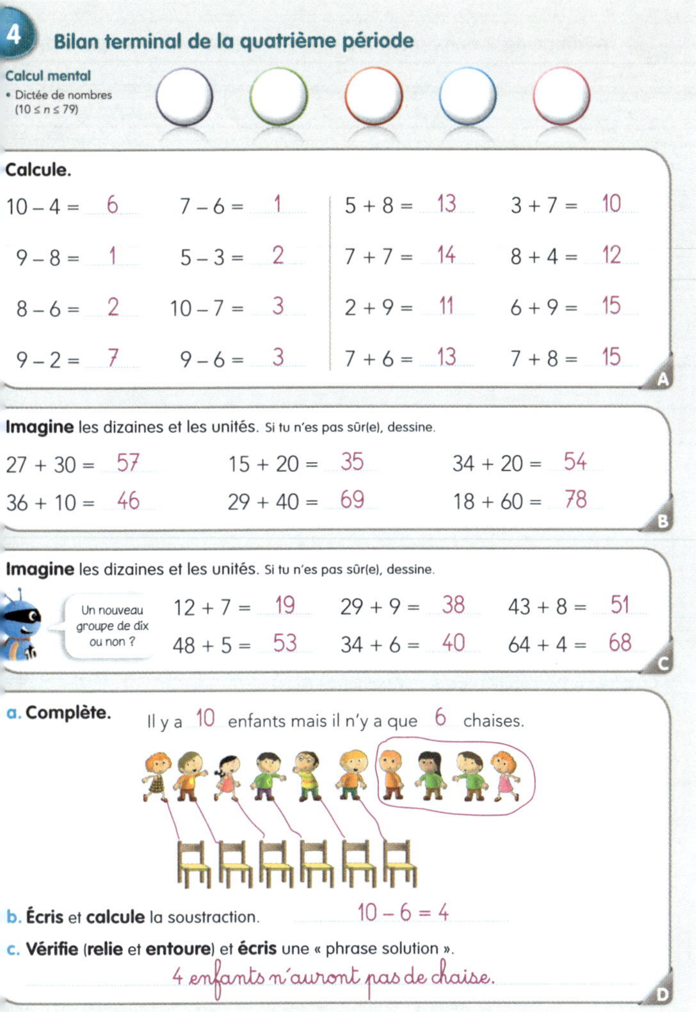

4 Bilan terminal de la quatrième période

Calcul mental
• Dictée de nombres (10 ≤ n ≤ 79)

Calcule.

10 – 4 = 6	7 – 6 = 1	5 + 8 = 13	3 + 7 = 10
9 – 8 = 1	5 – 3 = 2	7 + 7 = 14	8 + 4 = 12
8 – 6 = 2	10 – 7 = 3	2 + 9 = 11	6 + 9 = 15
9 – 2 = 7	9 – 6 = 3	7 + 6 = 13	7 + 8 = 15

A

Imagine les dizaines et les unités. Si tu n'es pas sûr(e), dessine.

27 + 30 = 57	15 + 20 = 35	34 + 20 = 54
36 + 10 = 46	29 + 40 = 69	18 + 60 = 78

B

Imagine les dizaines et les unités. Si tu n'es pas sûr(e), dessine.

Un nouveau groupe de dix ou non ?

12 + 7 = 19	29 + 9 = 38	43 + 8 = 51
48 + 5 = 53	34 + 6 = 40	64 + 4 = 68

C

a. **Complète.** Il y a 10 enfants mais il n'y a que 6 chaises.

b. **Écris** et **calcule** la soustraction. 10 – 6 = 4

c. **Vérifie** (**relie** et **entoure**) et **écris** une « phrase solution ».
4 enfants n'auront pas de chaise.

D

Activité complémentaire

Loto avec des cartons de 100 cases

On utilise des feuilles A4 avec des cases disposées comme sur la double page de la *Planche des nombres écrits en lettres* (matériel téléchargeable sur le site compagnon). Mais rien n'est écrit dedans, les cases sont blanches ou noires, il y a 15 cases noires dispersées sur le damier. Ainsi, dans l'exemple ci-contre, lorsque les cases sont numérotées virtuellement de « 1 » à « 100 » dans le même ordre que sur la *Planche*, les cases noires sont donc 7, 11, 20, 35, 39, 46, 52… et 100.

Matériel

Pour 20 élèves, on prévoit 4 séries de 5 cartons identiques (voir ci-après comment les préparer), des étiquettes-nombres rassemblées dans un panier (voir aussi ci-après) et des points, à raison de 5 par enfant, qui peuvent être matérialisés par des jetons, des images, des coquillages…

Règles du jeu

Au début du jeu, chaque joueur a un carton et un capital de 5 points. L'enseignant (ou un élève) tire au hasard l'une des étiquettes stockées dans le panier. Il annonce le nombre qui y est écrit, « 52 » par exemple. Les élèves qui ont cette case noire doivent, le plus vite possible, lever la main (si l'exemple donné ici est un carton du jeu, il est sûr que 5 élèves ont cette case noire). L'enseignant s'approche de l'élève qui a levé la main le premier. Il vérifie que la case 52 de son carton est noire. Si c'est le cas, il lui donne un nouveau point. L'étiquette est mise hors jeu. Sinon l'élève « paie » un point et l'étiquette est remise dans le panier.

On continue ainsi les tirages jusqu'à ce qu'un élève ait 8 points. Il a gagné cette partie. Selon le temps qu'on veut consacrer à une partie, on peut décider d'aller jusqu'à 7, 9 ou 10 points. D'une partie à l'autre, on redistribue les cartons.

NB : Il faut préalablement comprendre le système de numérotation virtuelle, ce qui doit être le cas puisque les élèves ont étudié la *Planche des nombres écrits en lettres*.

Comment préparer les cartons ?

– Jusqu'à la sq 102 (on n'a étudié que les nombres jusqu'à 79), on noircit les 15 cases suivantes sur un carton vierge : 2, 5, 8, 11, 14, 17, 26, 29, 38, 40, 43, 48, 54, 69 et 75. On duplique ce carton pour en avoir une première série de 5 exemplaires. Pour la 2e série de 5 cartons, on décale toutes les cases d'un rang (les cases noires seront donc 3, 6, 9, 12, 15, 18, 27,…). On continue à décaler les cases d'un rang pour les 3e et 4e séries.

Pour la suite de la progression, nous donnons les cases de la 1re série (les cases des 3 autres séries sont obtenues selon la même méthode).

– Après la sq 102 : 1, 4, 9, 14, 22, 25, 33, 46, 50, 51, 58, 67, 69, 72, 96.

– Puis : 3, 7, 10, 18, 24, 38, 49, 55, 61, 66, 70, 74, 79, 83, 86.

– Puis : 6, 12, 28, 34, 49, 56, 60, 63, 69, 74, 78, 86, 90, 92, 95.

Comment prévoir les étiquettes ?

Il est impératif que tous les nombres utilisés dans les 4 séries fassent partie des étiquettes mises dans le panier. Il n'est pas indispensable, mais intéressant de prévoir aussi quelques étiquettes-nombres qui ne correspondent à aucune case noire sur aucun carton.

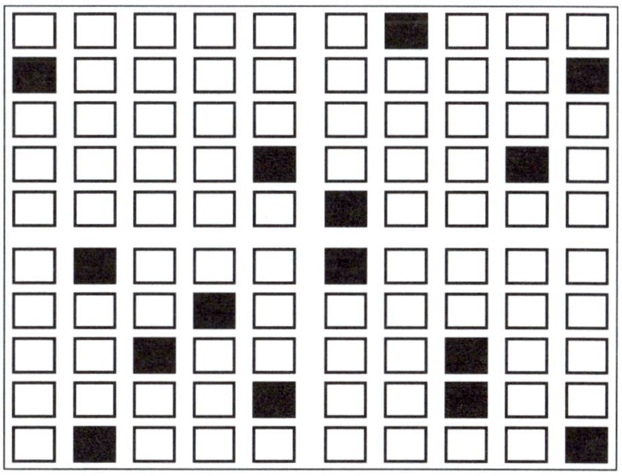

Objectifs

Rappelons tout d'abord que dans *J'apprends les maths CP*, nous avons fait le choix d'enseigner les stratégies de calcul mental d'une addition de 2 nombres à 2 chiffres avant la technique en colonnes. Nous le faisons en utilisant des écritures chiffrées, sous la forme d'une addition en ligne (cela soulage la mémoire et facilite la communication avec les élèves), mais notre objectif est bien l'enseignement de *la stratégie la plus performante, celle qui se passe de toute écriture.*

Or le calcul mental d'une telle addition commence systématiquement en ajoutant d'abord les dizaines parce que, sinon, le risque est grand que l'ajout des unités fasse oublier le nombre de dizaines qu'il convient d'ajouter. Dans le cas de « vingt-huit + trente-quatre », par exemple, deux stratégies pouvaient donc être enseignées :

- celle où les 2 nombres sont décomposés en dizaines et unités : « vingt-huit + trente-quatre égale vingt + trente, cinquante... », puis : « huit plus quatre, douze » et enfin : « cinquante plus douze, soixante-deux » ;
- celle où le 2e nombre seulement est décomposé en dizaines et unités : « vingt-huit + trente-quatre égale vingt-huit + trente, cinquante-huit... », puis : « plus quatre, soixante-deux ».

Or, les recherches montrent que cette dernière stratégie, qu'on appelle « addition naturelle », est la plus performante. En effet, en ne décomposant pas le 1er nombre, on traite les nombres dans l'ordre où on les entend dans l'énoncé du calcul et la mémoire se trouve considérablement soulagée.

L'objectif de cette sq 95 est donc de commencer à enseigner l'addition naturelle de 2 nombres à 2 chiffres. Trois idées doivent guider l'enseignant qui met en œuvre une telle progression :

1°) L'objectif étant que les élèves qui le peuvent donnent directement le résultat, il faut accepter que certains le fassent d'emblée et qu'ils écrivent la solution sur la seconde ligne dès cette sq. Dans la progression, une autre sq (sq 100) est prévue dont l'objectif est d'inciter tous les élèves à procéder ainsi : quelques sq auparavant, il ne serait pas judicieux d'imposer l'usage de la décomposition du 2e nombre à tous les élèves.

2°) L'usage du « V » inversé pour noter le résultat du calcul intermédiaire de 28 + 30 peut faire l'objet de l'adaptation suivante où les traits sont prolongés :

58
/\
28 + 30 + 4

Les nombres de départ se trouvent ainsi barrés et les seuls qui ne sont pas barrés sont 58 et 4, ceux qu'il faut additionner (on remarquera cependant qu'on s'éloigne alors de l'usage du « V » inversé que les enfants connaissent).

3°) Il convient de favoriser l'usage de représentations analogiques (boites et jetons ou points « comme Dédé ») dès qu'il y a le moindre doute.

95 **Addition de 2 nombres à 2 chiffres : l'addition « naturelle » (1)**

Calcul mental
- Trente-sept + vingt (somme ≤ 69)

Calcule 28 + 34 en dessinant les boites et les jetons au brouillon.
Observe cette première façon de calculer une addition. **Termine** le calcul de Picbille.

28 + 34 = 20 + 30 + 8 + 4
= 62

a.

28 + 34 = 20 + 30 + 8 + 4
= 62

b.

Observe cette deuxième façon de calculer une addition. **Termine** le calcul de Picbille.

28 + 34 = 28 + 30 + 4
= 62

a.

28 + 34 = 28 + 30 + 4
= 62

b.

Calcule en choisissant l'une des méthodes de Picbille.
Si tu n'es pas sûr(e), dessine au brouillon.

25 + 23 = 20 + 20 + 5 + 3
= 48

29 + 26 = 29 + 20 + 6
= 55

47 + 13 = 40 + 10 + 7 + 3
= 60

53 + 16 = 53 + 10 + 6
= 69

36 + 25 = 30 + 20 + 6 + 5
= 61

32 + 18 = 32 + 10 + 8
= 50

Activités Séquence 95

Calcul mental

Trente-sept + vingt (somme ≤ 69)

Le calcul est demandé oralement (pour faciliter sa mémorisation, on n'hésite pas à répéter la consigne), mais les élèves qui en ont absolument besoin l'écrivent sur leur ardoise. La validation se fait en écrivant le calcul en chiffres au tableau et en évoquant les groupes de dix (3 dizaines + 2 dizaines...) et les unités isolées.

A et B. L'addition naturelle

Activité préliminaire

L'animation se fait en écrivant le calcul au tableau (28 + 34), en dessinant 2 boites et 8 jetons au tableau et en demandant ce qu'il faut dessiner en plus pour ajouter 34. Cet ajout est scindé en deux : on dessine d'abord 3 boites (combien de jetons maintenant ?) puis 4 jetons (et maintenant ?). Cette stratégie est reprise avec les écritures chiffrées, en procédant « comme Picbille ». Plusieurs exemples peuvent être traités.

Activité sur le fichier

La stratégie utilisée par Picbille dans le cadre A est commentée et le résultat écrit dans la partie **d**. Les élèves calculent ensuite les additions du cadre B.

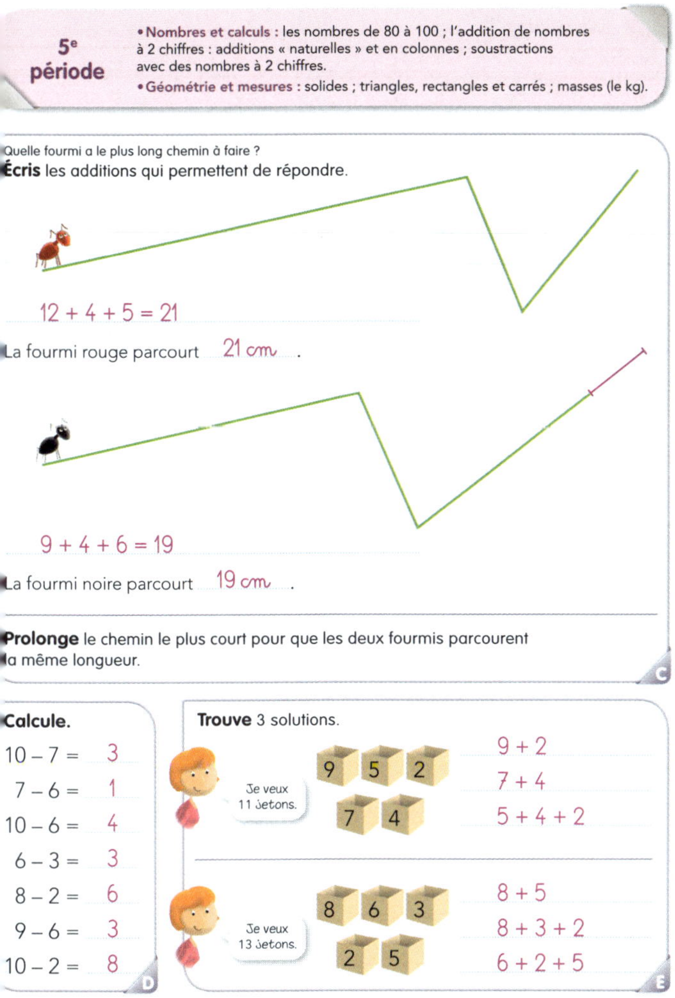

5e période

• **Nombres et calculs** : les nombres de 80 à 100 ; l'addition de nombres à 2 chiffres : additions « naturelles » et en colonnes ; soustractions avec des nombres à 2 chiffres.
• **Géométrie et mesures** : solides ; triangles, rectangles et carrés ; masses (le kg).

Quelle fourmi a le plus long chemin à faire ?
Écris les additions qui permettent de répondre.

12 + 4 + 5 = 21
La fourmi rouge parcourt 21 cm.

9 + 4 + 6 = 19
La fourmi noire parcourt 19 cm.

Prolonge le chemin le plus court pour que les deux fourmis parcourent la même longueur.

C

Calcule.
10 – 7 = 3
7 – 6 = 1
10 – 6 = 4
6 – 3 = 3
8 – 2 = 6
9 – 6 = 3
10 – 2 = 8

D

Trouve 3 solutions.

Je veux 11 jetons.
9 5 2 7 4
9 + 2
7 + 4
5 + 4 + 2

Je veux 13 jetons.
8 6 3 2 5
8 + 5
8 + 3 + 2
6 + 2 + 5

E

C. Utiliser l'addition pour obtenir une mesure en centimètres de lignes brisées

On imagine que la fourmi rouge parcourt le chemin du haut : combien de centimètres va-t-elle parcourir ? Idem avec la fourmi noire. Le mot « différence » peut-être prononcé concernant le nombre de cm qu'il faut ajouter au chemin le plus court pour que les 2 fourmis parcourent la même longueur.

E. Décompositions de 11 et de 13

5 + 4 + 2 = 11 ; 9 + 2 = 11 et 7 + 4 = 11

8 + 5 = 13 ; 6 + 2 + 5 = 13 et 8 + 3 + 2 = 13

Activités complémentaires

Mesures avec la règle graduée en centimètres

Le cadre ci-dessous permet de proposer des activités analogues à celle de la page 131 de ce *Guide pédagogique*.

L'enseignant trace des traits de 12 cm, 13 cm et 14 cm, par exemple, ainsi que deux traits avec des longueurs intermédiaires et il complète les consignes avec ces nombres. Une autre activité peut concerner des traits de longueurs 16, 17 et 18 cm, etc. Ces activités exigent beaucoup de précision de la part des élèves parce que les longueurs proposées sont proches.

Prénom : .... **Date :** ....

Repasse en vert le trait qui est long comme .... centimètres (cm).
Repasse en bleu le trait qui est plus long que .... cm et moins long que .... cm.
Repasse en rouge le trait qui est long comme .... cm.
Repasse en marron le trait qui est plus long que .... cm et moins long que .... cm.
Repasse en violet le trait qui est long comme .... cm.

Objectifs

La sq 96 est consacrée à une première étude des solides. Le principe de la sq est le suivant : les élèves découvrent une série de dessins réalistes d'objets familiers et de formes diverses ; cela leur permet d'évoquer les propriétés de ces objets. Ils doivent ensuite réaliser 2 tâches :

1°) relier chaque objet à un schéma qui en représente la forme ;

2°) classer les objets en trois catégories selon qu'ils glissent, roulent ou disposent de ces deux modes de déplacement ; cela offre la possibilité d'introduire un vocabulaire géométrique : un objet ne peut glisser que quand il dispose d'une surface plane.

Sq 97, les élèves apprennent à calculer des soustractions du type 12 – 3 (le premier nombre est compris entre 10 et 20 et on retire peu). La stratégie enseignée s'appuie sur le repère 10, grâce à l'utilisation des nombres « comme Picbille ». 12, par exemple, apparait comme 10 points, puis un espace plus important que celui qui sépare les groupes de 5, et 2 autres points. « Douze moins trois » se calcule alors en deux étapes : retrait des 2 derniers points, ce qui fait 10, et retrait de 1 point encore dans les 10 restants, ce qui fait 9. Il s'agit donc d'un passage de la dizaine « en reculant » sur la suite des nombres.

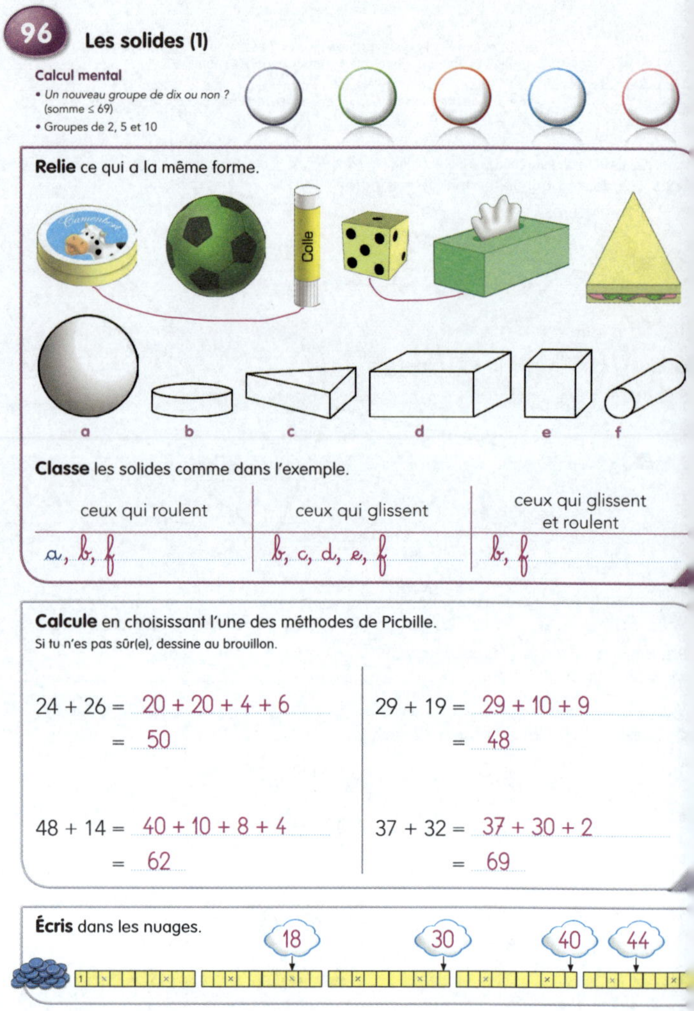

Activités Séquence 96

Calcul mental

Un nouveau groupe de dix ou non ? (somme ≤ 69)

Le calcul est demandé oralement (pour faciliter sa mémorisation, on n'hésite pas à répéter la consigne), mais les élèves qui en ont absolument besoin l'écrivent sur leur ardoise. La validation se fait en écrivant le calcul en chiffres au tableau et, si besoin, en utilisant le dessin de boites et de jetons comme dans le cadre A de la sq 89. On favorisera les cas tels que 52 + 7, 53 + 6 ou 53 + 8 plutôt que 57 + 2, 56 + 3 ou 58 + 3 parce que ces derniers favorisent le comptage plutôt que la décomposition en dizaines et unités.

Groupes de 2, 5 et 10

Idem sq 90.

A. Les solides

Activité préliminaire

L'activité préliminaire qui va être décrite est possible dès que l'enseignant a réussi à réunir un ensemble de 6 solides ayant des formes proches de celles qui sont représentées en haut du cadre A, même si leur taille est différente (une balle de ping-pong ou un calot, par exemple, sont plus petits que le ballon mais ils ont la même forme sphérique).

Il est possible de le faire avec des objets quotidiens : boite métallique ayant la forme d'un camembert ou celle du dé, boite à chaussures pour le pavé, portion de fromage fondu ayant la forme du sandwich, etc. Une autre possibilité consiste à utiliser les solides qu'on trouve dans le commerce et qui sont vendus soit comme matériel ludique pour les tout-petits, soit comme matériel de géométrie.

L'activité commence en commentant ce qui est représenté en haut du cadre A : une boite de camembert, un ballon, un tube de colle, un dé, une boite de mouchoirs et un sandwich. L'enseignant prend ensuite l'un des objets qu'il a réunis (la portion de fromage, par exemple) et il dit : « Y a-t-il un objet qui est dessiné et qui ressemble à celui-ci parce qu'il a la même forme ? » Le sandwich est sélectionné et on s'interroge : « Pourquoi peut-on dire qu'ils ont la même forme ? » Cela conduit à expliciter les propriétés communes aux deux objets et que les autres n'ont pas : ici, par exemple, les deux objets sont « pointus ». D'autres propriétés sont communes aux deux objets mais aussi à d'autres objets : ils sont « plats », par exemple, comme l'est également la boite de camembert.

On procède de même avec chacun des objets que l'enseignant a rassemblés. On se gardera de tout formalisme ; il serait prématuré, par exemple, de vouloir que les élèves perçoivent la boite de camembert et le tube de colle comme ayant la même forme (il s'agit de cylindres).

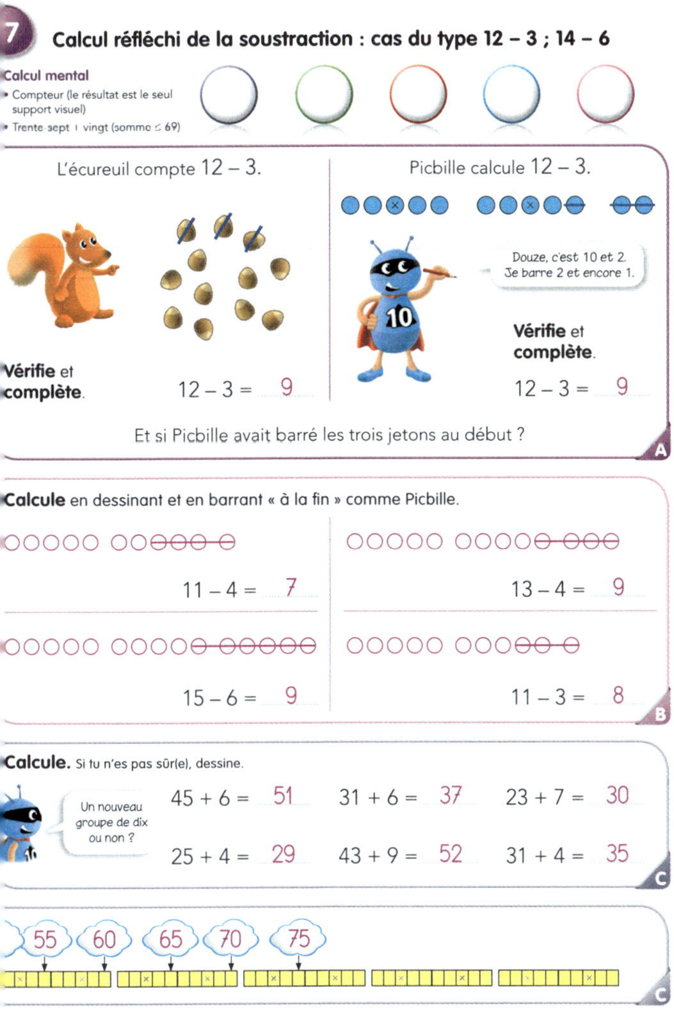

Parmi les propriétés du ballon et de l'objet qui a la même forme, le fait qu'ils roulent émergera évidemment. L'enseignant pourra interroger : « Parmi les objets qui sont devant moi, est-ce le seul objet qui roule ? » Il est assez facile de se rendre compte que l'objet ayant la même forme que le tube de colle roule lui aussi (ce qu'on vérifie). Anticipant sur l'activité du fichier, l'enseignant peut annoncer : « Il y a un autre objet qui roule ; je ne vous dis pas lequel, vous le chercherez tout à l'heure ». Et il poursuit : « Y a-t-il un objet qui ne roule pas ? En utilisant la boite de chaussures, par exemple, on expérimente le fait que, quelque soit la manière dont on la dispose, elle ne roule pas ; on introduit le vocabulaire : « Elle glisse ».

Activité sur le fichier

Les consignes sont données (on peut amorcer l'activité en reliant collectivement la boite de camembert au schéma d'objet ayant la même forme), puis les élèves travaillent individuellement. La catégorisation finale est vérifiée en utilisant les objets de l'activité préliminaire.

Activités Séquence 97

Calcul mental

Compteur (le résultat est le seul support visuel)

Idem sq 82 mais on inclut les nombres entre 60 et 79.

Trente-sept + vingt (somme ≤ 69)

Idem sq 95.

A et B. Soustractions du type 12 – 3 : comparaison du comptage et du calcul

Pour calculer une soustraction du type 12 – 3, lorsqu'on s'appuie sur une collection organisée en 10 et 2, on a intérêt à procéder par retraits successifs en barrant d'abord les 2 points isolés, puis 1 dans les 10 (comme dans le cas des nombres inférieurs à 10, il faut donc « barrer à la fin »). Il est donc fondamental que les élèves comprennent que les 3 objets retirés ne le sont pas n'importe où, mais qu'on prélève d'abord ceux qui « dépassent » 10.

Activité préliminaire : comparaison du comptage et du calcul

L'enseignant sépare le tableau en deux zones et il écrit 12 – 3 = dans chacune d'elles en commentant : là, on va calculer cette soustraction comme l'écureuil et là, on va la calculer comme Picbille. Dans la 1re zone, l'enseignant dessine 12 noisettes en vrac en les comptant-dénombrant : « Une, plus une, deux ; plus une, trois ; plus une… », puis : « Comment fait-on pour trouver 12 moins 3 ? » On barre 3 noisettes et on s'aperçoit que pour connaitre le résultat, il faut encore compter 1 à 1. Dans la 2de zone, la même activité conduit à dessiner 12 ronds « comme Picbille », avec les repères 5 et 10. C'est l'occasion de repréciser comment on dessine 12 points comme Picbille : l'espace laissé entre les 10 premiers points et les suivants est plus grand que celui qui sert de repère pour 5. « Comment va faire Picbille pour calculer 12 moins 3 ? » En barrant « à la fin » les 2 ronds isolés et encore 1 rond parmi les 10, on accède directement au résultat. On pourra remarquer que Picbille n'a la possibilité de dire directement le résultat que parce qu'il a choisi de barrer les points « à la fin ». En effet, s'il les avait barrés au début, le résultat n'aurait pas eu ce caractère d'évidence :

Lorsqu'on barre les 3 premiers points pour trouver le résultat, celui-ci apparait de manière moins évidente (on voit 2 points, 5 et encore 2). Avant que les élèves effectuent les calculs demandés sur leur fichier, on peut d'abord s'assurer collectivement, et sur ardoise, qu'ils arrivent à dessiner 13 ou 15 points comme Picbille.

Activité du fichier

On retrouve l'écureuil qui n'organise pas sa collection de noisettes et qui est donc obligé de compter 1 à 1 ; Picbille, lui, utilise les repères 5 et 10. Cet usage de collections organisées lui donne la possibilité de contrôler directement qu'il a bien dessiné 12 points et de dire directement le résultat après avoir barré 3 points, sans compter.

En B, les élèves sont invités à calculer diverses soustractions en dessinant les nombres comme Picbille et en adoptant la stratégie où l'on « barre à la fin ».

Objectifs

La sq 98 a pour objectif de favoriser la mentalisation de la stratégie enseignée lors de la séquence précédente (calcul de soustractions du type 11 – 3 par retraits successifs, c'est-à-dire en « barrant à la fin »). Le procédé pédagogique utilisé consiste à inviter les enfants à simuler mentalement un retrait que le maitre réalise de manière masquée.

La sq 99 est consacrée à des Problèmes pour apprendre à chercher. Les élèves y sont confrontés à quatre sortes de situations-problèmes :

– Une situation dans laquelle il s'agit de rendre la monnaie sur un billet de 10 €.

– Une situation conduisant à calculer 3 fois 20 unités pour savoir combien il y a en tout.

– Deux « *Jeux de la boite* » conduisant à travailler les décompositions de 14 et de 17.

– Une activité dans laquelle il s'agit de colorier 73 cases d'un damier 10 x 10.

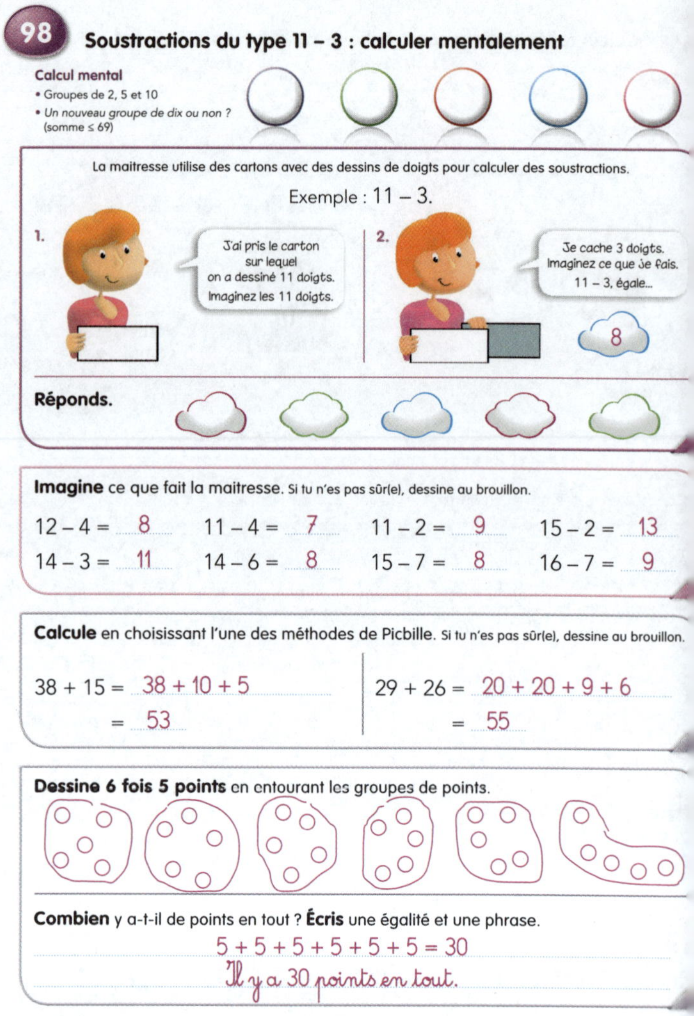

98 **Soustractions du type 11 – 3 : calculer mentalement**

Calcul mental
- Groupes de 2, 5 et 10
- *Un nouveau groupe de dix ou non ?* (somme ≤ 69)

La maitresse utilise des cartons avec des dessins de doigts pour calculer des soustractions.

Exemple : 11 – 3.

Réponds.

Imagine ce que fait la maitresse. Si tu n'es pas sûr(e), dessine au brouillon.

12 – 4 = 8	11 – 4 = 7	11 – 2 = 9	15 – 2 = 13
14 – 3 = 11	14 – 6 = 8	15 – 7 = 8	16 – 7 = 9

Calcule en choisissant l'une des méthodes de Picbille. Si tu n'es pas sûr(e), dessine au brouillon.

38 + 15 = 38 + 10 + 5
= 53

29 + 26 = 20 + 20 + 9 + 6
= 55

Dessine 6 fois 5 points en entourant les groupes de points.

Combien y a-t-il de points en tout ? **Écris** une égalité et une phrase.

5 + 5 + 5 + 5 + 5 + 5 = 30

Il y a 30 points en tout.

Activités Séquence 98

Calcul mental

Groupes de 2, 5 et 10

Idem sq 90.

Un nouveau groupe de dix ou non ? (somme ≤ 69)

Idem sq 96.

A. Simulation mentale d'un retrait qui est réalisé de façon masquée

Remarque concernant le matériel

Pour animer l'activité concernant des soustractions telles que 12 – 3 par exemple, l'enseignant peut utiliser les cartons contenant de 11 à 20 traits qui figurent dans le matériel de ce *Guide pédagogique*. Ce matériel est aussi téléchargeable sur le site compagnon de *J'apprends les maths CP* (japprendslesmaths.fr).

Lorsque la classe est très profonde, il est possible que les élèves situés au fond de la classe distinguent insuffisamment ce qui leur est montré. Deux possibilités s'offrent à l'enseignant :

1°) Fabriquer des représentations des nombres de 11 à 20 en juxtaposant avec de l'adhésif le carton de 10 traits et l'un des cartons de 1 à 9 traits utilisés dès la période rouge. Lors de la juxtaposition, l'espacement entre les 10 premiers points et les autres doit être supérieur à celui qui sert de repère 5 (*cf.* l'exemple du nombre 11 dans les schémas qui suivent). Cependant, à cause de sa taille, la manipulation de ce matériel est un petit peu plus délicate que lorsque les points sont dessinés sur un seul carton.

2°) Une autre possibilité, qui conduit à un seul carton de taille intermédiaire, consiste à photocopier les cartons de 11 à 18 qui figurent dans le matériel ou sur le site en agrandissant leur taille au format A3 et à coller les configurations obtenues sur des cartons, eux-mêmes au format A3.

Description de l'activité

L'activité commence sur ardoise ; c'est seulement lorsque les élèves ont compris le scénario qu'on leur demande de répondre dans les nuages du fichier. Les différentes phases sont rappelées ci-dessous.

Simulation (1er temps)

Voir aussi le dessin 1 du cadre A.

9 Problèmes pour apprendre à chercher

Calcul mental
- Trente-sept + vingt (somme ≤ 69)
- Soustractions mentales du type 12 – 3

Pour acheter une raquette de ping-pong, Nina donne un billet de 10 €.
Que va faire le marchand ?

Le marchand va lui rendre 2 euros.

A

Au supermarché, les gâteaux sont vendus par paquets de 20.
Madame Le Bihan achète 3 paquets.
Combien de gâteaux a-t-elle achetés ?

Elle a acheté 60 gâteaux.

B

Trouve 2 solutions.

Je veux 14 jetons. 3 9 5 8 6

9 + 5
8 + 6
6 + 5 + 3

Je veux 17 jetons. 6 9 3 2 8

9 + 8
8 + 3 + 6
9 + 6 + 2

C

Colorie 73 cases.

D

Si la soustraction est 11 – 3, par exemple, il importe que les élèves se représentent que la collection initiale est organisée en 10 traits et encore 1. L'enseignant tient le carton de sorte que le trait isolé est sur sa gauche ; il regarde le carton et demande aux élèves d'imaginer les traits derrière le carton (il peut parcourir la collection avec l'index dans le sens croissant, c'est-à-dire de droite à gauche, en disant : « Là il y a onze traits » ; cela aide à la représentation mentale).

Simulation (2e temps)

Voir aussi le dessin 2 du cadre A.

L'enseignant réalise le retrait de manière masquée en demandant aux élèves d'imaginer ce qu'il fait. Pour 11 – 3, il cache avec un carton le trait isolé et encore 2 traits parmi les 10 restants. Il demande ensuite aux élèves d'écrire le résultat de la soustraction sur leur ardoise.

Validation

On procède à la vérification en basculant le carton où figurent les points et en exécutant le retrait sous les yeux des élèves : « Il y a 11 traits sur le carton ; 11, c'est 10 et encore 1. Pour cacher 3 traits , je cache le trait isolé et encore… 2. » L'enseignant peut écrire au tableau l'égalité : 11 – 3 = 8.

La validation s'effectue immédiatement après chaque problème posé, ce qui facilite l'appropriation de la stratégie.

Avant retrait *Après retrait*

Les soustractions proposées sont celles où l'on retire un nombre inférieur à la moitié du nombre de départ (11 – 2 ; 11 – 3… 11 – 5 ; 12 – 3 ; 12 – 4… 12 – 5… ; 13 – 4 ; 13 – 5 ; 13 – 6 ; 14 – 5 ; 14 – 6), mais on ne s'interdira pas les cas limites que constituent 12 – 6, 14 – 7… On peut aussi proposer quelques cas où le résultat est supérieur ou égal à dix : 11 – 1 ; 12 – 1 ; 16 – 2… mais la majorité des cas doit rester parmi ceux qui correspondent aux soustractions « de base », celles dont le résultat sera utilisé au CE1 dans les soustractions en colonnes quand il y a une retenue.

Activités Séquence 99

Calcul mental

Trente-sept + vingt (somme ≤ 69)

Idem sq 95.

Soustractions du type 12 – 3

L'enseignant anime la situation d'anticipation de la sq 98.

A à D. Problèmes pour apprendre à chercher

En A, Nina donne un billet de 10 € alors que l'objet qu'elle veut acheter coute 8 €. Quand un client donne trop d'argent, le marchand « rend la monnaie ». Ce phénomène peut être explicité de deux points de vue, le but commun étant un « échange juste » :
– le point de vue du marchand : il reçoit 10 €, il doit également donner l'équivalent de 10 € : 8 € (la raquette) et encore…
– celui du client : il donne 10 €, il doit également recevoir l'équivalent de 10 € : 8 € (la raquette) et encore…

En B, un espace est laissé à droite pour une éventuelle schématisation.

En C, le « *Jeu de la boite* » conduit à des décompositions de 14 et de 17 :

9 + 5 = 14 ; 6 + 3 + 5 = 14 et 8 + 6 = 14

9 + 8 = 17 ; 6 + 3 + 8 = 17 et 9 + 6 + 2 = 17

Objectifs

On poursuit ici la progression amorcée lors de la sq 95, celle où les élèves ont appris l'« addition naturelle ». Dans la sq 100, il s'agit d'inciter les élèves qui en sont capables à ne plus écrire les calculs intermédiaires d'une addition naturelle. Les élèves s'approchent ainsi de l'usage d'une stratégie mentale, sans trace écrite, ce qui constitue les conditions d'usage les plus fréquentes dans la vie quotidienne.

On poursuit également la progression concernant les groupes de 2, 5 et 10. Dans les sq précédentes le nombre de groupes était ≤ 3. Dans la sq 101, on s'intéresse à 4, 5 ou 6 groupes de 2, 5 ou 10 objets. Cela permet aux enfants de s'approprier de nouvelles relations numériques et, de plus, que les facilités de calcul résultant du groupement par 10 leur apparaissent plus évidentes encore : il est plus facile de connaitre le nombre total dans 6 groupes de 10 que dans 6 groupes de 2 alors que le premier nombre est beaucoup plus grand.

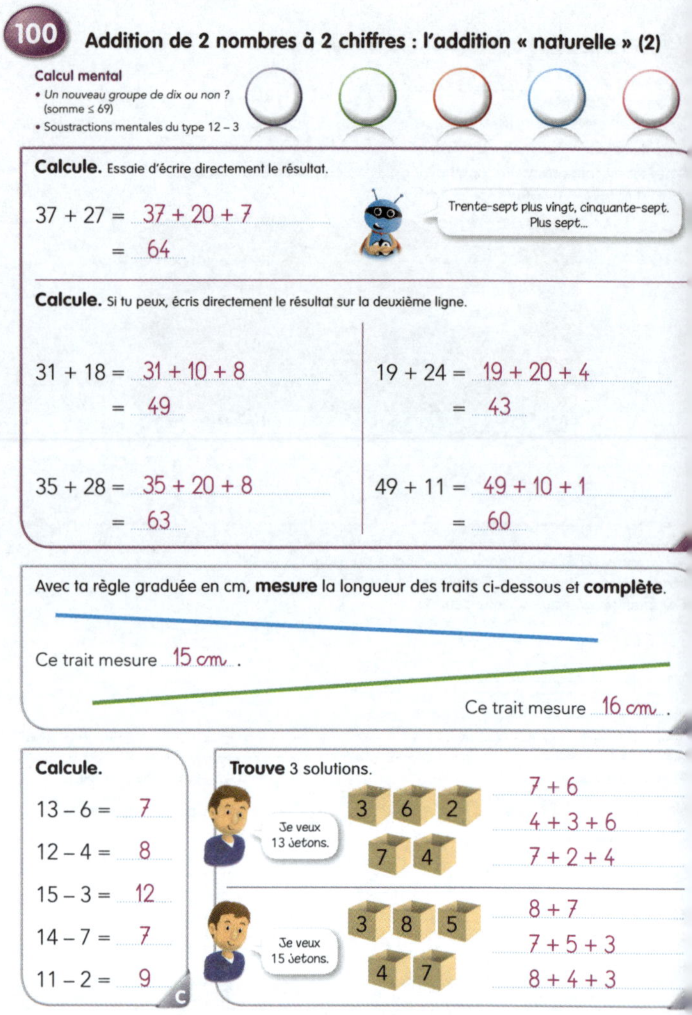
100 Addition de 2 nombres à 2 chiffres : l'addition « naturelle » (2)

Calcul mental
• Un nouveau groupe de dix ou non ? (somme ≤ 69)
• Soustractions mentales du type 12 – 3

Calcule. Essaie d'écrire directement le résultat.

37 + 27 = 37 + 20 + 7
= 64

Trente-sept plus vingt, cinquante-sept. Plus sept...

Calcule. Si tu peux, écris directement le résultat sur la deuxième ligne.

31 + 18 = 31 + 10 + 8
= 49

19 + 24 = 19 + 20 + 4
= 43

35 + 28 = 35 + 20 + 8
= 63

49 + 11 = 49 + 10 + 1
= 60

Avec ta règle graduée en cm, **mesure** la longueur des traits ci-dessous et **complète**.

Ce trait mesure 15 cm.

Ce trait mesure 16 cm.

Calcule.

13 – 6 = 7
12 – 4 = 8
15 – 3 = 12
14 – 7 = 7
11 – 2 = 9

Trouve 3 solutions.

Je veux 13 jetons. (3, 6, 2, 7, 4)
7 + 6
4 + 3 + 6
7 + 2 + 4

Je veux 15 jetons. (3, 8, 5, 4, 7)
8 + 7
7 + 5 + 3
8 + 4 + 3

Activités Séquence 100

Calcul mental

Un nouveau groupe de dix ou non ? (somme ≤ 69)

Idem sq 96.

Soustractions du type 12 – 3

L'enseignant anime la situation d'anticipation de la sq 99.

A. L'addition naturelle : ne plus écrire les calculs intermédiaires

La seule nouveauté réside dans le fait que les élèves qui le peuvent sont sollicités pour donner directement la solution numérique, sans expliciter les différentes étapes de leur calcul. Il est quand même souhaitable de mener une activité préliminaire visant à expliciter la stratégie orale vers laquelle il convient de tendre.

Activité préliminaire

Une addition est écrite au tableau : 26 + 15, par exemple, qui se présente comme sur le fichier :

26 + 15 = … puis 26 + 15 = ~~…~~
= … = …

L'enseignant barre en effet le membre de droite de la 1re égalité et donne la consigne : « Vous allez essayer de donner directement le résultat, en calculant dans votre tête ». Un élève est invité à faire le calcul en disant ce qu'il fait dans sa tête : « Je fais vingt-six plus dix, trente-six ; et trente-six plus cinq, quarante-et-un ». D'autres exemples peuvent être traités en alternant les cas avec et sans retenue.

Activité sur le fichier

Ce que dit Picbille est lu collectivement et les élèves sont invités à ne pas utiliser la 1re ligne. L'enseignant signifiera aux élèves dont il est sûr qu'ils seraient incapables de réussir qu'ils peuvent continuer à écrire le calcul intermédiaire.

D. Décompositions de 13 et de 15

7 + 6 = 13 ; 6 + 4 + 3 = 13 et 7 + 2 + 4 = 13

7 + 3 + 5 = 15 ; 8 + 7 = 15 et 5 + 3 + 7 = 15

Activités Séquence 101

Calcul mental

Trente-sept + vingt (somme ≤ 69)

Idem sq 95.

Soustractions du type 12 – 3

L'enseignant anime la situation d'anticipation de la sq 99.

A. Des groupes de 2, 5 ou 10 points aux groupes d'objets quelconques

L'activité commence directement sur le fichier. L'enseignant demande ce qu'il y a dans l'une des cases, la case D par exemple : 4 groupes de 5 points ou 4 fois 5 points. Il interroge sur d'autres cases. Puis : « Dans quelle case y a-t-il 5 groupes de 2 points ? », « Dans quelle case y a-t-il 6 fois 10 points ? », etc.

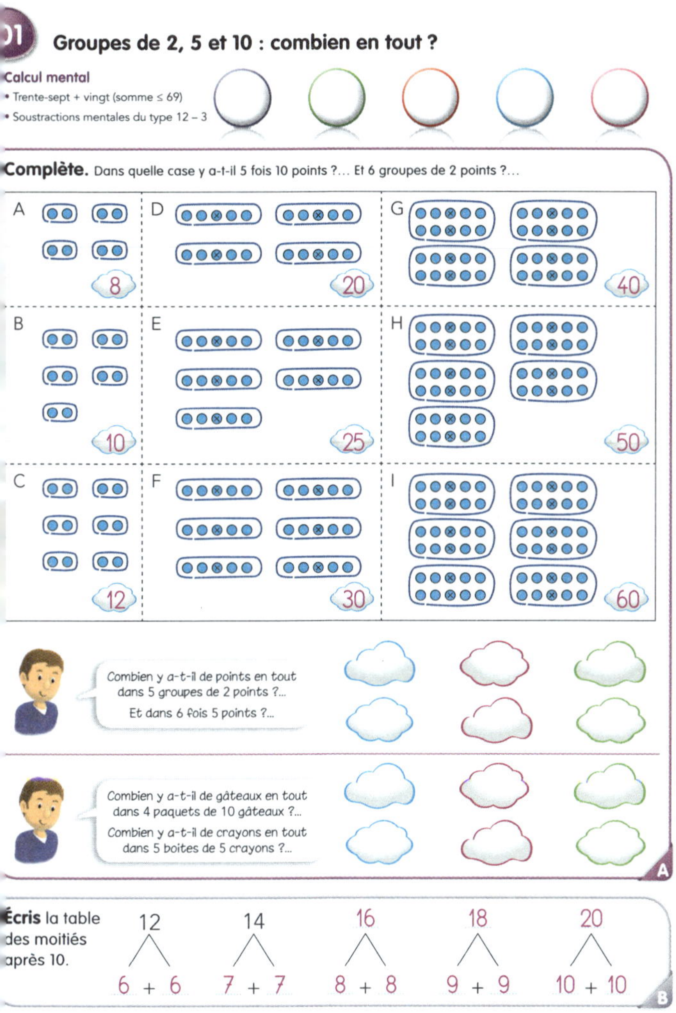

Il y a des nuages dans les cases du tableau et l'enseignant demande aux élèves de les remplir (il ne le fera plus faire lors des activités de calcul mental qui suivront, lorsque les élèves utiliseront le carton qui est à la fin de leur fichier). Lors de la validation, on écrit l'addition répétée correspondant au nombre total de chaque case : 2 + 2 + 2 + 2 = 8 ; 2 + 2 + 2 + 2 + 2 = 10, etc. On remarque que, dans la première colonne, les résultats vont de 2 en 2 : c'est 8, 10 et 12. Et, dans la deuxième colonne, qu'ils vont de 5 en 5 : c'est 20, 25 et 30. Et dans la troisième colonne…

L'enseignant procède ensuite à la première interrogation du fichier, celle qui porte sur des groupes de points : « Combien y a-t-il de points en tout dans 5 groupes de 2 points ? », « Et dans 6 fois 5 points ? », par exemple.

Puis, quand les 6 cas ont été examinés, on change de contexte : « Combien y a-t-il de fleurs dans 4 bouquets de 5 fleurs ? » La stratégie est explicitée : on imagine que les points sont des fleurs, il y en a le même nombre, 20. On reformule : « 4 bouquets de 5 fleurs, c'est comme 4 groupes de 5 fleurs ou 4 fois 5 fleurs. »

Activités complémentaires

Des problèmes avec cache avec 12 et 14

Rappelons qu'on trouve des activités analogues dans les pages 81 et 101 de ce Guide pédagogique.

Vérifie qu'il y a **12** sauterelles.

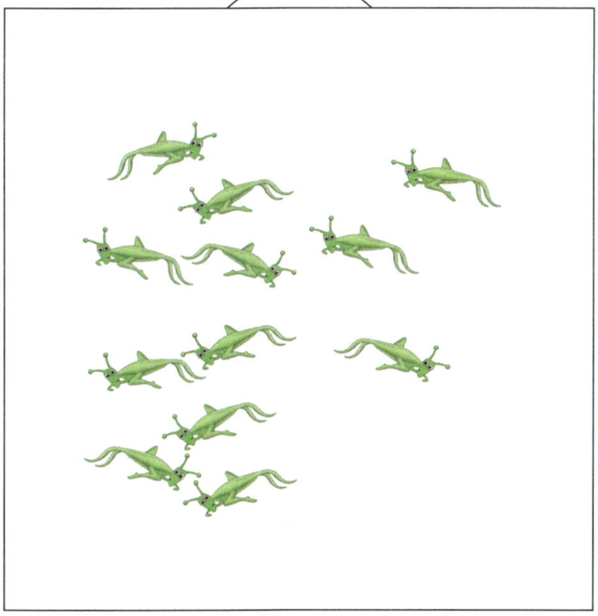

J'ai caché ☐ sauterelles.
J'ai caché ☐ sauterelles.
J'ai caché ☐ sauterelles.
J'ai caché ☐ sauterelles.

Vérifie qu'il y a **14** coccinelles.

J'ai caché ☐ coccinelles.
J'ai caché ☐ coccinelles.
J'ai caché ☐ coccinelles.
J'ai caché ☐ coccinelles.

Objectifs

La sq 102 est consacrée à l'étude des triangles, des rectangles et des carrés.

Pour concevoir une progression visant à enseigner les figures planes élémentaires, il convient tout d'abord de remarquer que, bien évidemment, les élèves de CP ne sont pas dépourvus de toute connaissance les concernant : ils savent notamment reconnaitre un rectangle et un carré quand ces figures sont dans une position typique (2 côtés sont horizontaux et les 2 autres verticaux). De même, face à un rectangle et un carré dans une position typique, ils savent dire laquelle des deux figures est un carré.

Malheureusement, ces connaissances quotidiennes constituent pour certains élèves un obstacle important. En effet, dès qu'un carré a l'un de ses sommets comme point le plus bas (lorsqu'il est dans cette position : ◇, par exemple), ils ne le considèrent plus comme un carré. Un autre obstacle important réside dans le fait que, pour les jeunes enfants, il est très difficile d'admettre que le carré est un rectangle. Or, l'objectif de la scolarité est que les élèves considèrent le carré comme un rectangle particulier : c'est un rectangle qui a tous ses côtés de même longueur.

Expliquons l'origine de cette difficulté en considérant les deux propriétés suivantes d'un polygone : « il a *n* côtés » et « les *n* côtés ont la même longueur » ; pour $n = 3$, il faut dire deux mots différents pour exprimer ces deux idées : les mots « triangle » et « régulier » (ou équilatéral) ; en revanche, pour $n = 4$, le mot « carré » rassemble en un seul mot ces deux idées différentes. Or, dans la conversation courante, on s'efforce d'être précis et concis : on utilise donc le mot « carré » plutôt que « rectangle régulier » ; ce faisant, on n'utilise pas le mot « rectangle » pour désigner un carré. À l'école, il faut le faire. Le pire des choix pédagogiques consisterait à renforcer la conception naïve selon laquelle les carrés ne sont pas des rectangles parce que sur le long terme, cet obstacle deviendrait insurmontable pour certains élèves.

Dans *J'apprends les maths*, avant de découvrir ce que sont des « rectangles réguliers », les élèves découvrent en A ce que sont des « triangles réguliers ». Puis, en B, ils sont invités à barrer un intrus dans un ensemble de rectangles : toutes les autres figures, quelle que soit la longueur de leurs côtés, sont qualifiées de « rectangles ». Et de même qu'ils ont distingué des « triangles réguliers », ils distinguent des « rectangles réguliers » dont tous les côtés ont la même longueur : ce sont ces rectangles qu'on appelle des carrés. Ainsi, avec cette progression, le carré apparait d'emblée à l'école comme un rectangle particulier.

La sq 103 est consacrée aux nombres de 80 à 100. Leur dénomination en français crée les mêmes difficultés que pour les nombres entre 60 et 79 avec, en plus, le fait que *quatre-vingt*, contrairement à *soixante*, n'est pas régulier.

102 **Les triangles et les rectangles (quelconques et « réguliers »)**

Calcul mental
• Groupes de 2, 5 et 10

Barre l'intrus. Qu'est-ce qui est pareil dans toutes les autres figures ?

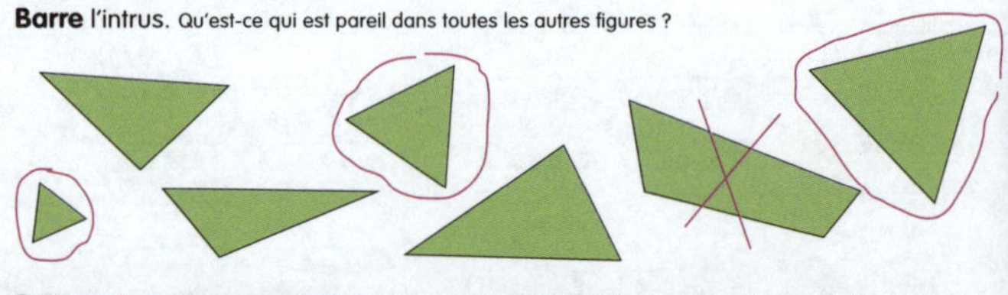

Entoure les triangles « réguliers » (ceux qui ont 3 côtés de même longueur).

Barre l'intrus. Qu'est-ce qui est pareil dans toutes les autres figures ?

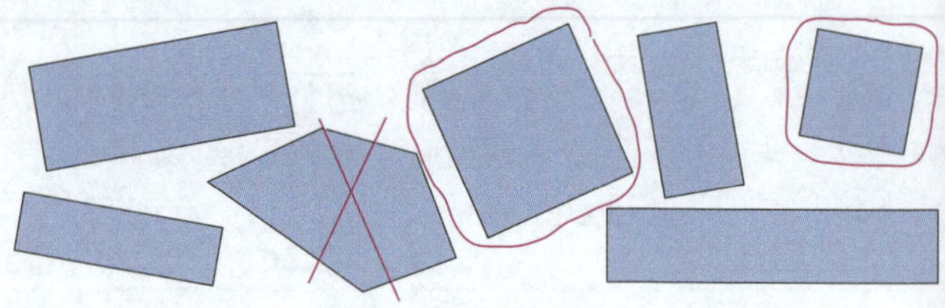

Entoure les rectangles « réguliers » (ceux qui ont 4 côtés de même longueur).

Comment appelle-t-on un rectangle régulier ? un carré

Calcule.

11 – 4 = 7	13 – 2 = 11
15 – 6 = 9	12 – 5 = 7
14 – 4 = 10	15 – 7 = 8

Calcule. Si tu peux, écris directement la solution sur la deuxième ligne.

25 + 25 = 20 + 5 + 20 + 5
= 50

Écris dans les nuages.

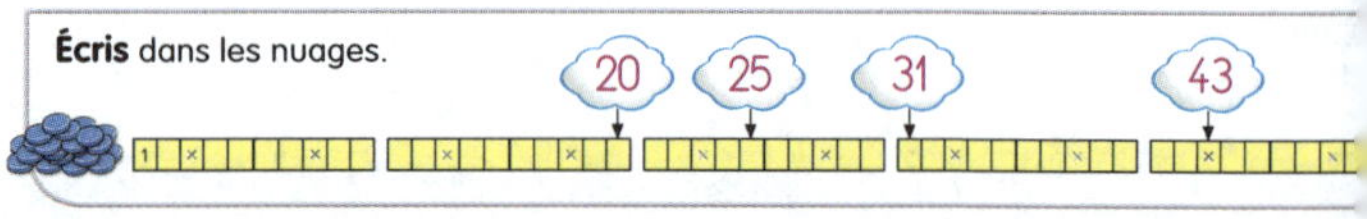

Activités Séquence 102

Calcul mental

Groupes de 2, 5 et 10

Même type d'interrogations que sq 100 alors que les élèves disposent du tableau cartonné de la fin de leur fichier avec 4, 5 ou 6 groupes. Ce tableau est mis dans une pochette transparente et, selon les enfants, un nombre plus ou moins important de nuages est rempli : en début d'activité, l'enseignant demande aux élèves de remplir le moins possible de nuages, il leur demande de ne remplir que ceux qu'ils ne sauraient pas retrouver rapidement. Ainsi, lors des reprises successives de cette activité de haut de page, l'enjeu sera de remplir de moins en moins de nuages.

A. Les triangles quelconques et « réguliers »

L'activité commence directement sur le fichier : il est demandé de « barrer l'intrus ». Il convient évidemment d'expliciter ce que signifie le mot « intrus » : l'enseignant explique que la figure qui est un intrus ne devrait pas être là parce qu'elle est différente des autres.

Après avoir repéré et barré la figure qui a 4 côtés, l'enseignant demande pourquoi les autres figures sont « pareilles » et quels sont les enfants qui connaissent le nom des autres figures : elles s'appellent toutes « triangles » parce qu'elles ont 3 « pointes » et sont formées avec 3 traits (l'enseignant

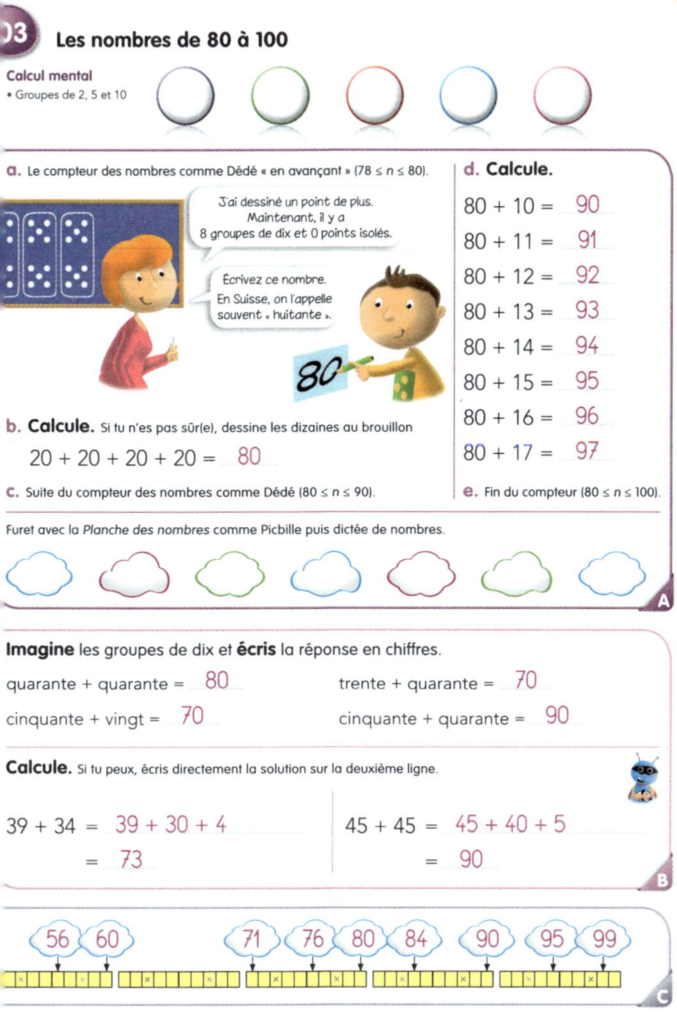

03 Les nombres de 80 à 100

Calcul mental
• Groupes de 2, 5 et 10

a. Le compteur des nombres comme Dédé « en avançant » (78 ≤ n ≤ 80).

b. **Calcule.** Si tu n'es pas sûr(e), dessine les dizaines au brouillon

20 + 20 + 20 + 20 = 80

c. Suite du compteur des nombres comme Dédé (80 ≤ n ≤ 90).

d. **Calcule.**

80 + 10 = 90
80 + 11 = 91
80 + 12 = 92
80 + 13 = 93
80 + 14 = 94
80 + 15 = 95
80 + 16 = 96
80 + 17 = 97

e. Fin du compteur (80 ≤ n ≤ 100).

Furet avec la *Planche des nombres* comme Picbille puis dictée de nombres.

A

Imagine les groupes de dix et **écris** la réponse en chiffres.

quarante + quarante = 80
trente + quarante = 70
cinquante + vingt = 70
cinquante + quarante = 90

Calcule. Si tu peux, écris directement la solution sur la deuxième ligne.

39 + 34 = 39 + 30 + 4
= 73

45 + 45 = 45 + 40 + 5
= 90

B

56 60 71 76 80 84 90 95 99

C

pourra prononcer les mots « sommets » et « côtés » mais il serait prématuré qu'il veuille que les élèves mémorisent ce vocabulaire en lui donnant sa signification correcte). Celle-ci est loin d'aller de soi : un *côté*, par exemple, n'est pas toujours sur le *côté* de la figure parce qu'il peut être *en bas* de la figure ; un *sommet* n'est pas toujours *en haut* de la figure, lui-aussi peut être *en bas* de la figure.

Enfin, l'enseignant définit ce qu'est un « triangle régulier » : c'est un triangle formé avec 3 traits de même longueur. Les élèves prennent une bande de papier ou leur règle graduée en cm et ils utilisent l'un de ces outils pour déterminer les triangles réguliers, qu'ils entourent.

B. Les rectangles quelconques et « réguliers »

L'activité B commence comme l'activité A en cherchant l'intrus. L'enseignant demande de même pourquoi les autres figures sont « pareilles » et quels sont les enfants qui connaissent leur nom : elles s'appellent des « rectangles ». Elles ont la propriété d'avoir 4 « pointes » et sont formées avec 4 traits (l'enseignant peut en tracer un au tableau avec une équerre). Enfin, l'enseignant définit ce qu'est un « rectangle régulier » : il est formé avec 4 traits de même longueur. Les élèves prennent leur règle graduée en cm et ils l'utilisent pour déterminer les rectangles réguliers, qu'ils entourent.

On découvre qu'un rectangle régulier est un carré. L'enseignant peut en afficher un au tableau et le faire tourner pour que les élèves le découvrent dans toutes les positions.

Activités Séquence 103

Calcul mental

Groupes de 2, 5 et 10

Idem sq 102.

A. Les nombres de 80 à 100 comme Dédé

L'activité commence par un compteur des nombres « comme Dédé » entre 79 et 100 (on reprend l'activité du cadre A de la sq 85 là où on l'avait arrêtée). L'enseignant dessine 7 groupes de dix et 9 points comme Dédé, et les élèves, qui ont le fichier fermé, écrivent ce nombre en chiffres sur leur ardoise (79). Cette écriture est justifiée (il y a 7 groupes de dix et 9 unités isolées) et lue (soixante-dix-neuf).

L'enseignant dessine un point de plus et entoure la nouvelle dizaine ainsi formée. Même interrogation : écriture chiffrée de ce nombre sur ardoise puis justification de cette écriture. « Comment dit-on le nombre correspondant à 8 groupes de dix et 0 unité isolée ? » Il se peut que des élèves connaissent le mot « quatre-vingts » mais, dans ce cas, ils perçoivent ce mot globalement (ils ne savent pas que c'est 4 fois 20) et cela n'est donc nullement gênant pour la suite : dans tous les cas, l'enseignant dit qu'il aurait pu s'appeler « huitante » et les suivants : « huitante-un, huitante-deux, huitante-trois…», comme dans certains cantons suisses, mais qu'en français, il s'appelle différemment et il propose de calculer 4 fois 20 en écrivant l'addition répétée au tableau et en demandant aux élèves d'ouvrir leur fichier (activité **b**) et de calculer. Le lien est fait : « 8 groupes de dix, c'est aussi 4 fois 20 ; c'est pour cela qu'on appelle ce nombre *quatre-vingts* ».

L'activité du compteur des nombres « comme Dédé » reprend : l'enseignant dessine un point de plus et le nombre correspondant est écrit sur l'ardoise (81) ; cette écriture est justifiée (il y a 8 groupes de dix et 1 unité isolée), un élève est interrogé sur la façon dont on dit ce nombre (quatre-vingt-un) ; l'enseignant dessine un point de plus, etc.

Arrivé au dessin de 9 groupes de 10 et 0 unité isolée, on sait écrire ce nombre (90) et les suivants mais, là encore, on ne sait pas les dire. Là encore, l'enseignant dit que ce nombre aurait pu s'appeler « nonante » et les suivants : « nonante-un, nonante-deux, nonante-trois…», comme en Belgique, mais qu'en français, il s'appelle différemment et il propose le calcul de 80 + 10, 80 + 11… (temps **d** sur le fichier). Cela permet de comprendre notre façon de dire ces nombres : quatre-vingt-dix, quatre-vingt-onze, etc. À chaque fois, on précise que quatre-vingt-dix (80 + 10) c'est 9 groupes de dix : les 8 groupes de dix de 80 et encore dix ; que quatre-vingt-onze s'écrit « 9… » parce qu'il contient 9 groupes de dix : les 8 groupes de dix de 80 et le groupe de dix de 11 ; que quatre-vingt-douze s'écrit « 9… » parce qu'il contient 9 groupes de dix : les 8 groupes de dix de 80 et le groupe de dix de 12, etc. Cent sera introduit dans la continuité en disant que c'est 10 groupes de dix et 0 unité isolée.

Suite page 145

5e période

Objectifs

L'objectif de la sq 104 est de mettre à la disposition des élèves une stratégie permettant d'ordonner les nombres soit du plus petit au plus grand, soit en sens inverse. Les élèves ont eu de nombreuses occasions de s'approprier l'ordre des nombres avec les activités du type : compteur, jeux du furet, lecture de la *Planche des nombres*, etc. C'est en revanche la première fois que, face à un ensemble de nombres, ils sont conduits à en isoler le plus petit, puis le plus petit de ceux qui restent, etc. Ils découvrent comment s'organiser pour mettre en œuvre une telle stratégie.

Rappelons que les élèves ont déjà appris à calculer des soustractions du type 12 – 3 par retraits successifs en s'appuyant sur le repère 10 (retrait de 2, puis de 1). Ils imaginent pour cela des collections organisées avec le repère 10 (comme Picbille ou comme les doigts). Sq 105, on s'appuie aussi sur cette représentation des nombres entre 10 et 20 pour introduire l'autre grande stratégie, par compléments successifs, toujours en s'appuyant sur le repère 10. Cette dernière stratégie est particulièrement adaptée si on retire un nombre proche de 10. Pour 12 – 9 par exemple, on a intérêt à « barrer » les 9 dans les 10 : il y a encore 1 et avec les 2 points isolés, ça fait 3 ; 12 – 9 = 3.

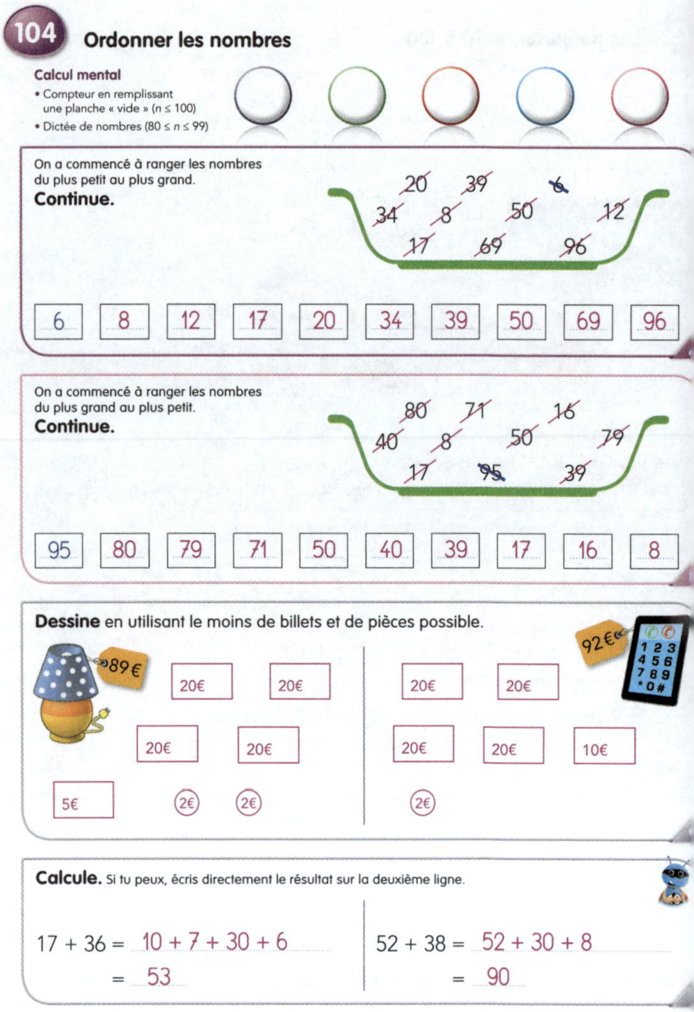
104 Ordonner les nombres

Calcul mental
- Compteur en remplissant une planche « vide » (n ≤ 100)
- Dictée de nombres (80 ≤ n ≤ 99)

On a commencé à ranger les nombres du plus petit au plus grand.
Continue.

6	8	12	17	20	34	39	50	69	96

On a commencé à ranger les nombres du plus grand au plus petit.
Continue.

95	80	79	71	50	40	39	17	16	8

Dessine en utilisant le moins de billets et de pièces possible.

89 € : 20€ 20€ 20€ 20€ 5€ 2€ 2€

92 € : 20€ 20€ 20€ 20€ 10€ 2€

Calcule. Si tu peux, écris directement le résultat sur la deuxième ligne.

17 + 36 = 10 + 7 + 30 + 6
= 53

52 + 38 = 52 + 30 + 8
= 90

On observe la « bassine » du cadre A. Le nombre 6 est barré : « Que peut-on dire du nombre 6 ?» ; c'est le plus petit de tous les nombres de la bassine. « On a commencé à ranger les nombres de la bassine du plus petit au plus grand ; continuez. »

L'activité B s'anime de la même manière, c'est-à-dire d'abord au tableau, en reproduisant la suite : 92, 78, 63, 59, 40, 39, 35, 28, 13 et 4, par exemple. On dégage ensuite l'idée que chaque nombre est plus petit que ceux qui sont à sa gauche et plus grand que ceux qui sont à sa droite.

On observe ensuite la « bassine » du cadre B. Le nombre 95 est barré : « Que peut-on dire du nombre 95 ? » ; c'est le plus grand de tous les nombres de la bassine. « On a commencé à ranger les nombres de la bassine du plus grand au plus petit ; continuez. »

C. Réaliser 89 € et 92 € avec le moins de billets et de pièces possible

Activités — Séquence 104

Calcul mental

Compteur en remplissant une planche « vide » ($n \leq 100$)

Idem sq 77 mais la planche « vide » est formatée en remplissant la 1re colonne jusqu'à 91 (on laisse un espace entre 51 et 61). On insiste sur les nombres entre 80 et 100.

Dictée de nombres ($80 \leq n \leq 99$)

Quand le nom d'un nombre commence par quatre-vingt, il faut attendre d'entendre le nombre suivant pour savoir s'il y a 8 ou 9 groupes de dix.

A et B. Ordonner des nombres

L'activité commence au tableau alors que le fichier est fermé. L'enseignant y écrit une suite de nombres ordonnés du plus petit au plus grand : 5, 9, 13, 21, 47, 52, 75, 84, 97, par exemple. Il demande aux élèves de les lire dans leur tête, puis il sollicite un élève pour qu'il les lise à voix haute. « Que peut-on dire du nombre 5 ? » C'est le plus petit de tous les nombres. « Et 9 ? » Il est plus grand que 5 mais plus petit que 13, 21, etc. « Et 13 ? », etc. On dégage l'idée que chaque nombre est plus grand que ceux de gauche et plus petit que ceux de droite : on dit qu'ils sont rangés du plus petit au plus grand.

Activités — Séquence 105

Calcul mental

Compteur (le résultat est le seul support visuel)

Idem sq 82 mais on inclut les nombres entre 80 et 100.

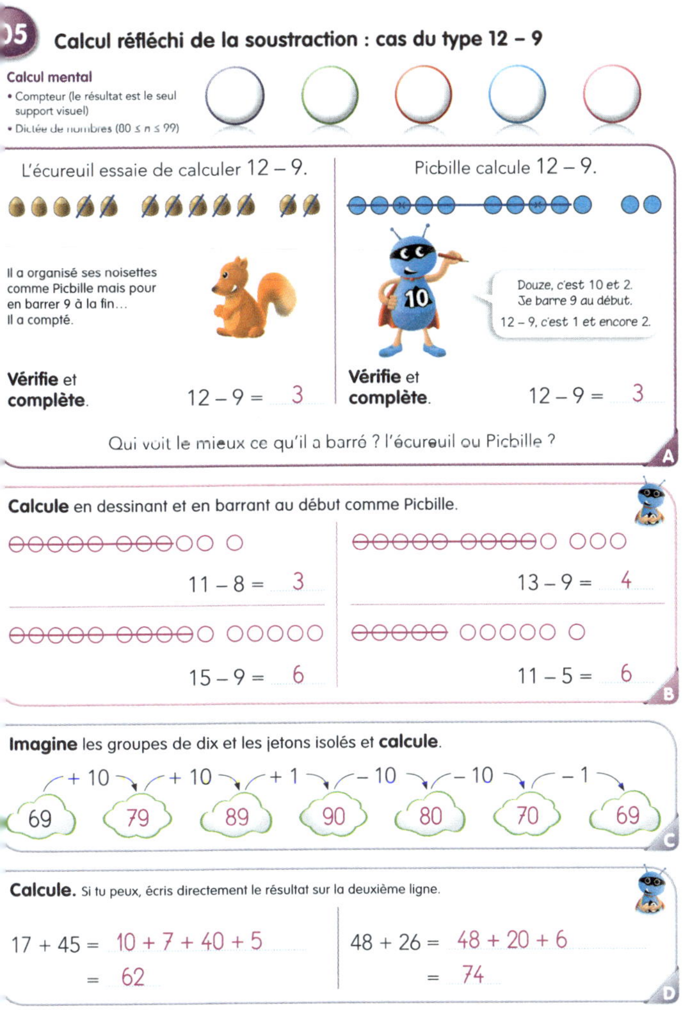

Dictée de nombres ($80 \leq n \leq 99$)

Quand le nom d'un nombre commence par quatre-vingt, il faut attendre d'entendre le nombre suivant pour savoir s'il y a 8 ou 9 groupes de dix.

A. Soustractions du type 12 – 9 : comparaison du comptage et du calcul

L'activité commence directement sur le fichier. On retrouve l'écureuil à gauche et Picbille à droite. Tous les deux cherchent le résultat de 12 – 9.

On s'intéresse à la manière d'obtenir ce résultat en commençant par l'écureuil : a-t-il bien 12 noisettes ? Oui, il les a disposées comme Picbille, on voit bien qu'il y en a 10 et encore 2. Mais il a barré 9 noisettes « à la fin ». Cette situation est reproduite au tableau, pour prendre conscience du fait que l'écureuil a été obligé de compter ces 9 noisettes.

Picbille, lui, barre 9 points « au début ». Là encore la situation est reproduite au tableau pour prendre conscience qu'on n'a pas besoin de compter les 9 points correspondants. Picbille a calculé 12 – 9. Les deux stratégies sont comparées collectivement sur un autre exemple avant que les élèves traitent de manière autonome ceux du fichier.

☛ *Suite de la présentation de la sq 103*

Furet avec la *Planche des nombres comme Picbille*

L'enseignant demande aux élèves d'ouvrir leur fichier à la double page de la *Planche des nombres comme Picbille* (p. 158-159) et il anime un furet. Il demande à tous les élèves de mettre le doigt sur la case soixante-dix-neuf, puis il désigne l'un après l'autre des élèves au hasard. Par exemple :

– *Un de plus. Lucas, quel est le nouveau nombre ?*
– *Quatre-vingts, c'est 8 groupes de dix et 0 unité isolée.*
– *Un de plus. Amélie, quel est le nouveau nombre ?*

On pourra remarquer que sur la *Planche des nombres comme Picbille*, pour 80, on voit 4 fois 2 boites pleines.

Dictée de nombres entre 80 et 100

L'activité se poursuit par une dictée de nombres entre 80 et 100. Rappelons que la difficulté provient du fait que lorsqu'on entend « quatre-vingt… », on est tenté d'écrire d'emblée un « 8 ». En fait, il faut avoir entendu la suite pour savoir si c'est « 8 » ou « 9 ». De temps en temps, l'enseignant pourra suspendre sa dictée après avoir dit : « quatre-vingt… » et observer : tous les élèves qui commencent à écrire n'ont pas compris la règle. Il convient de la rappeler : si, après « quatre-vingt », on entend de un à neuf…

Activités complémentaires

Le « Mémoplus »

Même jeu que le Mémomoins, mais avec des additions. Nous proposons ci-dessous une série de 25 cartons.

Au début de la partie, les 25 cartons sont battus et disposés sur la table de jeu en 5 rangées de 5, rectos visibles. On tire au sort qui jouera le premier. Ce joueur désigne alors du doigt un carton qu'il choisit (7 + 7 par exemple) et énonce le résultat (ou ce qu'il croit être le résultat). Il retourne ensuite ce carton : tous les joueurs peuvent ainsi vérifier s'il ne s'est pas trompé. S'il a énoncé le nombre qui figure au verso, il prend ce carton. Sinon, il le remet dans le jeu, recto visible. Dans les deux cas, c'est au tour du joueur suivant. Celui-ci, s'il le désire, peut désigner le carton d'un joueur qui vient d'échouer (il a vu le résultat !) Quand il ne reste aucun carton, c'est le joueur qui en a obtenu le plus qui a gagné. Il est bien sûr préférable de faire jouer ensemble des élèves de niveau comparable en calcul.

2 + 9	3 + 9	4 + 9	9 + 5	9 + 6
7 + 9	9 + 8	9 + 9	2 + 8	3 + 8
4 + 8	8 + 5	8 + 6	8 + 7	8 + 8
3 + 7	7 + 4	7 + 5	7 + 6	7 + 7
4 + 6	5 + 6	6 + 6	6 + 8	6 + 9

Objectifs

La sq 106 a pour objectif de favoriser la mentalisation de la stratégie enseignée lors de la séquence précédente (calcul de soustractions du type 11 – 9 par compléments successifs, c'est-à-dire en « barrant au début »). Le procédé pédagogique utilisé consiste à inviter les enfants à simuler mentalement un retrait que le maitre réalise de manière masquée.

La sq 107 est consacrée à l'étude des solides particuliers que sont les pavés. La progression adoptée est la même qu'avec les figures planes : en barrant un intrus qui a une face triangulaire dans un ensemble de pavés, on fait émerger la notion de pavé. Et de même qu'il existe des « rectangles réguliers », dont tous les côtés ont la même longueur, il existe des « pavés réguliers », dont toutes les arêtes ont la même longueur : ce sont les solides qu'on appelle des cubes. Ainsi, avec cette progression, le cube apparait d'emblée à l'école comme un pavé particulier.

Dans cette même sq, les élèves rencontrent pour la première fois un outil de tracé qu'ils utiliseront dans les sq suivantes pour reproduire des dessins géométriques : les « formographes ».

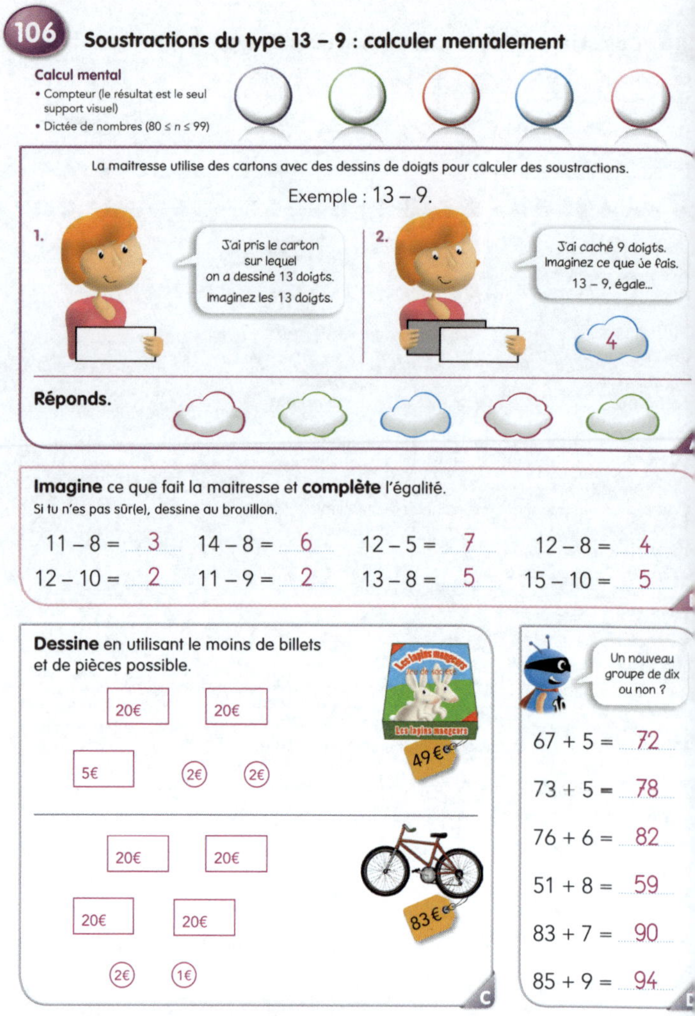
106 **Soustractions du type 13 – 9 : calculer mentalement**

Calcul mental
- Compteur (le résultat est le seul support visuel)
- Dictée de nombres (80 ≤ n ≤ 99)

La maitresse utilise des cartons avec des dessins de doigts pour calculer des soustractions.

Exemple : 13 – 9.

1. J'ai pris le carton sur lequel on a dessiné 13 doigts. Imaginez les 13 doigts.

2. J'ai caché 9 doigts. Imaginez ce que je fais. 13 – 9, égale... 4

Réponds.

Imagine ce que fait la maitresse et **complète** l'égalité.
Si tu n'es pas sûr(e), dessine au brouillon.

11 – 8 = 3	14 – 8 = 6	12 – 5 = 7	12 – 8 = 4
12 – 10 = 2	11 – 9 = 2	13 – 8 = 5	15 – 10 = 5

Dessine en utilisant le moins de billets et de pièces possible.

20€ 20€ 5€ 2€ 2€ — 49 €

20€ 20€ 20€ 20€ 2€ 1€ — 83 €

Un nouveau groupe de dix ou non ?

67 + 5 = 72
73 + 5 = 78
76 + 6 = 82
51 + 8 = 59
83 + 7 = 90
85 + 9 = 94

Activités Séquence 106

Calcul mental

Compteur (le résultat est le seul support visuel)

Idem sq 82 mais on inclut les nombres entre 80 et 100.

Dictée de nombres (80 ≤ *n* ≤ 99)

Quand le nom d'un nombre commence par quatre-vingt, il faut attendre d'entendre le nombre suivant pour savoir s'il y a 8 ou 9 groupes de dix.

A. Simulation mentale d'un retrait qui est réalisé de façon masquée

L'enseignant utilise le même matériel que celui qui a servi lors de la sq 97 (soustractions du type 12 – 3). L'activité commence sur ardoise ; c'est seulement lorsque les élèves ont compris le scénario qu'on leur demande de répondre dans les nuages du fichier. Les différentes phases sont rappelées ci-dessous.

Simulation (1er temps)

Voir aussi le dessin 1 du cadre A.

Si la soustraction est 13 – 9, par exemple, il importe que les élèves se représentent que la collection initiale est organisée en 10 traits et encore 3. L'enseignant tient le carton de

sorte que les 3 traits isolés sont sur sa gauche ; l'enseignant regarde le carton et demande aux élèves d'imaginer les traits derrière le carton (il peut parcourir la collection avec l'index dans le sens croissant, c'est-à-dire de droite à gauche, en disant : « Là il y a treize traits » ; cela aide à la représentation mentale).

Simulation (2e temps)

Voir aussi le dessin 2 du cadre A.

L'enseignant réalise le retrait de manière masquée en demandant aux élèves d'imaginer ce qu'il fait (il cache 9 traits en deux temps : les 5 premiers qui sont sur sa droite et encore 4). Il est fondamental que l'enseignant cache les traits situés sur

07 Les solides (2) : les pavés

Calcul mental
- Soustractions mentales du type 13 – 9
- Dictée de nombres ($60 \leq n \leq 99$)

Barre l'intrus. Qu'est-ce qui est pareil dans tous les autres solides ?
Ces solides s'appellent des pavés.

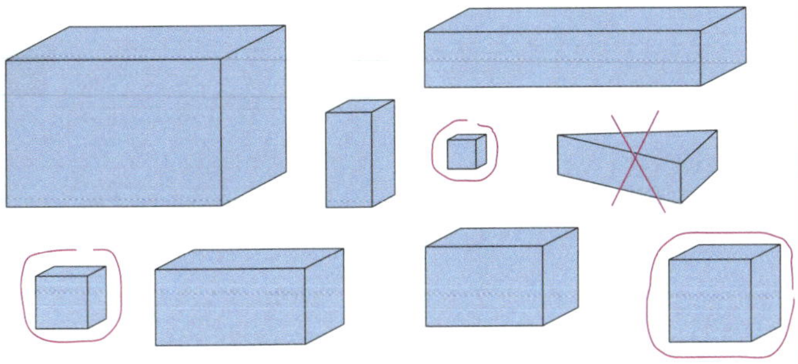

Entoure les pavés qui semblent réguliers (leurs arêtes ont la même longueur).
Comment appelle-t-on un pavé régulier ? un cube

A

Prends tes formographes. Quelles figures y sont découpées ?
Montre le petit triangle régulier ; le grand cercle…

Avec ces formes seulement, **fais** un dessin de ton choix sur une feuille.

B

Imagine ce que fait la maitresse et **complète** l'égalité.

16 – 9 = 7	13 – 5 = 8	16 – 10 = 6	17 – 9 = 8
13 – 7 = 6	14 – 9 = 5	15 – 8 = 7	12 – 5 = 7

C

sa droite : pour l'enfant qui imagine les traits masqués derrière le carton, ce sont ainsi ceux qu'il a imaginés à gauche, les premiers, qui se trouvent « barrés ». Il demande ensuite aux élèves d'écrire le résultat de la soustraction sur leur ardoise.

Validation

On procède à la vérification en basculant le carton où figurent les traits et en exécutant le retrait sous les yeux des élèves : « Il y a 13 traits sur le carton ; 13, c'est 10 et encore 3. Pour cacher 9 traits , je les cache au début : 5 et encore 4. Il reste un trait et encore 3… » L'enseignant peut écrire au tableau l'égalité : 13 – 9 = 4.

La validation s'effectue immédiatement après chaque problème posé, ce qui facilite l'appropriation de la stratégie.

Avant retrait

Après retrait

Les soustractions proposées sont celles où l'on retire un nombre supérieur à la moitié du nombre de départ (11 – 6 ; 11 – 7 ; 11 – 8 ; 11 – 9 ; 12 – 7… 12 – 8… ; 13 – 7 ; 13 – 8 ; 13 – 9 ; 14 – 8…), mais on ne s'interdira pas les cas limites que constituent 12 – 6, 14 – 7… On peut aussi proposer quelques cas où le nombre retiré est supérieur ou égal à dix : 13 – 10 ; 13 – 12 ; 17 – 15… mais la majorité des cas doit rester parmi ceux qui correspondent aux soustractions « de base », celles dont le résultat sera utilisé au CE1 dans les soustractions en colonnes quand il y a une retenue.

Activités Séquence 107

Calcul mental

Soustractions mentales du type 13 – 9

L'enseignant anime la situation d'anticipation de la sq 106.

Dictée de nombres ($60 \leq n \leq 99$)

Quand le nom d'un nombre commence par soixante (respectivement quatre-vingt), il faut attendre d'entendre le nombre suivant pour savoir s'il y a 6 ou 7 groupes de dix (respectivement 8 ou 9).

A. Les pavés quelconques et le cube

L'activité peut commencer en présentant aux élèves un ensemble de solides, dont des pavés, en isolant l'un d'eux et en demandant de chercher les solides qui ressemblent à celui qui sert de modèle (on évitera la présence de cubes et il est important qu'un pavé au moins soit en carton ou réalisé à partir d'un origami, afin de pouvoir écrire dessus au feutre). Cela conduira à mettre ensemble tous les solides qui ont la forme qui est habituellement celle d'une boite.

L'activité se poursuit alors sur le fichier : il est demandé de « barrer l'intrus ». Après avoir repéré et barré le solide qui a des faces triangulaires, l'enseignant demande pourquoi les autres solides sont « pareils ». Ils ont tous la forme qui est habituellement celle d'une boite ; plus précisément, quelle que soit la face que l'on regarde, elle a une forme de rectangle. L'enseignant dit aux élèves que tous ces solides sont des pavés (le mot est écrit au tableau). On peut chercher à dénombrer les faces d'un pavé en carton : on fait un repère au feutre sur 2 faces opposées, un autre repère sur 2 autres et un autre encore sur les 2 dernières. L'enseignant écrit au tableau qu'un pavé a 2 + 2 + 2 = 6 faces. On peut aussi chercher à dénombrer les arêtes en coloriant d'une même couleur 4 arêtes qui ont la même longueur, d'une autre couleur 4 autres arêtes ayant la même longueur et enfin d'une autre couleur les 4 dernières arêtes. L'enseignant écrit au tableau qu'un pavé a 4 + 4 + 4 = 12 arêtes.

Enfin, l'enseignant définit ce qu'est un « pavé régulier » : c'est un pavé dont toutes les arêtes ont la même longueur. On cherche s'il y en a un dans la collection alors qu'il n'y en a pas ; on peut essayer d'imaginer à quoi ressemblerait un pavé régulier (il se peut que certains élèves trouvent que c'est un cube) ; dans tous les cas, l'enseignant en introduit un et on vérifie qu'effectivement toutes les arêtes ont la

Suite page 149 ☛

Objectifs

En géométrie, on aborde une nouvelle série d'activités de tracés (voir aussi sq 115 et les activités complémentaires proposées pages 45, 53, 69, 75 et 107). Les élèves utilisent deux gabarits en plastique transparent que nous appelons « formographes ». Des formes géométriques simples y sont évidées. On y retrouve 3 rectangles, 3 carrés, 3 triangles rectangles, 3 triangles équilatéraux, 3 cercles et 3 ovales. Dans chaque série, il y a un petit exemplaire de la figure, un moyen et un grand (les 3 figures sont homothétiques). De plus, les dimensions ont été prévues pour que certaines conjonctions soient possibles, par exemple, pour une même catégorie de tailles : le rectangle est construit à partir de deux carrés ou de deux triangles rectangles ; les côtés du carré, ceux du triangle équilatéral et le petit côté du triangle rectangle sont de même longueur ; le cercle s'inscrit dans le carré ; l'ovale est construit à partir du cercle...

Les élèves vont s'efforcer de reproduire, avec ces instruments, des constructions proposées sur le fichier (voir aussi pages 156-157). À travers cette tâche, on cherche à favoriser plusieurs savoir-faire géométriques :

– évidemment, les élèves se familiarisent avec ces figures simples et leur dénomination ;

– la présentation de l'activité avec Géom et Couic-Couic les conduit à observer et décrire le tracé qu'il faut reproduire, à chercher et à formuler les erreurs de Couic-Couic ; ils apprennent ainsi à analyser et « à mettre en mots » une construction complexe ;

– c'est, par là même, une nouvelle occasion d'employer le vocabulaire de la topologie (le triangle « au-dessus de » la petite fusée, la petite fusée « entre » les deux autres, la moyenne fusée trop « loin de » la grande, trop « à droite », etc.) ;

– les élèves apprennent à « gérer » l'espace de la feuille (il faut prévoir l'encombrement de la construction) et la contrainte de repères préexistants (ici, un grand triangle rectangle, déjà tracé, impose le point de départ) ;

– comme il faut comparer les côtés des figures pour choisir celles qui conviennent, c'est une nouvelle occasion de comparer des longueurs (« Ici, faut-il utiliser le petit ou le moyen triangle ? ») ;

– comme aucune des figures évidées dans le formographe n'a ses côtés parallèles à un bord de cet outil, les élèves apprennent à reconnaitre le carré et le rectangle dans des orientations non prototypiques ;

– ils développent aussi des habiletés perceptives et motrices (il faut ajuster le formographe de façon très précise, pour juxtaposer les figures) ;

– etc.

Pour cette première construction, la recherche des figures nécessaires est facile : la grande fusée se construit avec des grandes figures, la moyenne avec des figures moyennes, etc.

108 Tracés géométriques à l'aide de « formographes » (1)

• Soustractions mentales du type 13 – 9
• Groupes de 2, 5 et 10

Dans le cadre **B**, **observe** le dessin de Géom et **trouve** les 3 erreurs de Couic-Couic.
Continue ci-dessous le dessin de Géom.

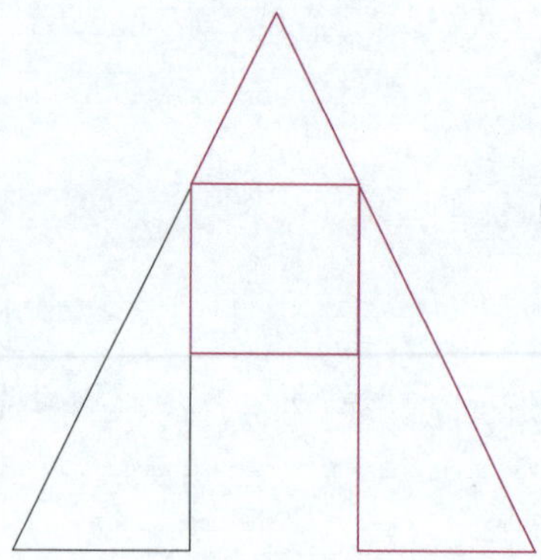

Calcule en barrant « au début ».

11 – 7 = 4 12 – 9 = 3

Calcule en barrant « à la fin ».

11 – 3 = 8 13 – 4 = 9

Calcule en choisissant ta stratégie.

12 – 8 = 4 11 – 2 = 9 12 – 5 = 7 15 – 8 = 7

Écris la table des moitiés après 10.

12	14	16	18	20
6 + 6	7 + 7	8 + 8	9 + 9	10 + 10

Calcule en choisissant ta stratégie.

12 – 6 = 6 16 – 8 = 8 18 – 9 = 9 14 – 7 = 7

Activités Séquence 108

Calcul mental

Soustractions mentales du type 13 – 9

L'enseignant anime la situation d'anticipation de la sq 107.

Groupes de 2, 5 et 10

Idem sq 102. On pourra interroger sur 8 ou 9 groupes de dix.

A et B. Tracés géométriques avec les « formographes »

Le déroulement diffère selon que, la veille, l'enseignant a mené ou non les activités 1°) et 2°) décrites ci-dessous.

1°) Découverte individuelle

On ne distribue que la moitié des formographes, de sorte que deux enfants assis côte à côte n'aient pas le même. L'intérêt de ce dispositif est le suivant : l'attention des enfants va être ainsi attirée sur la différence entre les deux formographes (« Tu as quelles figures, toi ? »), et, en les laissant communiquer sur les figures dont chacun dispose, on anticipe ainsi sur la phase suivante (description des deux formographes). Chaque élève doit tracer une construction réalisée à partir de plusieurs figures qu'il choisit lui-même dans le seul formographe dont il dispose. La consigne précise qu'on peut

Suite de la présentation de la sq 107

même longueur. « Comment appelle-t-on un pavé régulier ? » C'est un cube.

Sans règle, les élèves entourent sur leur fichier les pavés qui semblent réguliers (du fait de la perspective, l'usage de la règle ne prouverait rien).

B. Dessin libre avec les formographes

Il s'agit que les élèves découvrent le matériel de tracé en plastique, qu'on appelle « formographes » (ils sont inclus dans le fichier), avant l'utilisation systématique qui en sera faite à partir de la sq 107 : il est en effet difficile de demander aux jeunes enfants de se concentrer sur la production d'un dessin précis avec ce matériel s'ils ont avant tout envie d'en découvrir les potentialités et, donc, de l'utiliser de manière moins cadrée. Un déroulement possible de cette activité de découverte est décrit dans le commentaire de l'activité A de la sq 107 (page de gauche de cette double page).

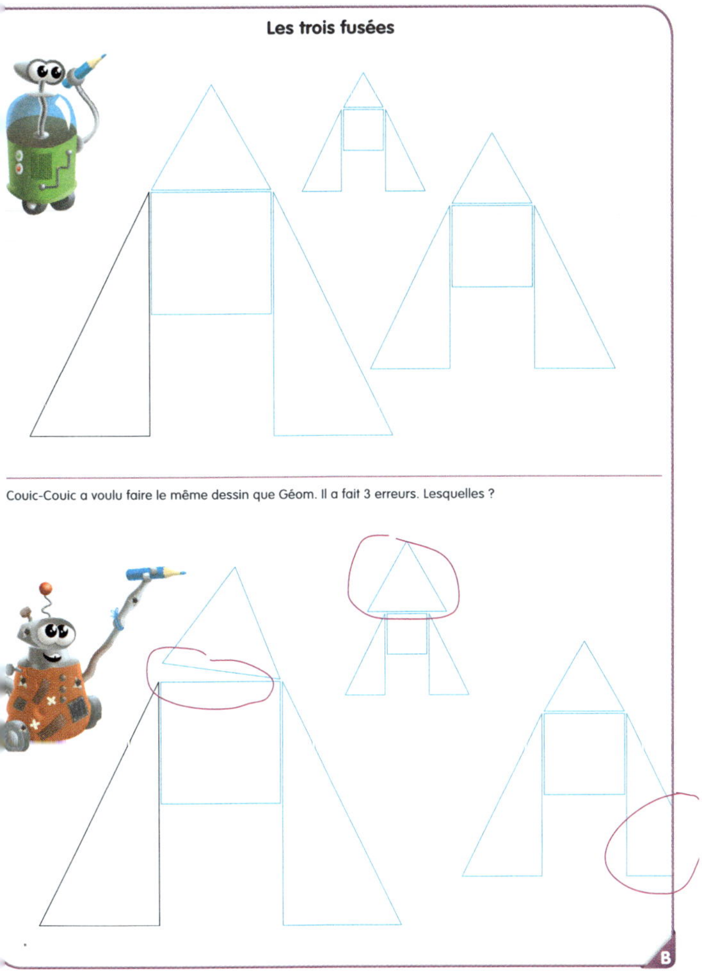

représenter un bonhomme, une maison, un camion, ou ce qu'on veut… Il suffit d'une demi-feuille A4 par élève.

Après ce premier tracé, l'enseignant complète l'équipement de chaque élève et demande maintenant une construction avec les deux formographes.

2°) Analyse et description des formographes

La répartition des figures sur les formographes a été conçue pour permettre la catégorisation que nous représentons par le schéma ci-dessous :

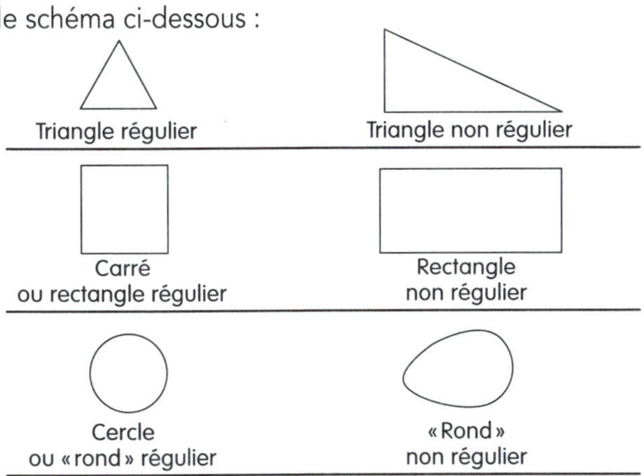

Cette catégorisation met l'accent sur les caractéristiques communes à deux figures présentées sur une même ligne dans le schéma. Comme lors de la sq 101, on s'efforce que le carré soit analysé d'emblée comme un rectangle régulier. Pour cela, on commence par décrire collectivement le formographe qui contient les figures « irrégulières » (à droite sur le schéma). On remarque d'abord que chacune est représentée par 3 exemplaires, un petit, un moyen et un grand. On se rappelle que les figures qui ont 3 côtés (on les fait parcourir du doigt et on les montre sur le dessin d'un triangle quelconque au tableau) s'appellent des triangles. On pourra décider d'appeler « œufs » les autres figures, mais on fera remarquer que « leur tour n'est pas un rond bien rond ».

Pour l'autre formographe, le terme « cercle » est utilisé. C'est un « rond bien rond », un « rond régulier ». Le carré est de nouveau décrit comme un « rectangle régulier » : tous ses côtés ont même longueur (on peut le vérifier sans mesurer, en faisant tracer un côté d'un carré et, par rotation, constater que les autres côtés auraient permis de tracer le même trait). Les triangles de ce formographe sont des « triangles réguliers » : dans ces figures également, les côtés ont des longueurs égales (on le fait vérifier comme pour les carrés).

3°) Les tracés sur le fichier

On retrouve la structure des pages avec Géom et Couic-Couic. Seules différences :

– le dessin de Géom constitue, en quelque sorte, la consigne de travail des élèves : il faut le considérer comme le modèle que Couic-Couic a voulu reproduire ;

– les élèves traceront sur la page de gauche.

L'activité commence par la comparaison des tracés de Géom et Couic-Couic. C'est cette comparaison qui permettra de comprendre comment Géom a réalisé son dessin géométrique. Durant cette analyse, les élèves peuvent utiliser leurs formographes et, en cas de doute, retrouver chaque figure élémentaire par superposition avec la construction.

Pour la grande fusée, Couic-Couic a utilisé les mêmes figures que Géom : les ailes sont tracées avec le grand triangle « pas

Suite page 151

Objectifs

Sq 109, on revient sur les nombres de 80 à 99 à l'occasion de l'apprentissage de leur écriture littérale (celle des nombres de 60 à 79 a été étudiée dans la sq 88). Comme les élèves savent déjà lire et écrire les nombres *quatre*, *vingt* ainsi que *dix*, *onze*... jusqu'à *dix-neuf*, aucun mot nouveau n'est à apprendre.

Sq 110, les élèves apprennent à soustraire un nombre à 1 chiffre d'un nombre à 2 chiffres. On envisage ici les 2 cas possibles :

A) On peut effectuer le retrait en n'opérant que sur les unités.

B) On est obligé de « dégrouper » une dizaine pour achever le retrait.

Lorsqu'on est dans le contexte d'une soustraction posée en colonnes (ce qui n'aurait aucun intérêt ici), les cas A sont ceux sans retenue et les cas B ceux où il y a une retenue. Les soustractions du type 45 – 5 font partie du 1er cas mais elles en constituent la frontière. Après avoir explicité ces 3 cas, on demande aux élèves, lorsqu'ils sont confrontés à un tel calcul, de chercher *a priori* si la soustraction correspondante est un cas difficile (cas B) ou non.

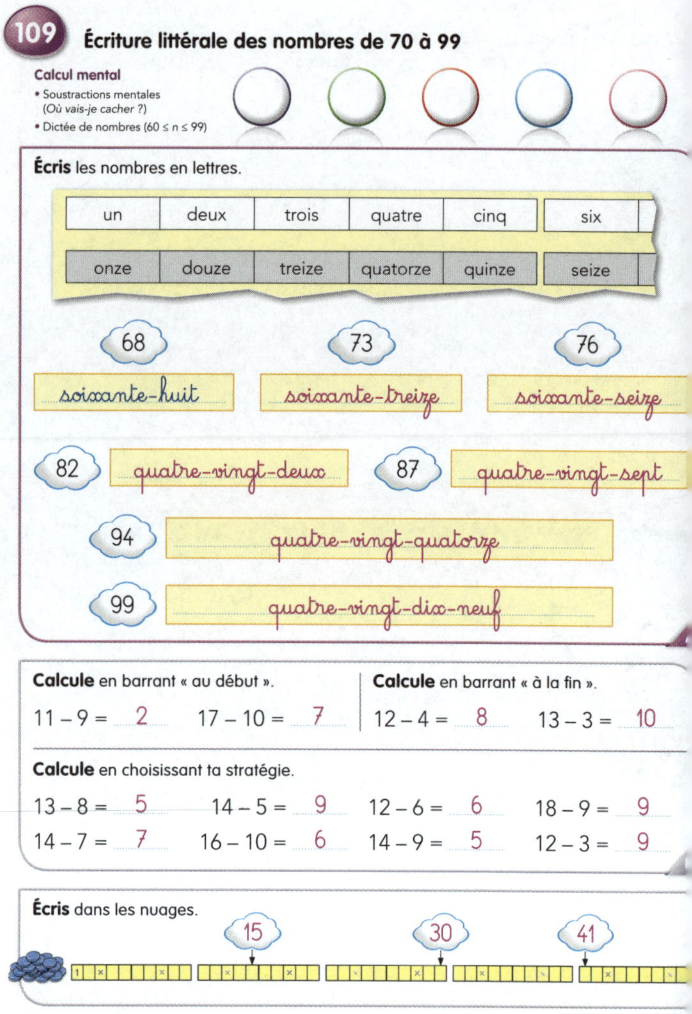

109 **Écriture littérale des nombres de 70 à 99**

Calcul mental
• Soustractions mentales (*Où vais-je cacher ?*)
• Dictée de nombres (60 ≤ *n* ≤ 99)

Écris les nombres en lettres.

un	deux	trois	quatre	cinq	six
onze	douze	treize	quatorze	quinze	seize

68 soixante-huit
73 soixante-treize
76 soixante-seize
82 quatre-vingt-deux
87 quatre-vingt-sept
94 quatre-vingt-quatorze
99 quatre-vingt-dix-neuf

Calcule en barrant « au début ».
11 – 9 = 2 17 – 10 = 7

Calcule en barrant « à la fin ».
12 – 4 = 8 13 – 3 = 10

Calcule en choisissant ta stratégie.
13 – 8 = 5 14 – 5 = 9 12 – 6 = 6 18 – 9 = 9
14 – 7 = 7 16 – 10 = 6 14 – 9 = 5 12 – 3 = 9

Écris dans les nuages.
15 30 41

Activités Séquence 109

Calcul mental

Soustractions mentales (*Où vais-je cacher ?*)

L'enseignant anime la situation d'anticipation de la sq 62, mais avec les cartons qui permettent de proposer des cas du type 12 – 3 et 13 – 9. Il ne masque donc plus les points, il demande aux élèves d'imaginer où il va les cacher.

Dictée de nombres (60 ≤ *n* ≤ 99)

On commence par une dictée de nombres du type : « 7 groupes de 10 et 4 » ou « 7 dizaines et 4 », « 8 groupes de 10 et 2 », « 6 groupes de 10 et 5 », « 9 groupes de dix et 6 »... puis on continue par une dictée « normale »..

A. Écriture littérale des nombres de 70 à 99

On commence par explorer l'écriture des nombres de 80 à 99 sur la *Planche des nombres écrits en lettres*. On ouvre donc le fichier à cette double page et on cherche les écritures littérales de 80 puis 81, 82... 90, 91, 92... 99. Les élèves sont amenés à prendre conscience de la façon dont tous ces mots-nombres s'écrivent :

– ils commencent tous par « *quatre-vingt* » ;

– après « *quatre-vingt-dix* », dans chaque case, le deuxième mot est celui qu'on trouve sur la ligne « *onze* » à « *vingt* », excepté celui-ci.

On passe alors à l'activité A du fichier. On amène les élèves à comprendre comment ils peuvent être autonomes : les mots de onze à seize sont écrits dans l'extrait de la planche figurant en haut du cadre A ; s'ils ont besoin de l'écriture d'autres mots, ils peuvent se reporter à la *Planche des nombres écrits en lettres* (le fait de fournir l'écriture des nombres de onze à seize permet de mettre l'accent sur la première partie de l'écriture des nombres entre soixante et quatre-vingt-dix-neuf, celle qui exprime le nombre de groupes de 10).

Activités Séquence 110

Calcul mental

Quarante + cinquante (somme ≤ 99)

L'interrogation est orale ; le calcul n'est écrit au tableau qu'au moment de la validation : 4 dizaines + 5 dizaines...

Groupes de 2, 5 et 10

Idem sq 102. On pourra interroger sur 8 ou 9 groupes de dix.

A et B. *Faut-il dégrouper une dizaine ou non ?*

L'enseignant met en scène 3 soustractions du même type que celles proposées sur le fichier, soit en dessinant au tableau, soit avec du matériel qu'il manipule de manière visible, soit en combinant les deux approches (c'est ainsi que l'activité sera décrite ci-dessous).

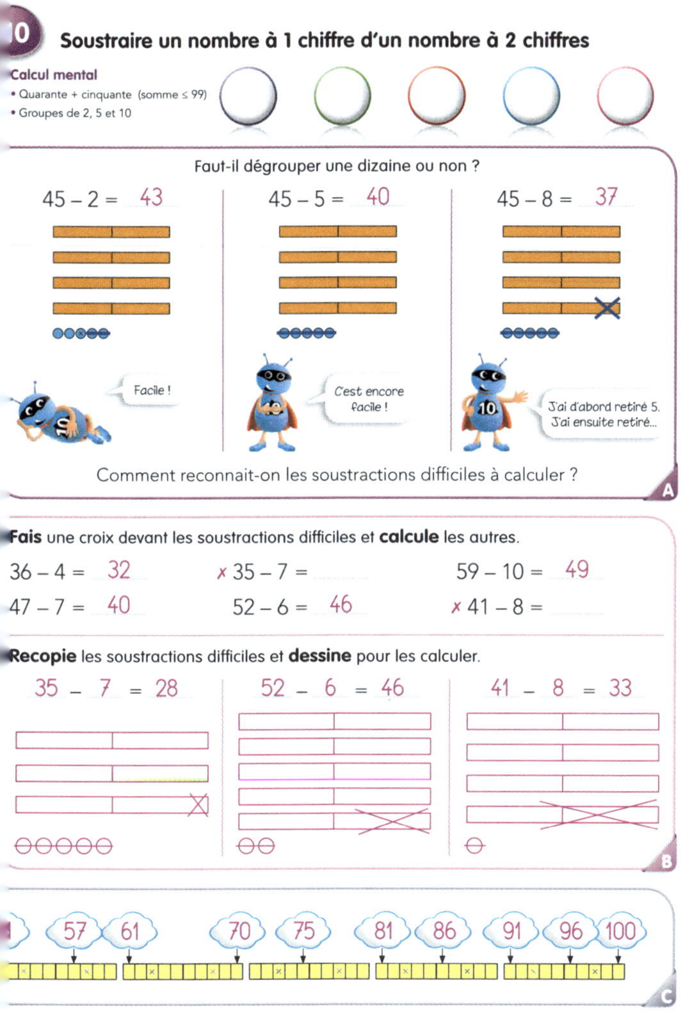

Suite de la présentation de la sq 108

régulier », la « tête » avec le grand triangle régulier et le « corps » avec un grand carré. Mais Couic-Couic a « décollé » la tête de la fusée ; il fallait « coller » le triangle régulier « bien au bord du carré » ; cette erreur est rectifiée.

Pour tracer la tête de la petite fusée, il a utilisé le moyen triangle régulier. Il aurait dû utiliser le petit (les élèves corrigent cette partie du tracé).

La moyenne fusée est tronquée. Cette erreur est plus difficile à expliquer : il faut la considérer comme conséquence du choix initial de l'endroit où Couic-Couic a posé son formographe pour tracer l'aile de gauche. Il aurait dû se rapprocher de la grande fusée à moins de 1 cm, comme on le voit sur le tracé de Géom. On fait tracer le triangle de cette aile à l'endroit que Couic-Couic aurait dû choisir.

On passe alors au tracé, page 138. Préalablement, on invite les élèves à remarquer qu'un triangle est déjà tracé. Que représente-t-il ?

Prolongement

On trouve pages 156-157 des exemples de constructions qui peuvent être proposées comme activités complémentaires.

Calculer une soustraction de chaque type

L'enseignant partage le tableau en 3 zones comme dans le cadre A et il écrit dans la zone de gauche la soustraction suivante : « 47 – 6 = ». Les élèves qui le peuvent écrivent la solution sur leur ardoise. Pour valider les réponses des élèves, l'enseignant dessine (et, éventuellement, réalise avec le matériel) une collection de 47 « comme Picbille » : 4 boites pleines et 7 jetons isolés (5 + 2) ; il barre 6 jetons (au début des 7) et la réponse est écrite.

Remarque : les valeurs numériques, 47 et 6, ont été choisies pour éviter un comptage à rebours : 47 (1 est retiré), 46 (2), 45 (3), etc. En effet, mieux vaut décomposer 47 en dizaines et unités et calculer 7 – 6 comme on le fait habituellement (on « barre au début »). Si l'on avait choisi 47 et 2 comme valeurs numériques (47 – 2), la différence entre les deux stratégies aurait été beaucoup moins nette.

Cette partie de la sq se poursuit ainsi :

– Dans la zone centrale du tableau, l'enseignant écrit la soustraction « 47 – 7 = » et ce cas est traité comme le précédent (écriture de la réponse sur ardoise puis validation).

– Enfin, dans la zone de droite, l'enseignant écrit la soustraction « 47 – 9 = ». Lors de la validation, pour effectuer le retrait, on fait un dessin comme celui du fichier en commentant : « Il faut retirer les 7 unités qu'on voit et encore… ; quand on a déjà retiré 7 et qu'il faut retirer 9, combien faut-il barrer encore ? » L'usage du matériel permet de mettre en scène le fait qu'il faut ouvrir une boite (dégrouper une dizaine) pour effectuer le retrait de 2 unités.

Comparaison des divers cas : reconnaitre les soustractions difficiles

À partir des traces figurant au tableau, l'enseignant organise une comparaison des divers cas : « Vous venez de calculer 3 soustractions, est-ce qu'il y a des soustractions faciles ? » On explicite que 47 – 6 est une soustraction facile parce qu'il suffit de savoir calculer 7 – 6, que 47 – 7 est encore une soustraction facile et qu'en revanche 47 – 9 est une soustraction difficile.

Inventer des soustractions correspondant aux divers cas

Dans la zone de gauche, l'enseignant écrit : « 34 – … = » et il demande aux élèves de trouver une soustraction qui commence par « trente-quatre moins… » et qui est facile à calculer. Les soustractions 34 – 3, 34 – 2 et 34 – 1 sont écrites et complétées. La soustraction 34 – 4 est écrite dans la zone centrale et complétée. Puis l'enseignant demande de trouver une soustraction qui commence par « trente-quatre moins… », où l'on retire un nombre à 1 chiffre et qui soit difficile à calculer. Les soustractions 34 – 5, 34 – 6, 34 – 7 sont écrites dans la zone de droite et complétées.

Explicitation des divers cas

En s'appuyant sur les exemples précédents (éventuellement d'autres), on explicite qu'une soustraction est difficile quand le nombre retiré est plus grand que le chiffre des unités du 1er nombre. Les enfants travaillent ensuite sur le fichier.

111 **L'addition en colonnes (1)**

Calcul mental
- Dictée de nombres (60 ≤ *n* ≤ 99)
- Soustractions mentales (*Où vais-je cacher ?*)

Picbille a organisé le calcul de 25 + 34 + 9 + 23 « en colonnes ».

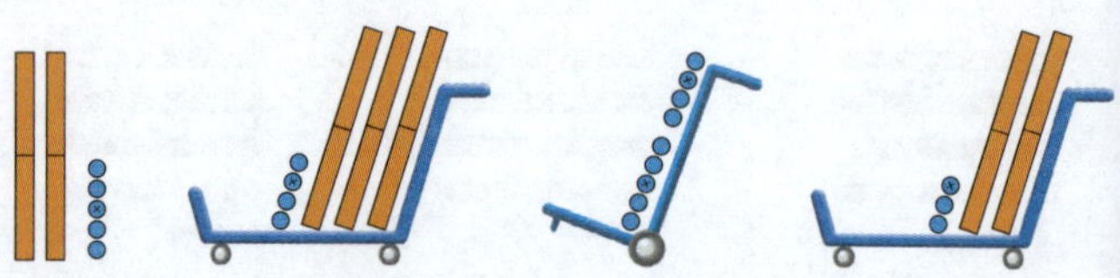

2 nouveaux groupes de dix !

	(2)	
	2	5
+	3	4
+		9
+	2	3
=	9	1

Lis chacun des nombres de l'addition en colonnes et **montre**-le sur le dessin des boites et des jetons.

Réponds:

Pourquoi Picbille a-t-il écrit le chiffre « 9 » dans la colonne de droite ?

Que peut-on dire de la colonne de gauche ?

Pourquoi a-t-il tracé une barre et écrit le signe « = » au-dessous ?

Il commence par calculer de haut en bas la somme de la colonne de droite et, à la fin, il dit : « 2 nouveaux groupes de dix ! » Pourquoi ?

Pourquoi a-t-il commencé par la colonne de droite ?

Termine l'addition en colonnes.

25 + 34 + 9 + 23 = 91

Pour chaque nombre, **imagine** les groupes de dix et les unités puis **calcule**.

	1	
	3	2
+	2	1
+		3
+	2	4
=	8	0

	2	3
+		5
+	5	1
=	7	9

	1	
	3	5
+	2	7
=	6	2

	2	1
+	3	8
=	5	9

Objectifs

Sq 111, on introduit l'addition en colonnes. Le choix a été fait de l'introduire dans les toutes dernières séquences de l'année. Rappelons les raisons de ce choix en considérant l'addition suivante :

$$\begin{array}{r} 36 \\ +43 \\ \hline \end{array}$$

Lorsqu'un enfant calcule une telle addition, il oralise généralement : « 6 plus 3 égale 9 » puis « 3 plus 4 égale 7 ». Il ne précise pas la valeur des différents chiffres. Un enfant qui ne saurait pas que le chiffre « 3 » du haut n'a pas la même valeur que celui du bas ne serait nullement empêché d'obtenir le bon résultat.

Cette technique permet donc de pallier une éventuelle méconnaissance de la numération décimale. Or, selon nous, il est important d'éviter que les élèves contournent ainsi l'obstacle de la numération. On a donc choisi de reporter cet enseignement à un moment où l'on a les meilleures chances que le plus grand nombre d'élèves aient de bonnes connaissances en numération décimale. En France, contrairement à de nombreux pays, la coutume pédagogique fait que cette technique est enseignée dès le CP. Il n'est pas sûr que ce choix soit le meilleur.

C'est aussi en raison du risque évoqué précédemment qu'il nous semble important de faire exprimer oralement ce que représentent les chiffres de la colonne des dizaines : « 3 groupes de dix plus 4 groupes de dix… » ou « 3 dizaines plus 4 dizaines… ».

La première addition en colonnes que les élèves rencontrent dans le cadre A est une addition de 4 nombres. En effet, si elle avait concerné 2 nombres à 2 chiffres seulement, de nombreux élèves n'auraient pas compris l'intérêt d'une telle disposition alors qu'ils sont capables de trouver le résultat mentalement. Par ailleurs, la présence d'un nombre à 1 chiffre dans cette addition favorise l'analyse du rôle de chaque colonne.

Ainsi, de manière apparemment paradoxale, les élèves résolvent successivement dans le cadre B une addition de 4 nombres, puis de 3 nombres, puis de 2 nombres avec retenue et enfin de 2 nombres sans retenue. Cette progression qui va du complexe au simple fournit l'assurance qu'il ne s'agit pas seulement de monter des mécanismes. On vise à ce que les élèves prennent conscience que la disposition en colonnes, bien utile pour les additions complexes, vaut aussi pour des additions plus simples. On remarquera cependant que dans le cadre A, alors que l'activité est collective, le calcul de la somme des unités est complexe. Dans le cadre B, qui correspond à des activités que les élèves mènent de manière plus autonome, il est beaucoup plus simple.

Dans la sq 111, les élèves apprennent à poser une addition en colonnes. On pourrait penser qu'au CP il serait préférable que les additions soient déjà posées et que les élèves n'apprennent à les poser qu'au CE1. Ce serait une erreur. Savoir poser une addition en colonnes, surtout lorsqu'un nombre à 1 chiffre est en jeu dans l'addition, est la meilleure des situations qui permet de savoir si un élève comprend les raisons de l'alignement en colonnes (on regroupe dans un même alignement vertical tous les nombres qui correspondent à des unités de même taille ; il y a la colonne des unités isolées et celle des groupes de dix).

Activités Séquence 111

Calcul mental

Dictée de nombres (60 ≤ *n* ≤ 99)

On commence par une dictée de nombres du type : « 7 groupes de 10 et 4 » ou « 7 dizaines et 4 », « 8 groupes de 10 et 2 », « 6 groupes de 10 et 5 », « 9 groupes de dix et 6 »… puis on continue par une dictée « normale »..

Soustractions mentales (*Où vais-je-cacher ?*)

L'enseignant anime la situation d'anticipation de la sq 62, mais avec les cartons qui permettent de proposer des cas du type 12 – 3 et 13 – 9. Il ne masque donc plus les points, il demande aux élèves d'imaginer où il va les cacher.

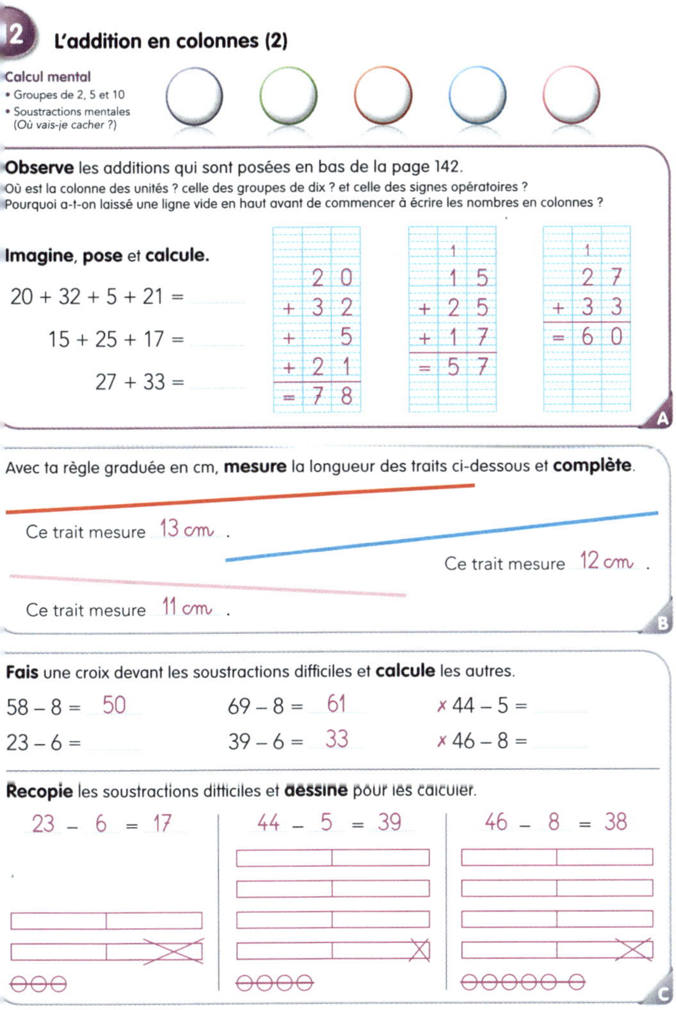

A et B. L'addition en colonnes

L'activité commence directement sur le fichier. On compare d'abord le dessin des jetons et des boites, le calcul écrit en ligne et l'addition en colonnes. Celle-ci est reprise au tableau. Picbille utilise une nouvelle façon de calculer, « l'addition en colonnes ». Suit un questionnement destiné à faire comprendre aux élèves les raisons de cette disposition et les avantages qu'elle procure.

On cherche d'abord à comprendre comment Picbille a disposé les écritures de ses nombres. Pourquoi a-t-il écrit le chiffre « 9 » dans la colonne de droite ? Pourquoi n'a-t-il pas posé son addition sous cette forme :

25
+ 34
+ 9
+ 23

Pourquoi y a-t-il une colonne jaune et une colonne orange ? C'est le moment d'évoquer le regroupement en colonnes des chiffres qui ont la même valeur.

Pourquoi a-t-il tracé une barre et écrit le signe « = » en dessous ? On explicite que la barre sépare la zone des données de celle du résultat.

On passe au calcul : « Pourquoi Picbille dit-il qu'il y a 2 nouveaux groupes de dix ? » Ce nombre est reporté dans le cercle prévu à cet effet (par la suite, les élèves pourront écrire la retenue au milieu d'un cercle pour la différencier des nombres de départ, ce qui est utile au cas où l'on recalcule une addition pour la vérifier).

On pourrait, à l'intérieur d'une colonne, calculer de bas en haut, mais il vaut mieux s'habituer à calculer de haut en bas parce que ce sens sera impératif dans le cas de la soustraction. Ce sens de calcul peut être présenté comme une convention.

En revanche, le fait qu'il vaut mieux commencer par les unités s'explique : comme les nouveaux groupes de dix créés modifient l'addition, mieux vaut commencer par les unités. Rappelons enfin que pour la colonne des dizaines, l'enseignant fait exprimer le calcul : « 2 groupes de dix et 2 groupes de dix, 4 groupes de dix… » ou « 2 dizaines et 2 dizaines, 4 dizaines… ».

En B, l'enseignant commence par faire expliciter les groupes de dix et les unités isolées pour chaque nombre afin de justifier l'organisation en colonnes. Les élèves sont ensuite autonomes. Les deux dernières additions de ce cadre B peuvent être vérifiées en les posant en ligne.

Remarque

Nous recommandons d'utiliser indifféremment l'expression « je forme un nouveau groupe de dix » ou l'expression « je retiens 1 nouveau dix ». Cette dernière expression ne prendra tout son sens que lorsqu'on ne notera plus la retenue. On peut cependant la justifier ainsi : on dit « je retiens 1 nouveau dix » pour ne pas l'oublier et, pour cela, on l'écrit en haut de la colonne des dix.

Activités Séquence 112

Calcul mental

Groupes de 2, 5 et 10

Idem sq 102.

Soustractions mentales (*Où vais-je-cacher ?*)

Idem sq 109.

A. Apprendre à poser une addition en colonnes

L'activité commence directement sur le fichier. Poser une addition en colonnes est une tâche qui requiert une organisation spatiale complexe. Elle est donc difficile pour un enfant de CP, mais elle est facilitée ici parce que les carreaux qu'ils utilisent forment 3 colonnes : une pour les signes opératoires et les deux autres pour l'écriture des nombres. On demande par ailleurs de commencer cette écriture sur la 2e ligne en laissant la 1re vide pour la retenue.

Cette organisation est explicitée avant que les élèves commencent à poser les additions et avant qu'ils commencent à calculer. Le fait d'imaginer les groupes de dix pour chaque nombre permet de se rappeler les raisons de l'organisation en colonnes.

Objectifs

Dans la sq 113, on commence l'apprentissage de la lecture de l'heure. C'est un apprentissage de longue haleine : il demande qu'on lui consacre plus de temps que les quelques séances qui lui sont dévolues dans les fichiers de mathématiques ; il demande surtout que ce temps soit mieux réparti tout au long de l'année : seul un travail fréquent, même s'il dure très peu de temps chaque jour, permet d'espérer des progrès chez la plupart des élèves.

Il faut avant tout avoir bien analysé la nature de la difficulté. En fait, la petite aiguille d'une horloge suffirait pour connaitre approximativement l'heure : lorsqu'on fait abstraction de la grande aiguille et lorsqu'on observe le mouvement de la petite aiguille à des moments suffisamment rapprochés de la journée (tous les quarts d'heure, par ex.), on perçoit son déplacement entre 2 graduations chiffrées, ce qui permet un repérage de l'heure comme sur un cadran solaire. Cependant, lorsque les gens communiquent dans la vie courante concernant les positions intermédiaires de cette petite aiguille, ils se réfèrent au déplacement de la grande : quand on dit 8 h 12, 8 h 30, 8 h 48… les nombres 12, 30 et 48 renvoient, eux, au déplacement de cette autre aiguille. L'enjeu intellectuel de la lecture de l'heure sur une horloge est donc le suivant : il s'agit de comprendre comment se coordonnent les déplacements des 2 aiguilles. Il n'est pas sûr que cet objectif puisse être atteint en CP.

Toujours est-il que dans *J'apprends les maths*, un travail régulier est recommandé visant précisément la compréhension de cette coordination. Il nécessite de disposer de 2 horloges bon marché : l'une dont on a retiré l'aiguille des minutes et l'autre qui l'a conservée. L'horloge avec son aiguille des minutes est maintenue masquée derrière un tissu ou un tableau. L'activité de base qu'on recommande aux enseignants de mener régulièrement consiste à analyser la position de la petite aiguille de l'horloge incomplète pour anticiper la position approximative de l'aiguille des minutes de l'horloge complète avant de démasquer celle-ci pour vérifier l'anticipation. Lorsque la petite aiguille vient de quitter un nombre, où la grande aiguille est-elle située approximativement ? Et lorsque la petite aiguille est à mi-chemin entre 2 nombres ? Et lorsqu'elle va bientôt atteindre un nouveau nombre ? Dans chaque cas la position de la petite aiguille permet d'anticiper celle de la grande et la mise en correspondance des deux positions aide à comprendre que leur déplacement est réglé par la relation : 1 heure (durée de déplacement de la petite aiguille entre deux graduations), c'est un tour complet de la grande aiguille.

Cette sq 112 doit être différée tant que l'enseignant n'a pas fait fonctionner les deux horloges.

La sq 114 est consacrée à des Problèmes pour apprendre à chercher.

113 Heures et demi-heures : la grande aiguille

Calcul mental
• Quarante + cinquante (somme ≤ 99)

Dessine la grande aiguille et **complète** comme dans les exemples.

1.

Il est environ
2 heures et demie

2.
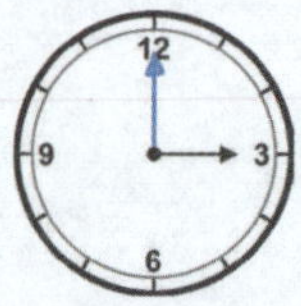
Il est environ
3 heures

3.
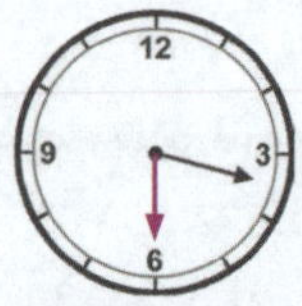
Il est environ
3 heures et demie

4.

Il est environ
4 heures

5.

Il est environ
4 heures et demie

6.

Il est environ
5 heures

Imagine, **pose** et **calcule.**

68 + 23 =
31 + 25 + 26 =
52 + 5 + 12 =

	1	
	6	8
+	2	3
=	9	1

	1	
	3	1
+	2	5
+	2	6
=	8	2

	5	2
+		5
+	1	2
=	6	9

Calcule en choisissant ta stratégie.

13 – 5 = 8	15 – 8 = 7	11 – 4 = 7	14 – 7 = 7
17 – 4 = 13	18 – 9 = 9	14 – 6 = 8	13 – 9 = 4

Activités Séquence 113

Calcul mental

Quarante + cinquante (somme ≤ 99)

L'interrogation est orale ; le calcul n'est écrit au tableau qu'au moment de la validation : 4 dizaines + 5 dizaines…

A. Heures et demi-heures

Activité préliminaire

L'enseignant a acheté 2 horloges bon marché et il a enlevé l'aiguille des minutes sur l'une d'elles. L'activité préliminaire se déroule pendant une séquence de français, par exemple. Comme celle-ci sera fréquemment interrompue pour observer les horloges, on en prévoira le contenu afin que cela soit le moins préjudiciable possible (en contrepartie, cette séquence pourra durer plus longtemps parce que le temps de travail sur le fichier est court). La matinée commence en disant aux élèves qu'ils vont apprendre à lire l'heure en utilisant les heures et les minutes et en leur présentant l'organisation de la matinée (la séquence de français sera souvent interrompue…). Qu'est-ce qu'une minute ? C'est une petite durée qu'on peut appréhender intuitivement en faisant « une minute de silence ».

La séquence de français commence.

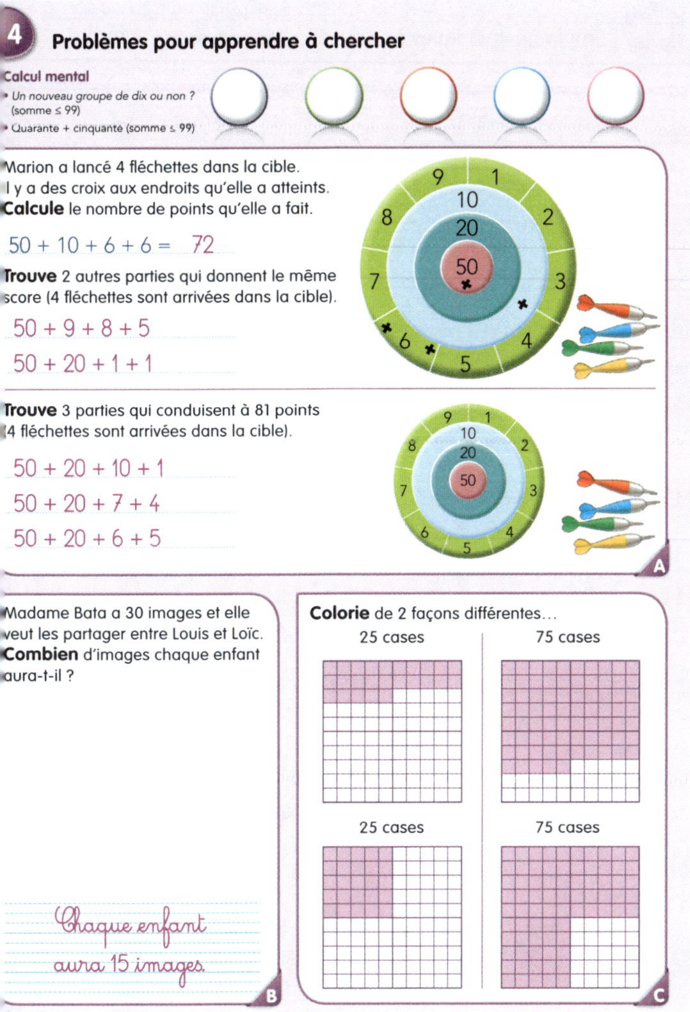

À 9 h exactement, l'enseignant montre les 2 horloges aux élèves et il leur demande ce qu'ils en pensent. L'une des 2 horloges semble cassée, elle n'a qu'une aiguille. C'est le moment de préciser qu'une horloge normale a 2 aiguilles : la petite, celle des heures, et la grande, celle des minutes. Peut-on lire l'heure sur ces horloges ?

La petite aiguille dit les heures : il est donc 9 heures. Pour le moment, la position de la grande aiguille est difficile à comprendre. L'heure est écrite au tableau : 9 heures. L'horloge complète est recouverte d'un tissu et la séquence de français reprend.

Vers 9 h 15, il devient perceptible que la petite aiguille a un petit peu bougé. Est-il encore 9 h ? Non (avec une règle, on indique la position de la petite aiguille si elle n'avait pas bougé), il est plus de 9 h, il est 9 h et quelques minutes. On lève le tissu recouvrant l'autre horloge et on observe que le déplacement de la grande aiguille est beaucoup plus important. L'horloge complète est recouverte et la séquence de français reprend.

Un peu avant 9 h 30 min, on observe à nouveau l'horloge incomplète : la petite aiguille est maintenant entre le 9 et le 10. « D'après vous, où est la grande aiguille sur l'autre horloge ? » Qu'un élève le sache ou non, on enlève le tissu et on observe que la grande aiguille a presque fait un demi-tour. L'heure est notée au tableau : « Il est 9 heures et demie ». Le mot « demie » est expliqué : la petite aiguille a parcouru la moitié de la distance entre 9 et 10 (une demi-heure), la grande a fait la moitié d'un tour (attention : le mot « demi-tour » a une autre signification). Montrer aux élèves ce qui s'est passé entre 9 heures et 9 heures et demie avec une troisième horloge complète aide évidemment à comprendre comment se coordonnent les mouvements de la petite et de la grande aiguille. L'horloge complète est recouverte et la séquence de français reprend.

Le déroulement est le même vers 9 h 45 min, 10 h, 10 h 15 min, 10 h 30 min, etc.

Activité du fichier

L'activité A du fichier ne doit être proposée que quand les élèves ont commencé à comprendre les rôles respectifs des deux aiguilles. En revanche, l'activité préliminaire, avec deux horloges, devra être proposée dès le début du CE1.

Activités Séquence 114

Calcul mental

Un nouveau groupe de dix ou non ? (somme ≤ 99)

Le calcul est demandé oralement (pour faciliter sa mémorisation, on n'hésite pas à répéter la consigne), mais les élèves qui en ont absolument besoin l'écrivent sur leur ardoise. La validation se fait en écrivant le calcul en chiffres au tableau et, si besoin, en utilisant le dessin de boites et de jetons comme dans le cadre A de la sq 89. On favorisera les cas tels que 82 + 7, 83 + 6 ou 83 + 8 plutôt que 87 + 2, 86 + 3 ou 88 + 3 parce que ces derniers favorisent le comptage plutôt que la décomposition en dizaines et unités.

Quarante + cinquante (somme ≤ 99)

L'interrogation est orale ; le calcul n'est écrit au tableau qu'au moment de la validation : 4 dizaines + 5 dizaines…

A à C. Problèmes pour apprendre à chercher

En A, la tâche des élèves consiste d'une part à comprendre la situation, d'autre part à décomposer le nombre 72 de différentes façons à l'aide de 50, 20, 10 et des nombres de 1 à 9. Il faut comprendre qu'on est en présence d'une cible sur laquelle figurent diverses zones. Quand une fléchette arrive dans une zone, on gagne les points correspondants. Les questions importantes sont : « Quelle zone faut-il viser avec ses fléchettes ? » ; « Comment voit-on l'endroit où Marion a lancé ses quatre fléchettes ? » ; « Comment calcule-t-on le nombre de points que Marion a gagnés ? ». Voici deux décompositions possibles : 50 + 20 + 2 = 72 et 50 + 8 + 8 + 6 = 72 (il y en a d'autres).

En B, un espace est laissé pour une éventuelle schématisation ; on anticipe le contenu de la sq 117.

En C, on organisera un temps collectif concernant deux façons de colorier 25 cases (2 lignes 1/2 ou bien 5 demi-lignes de 5 cases en haut à gauche du quadrillage), avant de laisser les élèves chercher deux façons de colorier 75 cases.

Objectifs

On poursuit ici la progression sur les tracés avec les formographes. Dans la 1re sq, la recherche des figures nécessaires pour reproduire les « fusées » était facilitée par le fait que la grande fusée était construite avec de grands triangles et le grand carré, la moyenne fusée avec des moyens triangles et le moyen carré, etc. Ici, la tâche est plus difficile car une même construction peut comporter des figures de tailles différentes (les trois cercles du premier bonhomme de neige par exemple) ou des figures qui varient selon les deux critères (nature de la figure et taille), comme dans la maison.

Par ailleurs, on propose ci-dessous le matériel permettant d'animer une sq où les élèves vont apprendre à tracer des figures superposées de sorte que le tracé de l'une interrompt celui de l'autre. La tâche exige donc d'analyser les tracés demandés comme des parties des figures des formographes (la lune est formée de deux arcs de cercle, le sapin est tracé en interrompant partiellement le tracé des triangles, etc.). Elle implique aussi que les élèves sachent prendre des repères (jusqu'où faut-il tracer ?) et planifient leur travail pour éviter de gommer (par quel triangle faut-il commencer ?). De plus, les élèves doivent tracer des figures concentriques (roues du tracteur et cabine).

115 Tracés géométriques à l'aide de « formographes » (2)

Calcul mental
- *Un nouveau groupe de dix ou non ?* (somme ≤ 99)
- Quarante + cinquante (somme ≤ 99)

Dans le cadre **B**, **observe** le dessin de Géom et **trouve** les 3 erreurs de Couic-Couic.
Continue ci-dessous le dessin de Géom.

Imagine, pose et **calcule.**

49 + 9 + 32 = 90

19 + 56 = 75

42 + 32 + 16 = 90

	2			1			1
	4	9		1	9		4	2
+		9	+	5	6	+	3	2
+	3	2	=	7	5	+	1	6
=	9	0				=	9	0

Calcule.

12 – 6 = 6
11 – 2 = 9
14 – 8 = 6
12 – 9 = 3
11 – 5 = 6

Trouve 3 solutions.

Je veux 12 jetons. (10, 4, 8, 6, 2)
8 + 4
10 + 2
6 + 4 + 2

Je veux 15 jetons. (4, 9, 5, 1, 6)
9 + 6
9 + 1 + 5
6 + 4 + 5

Un tracteur, la lune et un sapin

Activités Séquence 115

Calcul mental

Un nouveau groupe de dix ou non ? (somme ≤ 99)
Idem sq 114.

Quarante + cinquante (somme ≤ 99)

L'interrogation est orale ; le calcul n'est écrit au tableau qu'au moment de la validation : 4 dizaines + 5 dizaines…

A et B. Tracés avec les « formographes »

L'activité commence directement sur le fichier en cherchant les 3 erreurs de Couic-Couic (le toit de la maison est « décollé » ; le corps du second bonhomme est tracé avec le grand cercle alors que Géom a utilisé le grand « œuf » ; le grand cercle du premier bonhomme n'est pas « posé » sur le trait droit du bas, comme l'a fait Géom). Avant que les élèves ne commencent à tracer, l'enseignant leur demande de planifier leur travail. Par quelle figure va-t-on commencer ? Où va-t-on la tracer ? Il fait remarquer le trait noir du bas. Comment va-t-on poser le formographe ? et ensuite ?…

Activité complémentaire

Couic-Couic a voulu faire le même dessin que Géom. Il a fait 3 erreurs. Lesquelles ?

Objectifs

Dans la sq 116, les élèves apprennent à utiliser des représentations analogiques (les nombres « comme Picbille ») pour calculer des soustractions de nombres à 2 chiffres. Dans de nombreux fichiers de CP, les élèves apprennent dès le CP la soustraction en colonnes dans le cas simple où il n'y a pas de retenue. C'est vraisemblablement une erreur pédagogique grave : les élèves s'habituent à calculer des soustractions en ne faisant pas attention aux cas où le nombre d'unités de ce qui est retranché est plus grand que celui du nombre de départ. Avec un tel choix pédagogique, les élèves n'ont pas besoin d'être attentifs à ce phénomène parce qu'ils ne rencontrent jamais de cas où il se produit. Il ne faut pas s'étonner qu'ensuite, un grand nombre d'élèves commettent l'erreur classique :

$$\begin{array}{r} 43 \\ -28 \\ \hline 5 \end{array}$$

Dans *J'apprends les maths CP*, tout au contraire, la leçon concernant la soustraction des nombres à 2 chiffres est centrée sur ce phénomène : comme dans le cas du retrait d'un nombre à 1 chiffre, on distingue les cas difficiles des cas faciles, les soustractions difficiles étant celles où il faut dégrouper une dizaine. Pour les reconnaitre, il suffit de comparer le chiffre des unités des deux nombres.

Sq 117, on aborde la comparaison de masses. On sait que la masse (quantité de matière) n'est pas mesurable directement, mais seulement par l'intermédiaire d'une autre grandeur qui lui est liée : le poids (manifestation de la gravitation). Il n'est évidemment pas question de procéder ici à de telles distinctions.
Les activités de cette sq se limitent donc à des comparaisons entre objets plus ou moins lourds. Pour effectuer ces comparaisons, deux procédés sont utilisés : une estimation perceptive informée par les connaissances quotidiennes (le métal est plus lourd que le plastique, par exemple) et la balance Roberval.

Activités Séquence 116

Calcul mental

Vingt-cinq + trente-quatre (somme ≤ 69)

Le calcul est demandé oralement (pour faciliter sa mémorisation, on n'hésite pas à répéter la consigne), mais les élèves qui en ont absolument besoin l'écrivent sur leur ardoise. La validation se fait en écrivant le calcul en chiffres au tableau et en utilisant l'addition naturelle : vingt-cinq plus trente, cinquante-cinq… plus quatre. On envisage quelques cas simples avec un nouveau groupe de 10.

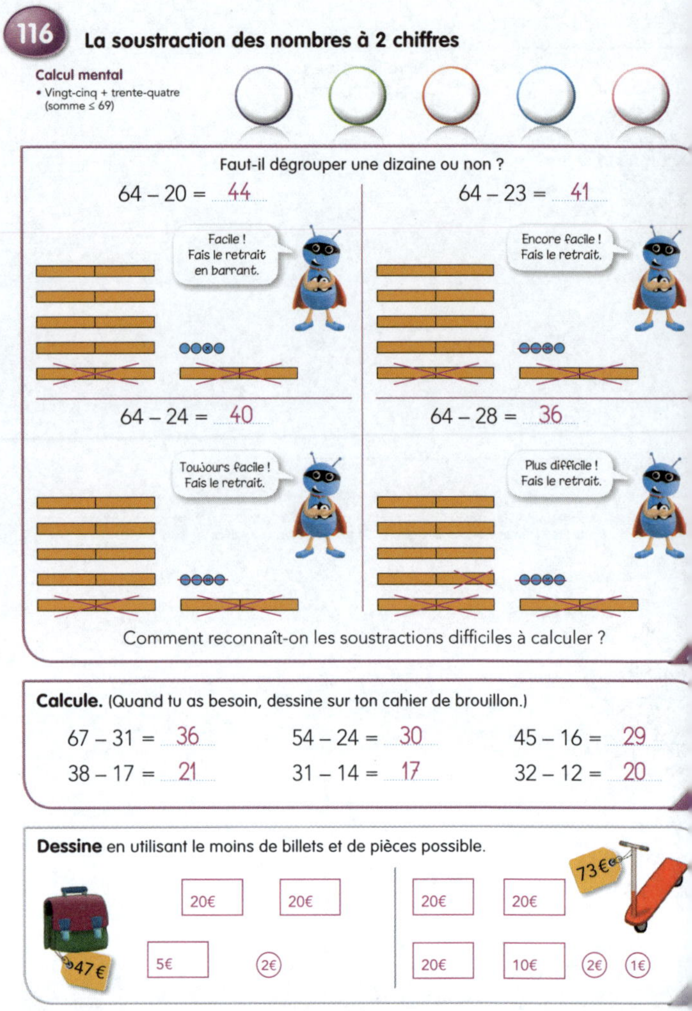

A et B. La soustraction des nombres à 2 chiffres

L'animation est similaire à celle de la sq 109 (soustraire un nombre à 1 chiffre d'un nombre à 2 chiffres) : l'enseignant met en scène 4 soustractions du même type que celles qui sont successivement proposées sur le fichier, soit en dessinant au tableau, soit avec du matériel qu'il manipule de manière visible, soit en combinant les deux approches.

Calculer une soustraction de chaque type

L'enseignant partage le tableau en 4 zones comme dans le cadre A et il écrit dans la zone en haut à gauche la soustraction suivante : « 47 – 30 = ». Les élèves qui le peuvent écrivent la solution sur leur ardoise. Pour valider les réponses, l'enseignant dessine (et, éventuellement, réalise avec le matériel) une collection de 47 « comme Picbille » : 4 boites pleines et 7 jetons isolés (5 + 2) ; il barre 3 boites et la réponse est écrite.

Dans la zone suivante du tableau, l'enseignant écrit la soustraction « 47 – 35 = » et ce cas est traité comme le précédent.

Dans la zone suivante du tableau, l'enseignant écrit la soustraction « 47 – 37 = » et ce cas est traité comme les précédents.

Enfin, dans la dernière zone, l'enseignant écrit la soustraction « 47 – 39 = ». Lors de la validation, pour effectuer le retrait, on fait un dessin en commentant : « Il faut retirer les 7 unités qu'on voit et encore… ; quand on a déjà retiré 7 et qu'il faut retirer 9, combien faut-il barrer encore ? » L'usage du matériel permet de mettre en scène le fait qu'il faut ouvrir une boite (dégrouper une dizaine) pour effectuer le retrait de 2 unités.

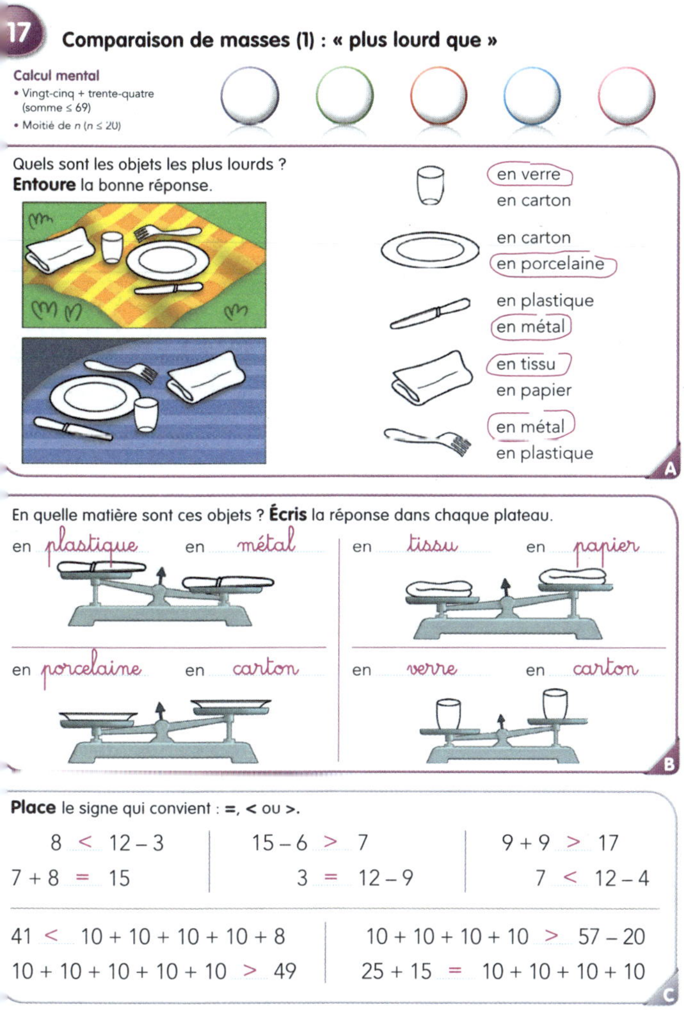

17 **Comparaison de masses (1) : « plus lourd que »**

Calcul mental
• Vingt-cinq + trente-quatre (somme ≤ 69)
• Moitié de n ($n \leq 20$)

Quels sont les objets les plus lourds ?
Entoure la bonne réponse.

en verre / en carton
en carton / en porcelaine
en plastique / en métal
en tissu / en papier
en métal / en plastique

A

En quelle matière sont ces objets ? **Écris** la réponse dans chaque plateau.

en plastique — en métal | en tissu — en papier
en porcelaine — en carton | en verre — en carton

B

Place le signe qui convient : =, < ou >.

8 < 12 – 3
7 + 8 = 15
15 – 6 > 7
3 = 12 – 9
9 + 9 > 17
7 < 12 – 4
41 < 10 + 10 + 10 + 10 + 8
10 + 10 + 10 + 10 + 10 > 49
10 + 10 + 10 + 10 > 57 – 20
25 + 15 = 10 + 10 + 10 + 10

C

Comparaison des divers cas : reconnaitre les soustractions difficiles

À partir des traces figurant au tableau, l'enseignant organise une comparaison des divers cas : « Vous venez de calculer 4 soustractions, est-ce qu'il y a des soustractions faciles ? » On explicite que toutes sont faciles sauf 47 – 39 qui est une soustraction difficile.

Inventer des soustractions correspondant aux divers cas

Dans la 1re zone, l'enseignant écrit : « 54 – … = » et il demande aux élèves de trouver une soustraction qui commence par « cinquante-quatre moins… » et qui est facile à calculer. Les soustractions 54 – 23, 54 – 12, etc. sont écrites et complétées. Idem avec les deux zones suivantes. Puis l'enseignant demande de trouver une soustraction qui commence par « cinquante-quatre moins… », où l'on retire un nombre à 2 chiffres et qui soit difficile à calculer. Les soustractions 54 – 35, 54 – 16, par exemple, sont écrites dans la zone de droite et complétées.

Explicitation des divers cas

En s'appuyant sur les exemples précédents (éventuellement d'autres), on explicite qu'une soustraction est difficile quand le chiffre des unités du nombre retiré est plus grand que le chiffre des unités du 1er nombre. Les enfants travaillent ensuite sur le fichier.

Activités Séquence 117

Calcul mental

Vingt-cinq + trente-quatre (somme ≤ 69)
Idem sq 116.

Moitiés de n ($n \leq 20$)
Idem sq 92.

A. Approche intuitive de la relation « est plus lourd que », « le plus lourd »

Activité préliminaire

L'enseignant dispose de 3 objets de même volume ; 2 ont même masse, le 3e est significativement plus lourd que les 2 autres. On peut par exemple utiliser 3 bouteilles en plastique préalablement rendues opaques. Chaque bouteille est identifiable par une lettre A, B ou C. Les bouteilles A et C sont remplies d'eau et la bouteille B de sable (1,8 kg/litre environ). L'enseignant annonce qu'il faudra noter sur l'ardoise quel est l'objet le plus lourd (A, B ou C ?). Il fait alors circuler ces objets dans la classe et chaque élève soupèse chacun d'eux. Au moment de la synthèse, on s'entendra sur ce que veut dire « le plus lourd ». Par exemple, le plus « dur à porter ». On pourra, du reste, demander à quelques enfants de porter, bras tendu, les objets. On conclura que « B est plus lourd que A…, plus lourd que C… ; B est le plus lourd des trois ».

Activité du fichier

On peut commencer par une question comme : « Qu'est-ce qui est le plus lourd, une bouteille vide en verre ou une bouteille vide en plastique ? » On fait ensuite énumérer les couverts appartenant aux deux scènes en nommant la matière dont ils sont composés. Les élèves répondent enfin individuellement.

B. La balance Roberval

Activité préliminaire

1. Le mécanisme de la balance

On réutilise ici les objets de la situation initiale, qu'on va comparer sur la balance. Non pour savoir lequel est le plus lourd, ce qui a déjà été déterminé par estimation, mais pour comprendre la balance Roberval à partir de cette expérience.

L'enseignant introduit la balance. Il fait remarquer, au besoin « au ralenti », ceci : lorsqu'un plateau monte (l'enseignant tire dessus), l'autre descend solidairement. Lorsqu'un plateau descend (il appuie dessus), l'autre monte solidairement. Est-il possible de se retrouver avec les deux plateaux en bas ou les deux en haut ?

2. Position des plateaux (déséquilibre)

Chaque manipulation peut se dérouler ainsi. Un élève vient derrière la balance. L'enseignant propose de comparer 2 objets de forme identique (les 2 objets A et B, 2 verres, 2 assiettes…) mais de masse inégale.

Suite page 161

Objectifs

Se rendre dans un lieu proche du quartier, dire comment on y va ou représenter ce parcours sur un plan sont des tâches de difficultés très différentes. « Se repérer dans l'espace » n'est donc pas si simple s'il ne s'agit plus seulement de le faire par l'action dans l'espace en 3 dimensions (3D) qui est le nôtre, mais par la verbalisation à partir d'une image 3D de cet espace comme celle de cette sq ou, plus complexe encore, sur des représentations 2D.

Pour décrire un changement de direction lors d'un trajet, on s'exprime le plus souvent en disant que l'on tourne à gauche ou droite. Il s'agit d'un usage de ces mots très différent de celui que l'enfant rencontre le plus souvent dans la vie quotidienne de la classe : « commencer à gauche de la feuille », « tracer un triangle à droite du carré », etc. Dans ces derniers cas, en effet, les mots « gauche » et « droite » renvoient le plus souvent à des repères fixes pour l'enfant : il faut commencer sur la gauche, c'est-à-dire du côté du couloir d'accès à la classe, par exemple. Dans le cas de la description d'un trajet, il convient à chaque étape de s'imaginer étant orienté dans le sens du trajet pour déterminer la gauche et la droite.

La progression adoptée est la suivante : on commence par travailler la reconnaissance des mains droite et gauche lors d'activités préliminaires, puis on utilise ces mots pour décrire des trajets dans un espace réaliste parce qu'il est dessiné en 3D dans le fichier des élèves et, enfin, il s'agit dans une activité complémentaire de décrire des trajets sur un plan 2D du même espace.

Activités Séquence 118

Calcul mental

Soustractions mentales (*Où vais-je-cacher ?*)

Idem sq 109.

Moitiés de n ($n \leq 20$)

« Quelle est la moitié de 12 ? » ; « 18 partagés en deux, c'est… » ; « On partage un paquet de 14 gâteaux en 2 parts égales. Combien y a-t-il de gâteaux dans une part ? »…

Activités préliminaires

1. L'enseignant projette des photos de mains dans diverses positions : s'agit-il d'une main droite ou d'une main gauche ?

2. L'enseignant a pris des photos d'un groupe d'élèves qui ne regardent pas dans la même direction et dont certains lèvent la main gauche et d'autres la droite. Il projette les photos et les élèves doivent compléter : Léa lève la main…

118 Repérage dans l'espace : décrire un trajet (gauche, droite)

Calcul mental
- Soustractions mentales (Où vais-je cacher ?)
- Moitié de n ($n \leq 20$)

Mia, Zoé, Ali et Léo se promènent dans leur quartier.

On a indiqué par une flèche la main droite de Léo et la main gauche de Zoé.
Vérifie qu'il n'y a pas d'erreur.
Trace des flèches pour montrer la main droite de Ali et la main gauche de Mia.

Complète les phrases avec le mot **gauche** ou le mot **droite**.

Ali veut aller à la mairie, il doit tourner à droite.

Mia veut aller à l'école, elle doit tourner à gauche.

Zoé va à la mairie, elle doit tourner à droite puis à gauche.

Léo va au supermarché, il doit tourner à droite puis à droite.

A, B et C. Décrire un trajet (représentation 3D)

Dire qu'un personnage doit tourner à droite signifie qu'il doit tourner du côté de sa main droite. En A, on vérifie que les élèves savent repérer les mains gauches et droites des quatre personnages en s'imaginant à leur place et dans la même direction.

En B, les élèves doivent d'abord situer chaque personnage ainsi que le lieu qu'il souhaite atteindre et décrire le trajet nécessaire. L'activité C est très proche mais les personnages ont été remplacés par des voitures. La gauche d'une voiture est celle de son conducteur (on pourra commencer par préciser le sens de déplacement de chaque voiture en dessinant une flèche devant elle).

Activité complémentaire

Décrire un trajet sur un plan

Le plan ci-contre est distribué aux élèves. La notion de plan est explicitée : on s'imagine voir le paysage du dessus, seules les rues et les bâtiments sont représentés, ces derniers par des rectangles grisés. Les élèves commencent par écrire la nature de chaque bâtiment au-dessus du rectangle correspondant. Puis l'interrogation peut prendre la forme suivante : M. Dupuis sort du supermarché, il est devant la porte et il veut aller chercher son enfant à l'école. On le dessine par un rond (la tête vue de dessus) et une flèche indiquant sa direction. Comment décrire son trajet ?

Complète les phrases avec le mot **gauche** ou le mot **droite**.

La voiture bleue veut aller à la poste, elle doit tourner à gauche.

La voiture jaune veut aller à l'école, elle doit tourner à droite.

La voiture verte veut aller au supermarché, elle doit tourner à gauche puis à droite.

La voiture rouge veut aller à la poste, elle doit tourner à droite puis à gauche.

C

Avec ta règle graduée en cm, **mesure** la longueur des traits ci-dessous et **complète**.

Ce trait mesure 15 cm.

Ce trait mesure 13 cm.

Ce trait mesure 17 cm.

D

Imagine, **pose** et **calcule**.

48 + 39 =

32 + 9 + 25 + 14 =

37 + 17 + 24 =

	1	
	4	8
+	3	9
=	8	7

	2	
	3	2
+		9
+	2	5
+	1	4
=	8	0

	1	
	3	7
+	1	7
+	2	4
=	7	8

E

Dessine en utilisant le moins de billets et de pièces possible.

67 €

20€ 20€ 20€ 5€ 2€

94 €

20€ 20€ 20€ 20€ 10€ 2€ 2€

F

☛ *Suite de la présentation de la sq 117*

Il demande tout d'abord à la classe d'anticiper la position de l'objet le plus lourd : en haut ou en bas ? L'élève pose les 2 objets, si possible en commençant par le moins lourd ; on vérifie les anticipations. On constate que la balance revient toujours à cette position même si on la contrarie artificiellement. En échangeant les places sur les plateaux, nouvelle anticipation et nouvelle vérification.

3. Position des plateaux (équilibre)

On va observer la comparaison entre l'objet A et l'objet C. Avant la manipulation, il est bon de faire « anticiper » lequel des 2 objets est le plus lourd par des élèves qui viennent soupeser. Cette question présuppose que les 2 objets sont de poids inégal. Il y a alors des désaccords. La balance va donc trancher. On essaie de rompre artificiellement l'équilibre : on constate que la balance oscille en position d'équilibre avant de se stabiliser. En conclusion, l'enseignant représente au tableau les trois positions possibles.

Activité sur le fichier

Le premier cas est traité collectivement. Pour la validation, si on dispose des objets (couteaux en métal et en plastique, verres et gobelets en carton, etc.), on utilise la balance.

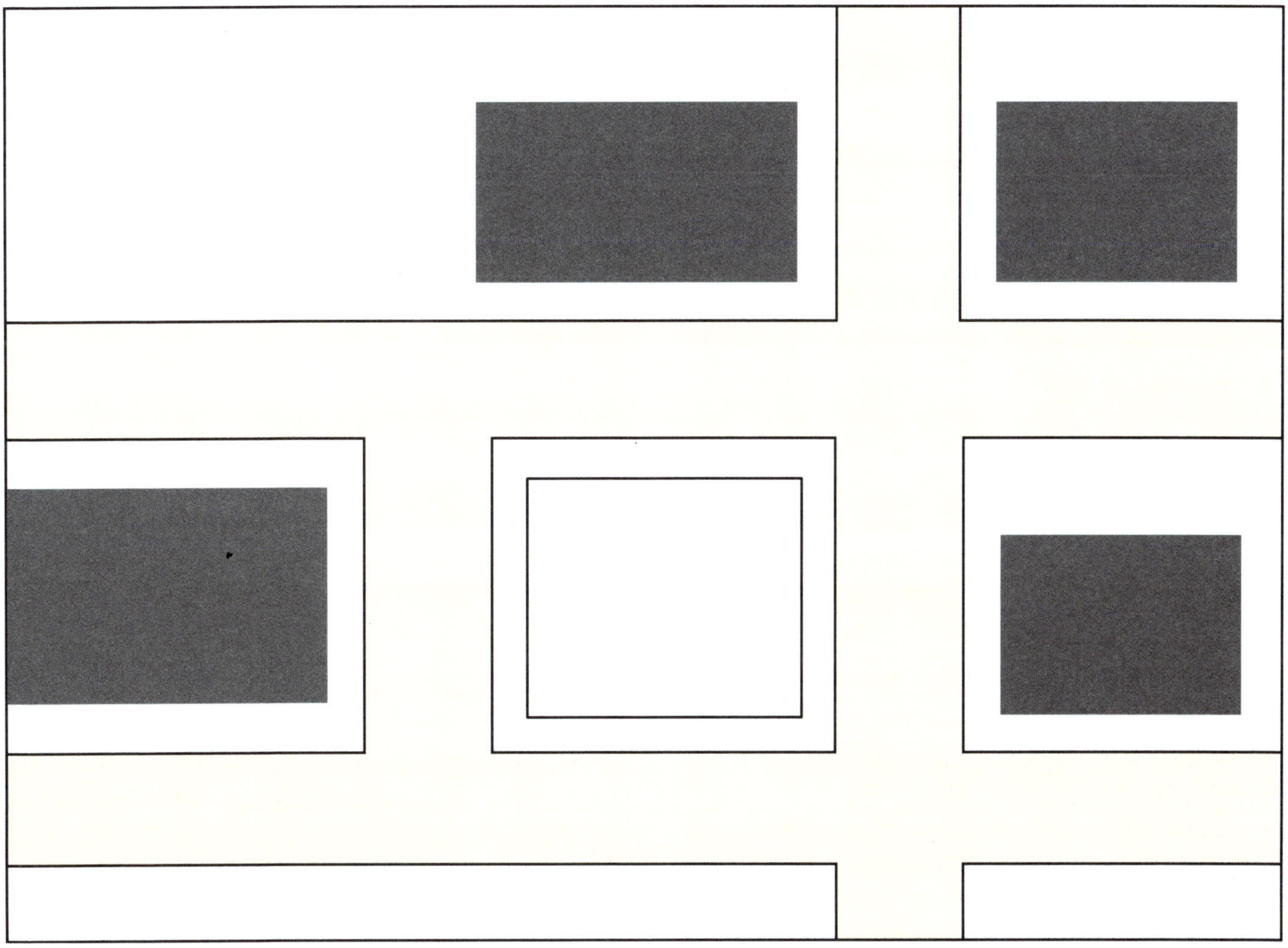

Objectifs

Sq 119, on étudie les moitiés de 20, 30, 40..., c'est-à-dire des nombres constitués par un nombre exact de dizaines. Rappelons que la notion de moitié renvoie à l'idée d'un partage en 2 parts égales ainsi qu'à la notion de double : la moitié de 14, par exemple, c'est 7 parce que 7 + 7 = 14. Aborder dès le CP le partage en deux parts égales de 20, 30, 40... permet d'envisager des cas où la distribution 1 à 1 apparait presque d'emblée comme une procédure peu adaptée : mieux vaut distribuer des dizaines, c'est-à-dire partager en 2 le nombre de dizaines. Deux cas doivent dès lors être distingués :

- Celui de 20, 40, 60 et 80 : le partage se fait sans reste.
- Celui de 30, 50, 70 et 90 : il reste une dizaine qu'il convient elle-même de partager (5 + 5).

Dans les deux cas, on demande aux élèves de vérifier le résultat obtenu en calculant le double correspondant : 15 est-il bien la moitié de 30 ? Oui, car 15 + 15 = 30.

La sq 120 est consacrée à des Problèmes pour apprendre à chercher. Les élèves y sont confrontés à une situation de recherche du résultat d'un retrait (nombre à 2 chiffres moins nombre à 1 chiffre), à la recherche de décompositions des nombres 78 et 86, à une situation où l'on rend la monnaie sur un billet de 50 € et à la recherche de la valeur d'une partie connaissant celle du tout et de l'autre partie.

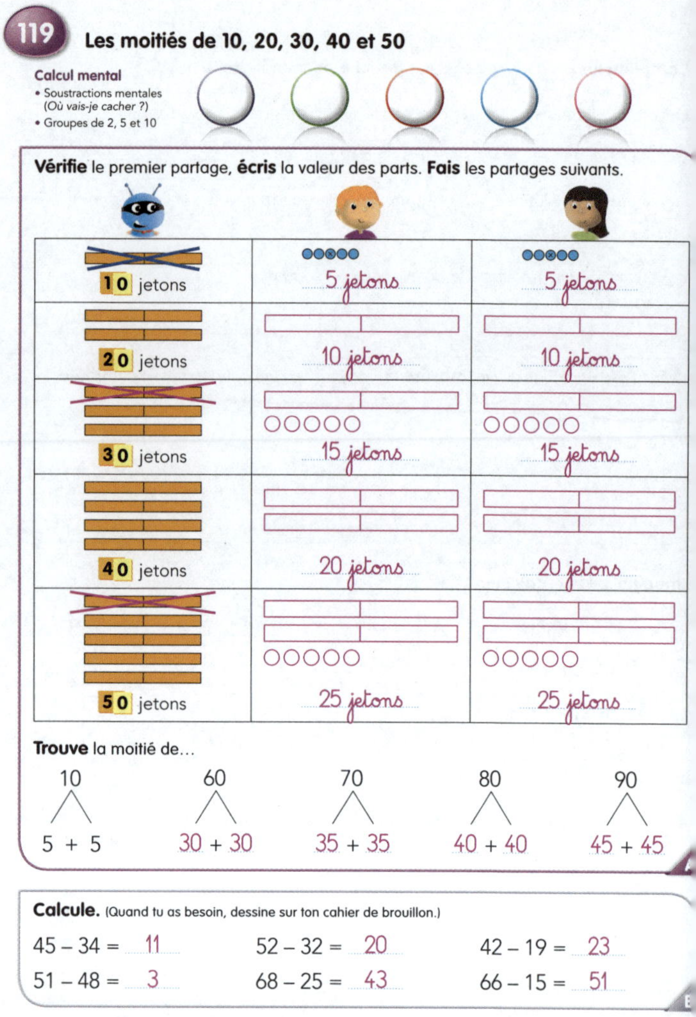

119 Les moitiés de 10, 20, 30, 40 et 50

Calcul mental
- Soustractions mentales (*Où vais-je cacher ?*)
- Groupes de 2, 5 et 10

Vérifie le premier partage, **écris** la valeur des parts. **Fais** les partages suivants.

10 jetons	5 jetons	5 jetons
20 jetons	10 jetons	10 jetons
30 jetons	15 jetons	15 jetons
40 jetons	20 jetons	20 jetons
50 jetons	25 jetons	25 jetons

Trouve la moitié de...

10	60	70	80	90
5 + 5	30 + 30	35 + 35	40 + 40	45 + 45

Calcule. (Quand tu as besoin, dessine sur ton cahier de brouillon.)

45 – 34 = 11 52 – 32 = 20 42 – 19 = 23

51 – 48 = 3 68 – 25 = 43 66 – 15 = 51

Activités Séquence 119

Calcul mental

Soustractions mentales (*Où vais-je-cacher ?*)

Idem sq 109.

Groupes de 2, 5 et 10

Idem sq 102.

A. Les moitiés de 20, 30, 40...

Si l'enseignant dispose du matériel nécessaire, il peut animer l'activité préliminaire qui suit ; sinon, l'activité peut également commencer directement sur le fichier : cela nécessite une description plus méticuleuse de la situation.

Activité préliminaire

L'enseignant fait venir 2 enfants au bureau (un garçon et une fille, comme sur le fichier) et il va procéder successivement aux partages de 10, 20, 30, 40 et 50 jetons.

Une boite de 10 jetons est posée sur le bureau et l'enseignant demande aux élèves ce qu'il faut faire si on veut partager équitablement les jetons entre les deux enfants qui sont au bureau ; combien de jetons faut-il donner à chacun ? (réponse écrite sur ardoise). La validation se fait en donnant 5 jetons à chaque enfant et en décomposant 10 au tableau à l'aide du « V » inversé sous la forme 5 + 5 : « 10 partagé en 2, c'est 5 parce que 10, c'est 5 plus 5 ».

Le même problème est posé avec 20 jetons (2 boites pleines) : réponse sur ardoise, validation en donnant 1 boite pleine à chacun et décomposition correspondante de 20 à l'aide du « V » inversé sous la forme 10 + 10 : « 20 partagé en 2, c'est 10 parce que 20, c'est 10 plus 10 ».

Idem avec 30, 40 et 50.

Activité sur le fichier

Il est demandé aux élèves de dessiner les collections correspondant à chacune des parts, mais il faut les inciter à raisonner comme dans l'activité préliminaire, c'est-à-dire à trouver la valeur numérique d'une part avant de la dessiner. Il est vraisemblable que certains élèves ne s'y prendront pas ainsi ; l'enseignant pourra travailler de façon plus individuelle avec ceux-ci, de sorte qu'ils évoluent vers cette procédure. Les élèves sont explicitement incités à ne plus dessiner pour chercher les moitiés de 60, 70, 80 et 90.

En fin d'activité, l'enseignant peut procéder à une interrogation collective sur ardoise alors que les élèves ont leur fichier ouvert : « On partage équitablement 20 fleurs entre 2 personnes ; combien de fleurs aura chaque personne ? » ; on partage des gâteaux entre des personnes, des enfants en équipes égales, etc.

120 Problèmes pour apprendre à chercher

Calcul mental
• Moitié de 40 ; moitié de 50
• Soustractions mentales (Où vais-je cacher ?)

Combien de gâteaux y a-t-il encore dans le paquet ?

Il y a encore 19 gâteaux dans le paquet.

A

Trouve 3 parties qui conduisent à 43 points (4 fléchettes sont arrivées dans la cible).

20 + 20 + 2 + 1
20 + 10 + 8 + 5
20 + 9 + 8 + 6

Trouve 3 parties qui conduisent à 78 points.

50 + 20 + 4 + 4
50 + 10 + 9 + 9
50 + 10 + 10 + 8

Trouve 3 parties qui conduisent à 86 points.

50 + 20 + 8 + 8
50 + 20 + 10 + 6
50 + 20 + 9 + 7

B

Une chaise coute 38 €. Pour l'acheter, Mme Leblanc donne un billet de 50 € à la caissière. **Que** va-t-il se passer ?

La caissière lui rendra 12 €.

15 enfants sont dans la classe. 9 de ces enfants sont des filles. **Combien** y a-t-il de garçons dans la classe ?

Il y a 6 garçons dans la classe.

C

Activités Séquence 120

Calcul mental

Moitié de 40 ; moitié de 50

On interroge sur la moitié de *n* choisi parmi 20, 40, 60 ou 80 (*n* = 40, par ex.) ; on procède à la validation (40, c'est 4 dizaines ; la moitié, c'est…) et on interroge immédiatement après sur la moitié de *n* + 10 (il faut ajouter 5, c'est…).

Soustractions mentales (*Où vais-je-cacher ?*)

Idem sq 109.

A à C. Problèmes pour apprendre à chercher

En A, la compréhension de la situation nécessite de prélever des informations à la fois dans l'illustration (le paquet de gâteaux est un paquet de 24 gâteaux) et dans ce que dit l'enfant représenté (il a mangé 5 gâteaux). Il est normal qu'un élève trouve la solution numérique avant de poser l'opération. Pour résoudre ce problème, il suffit d'imaginer que les 5 gâteaux sont mangés en deux temps : d'abord 4 gâteaux (il en reste 20) et un autre ensuite (il en reste 19). Dans ce cas, c'est en se représentant la situation que l'enfant accède à la procédure pertinente. Il est cependant possible que quelques enfants posent d'emblée la soustraction.

En B, les élèves retrouvent la situation qu'ils ont découverte lors de la sq 113. Pour 43, voici 3 décompositions possibles : 20 + 10 + 10 + 3 = 43 ; 20 + 20 + 1 + 2 = 43 ; 20 + 10 + 9 + 4 = 43 (il y en a d'autres, évidemment).

En C, dans la partie gauche, les élèves sont confrontés à une situation où il faut rendre la monnaie sur un billet de 50 € après un achat de 38 €. Les élèves ont déjà rencontré ce type de situation lors de la sq 98. Rappelons que les termes de l'échange peuvent être explicités de deux points de vue :
– celui du marchand : il reçoit 50 €, il doit également donner l'équivalent de 50 € : 38 € (la chaise) et encore…
– celui du client : il donne 50 €, il doit également recevoir l'équivalent de 50 € : 38 € (la chaise) et encore…

En C, dans la partie droite, les élèves sont confrontés à un problème où l'on cherche combien il y a de garçons dans un groupe d'enfants alors que l'on connait le nombre total d'enfants ainsi que le nombre de filles. Les élèves qui en ont besoin peuvent faire un schéma : ils dessinent 15 traits (en les organisant comme les doigts !), ils en barrent 9 (les premiers), ils trouvent le résultat (6) et, souvent, ils découvrent à ce moment seulement qu'ils viennent de calculer une soustraction. Encore une fois, à cet âge, il est normal d'obtenir la solution numérique avant de reconnaitre l'opération pertinente.

Activité complémentaire

La comptine de l'écureuil

L'enseignant photocopie la comptine avec les nombres 10, 20, 30, … et une mise en scène que l'on trouvera sur le site compagnon. Il s'agit de favoriser la mémorisation de l'association entre oralisation et écriture chiffrée, notamment pour 60 et 70, 80 et 90.

Lors de la découverte, on demande aux élèves de suivre du doigt en pointant les mots-nombres qui sont dits successivement. Cette activité est reprise deux ou trois fois, puis on peut proposer le jeu suivant : l'enseignant écrit au tableau un « vers numérique », « 40, 50 » par exemple ; il interroge un élève qui doit dire ces deux nombres et le vers associé : « Avec une toile de tente », etc. Dans une première phase, les nombres sont écrits dans l'ordre, depuis « 10 » jusqu'à « 80, 90 ». Dans une seconde phase, ils le sont dans le désordre.

Objectifs

La sq 121 est consacrée à donner une première intuition du kilogramme. Celui-ci est défini comme équivalent de la masse d'un « beau melon ». Une telle équivalence permettra aux enfants de donner du sens à des expressions comme « Je pèse 23 kg », qui peuvent alors signifier « Je suis aussi lourd que 23 melons de 1 kg ».

Les activités de la sq 122 constituent un support d'évaluation. Toutes les activités qui y sont proposées ont déjà été pratiquées par les élèves. Nous ne consacrons donc aucune page de ce Guide pédagogique à les présenter.

Activités — Séquence 121

Calcul mental

Groupes de 2, 5 et 10

Idem sq 102.

Moitié de 40 ; moitié de 50

Idem sq 120.

A. Approche intuitive du kilogramme

Activité du fichier

Les quatre balances sont en équilibre : 1 kg, c'est aussi lourd que 2 concombres, que 4 grosses bananes… qu'1 beau melon.

Prolongement

1. Approche du système des poids

L'enseignant dispose de poids étalonnés, gramme, décagramme, hectogramme, livre et kilogramme, par exemple. Ce matériel circule et il est soupesé. On peut éventuellement vérifier sur la balance Roberval : le plus lourd est le poids de 1 « kilo » (ce mot est utilisé). Si on a la chance de disposer de différentes formes sous lesquelles le kilo se présente (laiton, fonte, etc.), on mettra en évidence, sur la balance, qu'ils ont même poids.

2. « Peser » le poids de 1 kg

L'enseignant dispose maintenant du poids de 1 kg et de divers objets familiers aux élèves.

Certains pèsent moins de 1 kg (fichier de *J'apprends les maths* par exemple), d'autres plus (dictionnaire), et deux pèsent 1 kg, comme 1 kg de sucre et 1 kg de pâtes par exemple (même masse pour des volumes différents). On procède à toutes les comparaisons. Préalablement à chaque comparaison, on invite un ou deux élèves à venir « soupeser ». On vérifie sur la balance. On conclut en disant que le poids de 1 kg est plus lourd que tels objets, tels objets sont plus lourds que le poids de 1 kg ; le poids de 1 kg « est lourd comme » un paquet de sucre de 1 kg (ou un paquet de pâtes de 1 kg, etc.), deux fichiers de *J'apprends les maths*, etc.

B. Comparaison de masses à partir d'une mesure en kilogrammes

On observe d'abord le songe de Mohamed. On évaluera 2 ou 3 poids d'élèves en melons de 1 kg… et en kilos de sucre ou de pâtes, par exemple.

On fait observer ensuite la liste des poids, en bas à gauche du cadre. Elle est reproduite au tableau. Pour la première balance donnée en exemple, on interprète les poids de Marie, d'une part, et de son chat, d'autre part, en « melons de 1 kg ». Les élèves complètent individuellement les 3 autres balances. Avant de compléter la dernière, on s'assurera toutefois que la particularité de la question est comprise.

La validation pourra, au tableau, recourir à la mesure chiffrée : « Combien de kilos pour le chat, pour Marie ? » Les nombres suivis de l'unité « kg » sont écrits au-dessus des plateaux. Même démarche pour les deux autres balances. Pour la dernière, l'enseignant n'hésite pas à écrire dans un plateau 19 kg + 2 kg et 21 kg dans l'autre.

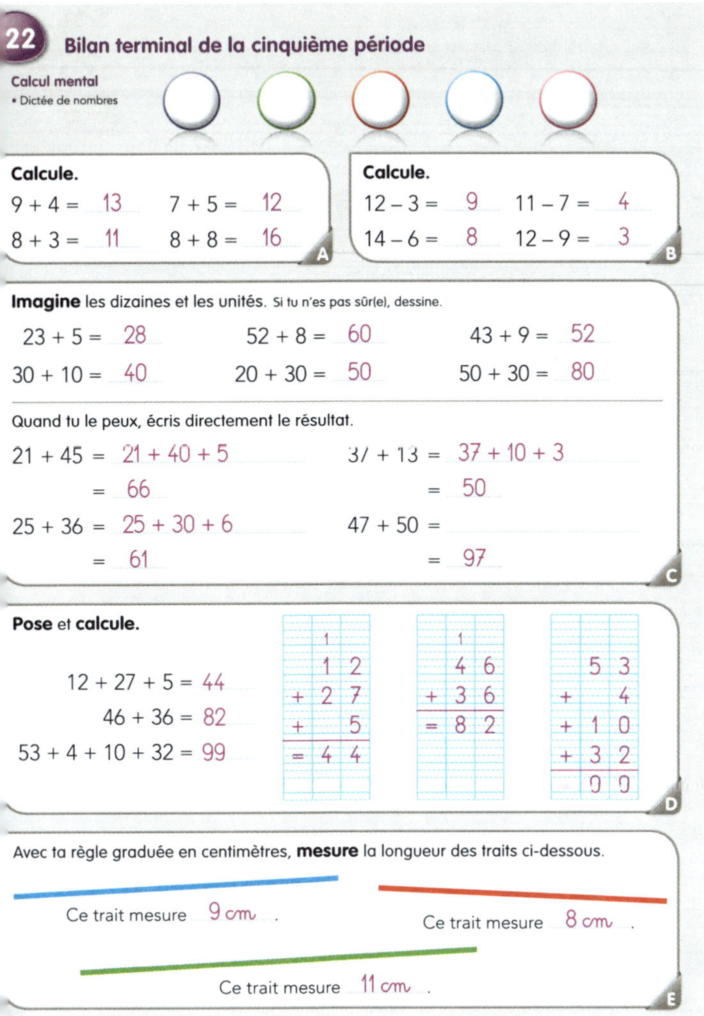
22 Bilan terminal de la cinquième période

Calcul mental
• Dictée de nombres

Calcule.
9 + 4 = 13 7 + 5 = 12
8 + 3 = 11 8 + 8 = 16
A

Calcule.
12 – 3 = 9 11 – 7 = 4
14 – 6 = 8 12 – 9 = 3
B

Imagine les dizaines et les unités. Si tu n'es pas sûr(e), dessine.
23 + 5 = 28 52 + 8 = 60 43 + 9 = 52
30 + 10 = 40 20 + 30 = 50 50 + 30 = 80

Quand tu le peux, écris directement le résultat.
21 + 45 = 21 + 40 + 5
= 66
37 + 13 = 37 + 10 + 3
= 50
25 + 36 = 25 + 30 + 6
= 61
47 + 50 =
= 97
C

Pose et **calcule.**
12 + 27 + 5 = 44
46 + 36 = 82
53 + 4 + 10 + 32 = 99
D

Avec ta règle graduée en centimètres, **mesure** la longueur des traits ci-dessous.
Ce trait mesure 9 cm.
Ce trait mesure 8 cm.
Ce trait mesure 11 cm.
E

Activité complémentaire

Le « Mémomoins » (2)

Dans le jeu du *Mémomoins* décrit dans les activités complémentaires page 111, le plus grand des deux nombres était inférieur ou égal à 10. Dans le jeu ci-dessous (25 cartons) , c'est 11, 12, 13 ou 14.

12 – 8	14 – 7	12 – 6	13 – 8	13 – 5
11 – 3	12 – 5	14 – 5	12 – 9	11 – 8
13 – 4	11 – 2	11 – 4	11 – 5	12 – 5
14 – 8	11 – 7	13 – 6	14 – 6	13 – 7
11 – 6	13 – 9	12 – 3	11 – 9	12 – 7

Rappelons qu'au début de la partie, les 25 cartons sont battus et disposés sur la table de jeu en 5 rangées de 5, rectos visibles. On tire au sort qui jouera le premier. Ce joueur désigne alors du doigt un carton qu'il choisit (13 – 9 par exemple) et énonce le résultat (ou ce qu'il croit être le résultat). Il retourne ensuite ce carton : tous les joueurs peuvent ainsi vérifier s'il ne s'est pas trompé. S'il a énoncé le nombre qui figure au verso, il prend ce carton. Sinon, il le remet dans le jeu, recto visible. Dans les deux cas, c'est au tour du joueur suivant. Celui-ci, s'il le désire, peut désigner le carton d'un joueur qui vient d'échouer (il a vu le résultat !). Quand il ne reste aucun carton, c'est le joueur qui en a obtenu le plus qui a gagné. Il est bien sûr préférable de faire jouer ensemble des élèves de niveau comparable en calcul.

Il est souhaitable de faire évoluer le jeu en supprimant certains cartons avec 11, 12, 13 ou 14 lorsque les soustractions correspondantes semblent bien maitrisées, afin d'introduire dans le jeu les soustractions 15 – 9 ; 15 – 8 ; 15 – 7 ; 15 – 6 ; 16 – 9 ; 16 – 8 ; 16 – 7 ; 17 – 9 ; 17 – 8 et 18 – 9. Cette dernière liste contenant dix soustractions, il convient de retirer le même nombre de cartons du jeu initial.

Table des activités complémentaires

Les numéros renvoient aux pages de ce *Guide pédagogique*.

Où trouver la description des activités numériques complémentaires ?

Où trouver les activités complémentaires de géométrie ?

Où trouver la règle des jeux numériques ?

Pour favoriser la manipulation et l'entrainement en petit groupe

La mallette contient tout le matériel prêt à l'emploi pour mettre en œuvre l'ensemble des jeux proposés dans les livres du maitre *J'apprends les maths CP* et *CE1*

7 dés spéciaux

Exemple de plateau de jeu (A3)

2 puzzles (A5)

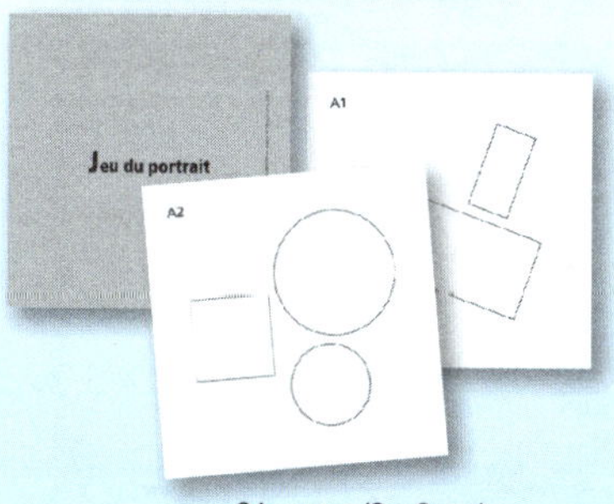

24 cartes (9 x 9 cm)

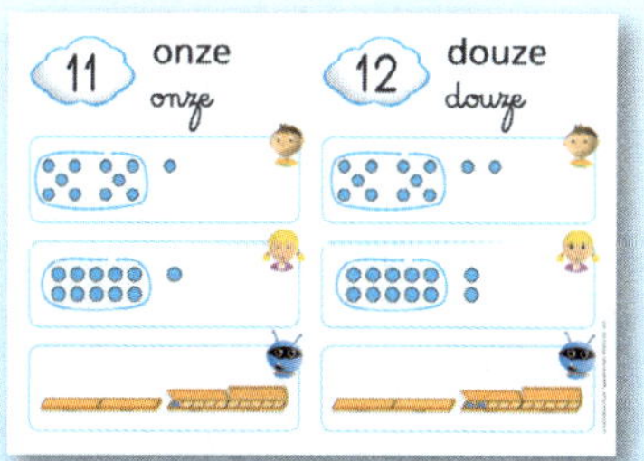

Exemple de poster (A3)

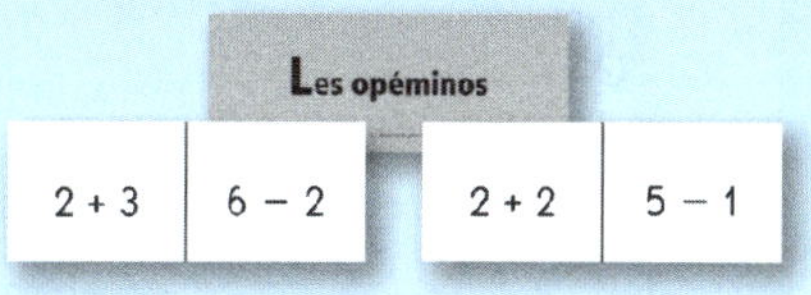

28 cartes (6,5 x 2,5 cm)

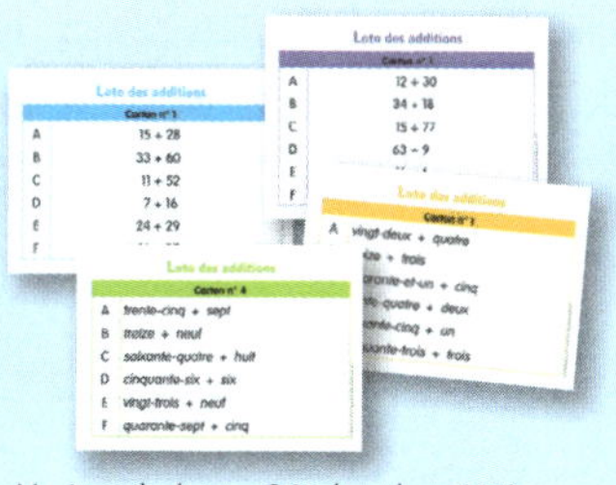

Un jeu de loto : 24 planches (A5)

Près de 400 cartes (9 x 6 cm)

Découvrez le manuel enrichi Premium

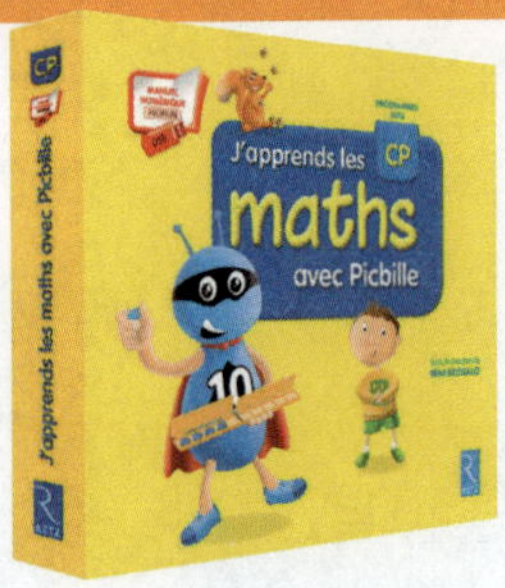

130 compléments numériques interactifs inédits :

- **Des animations scénarisées** mettant en scène les personnages de la méthode pour lancer les activités de découverte de chaque notion.
- **Des activités interactives** pour anticiper ce que vont faire les personnages, tester différents résultats et commenter les erreurs.

Testez 10 animations : https://www.editions-retz.com/picbille_animations.html

Animez vos séances…

- **en projetant les pages** du fichier de l'élève (vidéoprojection ou sur TNI) :

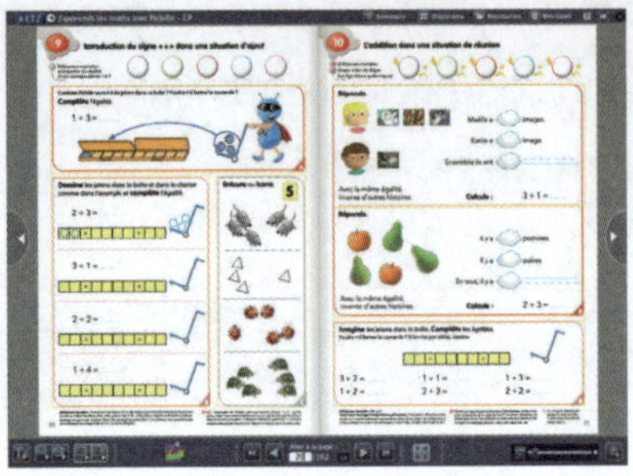

- **en zoomant sur l'activité** ou l'exercice en cours :

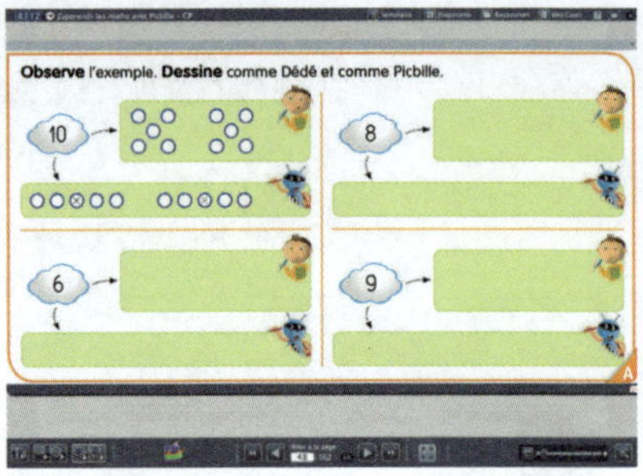

- **en lançant les animations** totalement originales, à utiliser collectivement (ou en Activités pédagogiques complémentaires) :

Une nouvelle façon d'enseigner les mathématiques, très facile à mettre en œuvre et à utiliser !

Dépôt légal : avril 2016
N° de projet : 10268593
N° d'imprimeur : 2957738T
Achevé d'imprimer en octobre 2020 en France
sur les presses de l'imprimerie Jouve-Print, 53100 Mayenne.

Illustrations : Guillaume Trannoy
Conception graphique : Anne-Danielle Naname
Réalisation : STDI
Corrections : Gérard Tassi